本书是2020年国家社科基金一般项目"《春秋穀梁传》礼学思想研究"（项目编号：20BZX046）的部分成果。

中山大学政治学丛书编辑委员会

学术顾问：夏书章

编辑委员会成员（以汉语拼音为序）：

郭忠华　何俊志　黄冬娅

马　骏　谭安奎　王　清

肖　滨　张紧跟　朱亚鹏

黎汉基/著

《经学通论》辨证
以皮锡瑞《春秋》改制思想为讨论起点

The Critique of Jingxue Tonglun
Analysing some ideas about Chun Qiu in the reformative thought of Pi Xirui

中山大学政治学丛书

中央编译出版社
Central Compilation & Translation Press

图书在版编目（CIP）数据

《经学通论》辨证：以皮锡瑞《春秋》改制思想为讨论起点/黎汉基著. —北京：中央编译出版社，2020.10

ISBN 978-7-5117-3873-8

Ⅰ.①经… Ⅱ.①黎… Ⅲ.①经学－研究 Ⅳ.①Z126.27

中国版本图书馆 CIP 数据核字（2020）第 186022 号

《经学通论》辨证：以皮锡瑞《春秋》改制思想为讨论起点

责任编辑	景淑娥
责任印制	刘　慧
出版发行	中央编译出版社
地　　址	北京西城区车公庄大街乙 5 号鸿儒大厦 B 座（100044）
电　　话	（010）52612345（总编室）　　（010）52612341（编辑室）
	（010）52612316（发行）　　　（010）52612369（网站）
传　　真	（010）66515838
经　　销	全国新华书店
印　　刷	北京中兴印刷有限公司
开　　本	710 毫米×1000 毫米　1/16
字　　数	382 千字
印　　张	28.5
版　　次	2020 年 10 月第 1 版
印　　次	2020 年 10 月第 1 次印刷
定　　价	149.00 元

新浪微博：@中央编译出版社　　　微　信：中央编译出版社（ID: cctphome）
淘宝店铺：中央编译出版社直销店（http://shop108367160.taobao.com）　（010）52612322

本社常年法律顾问：北京市吴栾赵阎律师事务所律师　闫军　梁勤
凡有印装质量问题，本社负责调换，电话：（010）52612322

目 录

导 论 …………………………………………………………… 1
　第一节　选题意义和研究概况 …………………………………… 1
　　一、《经学通论》的研究价值 …………………………………… 2
　　二、《春秋》改制等主张的重要性 …………………………… 11
　　三、现行研究的不足 …………………………………………… 17
　第二节　研究思路简述 …………………………………………… 23
第一章　素王、改制与立法 ……………………………………… 32
　第一节　重谈"《春秋》素王之义" ……………………………… 32
　　一、"《春秋》素王之义"的内涵 ……………………………… 33
　　二、放弃"孔子素王"的原因 ………………………………… 42
　　三、《史记》与"素王改制" …………………………………… 50
　　四、小结 ………………………………………………………… 56
　第二节　《春秋》改制与变法 …………………………………… 57
　　一、"改制"相当于"变法"？ ………………………………… 57
　　二、"损益四代"不等于"变周从殷" ………………………… 64
　　三、涉及《礼记》的两项举证 ………………………………… 87
　　四、小结 ………………………………………………………… 92
　第三节　辨析"《春秋》为后王立法" …………………………… 93
　　一、"为后王立法"的内涵 …………………………………… 94

二、"为汉制法"的神怪叙事 …… 101
三、设法末减"引谶之罪" …… 107
四、纬书以外的举证 …… 117
五、对欧阳修不成功的反驳 …… 121
六、小结 …… 125

第二章 "经"与"史"的分拆 …… 127
第一节 "经史之分"的所以然 …… 128
一、重谈"经史之分" …… 128
二、杜预引证《孟子》的问题 …… 145
三、小结 …… 154
第二节 五十凡例的问题 …… 155
一、杜序所引起的质疑 …… 155
二、"先儒之说"平议 …… 161
三、陆淳与柳宗元的反对意见 …… 176
四、小结 …… 183
第三节 《春秋》与《左传》的分拆 …… 184
一、"经"与"史"不能"强合为一" …… 184
二、《汉制考自序》对制度思考的见解 …… 188
三、对顾栋高、陈澧的批评 …… 190
四、陆淳《春秋集传纂例》的批评 …… 193
五、《北梦琐言》的批评 …… 200
六、"训诂之传"与"载记之传" …… 204
七、对刘安世的评论 …… 216
八、小结 …… 219

第三章 "微言"与"大义"的分拆 …… 221
第一节 孟子与"微言大义" …… 223
一、对"天子之事"的过度诠释 …… 224

二、说"《春秋》有大义微言"的谬误 …………………… 234
　　三、"同一师承"的误认 …………………………………… 238
　　四、小结 …………………………………………………… 241
　第二节　董仲舒与"微言大义" …………………………… 242
　　一、朱熹与董仲舒 ………………………………………… 243
　　二、董仲舒与胡毋生的师承 ……………………………… 246
　　三、重谈《太史公自序》（上） ………………………… 250
　　四、重谈《太史公自序》（下） ………………………… 259
　　五、《春秋繁露》与三科九旨 …………………………… 268
　　六、有关《三代改制质文》的理解 ……………………… 277
　　七、"董子之书"有没有"大义"和"微言"？ ……… 290
　　八、小结 …………………………………………………… 292
　第三节　宋五子与"微言大义" …………………………… 293
　　一、宋五子对"微言大义"的认识 ……………………… 294
　　二、由《公》《穀》知"微言大义"的呼吁 …………… 306
　　三、区分"微言"和"大义"的效应 …………………… 311
　　四、小结 …………………………………………………… 321

第四章　"事"与"义"的分拆 ………………………………… 323
　第一节　"借事明义"的内涵 ……………………………… 324
　第二节　《春秋》的"事"与"做一样子" …………………… 333
　　一、董仲舒对孔子之言的解读 …………………………… 333
　　二、有关《春秋》字数的记载 …………………………… 341
　　三、朱熹讨论《春秋》的语录 …………………………… 346
　　四、胡安国《春秋传序》 ………………………………… 362
　　五、小结 …………………………………………………… 368
　第三节　捍卫《公羊》与何休的尝试 ……………………… 368
　　一、《公羊》四项难以辩护的"事" …………………… 369

二、黜周王鲁与借事明义（上） …………………… 383
三、黜周王鲁与借事明义（中） …………………… 400
四、黜周王鲁与借事明义（下） …………………… 406
五、张三世与借事明义 ……………………………… 419
六、小结 …………………………………………… 429

结　语 ………………………………………………… 431
主要参考文献 ………………………………………… 436
后　记 ………………………………………………… 449

导 论

　　《经学通论》是皮锡瑞晚年重要的学术著作，对《春秋》经传①提出了不少崭新的解释，这些观点影响巨大，对它的全面解读，乃是中国学术史研究不能回避的题目，许多重大的学术问题寓焉。出于各种缘故，今天经学史研究，远非成熟和发达。长期以来，《经学通论》的许多内容被编列为后来的经学教科书之内，说者视同定谳，人云亦云，径自引录其说，缺乏深入的剖析和辨证。本书将以《春秋》改制作为讨论的起点，发挥分解，剖析素王立法、经史之分、微言大义、借事明义四个观点，尽力爬梳皮氏所言的含义及其语脉，透过各种证据的比较和归纳，检查其论证是否具有足够的依据，庶于今日经学研究不无小补。

第一节　选题意义和研究概况

　　出于三方面的考虑，以《春秋》改制作为讨论的起点，重新探明《经学通论》的相关论证，是一个值得尝试的研究进路。

---

① 本书引用《春秋》经传数量极多，为了简洁起见，仅以《春秋》简称《春秋经》，以《左传》或《左》简称《春秋左氏传》，以《穀梁》简称《春秋穀梁传》，以《公羊》简称《春秋公羊传》。

一、《经学通论》的研究价值

首先明确研究对象的内在价值。本书将从以下四个视角观察,将会确认《经学通论》是一本值得深入研究和反复推敲的作品。

(一) 认识皮锡瑞晚年的思想

《经学通论》是皮锡瑞继《经学历史》编写的第二部经学教科书,其治经心得大多萃于此书,非泛泛应酬之作可比。翻阅他1905年12月17日日记:"连日检书籍,《经学提纲》一书似不难成,须先阅《皇清经解》《续经解》二书,择取摘出,加以论断,有暇即可录出。"① 此《提纲》就是《经学通论》的初步拟名。接下来的一年,皮锡瑞专注此事②,于《五经》各录相关篇章,收编成书。就写作过程而言,主要是复习过去的读书心得,有必要时回想一些可能遗忘或搁置的各种想法,而非推倒过去或重新再搞一套。③ 唯如此,进程非常快速,迄至1907年2月已准备写作《自序》④,估计当时书稿已大致完成。

浏览过《经学通论》的读者都知道,此书遍及《五经》,范围广、立论多,作者能在短短一年内完工,在很大程度上是长期积累的结果。

---

① 皮锡瑞1905年12月17日日记,见《皮锡瑞全集》第11册,北京:中华书局,2015年版,第2005页。按:本书征引文献,尤其是《春秋》三传及其他古籍(如皮氏诸书),屡见重复,故除首见者列举版本信息外,其后不再一一遍举。

② 为了专注《经学通论》的写作,虽然自知先前已刊刻的《经学历史》有误,但皮锡瑞也没有时间改正,"勉南欲我为之,我非不能,实不暇也,《五经通论》成再看。"参阅皮锡瑞1906年5月3日日记,见《皮锡瑞全集》第11册,第2053页。

③ 皮锡瑞1906年9月9日日记:"归录《论》一篇,大义极明著者前几忘之,甚矣学问之无尽也。"见《皮锡瑞全集》第11册,第2103页。这是透过重读文献而回忆读书心得的典型记载,而整部《经学通论》写作大体上也是这么一个忆述过程。

④ 皮锡瑞1907年2月15日日记,见《皮锡瑞全集》第11册,第2160页。

皮锡瑞多年来教导学生写作经义策论，为了指点学生诠释经义的正途，他不时写作各种经说的范文。对他来说，温习经解申述己见，乃是手到擒来的事情，故当他在1897年读到朱一新《无邪堂答问》一书，自感完全有能力写出同类型的作品，"予优为之，连年经训所批，如录出稍详，再加引申，可成书矣，有暇当为之。"①

是否"有暇"，主要看当事人如何分配时间和个人意愿。就皮锡瑞的人生选择来说，晚年"有暇"整理经学，或多或少是无可奈何的选择。维新期间，他本是积极推动政治变革，迄至清廷颁行新政，他也不认为当时急迫需要编写经说。早在1902年4月，有人劝他编写经书，皮锡瑞表示："予谓非急，急在编史，中国无通史，宜仿日本人《支那通史》之法，再加详明，发论断，编定不难。"②然则，皮锡瑞不选择编史或编时务，反而做"非急"的经学编写工作，其中必有缘故。缘故何在？缘故在于，史学和时务都是他劝导别人做的事情，换了他自己，却有挥之不去的政治顾虑。他为学生讲授历史，虽然讲义没有"民权"的字样，但已被别人怀疑他"有主张民权之说"，为此"不得不切戒之"；在课堂上努力撇清自己与"民权"的联系性，"并引党祸为申言之"。③为了避开不必要的怀疑和批评，皮锡瑞思来想去，表示自己坚持讲经，"予请仍以讲经，可免狗吠"。④

维新期间拥护康、梁的经历，一直是皮锡瑞晚年的沉重包袱。⑤他比谁都清楚，经学研究不过是"旧学"而已，与政治现实不直接相关，无法影响时局发展。在写作《古文冤词平议》时，他不禁由衷慨叹：

---

① 皮锡瑞1897年8月9日日记，见《皮锡瑞全集》第9册，第684页。
② 皮锡瑞1902年4月13日日记，见《皮锡瑞全集》第10册，第1485页。
③ 皮锡瑞1903年5月2日、4日、5日日记，见《皮锡瑞全集》第11册，第1635页。
④ 皮锡瑞1903年3月24日日记，见《皮锡瑞全集》第10册，第1620页。
⑤ 吴仰湘：《通经致用一代师：皮锡瑞生平和思想研究》，长沙：岳麓书社，2012年版，第234—258页。

"现在惟此等书可作,不至惊俗吠声,乃知乾嘉诸公有不得已而竭聪明于此者,然今何时哉!人人皆竭聪明于此,与八股有何异?"① 不管如何,康有为那一套是不能再谈下去了,而经学研究则是逃避现实的安全选择。

由于写作体例所限,这里无法全面叙述皮锡瑞的心路历程,但从以上的片段可以窥见,他的想法比想象中更复杂,不能仅以世俗经师视之。《经学通论》是皮锡瑞逝世前的一部重要著作,要深入认识他的晚年思想,自然不能错过此书。它和一些传统注疏体著作一样,都是认识近代思想史的重要文献,诚如邓国光所指出的:"若得到充分的重视和处理,是可以更深刻和全面地理解剧变中的文化回应。"②

(二) 经学史的各种主张

除了理解皮锡瑞晚年的思想发展,《经学通论》也是中国经学史的重要作品。现在对经学史的许多认识,很大程度上是出自晚清学者的整理和建构。李学勤在思考经学史的发展时,强调需要深入研究清代学术史的内容,"首先研究清楚清代学术、清代经学,以及其对后来的影响,这样我们便有牢靠的立足点"。又说:"我们对清代学术的看法多袭自晚清,这需要重新考虑。"③

这是相当值得重视的意见。真正展开学术研究,不可能全盘照抄或照搬清代学者(或任何一个时期的人)的说法,更不宜把现在流行的清学史论述视作定论。《经学通论》正是"需要重新考虑"的一部作品,

---

① 皮锡瑞1898年11月6日日记,见《皮锡瑞全集》第10册,第993页。
② 邓国光:《经学义理》,上海:上海古籍出版社,2011年版,第594页。谨按:邓国光先生是笔者极其敬佩的学界前辈,本该尊称"邓国光先生"为是,但依循正常的学术行规,不特别以"先生"称之,其实是更合理的做法。基于这样的考虑,本书对所有古人、近人、今人皆直称其名,盼读者勿误会笔者不尊重相关人物。
③ 李学勤:《中国古代文明研究》,上海:华东师范大学出版社,2009年版,第527页。

书中许多观点在今天仍有强大的影响力,非同寻常。尽管儒家经典在现代中国已不再是知识分子必读之书,但吊诡的是,皮锡瑞反而因为经学地位的下降,变成经学的重要代言人。揆厥由来,主要是他的《经学历史》得到周予同的注释,在经学不流行的学术环境中,算是比较容易获得的一个读本。除非不研究中国经学史,否则学者很少不理会这本小书。① 连带效应是,皮锡瑞的其他著作也随着《经学历史》而水涨船高,成为许多经学研究者的必读参考书。与《今文尚书考证》《尚书大传疏证》《王制笺》等专门作品相比,《经学通论》涵盖广、论题多,书中所收录的短论,合共 209 篇,尽皆文字浅显、条理清晰,各有简明题目交代宗旨,即使缺乏相关涵养的初学者,耐心读了也未必觉得难懂;对于读过《经学历史》的人来说,更易上手。吴仰湘在整理《经学通论》全新的点校本时,这么报告学术行情:"总而言之,《经学通论》既是皮锡瑞个人一生经学研究的晚年定论,也是他全面总结古代经学、开启近代经学通识教育的精品力作。因此,这本深入浅出的经学教材,自刊行以后长盛不衰,迄今仍是引导人们进入中国经学殿堂的入门读物,乃至被列入高校文科院系研究生的必读书目。"② 可以说,要审理当前经学的流行主张是否足够合理,《经学通论》是一个值得深入的起点,细致解读它的内容很有可能带给读者一些意想不到的认识。

(三) 反思教科书的内容

既然《经学通论》的重要性在于它是一部有影响力的教科书,那就必要追问一个先在的问题:就一本引导学子修习的教科书而言,究竟读者能够有什么合理的期待?

任何窥探治学门径的人都有资格提出自己的期待。任何一本概述学

---

① 朱维铮:《中国经学史十讲》,上海:复旦大学出版社,2002 年版,第 180 页。
② 吴仰湘:《点校说明》,见《经学通论》,北京:中华书局,2017 年版,第 5 页。

科基本知识的读物，对初学者来说，重要的是客观和全面。如果态度不够客观，提供的信息不够全面，就有可能不是一本良好的教材。经过反复曲折的摸索、碰壁和反省，现在不同学科的许多学者已意识到这方面的问题，感觉某些流行的教科书的权威论断，其分量亦有可疑之处。仅以中国哲学而言，陈来在回顾过去的发展时，便语重心长地指出这方面的弊端："我国的中国哲学史研究在教条主义的方法论思想指导下走了弯路，不仅没有使我们在整理和重述方面顺利发展，反而造成了许多妨碍我们客观理解的思维定势，有些至今仍然根深蒂固。而近年传入的海外中国哲学研究中一些论著也有相当强烈的意识形态背景，往往也影响了对古代思想的理解与呈现，导致了解释的偏差，这些同样需要加以澄清。"①

这一观察是极其深刻的。不对原典文本进行深度的解读和分析，径自从教科书摘取只字片语作出任意的引申和演绎，很难内在地把握其所关注对象的思想内涵。这是许多文科研究常见的问题。一些权威教材未必是完全客观的，而是带有不同的立场和视角，但当这些教材的主张已被视作不能质疑的"定论"，就有可能制造了阻碍认识的心障，因为论者往往关心这些"定论"所表达或蕴含的政治态度或学派立场是否得到拥护，而不是分析其中论证的深度与新意。

假如经学（包括《春秋》研究在内）是需要中国哲学工作者严肃对待的领域，就有必要接受陈来的意见，不宜轻信流行教科书的"定论"。据陈少明的说法，哲学可以被"理解为挑战既定学说或知识的思想活动"，而"不同的哲学实际就是一组相互竞争的思想方式"。②那经学又何尝不是如此呢？说到底，任何一本经学教科书，不过是指引学者治经入门之法，它的观点不能替代原来它所介绍或评论的经说。缪荃孙的高

---

① 陈来：《前言："中国哲学史"的学科建设》，见《问道中国哲学：中国哲学史研究的现状与前瞻》，北京：九州出版社，2013年版，第4页。
② 陈少明：《做中国哲学：一些方法论的思考》，北京：生活·读书·新知三联书店，2015年版，第101页。

足潘任在江南高等学堂编纂《七经讲义》时,特别告诫读者:"参考诸儒经说,勿囿此册,自画进步。余恐是编出,反阻学生温经之功,故谆谆告戒焉。"①唯盼读者放宽视界,不以己说为足,实乃良好的教学典范。

同样在清末编写经学教科书,皮锡瑞对诸经的说明及其评点意见,是否足够客观和全面?潘任是努力自我警惕避免个人的主观可能限制读者的视界,而《经学通论》呢?是否可靠?是否可能像一些权威教材会"导致了解释的偏差"?

(四)拯救经学的构想

《经学通论》不是普通的经学教科书。它的现实关怀相当明确。自清末新政施行以来,经学无用的声音逐渐浮现,令皮锡瑞相当担心:"近世异说滋多,非圣无法,至欲以祖龙之一炬,施之圣经。"②以上的担忧,并非一时的心血来潮,而是他在写作《经学历史》便已抱持的观点:"乃自新学出,而薄视旧学,遂有烧经之说。"③熊十力后来回忆往事说:"时海内风气日变,少年皆骂孔子、毁《六经》,余亦如是。"另自注云:"皮锡瑞在清末著《经学史》一小册,曾谓当时有烧经之说,盖实录也。"④

显然,鄙视旧学和经书等激进主张,是导致皮锡瑞写作以上两部教科书的重要背景。但如何解读清末这方面的思想背景,却需要更多的耐

---

① 潘任:《七经讲义·凡例》,见《晚清四部丛刊》第4辑第1册,台中:文听阁图书,2010年版,第7—8页。
② 皮锡瑞:《自序》,见《经学通论》,吴仰湘点校,北京:中华书局,2017年版,第2页。按:本书如非注明,皆是征引吴仰湘点校本,以下不赘。
③ 皮锡瑞:《经学历史》,周予同注释,北京:中华书局,1989年版,第341页。按:本书如非注明,皆是征引周予同注释本,以下不赘。
④ 熊十力:《论六经》,见《熊十力全集》第5卷,武汉:湖北教育出版社,2001年版,第761页。

心。对这个问题，任剑涛已有深刻的思考："倘若国家权力取消了对儒家的无条件政治支持，儒家就不可能具有在国家理念上整合诸家的权能，也就失去了引导社会人士潜心儒家典籍的动力。这是今天论及儒家失去独尊地位便指责新文化运动，而不反思晚清政局影响的最大误区。晚清政府之倡导新学、之拟议新政，就是因为明确意识到儒学不再能够供给国家统治哲学所致。"① 就近代政治的大背景而言，这一观察是基本正确的。不过，就新政对经学的具体影响而言，似乎不宜轻率地断定这是经学灭亡的决定性因素。与任剑涛的叙述不同，陈壁生认定清末已有"经学的危机"："清代政治，虽非依经而立，但仍然尊经崇圣，政治危机同样带来经学的危机。"② 他用以佐证其说的例子，正是皮锡瑞所说的"烧经之说"。

出现了激进批判的思想主张，不等于被批判的对象"已经发生了深重的危机"。③ 皮锡瑞和熊十力的言辞，作为历史记载来看待，最好被理解为有些年轻知识分子思想激进的表现，而且足够令当事人印象深刻。征诸历史发展，经书成为中国知识分子普遍唾弃之物，是应验在后来新文化运动之世。仅就清朝末年而言，激进思潮对经学的威胁，尚未如此致命。中国传统文化长期被彻底地污名化和妖魔化，经典和礼法变成人人喊打的过街老鼠，是民初以降社会失范的结果。④ 在清帝国还未灭亡以前，儒家经典还是全国学堂必读之书。1906 年荣庆上书奏请定学堂宗旨，文曰："无论大小学堂，宜以经学为必修之科目，作赞扬孔子之歌，

---

① 任剑涛：《当经成为经典：现代儒学的型变》，北京：社会科学文献出版社，2018 年版，第 5 页。
② 陈壁生：《经学的瓦解》，上海：华东师范大学出版社，2014 年版，第 3 页。
③ 陈壁生：《经学的瓦解》，第 3 页。
④ 有关反传统思潮的问题，我过去曾做了一些案例研究，参阅拙著：《混沌中的探索：殷海光的思想困境》，北京：人民日报出版社，2006 年版，第 109—137 页；《社会失范与道德实践：吴宓与吴芳吉》，成都：巴蜀书社，2006 年版，第 327—339 页。

以化末俗浇漓之习。"① 对于清廷崇经的政策立场，皮锡瑞其实也相当清楚，故《经学通论》自序云："在廷儒臣上言尊孔，恭奉谕旨，升孔子为大祀，尊崇盛典，远轶百王。"② 在皮锡瑞生前，儒家经书一直是国家权力支持的对象，而"烧经"的呼声充其量不过是潜在的隐患，远非触手可及的灾难。在多大程度上该将之算作"经学的危机"，就要看论者的判准如何设定。不是所有经师都觉得经学即将灭亡，像潘任《七经讲义》比皮氏《经学通论》晚出③，在勉励学子努力之余，还自我慨叹："余学殖渐落，而青出于蓝，后生可畏，来者难诬，则余之述此也，其不免恒忉之讥乎？"④ 这样殷切期待学生继承志业的心情，正好反映他还未意识到经学"已经发生了深重的危机"，哪怕当时是"辛亥之变的前夜"。⑤

没有迹象显示皮锡瑞已预感清廷统治快将结束而导致经学被废。他在《经常通论》自序还在赞美清廷尊孔的措施，已够说明这一点。由《经学历史》的"烧经之说"，到《经学通论》的"祖龙之一炬"，皮锡瑞再三强调经书得不到尊重的危险，或多或少是修辞策略的需要，言其用意，就是要凸显其经学主张的重要性和急迫性。按照他的思路，"祖龙之一炬"有可能被消融于无形之中；否则的话，他就不会在《经学通论》强调"尊孔必先明经"，并且列出"治经之门径"。皮锡瑞期待读者遵循他的指引，得知经书的效用，以此消除祸患："锡瑞思殚炳烛之明，用救燔经之祸，钻仰既竭，不知所裁，尚冀达者谅其僭愚而匡所不逮，

---

① 冯克诚主编：《清代后期教育思想与论著选读》中册，北京：人民武警出版社，2011年版，第268页。
② 皮锡瑞：《自序》，见《经学通论》，第2页。
③ 《七经讲义》在宣统元年（1909）仲冬月撰写自序，是年由江南高等学堂印行，当时皮锡瑞已告仙逝。
④ 潘任：《自序》，见《七经讲义》，第3页。
⑤ 陈壁生：《经学的瓦解》，第3页。

则幸甚!"① 此"燔经"之为"祸",尚处于萌芽而未泛滥的阶段;而皮锡瑞以此措辞,正是自觉地站在问诊处方的位置。皮锡瑞面对的即使是"危机",也还没有"深重"至令他束手无策的地步。

究而言之,皮锡瑞撰写《经学通论》,与今人对此书的定位,不大相同。他不是像潘任那样尽量客观、尽量全面地简介经传的内容,而是希望透过自己的解说,说明诸经切实有用,以此化解"燔经之祸"。同样是提纲挈领、引导初学的写作,潘任是甘心于打开经学大门的工作,至于学者以后如何看和如何做,则不予干预,保持极大的开放性和灵活性,而皮锡瑞不仅要做开门者,更要做引路者,要求读者紧跟他所指示的治经入门之法。

综观以上四点,隐然已呈现若干明显的张力:一方面,由(二)和(三)切入观察,《经学通论》作为今天初学者流通学习的教科书,它的叙事和评议具有难以低估的影响力,因此有必要审视这些论述是否全面和客观。不加反省地盲从《经学通论》的内容,以为这是皮锡瑞提出的观点就觉得是必然正确的,是教条主义的心态。另一方面,由(一)和(四)切入观察,皮锡瑞晚年的思想经历和现实关怀,尤其是他对"燔经之祸"的顾忌,已注定《经学通论》不是客观地记述经学史发展的纯学术作品,而是寓有各种个人好恶的裁断,其中一些带有派性立场的观点更未必是其他经学研究者所能接受的。鉴于以上的张力,对《经学通论》的认识就不能止步于学案式的处理手法,仅以编排材料以供读者用得着为足。② 究竟此书的观点是否说得通?有没有足够可靠的依据?能不能继续当作无谬的教条沿用下去?凡此,都是严肃的研究者不能回避的问题。

---

① 皮锡瑞:《自序》,见《经学通论》,第2页。
② 对学案的性质,已有学者进行深入的研究,参阅朱鸿林:《儒家"为学方案":学案著作体裁》,见《〈明儒学案〉研究及论学杂著》,北京:生活·读书·新知三联书店,2016年版,第29—59页。

二、《春秋》改制等主张的重要性

如果《经学通论》并非不证自明和必然正确的，那就有必要仔细解读书中的一些重要论点。这里强调"一些"，在操作上是必要的。毕竟，《经学通论》只是文章汇编，全书论题209条，遍及《五经》，其中《易》30条，《书》32条，《诗》37条，《三礼》51条，《春秋》55条。① 题目不同，意旨各异，《经学通论》比起一般专著具有较大的分散性和独立性。因此，真深入全面清理此书，写作的篇幅可能百万字也不够。也许，这需要不同领域的专家共同合作，方能得到比较完整的认识。鉴于过去研究浮泛之失，本书不务求完备，仅追求深入，将会集中精力解读《经学通论》讨论《春秋》的部分——也就是一般被称为《春秋通论》的那一部分。

之所以选择《春秋》而非其他经典，主要因为对《春秋》的各种说明乃是《经学通论》的核心内容。现在已有学者指出《经学通论》和皮锡瑞、王闿运、廖平、崔适等人的其他著作一样，"都是主今斥古的著作"②。在戊戌变法以前，皮锡瑞就是忠实的今文信徒。尽管他本人喜爱标榜"家法"或"师法"③，但治经主要是透过读书自学，其对今文经典的喜爱，主要是源于自己的阅读心得："治今文十余年，颛门在《尚

---

① 这些统计数字，参阅周春健：《校按》，见《经学通论》，北京：华夏出版社，2011年版，第4页。
② "主今斥古"，是叶国良、夏长朴、李隆献的说法，参阅《经学通论》，上海：上海书店出版社，2016年版，第320页。
③ 皮锡瑞曾对诸生说："予告以经学当守家法，词章必宗家数，且示以恒钉摸拟之法，不嫌太卑。"此外，林乔荫《三礼陈数求义》"全不引阎、毛、惠、江之说，似均未见其书，故于汉学家法不甚了了"。至于顾栋高《春秋大事记》，他也是多有批评，说是"由兼采汉、宋，无师法也"。参阅皮锡瑞1892年6月21日、7月14日、8月13日日记，见《皮锡瑞全集》第9册，第59、68、79页。

书》与《公羊》，颇相出入，并非见康、梁之学，始荣今而虐古。"① 这是在戊戌政变后向叶德辉的思想交代。从他的自白，已可以窥见当时学风的一斑，讲《公羊》的大多是仰慕康、梁的时髦，像他这样在此风勃兴以前已讲今文经学，却不多见，因不想被误会，故有以上的解释。在治经自学的路径上，皮锡瑞对清中叶"治今文"的各种作品比较留心搜求和研读，例如读了魏源《诗古微》和《书古微》后，便叹恨"惜《公羊古微》未得见考"。② 像刘逢禄的作品，皮锡瑞自然不会错过，他既肯定《春秋公羊经何氏释例》"能以《公羊》通《诗》《礼》，所谓常州学也"，③ 又批评《论语述何》"亦不尽《公羊》义"，认为戴望《戴氏注论语》"似有与之同者"，计划根据刘、戴二说"而加推阐"，写作一本题为《论语发微》的新书，"亦今日不可少之书也"。④ 可是，最终似无成书。此外，陈立《公羊义疏》因其广稽诸说，搜罗丰富，皮锡瑞更是赞赏备至："《公羊》之学，自汉以后晦昧久矣，至国朝乃复明。卓人之书尤详备，欲治《春秋》者，观此可矣。"⑤ 虽然此书考据部分极多，但皮锡瑞没有某些现代学者敌视考据的偏见⑥，对之好评甚多："《公羊》之学，自汉以后晦昧久矣，至国朝乃复明。卓人之书尤详备，

---

① 皮锡瑞1898年5月26日日记，见《皮锡瑞全集》第10册，第883页。
② 皮锡瑞1892年7月26日日记，见《皮锡瑞全集》第9册，第72页。
③ 皮锡瑞1896年4月5日日记，见《皮锡瑞全集》第9册，第512页。
④ 皮锡瑞1897年2月26日日记，见《皮锡瑞全集》第9册，第620页。
⑤ 皮锡瑞1892年8月28日日记，见《皮锡瑞全集》第9册，第85页。
⑥ 杨向奎因接受康有为和其他《公羊》学者敌视考据的观点，对陈立《公羊义疏》评价极低："既云'义疏'，应对《公羊》大义有所疏证，而陈立亦不足语此。"又说："在他的《义疏》中，一无发挥，二无判断。"（参阅《清儒学案新编》第4卷，济南：齐鲁书社，1994年版，第115页。）虽然杨书毫无具体的举例说明《义疏》如何"无发挥"和"无判断"，但受其影响，贬抑《义疏》之声甚多，例如赵伯雄：《春秋学史》，济南：山东教育出版社，2004年版，第731页。陈其泰：《清代公羊学》，上海：上海人民出版社，2011年版，第111—20页。黄开国：《公羊学发展史》，北京：人民出版社，2013年版，第567页。

欲治《春秋》者，观此可矣。"① 又说："观《公羊义疏》，考证详核，多存古礼，在孔巽轩之上，亦后出者胜也。"② 至于陈立之师凌曙《公羊礼疏》，虽然卷帙不多，也得到皮锡瑞的欣赏和肯定："其说古礼最详，乃《公羊义疏》之所本。"③ 以上的读书记录，都在戊戌以前记载，见证了皮锡瑞研读《公羊》经说的点滴。虽然他没有完整的《公羊》注疏和专门研究，④ 但说《公羊》及何休《解诂》（即《春秋公羊传解诂》）是他长年关注和拥护的经典作品，是毫无问题的，否则扬《公》抑《左》、誉何贬杜之言，在《经学通论》中随处可见，即成不解之疑。

如果《公羊》（包括何休《解诂》）不是备受争议和攻击，而是像《论语》那样满载美誉的作品，相信皮锡瑞也没有辩解的必要。现在一些经学史作品惯以单向线性的发展史观为书写基调，以为清中叶以后今文经学勃兴，乃至流行发展。但就以皮锡瑞的个人感受而言，《公羊》的发展恐怕不是令他欢欣庆幸的乐观趋向，因为《公羊》地位得不到重视时常令他痛心疾首。视《公羊》为最能诠释《春秋》的作品，不过是少数《公羊》信徒逆流而上的坚持。这一点，皮锡瑞比谁都清楚。当他阅读侯康《春秋古经说》，极度不满其书"专以《左氏》之经为是"，又说："凡学不能无偏，人卒以所见蔽所不见。两汉时今文盛，古文不能与争，今则今文不能与古文争，孤家少与，率为所压，非颛门未有不

---

① 皮锡瑞1892年8月28日日记，见《皮锡瑞全集》第9册，第85页。
② 皮锡瑞1892年8月30日日记，见《皮锡瑞全集》第9册，第86页。
③ 皮锡瑞1892年9月3日日记，见《皮锡瑞全集》第9册，第88页。
④ 皮锡瑞自称"颛门在《尚书》与《公羊》"，但对《公羊》却无专门的注疏和全面研究的作品，鉴于他本人笔耕甚勤，著作丰富，相比于他对《尚书》的多种作品而言，为何《公羊》专门研究不见面世？不明何故。梁启超曾经拿他和王闿运相比，说："善化皮鹿门不治公羊学，博洽翔实，非壬秋敢望也。"参阅梁启超：《近代学风之地理分布》，见《饮冰室合集》第5册《文集》第41册，北京：中华书局，1989年版，第77页。这个评断，似嫌偏颇。由于梁启超没有具体举证，不知他是如何从"博洽翔实"得出二人高下的判断。若就《公羊》而言，王闿运好歹著有《春秋公羊传笺》11卷，对《公羊》之用力和全面，不见得低于皮锡瑞。

疑者矣。"① 此言充分反映皮锡瑞自命"颛门"和不甘被"压"和"疑"的反抗心理。反抗的是什么？就是《公羊》得不到足够认可的学术环境。

在甲午战败以前，《公羊》是许多儒生相对陌生和甚少钻研的作品，似乎还未至天下士子"风从回应"的地步。② 皮锡瑞得知新生李若虚研习《公》《穀》，甚是欣喜，说是"此系绝学"。③ 他有学生在科场三艺采用《公羊》"阴阴而阳阳，黑黑而白白"之语。主司不知语出《公羊》，遂不敢刻；而房官仅批"蹊径独别"。皮锡瑞觉得荒谬绝伦，痛斥"尤可笑"，"可见今人实不识古董，浮慕名耳"。④ 追源究因，他认为最该怪罪的是自杜预以降的《左传》学者，当阅读《史通》中的《疑古》《惑经》诸篇时，就认定其中的错误认识都是来自杜预等人的影响："即此以观，足见《左传》家不可与言《春秋》，其弊皆然，不止子玄一人，特他人不敢如此张目言之耳。即此以观，足见《左传》家不可与言《春秋》，而杜预尤为圣经之蟊贼。诋子玄者，以为非圣无法，不知皆由此

---

① 皮锡瑞1892年8月29日日记，见《皮锡瑞全集》第9册，第85—86页。
② 桑兵说："嘉道以后，《公羊》学盛行一时，朝中大员如潘祖荫、翁同龢等，据说都颇好《公羊》。他们屡任科举考试的主考官，天子士子自然风从回应。"（参阅《治学的门径与取法——晚清民国研究的史料与史学》，北京：社会科学文献出版社，2014年版，第187页。）这一论述似乎有违历史事实。先不说潘、翁等人"颇好《公羊》"究竟是否属实，现在似无证据说明他们作为主考官以其学术偏好影响了学子对《公羊》的想法。像光绪十年（1880）会试，翁同龢为此试大总裁，而李慈铭中第一百名，翁批"精深华美，经策淹通"（参阅张桂丽：《李慈铭年谱》，上海：上海古籍出版社，2016年版，第223页），纯属官式泛论，一点也看不出翁同龢在《公羊》评价上影响了李慈铭。类似的旁证还有不少，于此不赘。仅就本书的关怀而言，皮锡瑞以"绝学"形容《公羊》《穀梁》，应是更切实的思想概况；而"风从回应"之论，大概是信从流行经学史教科书的论断使然，不足为凭。
③ 皮锡瑞1894年6月28日日记，见《皮锡瑞全集》第9册，第286页。
④ 皮锡瑞1893年10月28日日记，见《皮锡瑞全集》第9册，第211页。

等瞽说启之。王安石以《春秋》为断烂朝报,亦为此等说所误也。"①把矛头直指杜预究竟是否合理,暂不深论。这里值得注意的是,皮锡瑞总是觉得世人不知《春秋》改制立法的主张,主要是由于"《左传》家"的祸害;诸如此类的观点,也具见于《经学通论》对《春秋》的各种讨论上。

甲午战争后,"变法"的旗帜高扬,加上康有为公车上书的效应,使得《公羊》迅速披上了政治改革的光环。不过,令皮锡瑞沮丧的是,《公羊》虽然多了世人的关注和肯定,但回绕在他耳边的总是骂声。梁启超在时务学堂教导学生读其编定之书,像《读〈春秋〉界说》和《读〈孟子〉界说》,都是借经典而鼓吹改制,当皮锡瑞知道"书院有人诋其教法太偏,专讲《孟子》《公羊》者",就批评其"似有王荆公《三经新义》之弊"。② 由于皮锡瑞偏爱今文的立场,当他在南学会讲学之初,叶德辉便告诫他"承公有勿言《孟子》《公羊》之教"③,据皮的观察,叶有此劝谏,原因是"公恶康氏之学,迁怒于人,并迁怒于古人,《孟子》《公羊》皆加诋斥。"④ 对叶德辉的建议,皮锡瑞不愿也不肯接受,理由很简单,他在维新时期热情拥护以《公羊》为变法的做法,梁氏《读〈春秋〉界说》在他看来价值极高,许多观点都是"极通","梁氏文笔甚畅,使予为之,不能如此透彻,才力之相去远矣"。⑤皮锡瑞还打算羽翼《界说》,"予意尚有未尽,拟再作《春秋义说》,互相发明,撰成一篇。"⑥ 此《义说》即后来修订的《师伏堂春秋讲义》。⑦对梁启超的支持,从另一面看,也就是对反梁声音的排斥。当听闻叶德

---

① 皮锡瑞1894年9月17日日记,见《皮锡瑞全集》第9册,第325页。
② 皮锡瑞1898年8月5日日记,见《皮锡瑞全集》第10册,第930页。
③ 皮锡瑞1898年5月26日日记,见《皮锡瑞全集》第10册,第883页。
④ 皮锡瑞1898年5月22日日记,见《皮锡瑞全集》第10册,第879页。
⑤ 皮锡瑞1897年12月22日日记,见《皮锡瑞全集》第9册,第740页。
⑥ 皮锡瑞1897年12月26日日记,见《皮锡瑞全集》第9册,第743页。
⑦ 皮锡瑞:《师伏堂春秋讲义》,见《皮锡瑞全集》第8册,第159—271页。

辉发表文章批评《界说》，皮锡瑞甚觉愤懑，"一孔之士恭惟，尤陋，群儿相贵如此！"①

不管如何，维新派以失败告终，而皮锡瑞也畏于政治压力，不敢妄言乱动。曾被康、梁用作变法工具的《公羊》，在民权呼声高涨而清廷穷于压制的政治环境下，尤其遭到敌视。当皮锡瑞知道钱硕人著有《论语述董》，暗地叹息："亦《公羊》家言，今人所讳者。"② 像《实学报》在痛诋民权之余，把矛头直指《公羊》之招乱，皮锡瑞亦感无可奈何："而必以此诋及谈时务者，并集矢于《公羊》，可谓怒其室而作色于父矣。"③

迄至写作《经学通论》之时，清廷已推行新政，随着政治环境和知识渠道变化，《公羊》已流失了维新时期掀动变法的巨大能量，但康、梁留下的负面形象仍未消散。当皮锡瑞读了张之洞署名的《抱冰堂弟子记》，其中忆念维新往事，"惟言公素恶《公羊》，其后果有以《公羊》倡乱事"，引起皮氏极大的反感，说是"此大可笑。"④ 这可看见，《公羊》与"倡乱事"之间的内在关系，仍是一种挥之不去而又极其恼人的政治指控。又如蓝光策撰写《春秋公法比义发微》呈献端方，虽然得到称许，却因"《公羊》非常可怪，不得作教科书"为由，予以拒绝，皮锡瑞觉得这是因康、梁的教训而过分小心，叹说："真惩羹吹齑之见。"⑤

在皮锡瑞看来，《公羊》遭到的冷待和敌视都是不该有的现象，而这种不满和埋怨也反映在《经学通论》之中。尤其是考虑到《经学通论》以"救燔经之祸"为忧，可以推知皮锡瑞必不以《公羊》为可燔之经。然则，《经学通论》究竟如何为《公羊》辩护？是否说得通？是

---

① 皮锡瑞1898年11月29日日记，见《皮锡瑞全集》第10册，第1001页。
② 皮锡瑞1899年12月11日日记，见《皮锡瑞全集》第10册，第1154页。
③ 皮锡瑞1898年7月1日日记，见《皮锡瑞全集》第10册，第907页。
④ 皮锡瑞1907年11月12日日记，见《皮锡瑞全集》第11册，第2262页。
⑤ 皮锡瑞1907年5月5日日记，见《皮锡瑞全集》第11册，第2186页。

否可以接受？考虑到书中许多论断已被采录为经学研究的流行教条，实有必要对之作出深入的解读，以免浅薄不经之弊。

三、现行研究的不足

在学术界，皮锡瑞不是陌生的名字，对他也不欠缺基础的认识。很可惜的是，现行有关皮锡瑞经学著作的研究，尚在起步的阶段，涉及《经学通论》的研究，还有一些不足。

（一）门户立场的标榜伸张

古人治经，重在文本句义的阐释，其中思想主张的理解和发挥，则看论者个人的功力如何，不需要预设一套先在的思想主张来指引经典研习的方向。因为各种缘故，以某一派经学史或经学观作为厘定经典的性质、审定其地位高低的依据，成为晚清以来经学研究的惯常作业手法。康有为《新学伪经考》就是这种手法的代表作。于是，衡量是非得失的主要判准，已被划定为派性观点（或其发展叙事）的挑选，而非文本内容的举证。陈壁生就这样刻画相关的做法："经学史又是经学观的产物，不同的经学观会描述出不同的经学史样貌，也会随之影响到一部经书的性质定位。例如早期的经学史中，皮锡瑞《经学历史》偏重今文，而刘师培《经学教科书》重古文。"① 既然"经学观"已被赋予先在的指导性作用，那么相关的经学史内容也变成"经学观"的立场展示的工具。于是，坚守自己所拥戴的门户，对相关学派人物及其主张表现拥护立场，仿佛变成应有的坚持和执着。按照这种门户心态阅读过去的经说，一些自命拥护"今文学"的人很容易以为《经学通论》"主今斥古"的意见是正确无误的，如曾亦评论此书："殆纯据今文学立场，讨论《春

---

① 陈壁生：《孝经学史》，上海：华东师范大学出版社，2015年版，第10页。

秋》及三传相关问题,条分缕析,明辨博洽。"① 这一论断似嫌浮泛空洞。"今文学立场"究竟如何带来"条分缕析,明辨博洽"的结果?不知道,也没有论证!仿佛门户立场摆出来就足够了,可供继续讨论的学术信息却是寥寥无几。

(二) 不问对错的盲从权威

因为各种原因,经书成为现代知识分子唾弃的对象,于是经学史教科书不问究竟,随意照抄皮锡瑞的观点,殊非罕见现象。例如蒋伯潜《十三经概论》就这么述说:"'存三统'、'张三世'、'异内外',以《春秋》当新王,以寓其政治理想,此《春秋》之'微言'也,要皆以'借事明义'为旨者也。《公羊传》兼传'大义'、'微言',深于《公羊》,能阐发大义微言者,在西汉有董仲舒,在东汉有何休,有清有刘逢禄,康有为则不免武断夸诞矣。《穀梁》惟传'大义',不传'微言',故《公羊》多'非常可怪之论',而《穀梁》无之。《左传》本非解经之书,而自为记事之史,故并'大义'亦不传焉。"② 这是说明《春秋》三传的基本介绍,其中"微言"、"大义"、"借事明义"、经史之分等观点,都是引录《经学通论》的内容,仿佛皮氏所言就是公认的正确结论,不必查问对错,甚至连出处也不用注明,全面采用便是了。

(三) 蜻蜓点水的随意点评

由于《经学通论》和《经学历史》这两部书长期以来是治经学史必读的参考书,许多学者尚未旁参众说,即对之深信不疑,一些讨论意见也不过是限于随意点评,鲜所发明。例如陈其泰《清代公羊学》便这么说:"皮锡瑞治学遵从今文家法,但他摒弃那种穿凿附会、主观臆断的

---

① 曾亦、郭晓东:《春秋公羊学史》下册,上海:华东师范大学出版社,2017年版,第1482页。
② 蒋伯潜:《十三经概论》,上海:上海古籍出版社,2010年版,第300页。

做法，具有朴实谨严的作风，实事求是，言必有据，持必有故，每设一义，务求深入地阐明自孔子、孟子、《公羊传》以下，至董仲舒、司马迁、何休、徐彦的解释，发掘其中实在含有而被人忽略者，故其立论，往往根据充足，能摘发幽隐，发前人之所未发。"① 陈氏此书，态度平允，不像《公羊》信徒那般伸张门户派性立场，也强调对经书进行客观和有系统的研究，可惜没有深入到《经学通论》各个观点的具体论证。以"实事求是，言必有据"等语形容皮锡瑞的"立论"，就是需要谨慎对待的判断。本书将会证明，皮锡瑞对《春秋》改制等见解，许多立论都不是"根据充足"，纵使"发前人之所未发"，但还谈不上"朴实谨严"，甚至有"穿凿附会""主观臆断"等弊端。

(四) 浮光掠影的铺排简介

假如说，一般经学史著范围过大，难以深入《经学通论》的具体论点，那么专门研究皮锡瑞的专著又如何呢？很可惜，现状还不令人满意，许多作品仍停留在简介和喝彩的阶段，尚未对《春秋》改制等观点进行专门的分析和判断。吴仰湘《通经致用一代师：皮锡瑞生平和思想研究》是国内第一本有系统地研究皮锡瑞的传记，书中利用皮锡瑞日记等新史料，尝试以较短篇幅全面叙述皮锡瑞的生平和经历，对《春秋》观点的剖析仅有"素王"的简介。② 后来，吴仰湘又出版了《皮锡瑞的经学成就与经学思想》，罗列皮氏各项的经学研究，同样试图面面俱到，但对《经学通论》的各个观点没有仔细地辨析，例如书中曾提及"借事明义"的主张，也不过是说"将其视作公羊学一大基本原则"，③ 没有告诉读者它的内涵和底蕴。吴氏二书以后，其他新著在立论上也没能超

---

① 陈其泰：《清代公羊学》，上海：上海人民出版社，2011年版，第273页。
② 吴仰湘：《通经致用一代师：皮锡瑞生平和思想研究》，第160—166页。
③ 吴仰湘：《皮锡瑞的经学成就与经学思想》，长沙：湖南大学出版社，2013年版，第297页。

前多少，例如潘斌《皮锡瑞学术研究》，全书都是抄录、复述和赞美而欠缺分析，在阐述"公羊家发明《春秋》之义的方法"时，都在抄录和赞美皮氏的语录，了无新义。① 一些通俗作品，如金小方《经学大师皮锡瑞》等书，连简单的介绍也出现不应该有的误读和误解，② 毫无学术含量可言。

综观以上，皮锡瑞《经学通论》虽非学术研究的空白点，但仍是有待深化认识的课题。就本书的关怀而言，最想了解的是皮锡瑞强烈的现实关怀是否导致《经学通论》在判断上的可信性。《清儒学案》便有这样一套说法："鹿门经术，原以高密为宗，其后专治今文家言，涂辙稍变，经义引而日新，时会然也。唯博洽精审，亦能折中群言，无所偏激。"③ 皮锡瑞由研治郑玄，进而拥护"今文家言"，但在《清儒学案》的执笔者而言，还是笃信他能够"无所偏激"，可惜此语别无旁证，让人无所进一步着力探究。

由于皮锡瑞避忌政治的心态，不像康、梁那般率直论政，其思想面貌相对温和，反而比较容易赢得学者的支持。例如，朱维铮并不认同康、梁之流的学风，但在纵论晚清"经今文学"时，却对皮锡瑞有不寻常的好评："比较起来，皮锡瑞属于晚清经今文学者中罕见的一例。他曾投身改革运动，没有超脱龚自珍以来'凭借经义以讥弹时政'的晚清经今文学传统，但他在涉及'经义'的历史诠释时所体现的态度，仍令

---

① 潘斌：《皮锡瑞学术研究》，成都：四川大学出版社，2015年版，第356—365页。
② 金小方说："书写历史、褒贬善恶，本来是天子的职权，孔子不得已而做了，这是《春秋》的微言。"（参阅《经学大师皮锡瑞》，郑州：中州古籍出版社，2016年版，第86页。）这是明显的误读。皮锡瑞《经学通论》（卷5，第367）说："孔子惧弑君弑父而作《春秋》，《春秋》成而乱臣贼子惧，是《春秋》大义。天子之事，知我罪我，其义窃取，是《春秋》微言。"对比可知，金书有两个误读：(1) 在皮锡瑞看来，"天子之事"属于"微言"，其中不包括"书写历史、褒贬善恶"，后者是"大义"；(2)"乱臣贼子惧"的效应也不宜读作"书写历史"，因为皮锡瑞不同意《春秋》是史，更反对孔子作史。
③ 徐世昌：《清儒学案》卷193，北京：中华书局，2008年版，第7437页。

人感到他力求就史论史，以经证经，因而对乾嘉古文学不掩美，对嘉道今文学不护短。"① 晚清是否真有"经今文学传统"？这一点还要更多的历史说明。皮锡瑞穷研诸经，是否做到瑕瑜不掩、无偏无陂呢？似乎值得再三推敲。略为翻阅《经学通论》，读者应该很容易看见其对"今文学"的"护短"，而他攻击"古文学"之严厉，绝非"不掩美"而已。

无疑，许多学者都知道皮锡瑞对今文经有所偏爱和袒护，但很少人认真审核他的各种主张所援的依据是否稳当。现在学术史的流行书写方式，不少是采用概括性较高的论断来说明研究对象（不论是人物抑或著作）的特色，往往泛泛而谈，优则提纲挈领，劣则粗述厓略，难以深挖相关主张的内在论证。对《经学通论》的认识，很有可能因为论者采用蜻蜓点水的点评策略，难以得到深层的认识。例如吴仰湘明知皮锡瑞偏好今文，却没有审理这一偏好是否影响其立论的公平性，仅说："虽时见偏主今文的个人好恶，但主要内容仍属条理旧说，切实有用。"② 这一论断，模棱两可。究竟皮锡瑞"偏主今文的个人好恶"是否导致其言的偏差？没有正面说明，因为吴氏所述的"切实有用"和"条理旧说"不过泛指他对《经学通论》的观感，据之无法衡量"个人好恶"的影响。

必须正视，《经学通论》虽有今文信徒的支持，又得到权威教科书的地位，但它和其他高举今文门户的作品一样，不见得是所有学者都能接受的。徐复观便提出了这样一个重要的判断："及清代今文学家出，他们因除《公羊传》外，更无完整之典籍可承，为伸张门户，争取学术上之独占地位，遂对传统中之所谓'古文'及'古学'，诋诬剽剥，必欲置之死地而后已，使后学有除今文学家的偏辞孤义外，更无可读之古典的感觉。皮锡瑞承此末流，写成《经学通论》及《经学历史》两书，逞矫诬臆断之能，立隐逆理之术。廖平、康有为更从而诪张羽翼之，遂

---

① 朱维铮：《中国经学史十讲》，第 181 页。这一论断，主要是因《今文尚书考证》等书而发。有关皮锡瑞的《尚书》研究，以及朱氏此文的其他内容，尚待另文处理，于此不赘。
② 吴仰湘：《点校说明》，见《经学通论》，第 5 页。

使此文化大统纠葛引发全面加以否定之局，我常引以为恨。"① 这里，主要是抨击今文学者推动了反传统的思想风气，而徐复观对皮锡瑞学术的评价，显然是相当质疑其言的公平性。严肃的研究态度，总需要面对反面证据和反面声音。像徐复观这样的想法，究竟是否可以接受呢？要证成它或否定它，似乎不能像过去的做法那样，必须严肃援据佐证，方有比较客观且切实的判断。

可喜的是，假如把眼光放宽至《经学通论》以外的其他研究作品，便会发现现在学术界已有一些高水平的学术专著，提出了一些犀利且独到的观点，有助于重新认识皮锡瑞经学见解的底蕴。比如说，刘巍在重新审视康有为、章太炎的经学争议时，已指出："讨论晚清经学，涉及今古文之争有不如人意者，往往不尽在于掌握事实之不周，而在于学派划分的根据之不确。推源论之，晚清学人出主入奴的今古文门户之见，实启后学之迷思。"② 此说正可提醒读者，像皮锡瑞这样怀有"今古文门户之见"的"晚清学人"，在"今古文之争"中乃是"出主入奴"，其言不尽可靠。

又比如，李若晖在汉代经学的专题研究上，敏锐地指出汉儒为了适应帝国政治的需要，总是面对先秦儒学不能指导帝国政治的内在困境："由于汉儒自身内在学理缺陷，形成君臣异术的格局，使得秦制之国家暴力笼罩并规定了儒学之仁德，儒学最终雌伏于国家暴力之下。……这对二千年来华夏民族影响最钜的儒学政制，却并非先秦儒学的真正血脉与神髓，悲夫！"③ 以上感言，推以理而足据，参以势而可通，有力地揭穿了《经学历史》诸书夸言汉儒"通经致用"的神话，显示皮锡瑞的经学主张未必具有足够稳妥的立说基础。

---

① 徐复观：《自序》，见《中国经学史的基础》，台北：台湾学生书局，1982年版，第1—2页。
② 刘巍：《中国学术之近代命运》，北京：北京师范大学出版社，2013年版，第141页。
③ 李若晖：《久旷大仪：汉代儒学政制研究》，北京：商务印书馆，2018年版，第268页。

又比如，方韬对杜预《春秋经传集解》的系统研究，客观地说明杜注解读经传的内在理路："即使对杜预批评最严厉的清儒，也无法抛弃《集解》。……《集解》经得起时间检验，其价值是恒久的。"① 透过复杂的举证和解说，方韬说明杜预以《左传》解读《春秋》的思路，纵使间有不备，但绝非如许多清儒（尤其是皮锡瑞等人）所说的那么庸劣不堪，以此反观《经学通论》对杜预的猛烈攻击，便能印证皮氏所言绝不可靠。

类似的优秀成果还可以列举许多，本书将会随文引证，恕不一一缕述。在此，再次重申一点：学术问题的讨论，若无足够深度的专业认识，是无法切中肯綮的。《经学通论》所谈的问题，是需要各方面的专家共同参与分析的。本书作者近年来专注研究《春秋》经传，对《经学通论》的各种观点，体会颇多，遂发愿检讨皮锡瑞这方面的主张是否能够成立。

第二节 研究思路简述

现把本书的研究思路略加缕述，方便读者理解：

（一）传世《五经》内容丰富，覆天盖地，苟非期之皓首，谁可易言穷经？《经学通论》对《五经》的讨论固然仅是选择性的，而本书在研究范围的厘定上，更是选择中的选择，仅是解读《经学通论》有关《春秋》的部分，且不讨论《春秋》的所有内容，只是挑选《春秋》改制作为讨论的起点，说明皮锡瑞对素王立法、微言大义、借事明义、经史之分四个问题的讨论。

---

① 方韬：《杜预〈春秋经传集解〉研究》，北京：中国社会科学出版社，2017年版，第471页。

之所以挑选这些题目来讨论和辨析，主要因为这些都是触及《经学通论》的核心内容。皮锡瑞虽然泛滥群经，但最偏好的仍是《尚书》和《春秋》二者，而《春秋》因与"素王立法"的构想相关，更是他指望用来应对"燔经之祸"的良方。按其自述，《经学通论》书中大旨计有：

  A. 当知经为孔子所定，孔子以前，不得有经；
  B. 当知汉初去古未远，以为孔子作经，说必有据；
  C. 当知后汉古文说出，乃尊周公，以抑孔子；
  D. 当知晋、宋以下，专信古文《尚书》《毛诗》《周官》《左传》，而大义、微言不彰；
  E. 当知宋、元经学虽衰，而不信古文诸书，亦有特见；
  F. 当知国朝经学复盛，乾嘉以后，治今文者尤能窥见圣经微旨。①

以上六点，不是历来经学家共同认可的说法，而是皮锡瑞独特的见解。如前所述，皮锡瑞把"燔经之祸"界定为当前必须处理的危机，而《经学通论》就是为了证明儒家经典的有用："执此六义以治诸经，乃知孔子为万世师表之尊，正以其有万世不易之经。经之大义、微言，亦甚易明。治经者当先去其支离不足辨，及其琐细无大关系，而用汉人存大体、玩经文之法，勉为汉时通经致用之才，斯不至以博而寡要与迂而无用疑经矣。"② 一言以蔽之，质疑诸经是不必要的，只要接受他的"大旨"，人们就能够坚定对经的信念，不致盲目毁弃。

皮锡瑞对《春秋》的核心判断，基本上离不开以上六项"大旨"；

---

① 皮锡瑞：《自序》，见《经学通论》，第 2 页。这六点大旨，也被摘抄在《清儒学案》（卷 193，第 7437—7348 页）之中，作为皮锡瑞教人读经的基本内容，可算是后人简介其学术纲领的主要蓝本。

② 皮锡瑞：《自序》，见《经学通论》，第 2 页。

而本书正文四章,将会一一加以剖析:

　　贯彻 A,故皮锡瑞相信孔子作《春秋》。需要注意:他和康有为一样,一贯主张孔子是孔教的第一位教主。因此《经学通论》所理解的"作",是立法改制的含义,不是一般意义的写作;而他所理解的《公羊》,也是透过何休《解诂》的改制主张来诠释。皮锡瑞在维新期间推动变法,康、梁的政治失势也令他受到连累和威胁,但这些压力没有令他完全放弃对《公羊》的信仰。改制一直是他的核心追求。问题是,如何向世人证明它的安全性。为此,皮锡瑞努力说明改制是针对遥远的后世而言,不是反对当局,对现存政治体制也没有实际的冲击。于是,改制仿佛是主张变法的另一种说法,而"素王"的主体是《春秋》而非孔子。以上,是本书第一章第一、二节所要处理的课题。

　　之所以需要贯彻 B,是因为 A 并非不证自明的论断。皮锡瑞相信《春秋》素王之义,是唯一正确解读《春秋》的锁匙。但在文献上,也没有留下足够可信的证据显示孔子具有皮锡瑞那种"《春秋》为后王立法"的构想,包括《春秋》和《公羊》在内也未明载这一主张。因此,皮锡瑞尝试援引汉人的说法作为依据,但相关引证是否十分可靠呢?以上,是本书第一章第三节所要处理的课题。

　　因为 C 和 D 的指责,《经学通论》认定"古文"诸经是制造错误认识的根源。与潘任参考其他经说以求进步的期待不同,皮锡瑞更希望读者不要被其他错误想法误导,必须坚定《公羊》最能解释《春秋》的认识,同时排斥与《公羊》不同调的其他主张;其中,尤以《左传》最被疾视。《经学通论》彻底否定《左传》解经的资格,认定《春秋》是经,不是史,而《左传》是史,不是经。透过这样的"经史之分",二者的经传关系遭到分拆,而主张以《左传》解《春秋》的杜预则被皮锡瑞严厉批判。照皮锡瑞的判断,杜预《集解》的解经见解,不仅是"支离不足辨"和"琐细无大关系"的说法,而是导致"大义、微言不彰"的错误观点。不过,皮锡瑞这些观点都是建立在误解和偏见之上的,对

《左传》和杜预都不能算是公允的。第二章将仔细处理相关的论点及其谬误。

仅就 D 而言，说"古文"诸经使得"大义、微言不彰"，已隐默地涵蕴"今文"诸经才是彰明"大义、微言"的作品。在《春秋》的判断上，为了辩护素王改制，抬高《公羊》的地位，皮锡瑞把"大义"理解为"诛讨乱贼以戒后世"，把"微言"理解为"改立法制以致太平"。这是前所未有的新构想。然而，由于《春秋》和《公羊》皆无明文支持上述的构想，因此《经学通论》的论证策略是从孟子和董仲舒寻找支持其说的凭据。以上，是本书第三章第一、二节将会剖析的内容。

就 E 的判断而言，皮锡瑞对宋元经学的评价，大体上是不高的，故以"衰"言之。但他特别强调当时仍有一些"特见"值得肯定，因为这些特见具有"不信古文诸书"的优点。依此判准，皮锡瑞特别赞美周敦颐、邵雍、程颐、张载、朱熹"独能知微言大义"。本书第三章第三节将会认真检视他的引证，指出他是如何摘抄和理解"宋五子"的话语，进而指出其说是否可靠。

从 F 的宣示，可以反映皮锡瑞对清中叶以降"治今文者"的推许，而他所理解的"圣经微旨"，在《春秋》研究的领域上，尤指那些可以支持《春秋》素王的思想主张。要令读者相信《春秋》素王之义，离不开《公羊》和何休《解诂》的可信性。然而，《公羊》各种充满争议性的叙事，以及何休《解诂》黜周王鲁和张三世等主张，历来备受质疑。因此，皮锡瑞继孔广森、刘逢禄、陈立等人之后，更进一步，以"借事明义"概述"一部《春秋》大旨"，以此化解方方面面的潜在质疑。究竟他对"事"与"义"有何阐明？其中的论点如何？本书第四章将会指出《经学通论》的这些说法，未必符合《公羊》、何诂和相关文本的原意，而且把"事"当成假托之物，仿佛它的真伪有无也不影响"义"的存在，亦有一些疑难有待解答。

综述以上，《春秋》改制的思想是皮锡瑞的核心追求，由此衍生出素王立法、经史之分、微言大义、借事明义四个观点。尽管《经学通论》还有其他重要见解，但就皮锡瑞自述的六项"大旨"而言，这四项观点具有不能替代的首要性地位，绝对不能回避，亟须予以特别关注，故本书列为研究对象；限于时间和篇幅，《经学通论》的其他内容只能留待日后再作研究。

（二）本书对《经学通论》以上四个观点作出论证分析，重点是剖析皮锡瑞论证的可靠性，借以检讨《春秋》研究一些习以为常的论断是否值得继续信任。重点是文本的论证，而非它在晚清思想史上的发展过程及其后的效应。有关《经学通论》在晚清学术界的定位，需要对皮锡瑞的生平和其他人物予以更深入的考订和追溯。本书不拟对之深入究竟，书名以"辨证"为题，就是要考察和辨析《经学通论》一些观点的论证。

以"辨证"为研究对象，不可能是简单地复述皮锡瑞的一些言说便即了事。像余嘉锡《四库提要辨证》一书，就是严肃地对待《四库提要》的一些错误论断。同样，本书认为皮锡瑞《经学通论》对《春秋》研究也有一些观点有待商榷，故努力钻研，求索更可靠的学术判断，诚如余嘉锡之言，"夫蠹生于木，而还食其木，柳子厚好读《国语》，乃能作《非国语》，盖必与之相习，然后得其要害也。"① 真正的学术进步，是不应为了门户而掩饰前人的错误。

现行学术史的一些流行做法，往往满足于引述相关学者的主张，以此概述其学思过程，但在操作上，极有可能是带有误导或失实的。比如说，皮锡瑞以"经学专家"自负，声言"自非经学专家，鲜不以古义为河汉"，② 以"古义"作为衡量经说的得失，似乎是他的重要标准。然而，他所遵奉的是否必属"古义"呢？不一定。

---

① 余嘉锡：《四库提要辨证》第1册，北京：中华书局，2010年版，第52页。
② 皮锡瑞1894年10月2日日记，见《皮锡瑞全集》第9册，第331页。

在《春秋》研究中，先儒诸说莫衷一是，而皮锡瑞则认定何休《解诂》最合经义。何休生活于东汉末年，去圣久远，非亲炙圣旨，而《解诂》仅是解读《公羊》的一部作品，怎也不可能比《公羊》更早？但许多事例显示，当《公羊》与《解诂》二者内容抵触，皮锡瑞是宁采《解诂》而非《公羊》，或以《解诂》解《公羊》。应该说，皮锡瑞对"古义"的选取，主要不是看古不古，而是相关见解是否为他所爱好的。不能支持他的偏好，古如《史记》，他也不见得采用，如《十二诸侯年表》"因孔子史记具论其语"涉及左丘明写《左传》的记载，便是一例。相反，貌似能够支持他的论点，晚如宋儒（尤其是胡安国、朱熹）的说法，他也乐于采用，这跟许多严拒宋学的清儒大不相同（参考上述E）。

（三）思考皮锡瑞《经学通论》如何展开论证，首先意味着本书认为应把这一部书理解为他个人思考的成果，而非某某学派的共同纲领。以"今文学立场"之类的标签来定性他的解经意见，没有多少澄清问题的作用。同样是推崇和研治《公羊》，不是每一个《公羊》学者都像他这样立论。康有为的孔子自王论，固然有别于皮锡瑞的《春秋》素王论；而皮的"借事明义之旨"，也不符合何休的原意。《经学通论》之所以值得研究，正在于此。皮锡瑞立说的独特性，说明同样是《公羊》的思想信徒，不同的人彼此之间也有歧异。欲于众言淆乱之余，独窥经传之妙义，探兹奥赜，自当广泛涉猎，辨识诸说之纷如。有些时候，一人之口自为异同，先言不对后语，矛盾相刺，无可归一。作为研究者，也只得承认歧中之歧，仔细辨析观点异同，切忌铁板一块笼统视之。

承认认识上的分歧，意味着没有一套诠释意见可以垄断某一文本的解读。研究一个文本，审视解释它的各种说法是否正确，检验的标准在于文本自身。比如说，研究《庄子》的思想，必以这部书为标准，离开它而言《庄子》，失去了准的，岂不可以随时转移，今天喜清谈就说郭象注是庄子的知音，明天流行佛理就捧章太炎《齐物论释》为谛解。若果如此，讨论便无法进行。符合文本原意的说法，即使不是"古义"，也可能具有参考的价值；不符合文本的说法，纵使被视为"古义"，也不能凌驾于文本之上，或以此代替文本。吕绍纲说得好："我们必须加以分析，将《春秋》《公羊》的思想归诸《春秋》《公羊》，何休的理论归诸何休。这样，当我们研究它们各自的思想的时候，才不致误入歧途。"① 何休《解诂》仅是解释《公羊》的其中一种意见，不能把它凌驾在《公羊》之上。同样道理，皮锡瑞的解经意见也仅是诠释《公羊》和何休《解诂》的其中一种意见，不能说他具有代言传注的绝对资格。因此，每当遇到《经学通论》的观点与《春秋》《公羊》《解诂》或其他文献扦格不入，似乎应该正视它们之间的不同，而不是拿其中一个意见掩盖差异。本书相信，只有进行比较细致的考察，方能辨明什么东西是皮锡瑞独创的，什么东西是他因袭前人的，什么东西是他优于或劣于别人的。

确切地说，恪守"古义"不保证解经意见的必然正确。一项"古义"是否能够作为支持某一观点的证据，主要是看它与它所证明的论点之间的逻辑关联性。比如说，皮锡瑞认为"大义"与"微言"各有所指，而且断定《孟子》"已明言之"，但翻查《滕文公下》和《离娄下》的相关篇章，这一理解其实大有问题。《孟子》和其他文献都不足以支持他的构想。更恰当地说，他的构想是非常新颖的，但欠缺凭据。类似的问题，《经学通论》还有许多例证，而本书正文四章也会加以辨析。

（四）追溯皮锡瑞立论的来源，考察他与别人的观点有何异同，在操作上其实是同一套做法，就是在语境中理解相关观念的使用。皮锡瑞在《经学通论》提出这样或那样的想法，说到底不是无中生有的产出，而是他在阅读和写作中与不同观点交锋的结果。要明白其中的所以然，

---

① 吕绍纲：《何休〈公羊〉"三科九旨"浅议》，见《庚辰存稿》，上海：上海古籍出版社2000年版，第330页。

就有必要把相关观念放在语境中考察。不了解《公羊》歌颂鲁隐、祭仲、齐襄、宋襄如何遭到后世儒者的质疑和驳议，就不能理解皮锡瑞为何强调"借事明义"的必要性。不知道杜预对《左传》的真实贡献，也不可能理解《经学通论》的许多指责实乃无的放矢。《经学通论》收录的文章不是什么高不可攀的"经学问题"。与其夸言"经学体系"、"经学系统"、"经学眼光"或其他空洞浮泛的论述，不如回到相关的知识语境，切实掌握书中各个论点。思想史家斯金纳（Quentin Skinner）建议说："我们必须研究语词被使用时的各种语境——它们所做到的功能，所有它们可能涉及的各种东西。"① 这一点，对《经学通论》的研究，应有一定的参考作用。

追求观念背后语境的要求，意味着研究者不仅需要精读《经学通论》的各篇文章，更要翻查和追溯这些文章是根据什么、针对什么、回避什么而写成的。尤其是皮锡瑞带有扬《公》抑《左》的立场，书中行文多有论战的意味，故有必要剖析以下四点：第一，他所批判的对手的想法；第二，他所援引的文献的原貌（尤其是当皮锡瑞仅是节引之时）；第三，他没有提及而又相关的观点；第四，知识界对相关问题大体上有何归趋。撇下这四点，径自引录被研究的文本，然后凭自己的领悟任意点评的做法，极有可能是主观而又依据不足的做法。想想看，当皮锡瑞批判刘炫"不知何氏明言'惟王者改元立号'"，而刘炫难何休之文却早已引录此语，若不追查《春秋左传正义》的相关语脉，而片面相信《经学通论》的指控，对刘炫是否不公道呢？又想想看，当皮锡瑞责难杜预时，声言孔子"是为万世作经，不是为一代作史"，而杜预既无经史之别，也未尝主张"抄录一过"，若是偏听皮锡瑞的一家之辞而忽略杜预及其同时代人的观点，又是否为平允的做法呢？

---

① Quentin Skinner, "Meaning and Understanding in the History of Ideas", *Visions of Politics*, Vol. 1, *Regarding Method*, Cambridge: Cambridge University Press, 2002, p. 84.

回到语境审视皮锡瑞《经学通论》，其实也是聆听其他各种声音，从而比较准确地解读书中的不同意见。无疑，比读不同观点的结果，可能会发现皮锡瑞许多主张不像乍看来那般正确无误，甚至可能是彻底错误的。但经学史的实质进步，还是需要从检视前人得失认真做起。就此，刘家和有一个很好的观点："清儒破除对杜注的迷信，进行深入研究与论辩，然后取得重大成绩。我们自然也不能迷信清儒，而也要取切实研究的态度，以求比清人更进一步。"① 按照这个逻辑，学者希望"更进一步"，就需要破除"迷信"；假如明知皮锡瑞错了，还继续"迷信"下去，似乎不是追求学术进步的合理态度。

经学虽有悠久历史，但经学史的书写，与其他领域的学术史一样，却是近代以来方才得到知识分子积极参与的事情。因此，许多问题还有待重新整理和反思。本书期待，透过反思《经学通论》各个观点的得失，可以扎实地解决一些实质性的问题。

---

① 刘家和：《从清儒的臧否中看〈左传〉杜注》，见《史学、经学与思想：在世界史背景下对于中国古代历史文化的思考》，北京：北京师范大学出版社，2005年版，第280页。

第一章　素王、改制与立法

皮锡瑞相信,要化解"燔经之祸",就必须让世人认识经学的用处;而他理想中的方案,早已预设了《公羊》的核心位置。与很多《公羊》学者一样,皮锡瑞认为孔子不仅作《春秋》,还拥护《春秋》改制的主张。这一主张,是与素王立法的构想密切相关。但要注意,对同一主张可能存在不同的理解。即使谈论相同的概念,也不能简单地以为谈的人必有相同的构想。同样是尊信《公羊》,不同的人对"素王"的理解可能各有不同,对"改制"和"立法"的认识也可能存在差别。究竟皮锡瑞所理解的"素王"或"立法"有什么内涵?指代的是什么对象?细读《经学通论》相关内容,可以发现他的构想与康有为的孔子"自王"说存在明显的距离。这是不能错漏的要点。以下三节,将会认真解读《经学通论》的相关内容,指出皮锡瑞的论述有三个不寻常的地方。

第一节　重谈"《春秋》素王之义"

第一个不寻常的地方,是皮锡瑞不像其他《公羊》学者那样主张孔子是素王,而是以《春秋》为素王的主体,尤其强调孔子没有"自王"的想法。这是一个相对新颖的想法。就皮锡瑞的个人认知而言,现实中不可能有一个人具有"自王"的足够条件。清朝与中国大多数王朝一样，都是一人专制，绝不允许皇帝以外的其他人受命为新王，故皮锡瑞谈"素王"而不"自王"，绝非无的放矢。其中的一些论证，尚待仔细辨析。① 以下，将会讨论五则引文，深入辨析它的内涵及其论证思路。

一、"《春秋》素王之义"的内涵

皮锡瑞对"素王"的剖析，是从批驳《左传》杜注和孔疏展开。

（一）对杜注、孔疏的评论

杜预《春秋左传集解序》云："说者以为仲尼自卫反鲁，修《春秋》，立素王。丘明为素臣。……子路欲使门人为臣，孔子以为欺天。而云仲尼素王，丘明素臣，又非通论也。"《春秋左传正义》申杜云："麟是帝王之瑞，故有素王之说。言孔子自以身为素王，故作《春秋》，立素王之法。丘明自以身为素臣，故为素王作左氏之传。汉魏诸儒，皆为此说。董仲舒《对策》云：'孔子作《春秋》，先正王而系万事，见素王之文焉。'贾逵《春秋序》云：'孔子览史记，就是非之说，立素王之法。'郑玄《六艺论》云：'孔子既西狩获麟，自号素王，为后世受命之君制明王之法。'卢钦《公羊序》云：'孔子自因鲁史记而修《春秋》，制素王之道。'是先儒皆言孔子立素王也。《孔子家语》称齐太史子馀欢美孔子，言云天其素王之乎？'素，空也，言无位而空王之也。彼子余美孔子之深，原上天之意，故为此言耳，非是孔子自号为素王。先儒盖因此而谬，遂言《春秋》立素王之法。左丘明述仲尼之道，故复

---

① 现在对这个问题的认识，仅停留在一般的简介上。参阅吴仰湘的《皮锡瑞的经学成就与经学思想》和潘斌的《皮锡瑞学术研究》。后者（第351页）仅说："《春秋》立一王之法，其义尤为显著，而惟《公羊传》知《春秋》是素王改制。"它与前者一样，对"《春秋》素王"皆无解说。

以为素臣。其言丘明为素臣，未知谁所说也。"①

《经学通论》评论说："《公羊》有《春秋》素王之义，董、何皆明言之，而后世疑之者，因误以素王属孔子。"针对上述杜注、孔疏之论，《经学通论》又云："据杜、孔之说，则《春秋》素王，非独《公羊》家言之，《左氏》家之贾逵亦言之。至杜预，始疑非通论。杜所疑者是仲尼素王，以为孔子自王，此本说者之误。若但云《春秋》素王，便无语弊。孔疏所引云'素王之文'、'素王之法'、'素王之道'，皆不得谓非通论。试以孔疏解'素'为'空'解之，何不可通？杜预《序》云：'会成王义，垂法将来。'其与素王立法之说，有以异乎？无以异乎？惟《六艺论》之自号素王，颇有可疑。郑君语质，不加别白，不必以辞害意。孔子作《春秋》以讨乱贼，必不自蹈僭妄。此固不待辨者。《释文》于《左传序》'素王'字云：'王，于况反。下"王鲁"、"素王"同。'然则'素王'之'王'，古读为'王天下'之'王'，并不解为'王号'之'王'。孔子非自称素王，即此可证。若丘明自称素臣，尤为无理。丘明尊孔子，称弟子可矣，何必称臣示敬？孔疏亦不知其说所自出，盖《左传》家窃取《公羊》素王之说，张大丘明以配孔子，乃造为此言耳。"②

（二）辨证

1.《春秋》素王与孔子素王

"《春秋》素王"是相对于"仲尼素王"而言，它们作为皮锡瑞所排列的两个选项，是什么意思呢？从反对杜预"所疑者是仲尼素王，以为孔子自王"一语，可以确定皮锡瑞所谓"仲尼素王"意即"仲尼是素

---

① 孔颖达：《春秋左传正义》卷1，北京：北京大学出版社，1999年版，第24—25、30页。按："说者以为"，《经学通论》引录《春秋左传集解序》脱"为"字，周春健校注本（第373页）和吴仰湘点校本（第378页）皆未校正。

② 皮锡瑞：《经学通论》卷5，第378—379页。

王"。据此推知,"《春秋》素王"意即"《春秋》是素王"。在此,"《春秋》素王之义"已包含:

  A₁ 《春秋》与"素王"的同一性。

"素王"是指《春秋》,而非孔子,故孔子不是"素王",而皮锡瑞亦批判"误以素王属孔子"的错失。这也意味:

  B₁ 孔子与"素王"的非同一性和非联结性。

孔子不仅不是"素王",而且皮锡瑞也反对将"素王"归诸孔子。
问题是,他认为《公羊》已有此义,还说"董、何皆明言之",真的吗?
今本《春秋繁露》和《春秋公羊传注疏》皆无"素王"的概念。《春秋》和《公羊》没有"素王"二字,也没有文献说明何休提及这个概念,何来"明言之"?董仲舒提及"素王",仅有一例,载于《汉书·董仲舒传》:"孔子作《春秋》,先正王而系万事,见素王之文焉。"① 这是《举贤良对策》第二策的内容。② 此"素王"不是指《春秋》。且对比《春秋繁露·玉杯》的一个例子:"孔子立新王之道,明其贵志以反和,见其好诚以灭伪。"③ 同样是以孔子为主体,此"明"和"见"下的"其",都是指"新王之道"。其中,"其"字对语意的确定极为重要。有了"其",方知"贵志以反和"和"好诚以灭伪"属于

---

① 班固:《汉书》卷56,北京:中华书局,1962年版,第2509页。
② 这部分内容曾有研究者视为后代的附会窜入,但似乎没有根据。相关的讨论,参阅深川真树:《影响中国命运的答卷:董仲舒〈贤良对策〉与儒学的兴盛》,台北:万卷楼,2018年版,第51—53页。
③ 苏舆:《春秋繁露义证》卷1,钟哲点校,北京:中华书局,1992年版,第28、30页。

"新王之道"的内涵。以此反观董仲舒《举贤良对策》之文，因为没有"其"这个代词，所以"见"下的"素王"绝非指代《春秋》，又"见"上的"先正王而系万事"才是概括《春秋》之语。浏览这段引文，读者只知董仲舒正在谈论孔子作为"素王"的主体所做的事情，但此"素王"不等于皮所说的"《春秋》素王之义"。皮锡瑞"明言之"用在董仲舒身上，亦不可通。从总体上看，说"《春秋》素王之义"尚未从董、何的著作中找到确证，是可以成立的。

"以素王属孔子"的错误，是皮锡瑞推论出"《春秋》素王"的主要前提。这个推论若要说得通，另有一个前提必须是先在的：

C_1 "素王"要么是孔子，要么是《春秋》。

没有这一前提，仅凭"素王不是孔子"是推不出"素王是《春秋》"的结论。不过，除了孔子或《春秋》这两个选项外，"素王"不可能指代其他对象吗？

应该承认，C_1 这一预设可能是过分狭窄的。"素王"作为古老的历史存在，由来已久。据《史记·殷本纪》记载，伊尹从汤之时，"言素王及九主之事"。《索隐》云："素王者，太素上皇。其道质素，故称素王。"① 此"素王"既非孔子，亦非《春秋》，而"九主"是否"九皇、六十四民"的"九皇"？不清楚。② 但"素王"与"九主"一样，既是伊尹向汤讲述政治见解的例证，似乎该是指上古相传的圣王。

早期中国文献所记载的"素王"，可以包含在位的统治者。《鹖冠子》的记载便是一例。《王鈇篇》回顾成鸠治国之法，说："故共威立而不犯，流远而不废，此素皇内帝之法。"③ 此"素皇"犹"素王"，都是

---

① 司马迁：《史记》卷3，北京：中华书局，2014年版，第122—123页。
② "九皇、六十四民"的理解，参阅本书第三章，第279—282页。
③ 黄怀信：《鹖冠子校注》卷中，北京：中华书局，2014年版，第204—205页。

享有执政地位的人。不过，战国以降关于"素王"的讨论，更多的是指代没有执政地位的臣子。《庄子·天道》云："夫虚静恬淡、寂漠无为者，万物之本也。明此以南乡，尧之为君也；明此以北面，舜之为臣也。以此处上，帝王天子之德也；以此处下，玄圣素王之道也。"① 此"处上"与"处下"对举："帝王天子"如尧，是君，是在上者；"玄圣素王"如舜，是臣，是在下者。林希逸《南华真经口义》解释说："'处上'，即南乡之君也；'处下'，不仕者也。'玄圣素王'，言有圣人之德，无圣人之位也。"② 除了道家信徒以外，后人多言"素王"而非"玄圣素王"③，但《天道》篇强调"素王"非在位之君，却是极具典范意义。自此以后，有德无位之人，得以称为"素王"，不知如何成为流行的想法。例如贾谊《新书·过秦下》云："秦虽小邑，伐并大城，守险塞而军，高垒毋战，闭关据厄，荷戟而守之。诸侯起于匹夫，以利会，非有素王之行也。"④ 这是回顾秦亡的失败经验，其中对诸侯"非有素王之行"的批判，实已预设他们在行为上可能拥有"素王"的条件。在董仲舒以前，"素王"已有其他论者使用，但未尝专指孔子一人。

明乎此，上述《董仲舒传》"见素王之文焉"的"素王"，虽非"《春秋》素王之义"，但也不见得是"以素王属孔子"。一个合乎情理的解读是："素王"是西汉初期相当流行的思想观念，虽然董仲舒"见

---

① 郭庆藩：《庄子集释》卷5，北京：中华书局，1961年版，第457页。
② 林希逸：《南华真经口义》，昆明：云南人民出版社，2002年版，第200页。
③ 后世多以"素王"称孔子，鲜谈"玄圣"。宋真宗增美孔子，名曰玄圣，其中的依据仅是纬书和道家经典，丘濬对之猛烈抨击："盖以《春秋演孔图》曰：'孔子母感黑帝而生，故曰玄。'庄子曰：'恬淡玄圣素王之道。'遂取以为称。呜呼！孔子之道，非一言一义所可尽者，谥之有无，固不为之轻重，况加之非圣之言！既加之矣，而又以犯其诞妄之祖之讳而改之哉！"（参阅丘濬：《大学衍义补》卷66，见《文渊阁四库全书》第712册，上海：上海古籍出版社，1987年版，第752—753页）丘濬这一观点，其实很能反映儒者谈"玄圣素王"的内在限制：儒家典籍没有这方面的文本记载，像宋真宗那样谈论"玄圣"，易招反儒非圣之讥。
④ 阎振益、钟夏：《新书校注》卷1，北京：中华书局，2000年版，第16页。

素王之文焉"因"孔子作《春秋》"而发，但不蕴含他所理解的"素王"必然专属孔子。《汉书补注》引王先慎曰："是古以素王推尊在下有德者通称，何曾属之孔子？"① 此言独得慧心，特录出别存之。如其观察，"见素王之文"不是专指孔子，而是说孔子这样写作《春秋》体现了"素王之文"。须知，《对策》在讨论"见素王之文焉"之前，追述尧、舜、文王三人受命而统治天下的故事，并且列举尧在位时所得的"贤圣"，计有舜、禹、稷、卨、咎繇五人，又总结说："由此观之，帝王之条贯同，然而劳逸异者，所遇之时异也。"② 非常清楚，在董仲舒心目中，与孔子具有相同资格的人，不论是"帝王"抑或"贤圣"，历历可数。从《对策》这样的语脉审视，"见素王之文焉"的"素王"不是仅孔子一个人专有的（更不要说只属于《春秋》了），其他人也可以做得到，只是董仲舒的举证刚好谈及孔子和《春秋》而已。

于是，没有必要认为董仲舒所尊尚的仅是作《春秋》的孔子。董仲舒及汉初思想界所欣赏的"素王"，未必没有其他人。这一点，恰好是皮锡瑞相对忽略的。他的"《春秋》素王之义"，都是围绕孔子而说，由始至终也没有触及孔子以外的其他人。

此外，支持这一结论的，既是"素王要么是孔子，要么是《春秋》"的 C_1 这一预设前提，而它所设定的两个答案，其实无形中排除了其他答案的存在。换言之，围绕着"《春秋》素王之义"的推理，已包含了一个重要元素：

D_1　独尊孔子的排他性。

皮锡瑞没有直接主张孔子是素王，但由于他强调《春秋》是"素

---

① 王先谦：《汉书补注》卷56，上海：上海古籍出版社，2008年版，第4036页。
② 班固：《汉书》卷56，第2509页。

王",而孔子又是《春秋》的作者,所以写作《春秋》以外的其他人肯定不能算是"素王",不是很明白的事情吗?因此,"《春秋》素王"与"孔子素王"一样,都是具有独尊孔子的效应。出于类似一神宗教的构想,在皮锡瑞心目中,包括《春秋》在内的《六经》,乃至"经之名"的发明权,都是归诸孔子一人。① 职是之故,孔子以外的其他"素王",从一开始就不出现在他的论述之中,用不着奇怪。

2. 非工具性和立法主体性

此外,《春秋》作为"素王",虽是一个文本,但其自身就是"素王立法"的主体,不再是服务于其他目的的工具。据此,"《春秋》素王之义"具有:

E_1 文本的非工具性。

F_1 在立法上的主体性。

这两点绝非寻常。谈论孔子作为"素王"的言论,通常都认为《春秋》是孔子为了某种目的而写的作品。例如《说苑·贵德》说孔子"退作《春秋》,明素王之道,以示后人";② 又如《风俗通·穷通》说孔子"制《春秋》之义,著素王之法"。③ 观此二例,"《春秋》"与"素王"并举,二者非一,犹如上述《董仲舒传》"孔子作《春秋》"、"见素王之文焉"的用法。此"《春秋》"不等于"素王"。更准确地说,《春秋》是为了让读者了解孔子具有"素王"的条件而存在的工具。但据皮锡瑞的理解,《春秋》已是作为主体而存在,是能"立法"的"素王",不再是为了说明"素王"的工具。

循此审理,皮锡瑞说孔疏"素王之文"、"素王之法"、"素王之道"

---

① 有关"经之名"的问题,参阅拙著:《"孔子出而有经之名"驳议》,待刊。
② 向宗鲁:《说苑校证》卷5,北京:中华书局,1987年版,第95页。
③ 王利器:《风俗通义校注》卷7,北京:中华书局,1981年版,第315页。

三语可以从"素"的"空"义得出"可通"的解释，是不得要领的。如其说，"素王之文"、"素王之法"、"素王之道"可以解作"空王之文"、"空王之法"、"空王之道"，然则这三个"空王"又是什么呢？按照皮锡瑞的思路，当然是指《春秋》了。可是，像贾逵《春秋序》"孔子览史记，就是非之说，立素王之法"的"素王"意谓《春秋》吗？绝对不是！此外，皮锡瑞认为杜预《集解序》"会成王义，垂法将来"，与"素王立法"没有差别。不过，杜序原文是："是故因其历数，附其行事，采周之旧，以会成王义，垂法将来。"① 这是讲述孔子制作《春秋》的缘起，"会成王义"的是孔子，而非《春秋》。相反，"素王立法"就是让《春秋》（而非孔子）成为"立法"的主体，皮锡瑞强作比附，岂合杜预之意？以《春秋》作为"素王立法"的主体性，无形中也取消了《春秋》原有的工具性，在文本解读上引起不必要的疑团，值得认真商酌。

3. 拟人与非人

还有，因为《春秋》作为"素王"，具有"立法"的主体性，而"立法"又是政治行为，所以从"《春秋》素王"出发，实已默认它具有一定程度的拟人性。然而，《春秋》是一部书，不是人，所以说它是人，肯定是不适合的。《春秋》即使是"素王"，但它的非人性是不可消除的。由是推之，"《春秋》素王之义"已包含：

G_1　拟人的属性。
H_1　非人的属性。

因为《春秋》像人，所以能够"立法"；因为《春秋》不是人，所以任何有关人的品性描述也用不上。这两点，与"素王"的流行理解大

---

① 孔颖达：《春秋左传正义》卷1，第28页。

相径庭。如上所述，不管"素王"是否专指孔子，也不管"素王"是否专指没有执政的非统治者，流行的认识都是认为"素王"是人，可以做人的事情。例如《中论·贵验》云："殷纣为天子而称独夫，仲尼为匹夫而称素王，尽此类也。"① 后来，《抱朴子外篇·刺骄》也有类似的说法："纣为无道，见称独夫。仲尼陪臣，谓为素王。则君子不在乎富贵矣。"② "独夫"之称，出自《孟子·梁惠王下》："残贼之人，谓之一夫。闻诛一夫纣矣，未闻弑君也。"③ 不仅纣王是"独夫"，凡是"残贼之人"也是"独夫"。同一道理，孔子也不独享"素王"之称，——尽管没有什么歌颂孔子为"素王"的言说也说孔子以外的人是"素王"。从"素王"与"独夫"的对比，可以进一步确认"素王"是对某个人的品性概念，不是形容某部著作的拟人词汇。因此，皮锡瑞"《春秋》素王之义"的非人性和拟人性，是相对陌生和奇特的理念。董仲舒《举贤良对策》、贾逵《春秋序》、郑玄《六艺论》、卢钦《公羊序》的"素王"，本是为了抬举孔子的品性概念，不是指代《春秋》。想想看，卢钦"孔子自因鲁史记而修《春秋》，制素王之道"的"素王"，若改作"春秋"二字，语句含义便有明显变化。这也说明，皮锡瑞"但云《春秋》素王"的结果，绝非"便无语弊"。因为《春秋》与"素王"的同一性（参照 A_1），所以《春秋》与"素王"已被规定是似二而一的关系。于是，透过"《春秋》素王"来理解董、贾、郑、卢之语，难以避免不合原意的曲解。相反，"以素王属孔子"不是错误，错误的是"《春秋》素王之义"。

归纳上述，可以发现"《春秋》素王之义"充满各种令人难以释怀的疑难：为什么必须把"素王"理解为《春秋》？为什么"以素王属孔子"是错误的？为什么"素王"的讨论排除了孔子以外的人？由 A_1，

---

① 孙启治：《中论解诂》，北京：中华书局，2014年版，第80页。
② 杨明照：《抱朴子外篇校笺》卷27，北京：中华书局，1997年版，第34页。
③ 孙奭：《孟子注疏》卷2，北京：北京大学出版社，1999年版，第53页。

B_1、C_1、D_1 四点，读者知道"《春秋》素王"可以产生独尊孔子的作用，但为什么非得如此？继续尊孔子为素王，不可以吗？承认孔子以外还有其他素王，不可以吗？由 E_1、F_1、G_1、H_1 四点，可以知道皮锡瑞一方面要接受《春秋》的非人性，另一方面又要维持它的拟人性。《春秋》非人，故不能像对待活人那样理解它；《春秋》拟人，所以它不是工具意义的存在，而是"素王立法"的主体。问题是，有必要这么理解吗？像其他人那样承认孔子是"素王"，而《春秋》就是表达"素王"的观点，既浅显而又符合文本，有必要在"孔子素王"以外另谈"《春秋》素王"的主张吗？

二、放弃"孔子素王"的原因

要回答以上的问题，必须辨析皮锡瑞是在什么意义上谈论"素王"的问题。为了方便讨论起见，在此将会提出两个问题，作为论析的起点：

问题一：素王有没有"立法"的意识？

问题二：素王有没有"素王"的自我意识？

尽管皮锡瑞不曾正面提出这两个问题，但"素王立法"是他最想贯彻的核心内容，而其人是否"自王"乃是他感觉犯难的要点。以下的讨论将会尝试证明，若是认真回答这两个问题，便可以进一步确认皮锡瑞的选择范围，进而了解为何不取"孔子素王"而主张"《春秋》素王"的缘故。由于问题一和问题二皆预设"有"与"没有"的二分选项，故答案无非是以下四者：

1. 没有立法意识，没有"素王"的自我意识

这一构想，在素王被划定为孔子专有之前，绝非罕见。像上述《庄子·天道》的"玄圣素王"便是"虚静恬淡、寂漠无为"，就不见得有立法的想法，而这些人也不见得自命为"素王"。当然，不是道家构想的"素王"方才没有自命素王和立法的意识。比如说，刘宗周《古学经

序》云:"孔子秉素王之权,以师道自任,日与门弟子修明其说,时有出于先王之意表者。"① 这里"素王"之称,反映的是明儒尊孔的立场,其中只能说孔子自己只意识到"师道"的教授,没有"素王"的自我认同或立法意识。可以说,这样谈论"素王",无非是宽泛的褒词,涉及面和内涵也比较随意,不用认真,但也很难说有何错谬。相反,皮锡瑞一直努力证成《公羊》素王说的正确性,甚至以大清律比拟《春秋》的写作②,故很难想象他愿意接受素王没有"立法"的意识。值得注意的是,没有什么论者质疑这种"素王"的构想,因为无论评定的高度如何,因作为"素王"的当事人没有这方面的身份认同,所以即使论者所言不合实际,原则上也不能怪罪被誉为"素王"的人。想想看,谁会觉得刘宗周称孔子为"素王"不可接受?明乎此,便可以了解一个简单的道理:不把"素王"的自我意识归诸孔子,反而是让孔子免受责难的一个做法。皮锡瑞不取"孔子素王",实有耐人寻味之处。

2. 没有立法意识,有"素王"的自我意识

这是一个相对陌生的构想。勉强要找例子,大概只有殷商始祖契而已。《国语·周语下》云:"玄王勤商",韦注:"玄王,契也。殷祖契由玄鸟而生,汤亦水德,故曰玄王。"③ 以契为"玄王",是先秦古书流传的说法。假如契是接受"玄王"的称号,而"玄王"与庄子所谓"玄圣素王"相通④,那就意味着契可能具有类似"素王"的自我意识,

---

① 刘宗周:《古学经序》,见《刘宗周全集》册3下,台北:中研院文哲所,1996年版,第734页。
② 这个比拟,参阅本书第四章,第333—341页。
③ 徐元诰:《国语集解》卷3,北京:中华书局,2002年版,第131页。
④ 这里,葛志毅已指出"素王"的源头,需要从契称"玄王"说起:"所谓玄王犹云玄圣。按古代的政治伦理观念,圣即是王,王即是圣,圣、王实为一体。"又说:"如果素王的概念确同殷代伊尹有关的话,由契玄王一事可推,玄圣的概念最初也似同殷人有关。只是后来它在意义上有所演变,以致所代表的思想内容亦完全不同。"参阅《玄圣素王考》,见《谭史斋论稿》,哈尔滨:黑龙江人民出版社,2001年版,第85页。

而又没有立法意识。当然，契是否为可靠的例子，也很难说。无论如何，没有立法意识的素王，对皮锡瑞基本上没有吸引力可言。像契这种已有君位的统治者，与孔子也没有什么可比性，即使怀有"素王"的自我认同，也不足以支持孔子作《春秋》的政治事业。职是之故，没有立法意识而又自命"素王"的人即使是可能的，甚至是历史的存在，对皮锡瑞也没有参考意义。

3. 有立法意识，也有"素王"的自我意识

与契形成鲜明对比的是孔子。契是在位的君主，而孔子不是。说实在的，"以素王属孔子"很容易引发以下一些问题："素王"是不是形容孔子的准确描述？是的话，何以见得？孔子也这么认为吗？假如孔子不曾说过自己是"素王"，凭什么称之为"素王"？要让孔子独占"素王"之名，最好的办法是找到证据显示孔子也有这方面的想法和做法。然而，有证据说明这一点吗？

除了纬书以外，基本上找不到以素王为孔子自称的证据，连董仲舒也不是这样说。对此，王先谦已作出深刻的剖析："董子生当西汉，必不以素王为孔子自称。故《繁露·王杯篇》云'孔子立新王之道'，《三代改制篇》'《春秋》作新王之事'，而不云'孔子立素王之号'，尤其确证。自纬书出，遂有孔子自号素王之说，东汉宗之，谬种流传，诬及董子，纬书作俑也。"① 董仲舒的"新王"是可以理解为"王鲁"的一部分，不等于孔子自称为"素王"。

《左传》孔疏所引录的董、贾、郑、卢四人之说，他们分别提及"素王之文""素王之法""明王之法""素王之道"，这些是否完全属于皮锡瑞所理解的"微言"，即"改立法制以致太平"的内容，尚待进一步确证，但将之凑合为孔子作《春秋》具有"立法"意识的证据，至少表面上看来是可信的。相反，就"素王"意识的自我认同而言，却是比

---

① 王先谦：《汉书补注》卷56，第4036页。

较麻烦。仅喜好纬说的郑玄提出"自号素王"之语，但纬书不能当作可靠的证据。对此，皮锡瑞坦承"颇有可疑"，就是深知郑玄这个说法无法辩护而不得不然。

不仅是学术理由，还有政治上的考虑。说穿了，皮锡瑞之所以避谈"孔子素王"之说，主要是尽量避免逾越君臣名分的政治顾虑。孔子若是"素王"，就意味着他已具备潜在地取代现实君主（尤指春秋时期的周王）的可能性。高举孔子作为"素王"的旗帜，有可能是对现任君主的潜在威胁。释契嵩的批评很有代表性："谓麟为后代受命者之符瑞，此皆经传所不见载，苟以臆裁，殊不足取之。谓孔子为素王，其诬圣人之甚也。"① 假如"素王"仅是后人的褒扬，那么不论抬至何等高度，原则上孔子是不必担负其中的言责；但假如郑玄《六艺论》所言属实，孔子"自号素王"，那就表明孔子已有成为"王"的自主构想，这完全是表里不一的表现：一方面宣言诛讨乱贼，另一方面又暗地打算取代"周王"为"王"，只差现实条件，方才做了"素王"，从传统君臣伦理来说，自然是"自蹈僭妄"的表现。对此，皮锡瑞强调"孔子自王"是"说者之误"，就是要郑玄独承其咎，避免读者进一步怀疑《春秋》素王说。虽然追求变法，但皮锡瑞不是革命派，始终不敢逆乱君臣之伦。当他断言孔子作《春秋》因有"讨乱贼"的内容，"必不自蹈僭妄"，就是以"大义"为挡箭牌，以此表明"微言"没有"僭妄"的危险。众所周知，康有为借《春秋》论政，《孔子改制考》甚至宣称"孔子之为文王"②，这是郑玄"自王"说的晚清版本。《经学通论》写作之时，正值康有为流亡海外。在政治图景上，康有为借鉴日本天皇"万世一系"，主张拥立孔子后裔为中华共主。这个政治图景，对许多厌恶清廷的知识分子来说，甚有吸引力，连章太炎也在宣传"客帝"之说时提倡衍圣公

---

① 契嵩：《镡津集》卷18《非韩中·第七》，见《文渊阁四库全书》第1091册，第588页。
② 康有为：《孔子改制考》卷8，见《康有为全集》第3集，北京：中国人民大学出版社，2007年版，第105页。

为王的安排。孔子以及其后裔,作为潜在取代现实皇权、冲击帝制的备选对象,在当时的政治话语中已形成议题并且产生思想效应。① 皮锡瑞强调"孔子非自称素王",正是意识到"自王"是不能触犯的政治禁忌。放弃容易犯忌的"孔子素王",自然是出于安全第一的政治考虑。

4. 有立法意识,没有"素王"的自我意识

根据答案1,可以知道立法意识对皮锡瑞的可欲性;根据答案3,可以确认"素王"的自我意识是皮锡瑞所讳言的禁忌。二者结合,就可以解释"《春秋》素王"取代"孔子素王"的缘故。因为"素王"的非人性,在客观上已减少《春秋》作为"素王"对现实统治者的威胁:既然《春秋》不过是一部书,尊之为"素王"又何妨?皮锡瑞不想放弃立法意识,故颂赞孔子"空言垂世",但相当谨慎地把《孟子》赵岐注"设素王之法"改易为"空设一王之法"。② 于是,即使承认孔子"设"了什么,但因所"设"的"一王之法"而非"素王之法",后者不能解读为孔子已知道自己所设的是"素王"的东西,也就从一开始减少了"自王"的危险。借用今语来说,"《春秋》素王"与"孔子自王"的距离,比"孔子素王"与"孔子自王"的距离更远,也更安全。

当然,最安全的选项肯定是答案1,最危险的是答案3,而皮锡瑞选择答案4,是在坚持"素王"作为立法者的情况下不得已的次好选择。然而,答案4不是最安全的。之所以有此选择,无非是为了撇清自己绝无僭妄的政治野心,他个人也不像康有为所刻画的"自王"那样宰制时政。在基本的思想信念而言,皮锡瑞也有自己的坚持,就是怎也不愿意放弃《公羊》何诂改制的构想,但这方面的思想主张,在康有为的转手宣传后,至少当时却是很难说没有政治争议性。皮锡瑞在阐述《春秋》之时,也很难回避这方面的内在矛盾,因为他清楚"素王"的"王"仍

---

① 彭春凌:《儒学转型与文化新命:以康有为、章太炎为中心(1898—1927)》,北京:北京大学出版社,2014年版,第67—83页。
② 有关皮锡瑞对《孟子》赵注的解释,参阅本书第三章,第225—234页。

是容易惹来攻击，故从陆德明《经典释文》"于况反"的读法，竭力申辩"'王天下'之'王'"不等于"'王号'之'王'"，以此证明"孔子非自称素王"。这个辩解，差觉可通，实则不然。诚然，"王天下"的"王"是动词，"王号"的"王"是名词，二字并不一致。不过，这不能说它们毫无相通之处。《禹贡》郑注："禹之王以是功。"孔疏："王，于况反。"① 这是说明禹作为王者划分九州之功，可见"王"读作"于况反"不意味其人不是王。确切地说，"王天下"就是意谓统治天下，也是战国以来的流行构想；据王子今的研究，《韩非子》"王天下"凡6见，与"一匡天下"、"治天下"一样，都是谋求对"天下"的统治。② 董仲舒也是这样的用法，故《春秋繁露》批判齐桓、晋文等人各种恶行，说是"意欲王天下"，又说"天以天下予尧舜，尧舜受命于天而王天下"。③ 此外，何休的"王天下"也是统治天下的意思。何诂："上帝、五帝，在太微之中，迭生子孙，更王天下。"④ 这说明《公羊》学者的"王天下"的"王"，完全是统治义，与《韩非子》同调。即使不是《公羊》的立场，一般讨论《春秋》的人讨论"王天下"都不会偏离统治义，例如萧楚《不书诸侯恩惠辨》云："王天下者，大柄有二，曰威曰福。二柄举则天下治矣。"⑤ 像这样的例子，多不胜数。由此可见，"王天下"的"王"与"王号"的"王"，纵非同义，但大体上相通，都可以汇合在最高统治者身上。由于"王天下"阐述的是最高统治者支配天下，而"素王"的"王"又与之相当，那么"素王"岂不是带有潜在地支配天下的寓意？以此作为孔子不是"自称素王"之据，是

---

① 孔颖达：《尚书正义》卷6，北京：北京大学出版社，1999年版，第132页。
② 王子今：《战国秦汉交通格局与区域行政》，北京：中国社会科学出版社，2015年版，第8页。
③ 苏舆：《春秋繁露义证》卷4，第111—112页；卷7，第219页。
④ 徐彦：《春秋公羊传注疏》卷15，北京：北京大学出版社，1999年版，第326页。
⑤ 萧楚：《春秋辨疑》卷3，见《文渊阁四库全书》第148册，第151页。

否真能打消各种怀疑？恐怕很成问题。

确切地说，皮锡瑞刻意回避"孔子素王"，改以《春秋》作为"素王立法"的主体，始终不能摆脱争议。在他笔下，孔子虽然不以"素王"的面貌呈现在人前，但《春秋》因是"素王立法"的作品，读者仍然不免要追问：孔子是否真有"立法"的意识？把"立法"的主体由孔子改易为《春秋》，也不能消除这一疑问。理由很简单，儒家文献不乏明显的反证，如《礼记·中庸》云："非天子，不议礼，不制度，不考文。"又云："虽有其位，苟无其德，不敢作礼乐焉；虽有其德，苟无其位，亦不敢作礼乐焉。"① 孔子既非在位的天子，自然没有资格制作什么，在许多《春秋》研究者看来，《中庸》此语正是"素王立法"的有力反例。且看刘敞如何批驳："居周之世，食周之粟，擅合其爵，擅易其时，岂仲尼所谓'非天子，不议礼，不制度，不考文'者乎？此不可通之尤者，而儒者世世守之，意乃欲尊显仲尼，而不知陷于非义也。"② 皮锡瑞基本上是自说自话，对《中庸》的说法实无合理的回应。

"素王"之所以有吸引力，无非是孔子预先为后世立法的自觉性和超人性。皮锡瑞为了顾忌"孔子自王"而避言"孔子素王"，在论证上很难说是圆满，能不能说服怀疑《公羊》的人，更有疑问。由于清末新政往改革政体推进，而两次日本宪政考察也为预备立宪指定了发展的方向③，像皮锡瑞那样还停留在"素王"问题的辨析，早已不是国内关注的思想焦点，也没有人认真计较《经学通论》这方面的观点。

假如撇开皮锡瑞的个人顾虑不说，在"素王"的问题上，读者更多感受的不是他因拥护《公羊》而承受的攻击，而是他对《公羊》以外的学派的攻击。这或多或少是皮锡瑞不甘心批判的矛头仅指向《公羊》，

---

① 孔颖达：《礼记正义》卷53，北京：北京大学出版社，1999年版，第1457页。
② 刘敞：《春秋权衡》卷8，见《文渊阁四库全书》第147册，第255页。
③ 李细珠：《清末两次日本宪政考察与预备立宪的师日取向》，见《新政、立宪与革命：清末民初政治转型研究》，北京：北京师范大学出版社，2018年版，第21—41页。

故此反守为攻，批判《左传》为素臣左丘明所作的观点。究竟是谁倡议左丘明为"素臣"？不清楚。孔疏坦承"未知谁所说也"，皮锡瑞却断言《左传》家"窃取"《公羊》素王之说，其中没有提出任何具体的证据，仅以"盖"言之，这是指控他人做贼却连嫌犯的特征和盗窃过程如何也说不明白的臆断。在杜预以前，对"素臣"有什么具体想法？限于史料，现在无法缕述。与"素王"一样，"素臣"或类似的品性概念更多的是论者的颂辞，似乎不是限于左丘明作《左传》而发。《论衡·超奇篇》云："孔子之《春秋》，素王之业也；诸子之传书，素相之事也。"又《定贤篇》云："孔子不王，素王之业，在于《春秋》。然则桓君山〔不相〕，素丞相之迹，存于《新论》者也。"① 此"素相"和"素丞相"不知是否属于"素臣"之列？如果是的话，那就说明"素臣"所涉及的范围似乎不甚固定：诸子和《新论》作者桓谭都是"素相"或"素丞相"，在王充笔下，这些人似乎没有"素相"或"素丞相"的自我认同。这样一来，孔疏所言也许仅是一部分的声音，说左丘明作为"素臣"已有这方面的自我构想，不意味其他人看待"素臣"或拥有类似称呼的人也是这样，有点类似答案 1 的情况。涉及"素臣"的构想，情形有可能比想象中复杂，不宜在没有证据的情况下简单地认定《左传》学者抄袭《公羊》素王之说。如上所述，"素王"不是《公羊》学者的专利，也不是儒者独有的概念。不是所有学者对"素王"都有统一的认识。皮锡瑞硬要把"窃取"的罪名加在《左传》学者头上，是仓促和略嫌武断的。无论如何，他对"素臣"的驳难，在很大程度上见证了杜注的正确性。按照皮锡瑞的推理，没有证据显示左丘明自认为是素臣，所以《左传》学者是"尤为无理"；那么，同样没有证据显示孔子自认为是素王，所以《公羊》学者即使不是"尤为无理"，恐怕也是

---

① 黄晖：《论衡校释》，北京：中华书局，1990 年版，卷 13，第 609—610 页；卷 27，第 1122 页。

"无理"的。二者同是错误，五十步笑百步。皮锡瑞怪责杜注"疑非通论"，却不承认杜预也有正确的判断，党同伐异，此之谓也。

三、《史记》与"素王改制"

为了印证"《春秋》素王"的主张，皮锡瑞尝试寻找其他证据以图加强说服力。《史记》是他极其看重的著作。本书将述及，他尝试从《太史公自序》证成"微言、大义存于董子之书"和"借事明义"的主张，论证却有差谬。① 在此，先处理以下一个问题：《史记》有没有其他证据支持"《春秋》素王"的观点呢？

（一）对《史记》的评论

《史记·孔子世家》云："子曰：'弗乎弗乎，君子病没世而名不称焉。吾道不行矣，吾何以自见于后世哉？'乃因史记作《春秋》，上至隐公，下讫哀公十四年，十二公。据鲁，亲周，故殷，运之三代。约其文辞而指博。故吴楚之君自称王，而《春秋》贬之曰'子'；践土之会，实召周天子，而《春秋》讳之曰：'天王狩于河阳'。推此类以绳当世。贬损之义，后有王者举而开之。《春秋》之义行，则天下乱臣贼子惧焉。孔子在位听讼，文辞有可与人共者，弗独有也。至于为《春秋》，笔则笔，削则削，子夏之徒不能赞一辞。弟子受《春秋》，孔子曰：'后世知丘者以《春秋》，而罪丘者亦以《春秋》。'"② 此外，《太史公自序》引壶遂曰："孔子之时，上无明君，下不得任用，故作《春秋》，垂空文以断礼义，当一王之法。"③

对以上两则说法，《经学通论》解读说："此二条，史公未明引董

---

① 参阅本书第三章，第250—268、333—341页。
② 司马迁：《史记》卷47，第2352页。
③ 司马迁：《史记》卷130，第4005页。

生，不知亦董生所传否，而其言皆明白正大。云'据鲁、亲周、故殷'，则知《公羊》家存三统之义古矣。云有贬损，有笔削，则知《左氏》家经承旧史之义非矣。云'垂空文'、'当一王之法'，则知素王改制之义不必疑矣。《春秋》有素王之义，本为改法而设。后人疑孔子不应称王，不知素王本属《春秋》（《淮南子》以《春秋》当一代。），而不属孔子。疑孔子不应改制，不知孔子无改制之权，而不妨为改制之言。"①

（二）辨证

1. 运之三代

《史记》这两则记载不曾明言出自董仲舒。皮锡瑞提出"董生所传"之问，是无法确切检验的，不必细谈。至于"据鲁、亲周、故殷"的主张，皮锡瑞认定这是"存三统"的古义，虽有疑义，但就"三代"的指代对象而言，大体上还能恪守文意，因为"三统"之说已蕴含"运之三代"的"三代"是指鲁、周、殷而言。这是值得基本肯定的。

可怪的是，如今有人断定"三代"实是"三世"之讹，林义正说："日本《史记》学名家泷川资言都把'三代'解作'夏、商、周'，可完全搞错了。因为《史记》这本书经唐朝重刻，避李世民的名讳，将'世'改成'代'字，原本作'运之三世'，即述《公羊春秋》的'张三世'，这样的理解就完全合拍了。后人不知《史记》唐时被改动过，中外名家都没领会太史公在这儿正是在述《春秋》的'张三世'，浑注一通，愈讲愈讲不清楚。没想到笔者在此给解读出来，真是天惠我也！"②

这是随意的主动心证。自始至终，林义正全是以意臆断，没能举出任何文献证据说明"运之三代"的"三代"原作"三世"。如其解，

---

① 皮锡瑞：《经学通论》卷5，第382页。
② 林义正：《公羊春秋九讲》，北京：九州出版社，2018年版，第74页。

《史记》因讳李世民而改"世"为"代"。然而，传世《史记》言"三世"甚多，如《秦始皇本纪》"后世以计数，二世三世至于万世"，《封禅书》"其后三世，汤伐桀"等①，皆非"三世"改作"三代"，可见"三世"或"世"绝非不能使用的禁忌字词。反观《史记》言"三代"的其他记载，也看不出有哪一则有易"世"为"代"的痕迹。如《周本纪》"比三代"，《秦始皇本纪》"三代不相袭"和"且越言乃三代之事"，《高祖功臣侯者年表》"历三代千有余载"，《建元以来侯者年表》"自《诗》《书》称三代……"诸例②，皆不能作"三世"解，故没有理由断言"三代"实为"三世"。此外，"运之三代"的"之"是代词，是指孔子所说的"吾道"，而"运之"就是运吾道，在哪里"运"呢？在"三代"。此"三代"上承鲁、周、殷，而泷川资言解"据鲁"为"据鲁史"，解"亲周"为"从今周"，解"故殷"为"不法前殷"③，其解是否恰当，暂不深论；但他显然认为三代是鲁、周、殷，是切合语脉的。相反，林义正误指为"夏、商、周"，却难辞粗疏之咎。"运之三代"是在鲁、周、殷三代体现孔子的"吾道"。林义正解作"张三世"，既漏了"运之"的"之"，不作解读，又欠缺"代"必为"世"的易字通则，其说似无可通之理，居然还能自信"天惠我也"，只能说是胆识过人，但是否为识者嗤笑，则属另一回事了。

尽管《经学通论》不致出现误"三代"为"三世"的错失，但皮氏"存三统之义古"之说，亦不见得毫无疑义。"存三统"出自宋氏之注，究竟是什么内容？难以详查。因此，皮锡瑞也是从《三代改制质文》印证其说，但《三代改制质文》只历述"亲"、"故"、"绌"三个过去世代的做法，《史记》言"故"、言"亲"、不言"绌"，而《三代

---

① 司马迁：《史记》卷6，第304页；卷28，第1632页。
② 司马迁：《史记》卷4，第186页；卷6，第325页；卷18，第1049页；卷20，第1225页；卷23，第1373页。
③ 泷川资言：《史记会注考证》卷47，北京：新世界出版社，2008年版，第2933页。

改制质文》既不言"绌",又没有"据鲁"之说。① 可以说,《孔子世家》与《三代改制质文》只是有些说法相似,其中差异意味什么,难以确定。

进一步说,"据鲁"也不同于"王鲁"或"以《春秋》当新王","亲周"也不见得是《公羊》独有的主张,而"故殷"或"故宋"在《公羊》更无明文。因此,"据鲁、亲周、故殷"是否为《公羊》学者的独门主张,也很难说。如《索隐》之解,"以鲁为主,故云据鲁。亲周,盖孔子之时周虽微,而亲周王者,以见天下之有宗主也。"② 这是不根据何诂而作出的解说。其中的观点,完全是《公羊》以外的作品也能接受的内容。仅以《穀梁》而言,"及者,内为志焉尔"的传例,就是"据鲁"的表现;而仅奉周王为王者,不把"天王"、"王"、"天子"指代其周王以外的其他人,何尝不是"亲周"?至于"故宋",更是《穀梁》独有的说法。③ 当然,这并非说司马迁必是立足于《穀梁》而有"据鲁、亲周、故殷"的主张。司马迁对《春秋》经传有何具体见解,及其具体说法的思想来源究竟如何,现存史料记载粗略,不能提供太具体的答案。纯粹依靠局部的"同文"来断言相关言说的学派归属,在早期中国文献的认识和辨析上,是颇为危险的进路。④ 这是应该慎重立论的一个环节。司马迁立说之时,究竟不同的学者如何概括和理解《春秋》?其实有许多模糊不清的地方,像皮锡瑞这样断言"《公羊》家存三统之义古矣",充其量仅是大胆的引申发挥,绝非圆满的解说。

2. "笔"与"削"

《孔子世家》的"笔则笔,削则削",是说孔子写作《春秋》记述

---

① 有关《三代改制质文》的解读,参阅本书第三章,第277—290。
② 司马迁:《史记》卷47,第2352页。
③ 参阅拙著:《〈穀梁〉政治伦理探微:以"贤"的判断为讨论中心》,北京:中华书局,2020年版,上册,第21—22、202—204页;下册,第451—452页。
④ 有关"同文"分析法的问题,参阅李锐:《人物、文本、年代:出土文献与先秦古书年代学探索》,北京:中国人民大学出版社,2017年版,第31—32页。

中有删削，不是照搬鲁史旧有叙事而已。这不是司马迁的个人观点。不管是《孟子》对"其事""其文""其义"的区别，抑或《公羊》昭十二年①传"其序""其会""其词"的区别，早已提及《春秋》用辞别具寓意，反映了孔子对相关事件的政治思想。但需要注意，不能因《春秋》的思想性而否定经文叙事的史实性。皮锡瑞提出"借事明义之旨"，并批判《左传》学者"经承旧史之义"，存在论证脱节的问题，其言"《春秋》素王"分量亦可预知。无论如何，"笔"与"削"上承"文辞有可与人共者"的"文辞"，主要是谈论《春秋》对乱臣贼子的批判，借用皮锡瑞的说法，就是"诛讨乱贼以戒后世"，是"大义"而非"微言"的事情。② 以此，还不足以证明"《春秋》素王"之说。

3. 垂空文以断礼义，当一王之法

壶遂讨论《春秋》的言论，需要仔细解读。"垂空文"的"垂"，意谓流传。"空文"在《史记》中还有一例。《日者列传》载司马季主曰："饰虚功执空文以謼主上"，这是回答宋忠、贾谊之言，批判当时贤者相当羞耻的行为，《日者列传》说："今公所谓贤者，皆可为羞矣。"又强调"述而不作，君子义也"，最后交代"余志而著之"的写作缘由。③ 以上记载，对印证壶遂之言，具有一定的参考意义，因为司马迁回答"垂空文"之问，除了表明汉武帝作为"明天子"的各种事功外，还自述"余所谓述故事，整齐其世传，非所谓作也"。④ 以此为据，同样是自外于"空文"，司马迁言"述"而非"作"的自白，就是坚守司马季主所说的"君子义"。在司马迁心目中，"空文"不是自己所能认同的做法。众所周知，司马迁受父命而写作《史记》，以"继《春秋》"为

---

① 本书引用《春秋》经传的纪年版，除了特别注明外，皆是鲁国纪年版，略公不言；例如"昭十二年"就是鲁昭公十二年的意思。
② 参阅本书第二章，第128—155页；第四章，第323—430页。
③ 司马迁：《史记》卷127，第3909—3910、3913页。
④ 司马迁：《史记》卷130，第4005页。

鹄的。① 如何解释"继《春秋》"而不讲"空文"的做法呢？

重点在于，"空文"是用来做些什么？壶遂说的是"垂空文以断礼义"，不是皮锡瑞所谓"垂空文"，把"以断礼义"截去，是不妥当的。"礼义"，就是区分尊卑的准则。"当一王之法"的"当"，是相当义。②照壶遂的意思，孔子当时因为政治动乱，故留下"空文"用来裁断"礼义"，将之当作"一王之法"。司马迁在汉武帝一人专制的环境下，当然不可能说自己像孔子那样的做法，故《史记》只言"述"，不言"空文"。从司马季主的说法可知，"空文"不都是褒义的，像贤者的"空文"便是可耻的，故司马迁也不认为"空文"是必须坚守的。

更准确地说，即使从"继《春秋》"的目的而言，"空文"也不是必须坚守的东西。为什么不必坚守呢？"礼义"本是行为层面上的事情，而司马迁自述的"述故事，整齐其世传"就是行为的纪录。记述了后者，其对前者是什么想法，也就不言而喻。是故，有了"述"而没有"空文"，是无损"继《春秋》"的目的。从司马迁这样的答复，可以说明他对壶遂的答问，始终是紧扣"礼义"而言，着眼于行为是非的判断，非是一代之大典。以此反证，壶遂"一王之法"的"法"，与"礼义"一样，亦是针对行为是非的准则。

4. 并非"素王改制之义"

皮锡瑞是支持政治改革的，他笔下的"改制"、"改法"，都是围绕着政治体制，不是行为是非的准则。这也是《经学通论》与《太史公自序》的差异所在。在司马迁笔下，从未以"素王"指代孔子或《春秋》，更没有"素王本属《春秋》"的主张。"素王本属《春秋》"就是认为《春秋》是"素王"的主体，而皮锡瑞特别重视"《春秋》有素王之义"，刻意把"素王"收纳为书中的一部分内容。说来说去，始终都

---

① 司马迁：《史记》卷130，第4004页。
② 参阅本书第三章，第282—286页。

是顾忌孔子之为"素王"可能出现的政治敏感性。强调孔子"无改制之权"而"为改制之言"的正当性,基本上是皮锡瑞期盼变革的策略性说辞,值得同情和谅解,但是否符合《史记》的原意,则要另作考虑。

此外,皮锡瑞尝试援引《淮南子》为说。《氾论训》云:"夫殷变夏,周变殷,《春秋》变周,三代之礼不同,何古之从!"① 这大概是《淮南子》"以《春秋》当一代"的依据。在此,皮锡瑞谈的是"礼"的变异,没有提及"礼"的"变"或"不同",总的来说,离不开"微言、大义,兼而有之"的论点。他在讨论董仲舒思想时,刻意强调"近于法家"与"通于礼家"等差别,意图说明"礼"或"大义"以外还有其他东西存在。这方面的解说,存在不少疑问。② 但不管怎样,《淮南子》这方面的说法与《史记》不能完全吻合,因为司马迁讨论《春秋》,没有说过"礼"的变异,也不曾以《春秋》当作"一代"。归根结底,壶遂"空文"之说,乃至《淮南子》"以《春秋》当一代"之言,仅能证明西汉时有了一些抬举《春秋》的说法,其内涵未必与皮锡瑞"本为改法而设"吻合。退一步说,即使它们可能涉及改制的内容,也不外说明汉人拟想《春秋》的构想,后人认为这些东西"不属孔子",有什么不可以?皮锡瑞以"素王本属《春秋》"为驳,而文献依据仅限于《淮南子》或《太史公自序》等只字词组,始终举不出孔子及其直属弟子的言论为证,所谓支离晦昧,不外如是。

四、小结

论述至此,应不难看到皮锡瑞以《春秋》作为"素王",重点是规避康有为"自王"的政治敏感性,同时又维持争取"素王"作为立法者

---

① 何宁:《淮南子集释》卷13,北京:中华书局,1998年版,第931页。
② 参阅本书第三章,第259—268页。

的核心主张。这是他自外于康、梁一派而又不甘放弃《公羊》作为变法工具的选择结果。然而，随着清末新政的开展，政治变革已不再需要以"素王"为其原动力，而《公羊》作为推动变法的工具也变得相对边缘化。因此，皮锡瑞对"《春秋》素王之义"的剖析，在《经学通论》面世后也没有人与他认真计较。说实在的，这方面的思想主张，实际的效应不在政治，而在学术；不在当时，而在以后。更准确地说，是伸张了《公羊》学者作为独占"素王"话语的讨论，增强了对《左传》及杜预等人的拒斥和攻诘，这些都是以后经学史书写的问题。不过，《春秋》和《公羊》皆无充分证据支持"《春秋》素王之义"。为此，皮锡瑞不得不退而求其次，尝试从《史记》中举证，但结果实在不能令人满意。这反而更加清晰地显示，把《春秋》作为"素王"的主体，本是皮锡瑞充满政治考虑的个人构想，为的是自外于"康党"的安全考虑，不是每一个《春秋》研究者都需要这样预设。

第二节 《春秋》改制与变法

第二个不寻常的地方，是皮锡瑞把《春秋》"改制"等同为"变法"的构想。与清末其他维新志士一样，皮锡瑞鼓吹政治改革，尤其重视制度层面的革新。《春秋》在他手中，就是比较有力的文本凭据。应该说，这是他力图证明经学仍然有用的一个策略。问题是，《春秋》是否真有"改制"的构想？是否相当于"变法"？他所说的"变法"，究竟是什么含义？这个政治化的改制构想，如何减少僭妄时政的猜疑？在多大程度上偏离了惯常的一些想法？其在论证上是否圆融可靠？

一、"改制"相当于"变法"？

与清末其他偏好《公羊》的论者一样，皮锡瑞相信《春秋》是指引政治革新的经典文本。为免犯忌,皮锡瑞坚持这不是一项有害的构想。重点在于,他希望说服读者相信"改制"不是"僭妄"。此一论述,果何所据?

(一) 对改制的辩护

《经学通论》云:"所谓改制者,犹令人之言变法耳。法积久而必变。有志之士,世不见用,莫不著书立说,思以其所欲变之法传于后世,望其实行。自周秦诸子,以及近之船山、亭林、梨洲、桴亭诸公皆然。亭林《日知录》明云'立言不为一时',船山《黄书》《噩梦》,读者未尝疑其僭妄,何独于孔子《春秋》反以僭妄疑之?"①

(二) 辨证

1. 改制"犹"变法

皮锡瑞"所谓改制者,犹令人之言变法耳",于"改制"与"变法"以"犹"言之需要仔细解读。"犹",意谓相当于。说"A犹B",就是认为A相当于B。尽管A与B不是完全相同的东西,但它们的相同处应该足够显著,或至少远远多于相异处。《公羊》隐元年传:"会,犹最也。及,犹汲汲也。暨,犹暨暨也。"② 三"犹"字都是相当义,而《公羊》认为"会"相当于"最","及"相当于"汲汲","暨"相当于"暨暨"。对两个明显不同的东西,是很难使用"犹"字。皮锡瑞以"犹"言"改制"与"变法",就是预设两者具有足够的相同处。

"变法"成为中国知识分子的流行用语,主要是甲午战争失败的结果。正如严复所说,"天下理之最明而势所必至者,如今日中国不变法则必亡

---

① 皮锡瑞:《经学通论》卷5,第382页。
② 徐彦:《春秋公羊传注疏》卷1,第13—14页。

是已。"① 认为变法是拯救中国不致灭亡的必要条件，是当时知识分子非常流行的想法。皮锡瑞相信变法的必要性，此为跟随潮流而不必明辨之事；但他认为"改制"相当于"变法"，却不见得是当时知识分子的共识。无论晚清抑或更早以前，言"变法"主要是指执政者对现行政策作出变更，未必触及政权的转移。如《商君书·更法》云："今吾欲变法以治，更礼以教百姓。"② 这是秦孝公的政治预想，以"变法"与"更礼"对举，目的是透过这些变更加强秦国的政治实力，其中不涉及统治权的改动。

相反，"改制"往往是新近获得政权的统治者的事情。如《荀子·正论》云："天下厌然，与乡无以异也；以尧继尧，夫又何变之有矣！唯其徙朝改制为难。"王先谦《荀子集解》云："谓殊徽号，异制度。舜、禹相继，与父子无异，所难而不忍者，在徙朝改制也。"③ 这是从尧、舜禅让的争议而提出的见解。之所以说"难"，是涉及在位者如何对待先前制度的问题。值得注意的是，《公羊》学者的"改制"也是这般的思路。何休《解诂》云："夫王者，始受命改制，布政施教于天下。"④ 何休言王鲁，有别于《公羊》以"文王"为"王"的观点⑤，但无论"王"是文王抑或鲁隐公，在相关论者的理解中，"王"都是受命要统治天下的人。"改制"与"变法"绝非可以相互转换的概念。

皮锡瑞以"犹"言"改制"相当于"变法"，是把两个不能转换内涵的东西视若彼此相当，殊非简明信通之论。支持变法的人，尤其是不投身革命的人，可以接受"法积久而必变"，却不触及改制。更准确地说，不理会《公羊》何诂而言变法，是完全可以的。

---

① 严复：《救亡决论》，见《严复合集》卷1，台北：财团法人辜公亮文教基金会，1998年版，第80页。
② 蒋礼鸿：《商君书锥指》卷1，北京：中华书局，1986年版，第2页。
③ 王先谦：《荀子集解》卷12，北京：中华书局，1988年版，第332页。
④ 徐彦：《春秋公羊传注疏》卷1，第10页。
⑤ 徐彦：《春秋公羊传注疏》卷1，第7—8页。

以"改制"说"变法",因为牵涉"受命"或政权转移的潜在可能性,在传统君臣伦理上,极其容易惹上"僭妄"之罪。皮锡瑞大概也洞悉这一点,故尽力辩解何休"改制"之说不是"僭妄"。他采用的是"你也一样"(tu quoque)的策略,强调别人也做同样的事,以此为自己行为(或自己支持的行为)作出合法性辩护。如其说,任何"有志之士",都是像他那样"著书立说",目的是把"其所欲变之法"留传"后世";因为是"后世"而非当下,意味着这些"法"不必具有影响时政的效应。这显然是为了撇清干扰时政的安全考虑。

需要注意,晚清知识分子讲"变法"而"望其实行"的环境,不是"后世"而是当今;上述严复的名言,便是显例。皮锡瑞强调"变法"的"传于后世",其实是相对罕见的理解,绝非大多数人也有"你也一样"的共鸣感。可以看见,皮锡瑞正在要求读者作出三重不寻常的解读:先是忘记"改制"的潜在僭妄性,然后把"著书立说"留传"后世"都理解为"变法",而"变法"的焦点也不放在当今而是"后世"。这些解读,绝非人人皆会"你也一样"。不这样理解"改制"和"变法",没有什么不可以。皮锡瑞为了令读者接受"改制"而作出以上的解读,无非是希望人相信《公羊》改制这样潜在有危险的东西不是真的危险,而是足够的安全。说到底,这与"《春秋》素王之义"一样,都是出于政治顾虑多于学术判断。

2. 四项证据的评估

为了增加自己的说服力,皮锡瑞还列举了以下四项证据:

(1)周秦诸子

把诸子的思想主张化约为"改制"的性质,不是皮锡瑞的个人想法,而是康有为的发明。《孔子改制考》宣言:"诸子何一不改制哉?"[①]在康有为眼中,先秦诸子托古、改制、创教、争教,是家常便饭,不足

---

① 康有为:《孔子改制考》卷3,第21页。

为奇；而康的目的，无非是表明儒教是孔子所创，而孔子是儒教的教主。这是一个存在争议性的论断，正如魏义霞的分析："他的主观意图是彰显孔子的权威，客观效果却是使孔教以及孔子的担当太多。"① 康有为有关诸子改制的观点，绝非颠扑不破的定论；时至今天，学术界也大概没有什么人继续相信诸子改制这一概述。皮锡瑞以此立说，无非是出于"你也一样"的策略而渴望多添例证。他没有直接引录康有为的名字和著述，足见其内心也在拥护《孔子改制考》但又不敢正面承认自己与康有为也有思想相通的一面。不管如何，诸子改制之说，不是广泛接受的普遍性前提；像皮锡瑞那样理解"变法"和"改制"之义，亦非常见。以前者证成后者，很难令人不产生疑问。

（2）船山、亭林、梨洲、桴亭

顾炎武、黄宗羲、王夫之、陆世仪都是深刻反思明末清初弊端的思想家。尤其是前三人，皮锡瑞自幼服膺其书，"以为其学有体有用，非乾嘉以后稗贩古董无用之比。今年讲学，即举昔日所得者言之，非傅会近人议论也。而鼠目寸光之徒，闻而吠声，并集矢于梨洲诸老，可谓怒其室而作色于父矣。"② 维新运动期间，皮锡瑞与康、梁一党同样鼓吹顾、黄、王之学，遭到守旧派的攻击；而他也想撇清关系，表示援引这些思想家不等于附会康党，故其日记中屡有愤愤不平之语："检《亭林诗文集》，见其坚苦卓绝之操，令人钦服，后学所宜效法也，而变法之议，先生已多发之。"③ 又云："阅《明夷待访录》，可谓通识，鄙夫非之，岂黎洲亦曾入康党乎？"④ 虽然有人劝他著书发明黄、顾诸人之说，

---

① 魏义霞：《康有为先秦七子研究》，北京：人民出版社，2016年版，第381页。
② 皮锡瑞1898年11月5日日记，见《皮锡瑞全集》第10册，第992—993页。
③ 皮锡瑞1899年1月20日日记，见《皮锡瑞全集》第10册，第1023页。
④ 皮锡瑞1900年4月3日日记，见《皮锡瑞全集》第10册，第1199页。清末知识分子对黄宗羲和《明夷待访录》的思想反应，参阅朱维铮：《在晚清思想界的黄宗羲》，见《求索真文明：晚清学术史论》，上海：上海人民出版社，1996年版，第351—360页。

"予念其说亦是，但书成不能出，仍覆瓿耳，岂更待后世扬子云乎！"①皮锡瑞处境困难，自知写了也没有用，尽管写作《经学通论》之时，政治气氛已经比较缓和，但他也是比较谨慎，仅在申述《春秋》之时略谈顾、黄诸人，点到即止。就论证而言，顾、黄、王、陆四人的举证，与周秦诸子一样，都是为了显示"改制"不算僭妄。谁也不会否认这四人注重经史之学，反思君主专制和道学流派的各种弊端，但很难说这些主张是追求改制。他们都不是高举"变法"的旗帜，或至少不是把眼光关注"后世"而非当下。② 真要以皮锡瑞所理解的含义而说他们（乃至周秦诸子）具有"改制"或"变法"的政治主张，做法只有一个，就是改变定义，把针对现实问题的政治思考，也算作"改制"和"变法"的充足条件。这样做，其实是把这两个概念的内涵掏空以合己意，只有修辞的意义，没有什么实际的学术价值。

（3）"立言不为一时"

这是《日知录》其中一篇的篇名，内云："天下之事，有言在一时，而其效见于数十百年之后者。"③ 潘耒序亦引录此语，以示全书之旨："呜呼！先生非一世之人，此书非一世之书也。"又云："'立言不为一时'，《录》中固已言之矣。"④ 顾炎武反清态度坚决，《日知录》不乏反思时政之言，⑤ 故"立言不为一时"在很大程度上是避免清廷刻忌的危险；显白地说，就是为了显示顾炎武的政治安全性。皮锡瑞以此为说，

---

① 皮锡瑞1900年6月5日日记，见《皮锡瑞全集》第10册，第1219页。
② 其实，也没有哪一本严肃的学术史像皮锡瑞这么说。例如徐世昌的《清儒学案》（卷2，第65—67页；卷3，第143—144页；卷6，第267—269页；卷8，第369—371页。），侯外庐等主编的《宋明理学史》（下册，北京：人民出版社，2005年版，第736—740、874—889、909—934、953—971页）。
③ 黄汝成：《日知录集释》卷19，上海：上海古籍出版社，2006年版，第1086页。
④ 潘耒原序，见《日知录集释》，第2页。
⑤ 牟润孙：《顾宁人学术之渊源——考据学之兴起及其方法之由来》和《论顾亭林学术与儒学之真精神》，见《注史斋丛稿》下册，北京：中华书局，2009年版，第585—605页。

只能反映他也有类似潘耒的政治顾虑,而且也为了证成"变法"的思想家双眼所望的是"后世"而非当今。无论如何,《日知录》是否"不为一时",是一回事;《春秋》是否同样如此,又是另一回事。《春秋》没有类似"立言不为一时"的经文,也没有类似潘耒的序文宣示孔子的写作宗旨。以《日知录》(尤其是潘耒所理解的想法)来印证《春秋》写作的目的,怎么看也不见得很有逻辑关联性。

(4)《黄书》《噩梦》

以王夫之这两部著作为"改制"的旁证,同样不是皮锡瑞独得之见。梁启超《读〈春秋〉界说》云:"黄梨洲有《明夷待访录》,黄氏之改制也。王船山有《黄书》,有《噩梦》,王氏之改制也。冯林一有《校邠庐抗议》,冯氏之改制也。凡士大夫之读书有心得者,每觉当时之制度有未善处,而思有以变通之,此最寻常事。"① 可见,梁启超同样认为《黄书》《噩梦》是王夫之的"改制",而且比皮锡瑞早出,梁影响皮抑或皮影响梁,其中内情还待确证。② 不管如何,这样从"改制"理解这两部书的内容,同样是随意的指称,如(1)和(2)所示,亦非经过严格的论证。

总观上述四例,列举它们是要显示"传于后世"的"变法"或

---

① 梁启超:《读春秋界说》,见《广州大典》第142册,广州:广州出版社,2017年版,第668页。
② 对《经学通论》与《读春秋界说》二者的相似性,学者多未注意,如丁文江、赵丰田仅说《界说》是反映梁氏"学术立场"的文章,没有触及它对皮锡瑞的影响。(参阅其《梁启超年谱长编》,上海:上海人民出版社,1983年版,第89页)陈其泰《清代公羊学》(第275页)同样没有注意梁、皮二文的相似性,故以为皮锡瑞所说全是个人发明:"这样论述《春秋》的改制大义,确实反映时代跳动的脉搏,皮氏是从有根据地诠释古代文献讲出自己的真知灼见,人们不觉得穿凿离奇,而能进一步认识当前变法的必要性和迫切性,宜乎他在南学会多次讲演,听者无不动容。"把改制与变法混作一谈,在清末容易被归作"康党"而触犯政治禁忌,故皮锡瑞遂努力作出辩护,即使《经学通论》在1906年写作,而南学会受欢迎是百日维新以前的事情,陈书以此为说,似亦不妥。

"改制"是普遍性的做法,从而强调"变法"或"改制"都不宜"以僭妄疑之"。这样的解说,与辩护《春秋》素王的安全性,息息相关。如其思路,就是显示即使《公羊》学者讲究"素王"说,也不意味现实上真的有"王"影响时政;这与康有为孔子"自王"对政治格局的冲突,形成鲜明的对照。既要维护《公羊》何诂,又要远离各种借何诂而言政的危险学说,故皮锡瑞明知道他人觉得《公羊》"僭妄"而不得不强辩到底。遗憾的是,这对于避免读者"以僭妄疑之",基本上没有帮助。理由很简单,"僭妄"之"疑",主要是针对孔子作《春秋》与"素王改制"的关系。不接受《公羊》何诂的人,从《春秋》经传是读不出"僭妄"之意。"改制"因涉及"受命"和潜在政权转移的可能性,是容易引起"僭妄"的联想。例证不待远求,本来支持康有为、也拥护变法的张之洞,便是因为不能接受孔子改制的说法,转而敌视康党。① 皮锡瑞和康有为一样,始终没能消除这方面的疑虑。汪荣祖在检讨康有为公羊学以及对儒学的重新诠释,认为是"不利于变法","都成了改革的负担"。② 在很大程度上,皮锡瑞亦是如此。尽管他努力证明《春秋》素王的主张是足够安全的,但诸如"变法"、"改制"等概念已被随意更易而又变换内涵,其他读者不按照皮的思路来理解,没有什么奇怪。真要让《春秋》免除"僭妄"之疑,最简单的途径就是不谈改制;皮锡瑞既要谈改制又想免去"僭妄"的阴影,就不得不多走弯路——而且是其他人完全有理由不认同、不跟着走的弯路。

二、"损益四代"不等于"变周从殷"

为了让更多人认受"改制"的安全性,皮锡瑞尝试从《论语》等典

---

① 康有为《我史》自述:"香涛不信改孔子改制,频劝勿言此学",参阅茅海建:《从甲午到戊戌:康有为〈我史〉鉴注》,北京:生活·读书·新知三联书店,2018年版,第150页。
② 汪荣祖:《康有为论》,北京:中华书局,2006年版,第62—63页。

籍找证据，这里涉及"变周之文，从殷之质"与"损益四代"等主张的认识。其中，有许多思想问题需要追查和厘清。

（一）"损益四代"的阐述

《经学通论》云："《春秋》变周之文，从殷之质。或疑孔子自言'从周'，何得变周从殷？不知孔子周人，平日行事，必从时王之制。至于著书立说，不妨损益前代。颜子问为邦，子兼取虞、夏、殷、周以答之。此'损益四代'之明证。郑君解《王制》与《周礼》不合者，率以殷法解之，证以爵三等、岁三田，皆与《公羊》义合。此《春秋》从殷之明证。正如今人生于大清，衣冠礼节，必遵时制。若著书言法政，则不妨出入，或谓宜从古制，或谓宜采西法。圣人制法，虽非后学所敢妄拟，然自来著书者莫不知是，特读者习而不察耳。《春秋》所以必改制者，周末文胜，当救之以质。当时老子、墨子、子桑伯子、棘子成皆已见及之。《春秋》从殷之质，亦是此意。《檀弓》一篇，三言邾娄，与《公羊》齐学同，而言礼多从殷。"①

（二）辨证

1. 改制

要证成《春秋》是"改制"的作品，有不少需要正面处理的反证。

（1）《春秋》没有"改制"的概念。全经无一"制"字，言"改"仅"改卜牛"的 4 例（宣三年、成七年、定十五年、哀元年）。

（2）三传亦无"改制"之说。究竟"改制"算是什么内容呢？《公羊》隐元年传："王者孰谓？谓文王也。曷为先言王而后言正月？王正月也。何言乎王正月？大一统也。"何诂："夫王者，始受命改制，布政施教于天下，自公侯至于庶人，自山川至于草木昆虫，莫不一一系于正

---

① 皮锡瑞：《经学通论》卷5，第382—383页。

月,故云政教之始。"① 这是何诂言"改制"的唯一记载。仅就语义而言,"王正月"的内容,本属历法以及其附带的政治象征意义,而"大一统"则是讲述"王正月"作为历法的安排,具有统系所有人和所有东西的效应。何休由"王正月"引申至王者"受命改制",内容已超出"大一统"所能牢笼的内涵许多。皮锡瑞以何休之说代言《公羊》乃至《春秋》,就是把本属于解释经传的东西轻易地当作经传自身,纵非以假当真,亦是以末充本。

(3) 由于《公羊》解"王正月"仅言"大一统",而"王者"又是"文王"而非其他人(肯定不是孔子或鲁国君主),那么真要找"始受命改制"的主体,也该算是周文王,而非《春秋》。由是言之,强调《春秋》的"改制",必须先搁置《公羊》以"文王"为"王者"的解释。无论是何休的"王鲁"、康有为的"自王",抑或皮锡瑞的"《春秋》素王",莫不如此。言"王"而弃"文王",从解释的起点而言,首先要做的就是抛弃《公羊》的主张——哪管像皮锡瑞这样思路的人,在主观意愿上自以为是信守《公羊》的做法。

2. 变周之文,从殷之质(上)

因为这样,皮锡瑞不得不在论述上予以退让,不是正面指出经传有什么字词是反映"改制",而是强调"改制"的必要性,故曰"《春秋》所以必改制者,周末文胜,当救之以质"。这里已预设:

> I. 改制的实践必要性。因为"周末文胜"的弊端,所以改制是必须做的要务。
>
> II. 改制的方向明确性。知道必须改制,与知道如何改制,完全可以是两回事。皮锡瑞相信《春秋》完全知道如何改制,而且认定"从殷之质"是改制的明确方向。

---

① 徐彦:《春秋公羊传注疏》卷1,第7—10页。

在此，Ⅰ和Ⅱ都是认知层面上的事情。问题是，是否有证据显示认知的主体（即《春秋》及其作者孔子）是这么想的？

事实上，《春秋》没有"文"或"质"的概念（撇开"文姜"、"文公"等名称不算），三传的"文"或"质"亦非改制意义的二分概念（尤其是"质"大多指人质）。在《公羊》找不到相关的证据，所以皮锡瑞仅能重申何休《解诂》的说法。有关"变周之文，从殷之质"之说，何诂有三例：

[1] 隐七年经："齐侯使其弟年来聘。"《公羊》云："其称弟何？母弟称弟，母兄称兄。"何诂："分别同母者，《春秋》变周之文，从殷之质。质家亲亲，明当亲厚异于群公子也。"

[2] 隐十一年经："滕侯、薛侯来朝。"《公羊》云："其言朝何？诸侯来曰朝，大夫来曰聘。其兼言之何？微国也。"何诂："滕序上者，《春秋》变周之文，从殷之质，质家亲亲，先封同姓。"

[3] 桓十一年经："郑忽出奔卫。"《公羊》云："忽何以名？《春秋》伯、子、男一也，辞无所贬。"何诂："《春秋》改周之文，从殷之质，合伯、子、男为一，一辞无所贬，皆从子，夷狄进爵称子是也。"又云："质家爵三等者，法天之有三光也。文家爵五等者，法地之有五行也。合三从子者，制由中也。"①

例[1]是讨论称弟的缘故。以"母弟"解"弟"，本是《左》《公》的共同意见。《左》宣十七年传："凡称弟，皆母弟也。"② 《公羊》与之相同，言"母弟"没有说明"亲亲"或"亲厚异于群公子"之说。何诂过度诠释，一目了然。例[2]解释"滕侯"为何在"薛侯"之上。《公羊》只说明这两个诸侯因是微国，故一并记载，没有谈

---

① 徐彦：《春秋公羊传注疏》卷3，第56、64页；卷5，第99页。
② 孔颖达：《春秋左传正义》卷24，第678页。

及谁先谁后的问题。何休"先封同姓",于《公羊》毫无典据,而且这预设滕的爵级本已低了一等,因"先封"居上。这一点,刘敞已有驳斥:"薛本爵加滕一等,以同姓之故,故滕得与并称侯,又挠使居下,不乃太阿乎?"① 刘氏此言是否成立,还可以继续商讨,但他的异议已反映何休"先封同姓"的主张的高度争议性。例[3]是解释郑忽为何称名而非称子,《公羊》仅说伯、子、男是一样的,文辞上没有贬义,言下之意,就是认为这三个爵称不能用,故称名贬忽。何休"质家爵三等"的解释,将之扯到爵制的构想,与传文同样存在差距。

综观以上三例,"变周之文,从殷之质"不是《公羊》固有的内容。退一万步说,姑且接受何休的观点,何休上述的观点也不过是对三则经传的解释,很难说"质家亲亲"和"质家爵三家"这两个观点可以通释全经所有内容。须知道,"《春秋》变周之文,从殷之质"既以《春秋》为主辞,这种修辞有点像《穀梁》的"《春秋》之义",都是预设其所说的内容是能够概括《春秋》全书的宗旨。问题在于,何休所举的例证只有上述三例,举证数量之寡,与论断涵盖之广,形成巨大的落差。

3. 变周之文,从殷之质(下)

进一步说,"变周之文,从殷之质"也不是早期儒家的共同主张。"文"与"质"的对举,最为学者称道的,大概是《论语》的说法。《雍也》引孔子曰:"质胜文则野,文胜质则史。文质彬彬,然后君子。"② 又《颜渊》引子贡曰:"文犹质也,质犹文也。"③ 这些都是围绕着君子的品性而言,没有概述某一朝代的施政原则,与"变周之文,从殷之质"存在不少的思想距离。

早期儒学发展史限于文献不足,还有许多细节无从详述,就是像《孟子》《荀子》这样重要的文本也没有"文"与"质"并举的讨论,

---

① 刘敞:《春秋权衡》卷9,第265页。
② 邢昺:《论语注疏》卷6,北京:中国致公出版社,2016年版,第88页。
③ 邢昺:《论语注疏》卷12,第186页。

所以很难推断这两个概念如何由个人品性转换为政治方针。在此，仅谈以下两点：

（1）即使出现了改周文而从殷质的主张，"文"与"质"仍是形容个人品性的流行概念，例如《春秋繁露·玉杯》云："宁有质而无文，虽弗予能礼，尚少善之，'介葛卢来'是也；有文无质，非直不予，乃少恶之，谓州公'寔来'是也。"① 介葛卢和州公都是《春秋》记载的人物，其中"有质而无文"和"有文无质"都是因其"来"而作出品性的判断。对"文"与"质"的讨论，即使放在《春秋》诠释上，也是不能仅用"改制"来理解。

（2）即使是把"文"或"质"作为概括某一个时代政治措施的原则，但这两个概念所归属的时代也有不同的变异。《礼记·表记》引孔子曰："虞夏之质，殷周之文，至矣。虞夏之文，不胜其质；殷周之质，不胜其文。"② 这是"虞夏→质"和"殷周→文"，而非"质→殷"和"文→周"。殷是"文"而非"质"，这与"变周之文，从殷之质"的二分法完全不同。

总之，"变周之文，从殷之质"不仅不见得是解读《春秋》唯一正确的主张，而且《公羊》和其他经部文献不都是这么倡导。何休提出这一主张，放在上述的思想光谱上看，仅是众多说法中的一种；更重要的是，他的说明也没能显示它是唯一可靠而能够通释全经的核心观点。完全可以说，皮锡瑞笃信这一主张，只不过是反映他偏爱何休的心意，但《春秋》乃至《公羊》是否必须透过何诂来解读，则是另一回事。对《公羊》相关传文的诠释，本来还有许多诠释空间。像皮锡瑞那样认定何的解释而不顾其他，或多或少反映了清末《公羊》学者独断释经的习气。

---

① 苏舆：《春秋繁露义证》卷1，第27页。
② 孔颖达：《礼记正义》卷54，第1487页。

4. 从周

"变周之文,从殷之质"在直觉上最大的反证,就是"从周"的记载。《论语·八佾》篇引孔子曰:"周监于二代,郁郁乎文哉!吾从周。"何晏注引孔曰:"言周文章备于二代,当从之。"① 此"文章"就是礼乐制度。历来论者普遍相信这是概述礼乐制度的整体性见解,如朱熹《集注》引尹氏曰:"三代之礼,至周大备,夫子美其文而从之。"② 这是概述礼乐制度的整体性见解,不是专谈某一具体措施。

皮锡瑞对"从周"的理解,一如上述孔、尹之说,也是整体性判断,故曰"变周从殷"。之所以有此想法,主要不是鉴于"从周"的含义,而是它的语脉。同样是"吾从周",《礼记·檀弓下》引孔子曰:"殷已悫,吾从周。"③ 这是比论"殷既封而吊,周反哭而吊"而得出的结论。"悫"意谓朴实,专指"殷既封而吊"而非殷商所有礼制;而"从周"是专指"周反哭而吊"而非周代所有礼制。这可看见,关键并非"从周"是什么意思,而是它在什么语境中使用。《论语·八佾》没有交代孔子在什么具体语境下、对什么人、谈论什么具体问题而这么说,故此论者认为"从周"是对一代礼乐的整体性判断,是完全说得通的。

同样是整体性判断,"从周"可以是专就特定的具体措施的判断,但"变周从殷"却不可以。孔子是活生生的人,在不同情境中说话,有些情境就一代而言"从周",有些情境就具体做法而言"从周",这二者是可以兼容的。相反,《春秋》是一部书,"变周从殷"(即"变周之文,从殷之质"的简称)作为一种解经意见,是归纳《春秋》全经内容后所提取的宗旨,其中不存在情境的变异而说不同的话的需要。职是之故,"变周从殷"对不同经传的解释应该都是适用的,当何诘援之作为

---

① 邢昺:《论语注疏》卷3,第39—40页。
② 朱熹:《四书章句集注》,北京:中华书局,1983年版,第65页。
③ 孔颖达:《礼记正义》卷9,第271页。

解读经传的依据时，实已预设这是能够涵盖经传主要内容的主张，而非仅就相关经文的特殊情况而言。鉴于此，应可以更加了解何休仅有三例举证为何不能轻易接受的缘故（如上所述）。

由于皮锡瑞把"从周"和"变周从殷"皆理解为整体性的判断，所以也就排除二者仅因情境变异而得以兼容的可能性。于是，就须另找理由说明"从周"何以不是"变周从殷"的反证。皮锡瑞提出的解释是"行事"与"立说"之间的区别：

> Ⅲ. "从周"属于"行事"层面：孔子是"周人"，故推断孔子的"平日行事"是"必从时王之制"。

> Ⅳ. "变周从殷"属于"立说"层面：孔子的"著书立说"不是"从周"，而是"损益前代"。

以Ⅲ与Ⅳ的不一致，作为兼容"从周"与"变周从殷"的理由，是否可信呢？该如何理解呢？这要从政治顾虑与学术成果两个层面来观察：

在政治顾虑上，皮锡瑞这样的说法乃是努力降低风险的策略。熟悉清朝开国史的人大概都知道，自清政府入主中原之初，早已严格规定臣民必须遵从本朝制度，绝不允许违逆"时王之制"的各种做法。明乎此，便能理解皮锡瑞为何坚称"从周"是"平日行事"的缘故。在他笔下，孔子的"行事"仍是"从时王之制"，而"损益前代"仅是"立说"，不是"不遵本朝制度"，不必认真。据此推知，不能因为"变周从殷"而指控皮锡瑞是潜在的"不遵本朝制度"。不言而喻，Ⅲ与Ⅳ的不一致，已隐晦地展示自己及其对孔子的书写，对掌权的政治人物完全无害。诸如"衣冠礼节，必遵时制"和"著书言法政，则不妨出入"之语，已表明他忠于清室、无意逆反的立场；而"自来著书者莫不知是"，更是颇为露骨的夫子自道，因为皮锡瑞肯定也算是"著书者"之一。诸如此类，都是反映专制政治下的无奈和委屈，读者对之当有同情的理解。

在学术成果上，皮锡瑞以上的说法却有商酌的余地，因为它是违反文本原意的曲解。"从周"的"从"，是在两项或多项选项中挑选其中一项，如《述而》云："三人行，必有我师焉。择其善者而从之，其不善者而改之。"① 这是在"三人"的"善者"和"不善者"作出选择。同样，《八佾》的"吾从周"是在"周"与"二代"之间的选择，而《檀弓》的"吾从周"是在"殷既封而吊"与"周反哭而吊"之间的选择。即使是"变周之文，从殷之质"，也是摆出了"周之文"与"殷之质"两者而有"变"和"从"的做法。然而，皮锡瑞却看不见"从"蕴涵选择的先在，其言"必从时王之制"的"必"已预设孔子的"平日行事"仅有"时王之制"，别无其他选择。然而，孔子言"吾从周"，绝不因其为"周人"的身份背景已导致他必然作出"从周"的决定——犹如今天某人作为"中国人"的身份背景不一定推出他必然跟随中国制度的行为实践。皮锡瑞所言，貌似有理，其实经不起仔细推敲。

此外，《八佾》《檀弓》和其他文献也从未明确划分"行事"与"立说"的不同，更无上述Ⅲ与Ⅳ的不一致。孔子从未说过"从周"仅是"行事"而非"立说"的事情。恰好相反，无论"从周"抑或"变周从殷"，谈论是否"从"（不管是泛论一代抑或专讲某个具体做法）都是认为孔子对相关选项提供自己的见解，很难说这仅是"行事"而非"立说"。况且，Ⅲ与Ⅳ的不一致在某程度上也是言行不一的表现。《论语·子路》云："君子名之必可言也，言之必可行也。"② 孔子明确支持"名""言""行"的一致性。如皮氏之说，就是孔子的"著书立说"不是"必可行"，或至少孔子自己不是"必可行"。由此可见，强行拆分"行事"与"立说"，结果必陷于"言之"不是"必可行"的结论，似

---

① 邢昺：《论语注疏》卷7，第105页。
② 邢昺：《论语注疏》卷13，第199页。

不可欲。由此可见，Ⅲ与Ⅳ之划分是一个错误的二分法（false dichotomy），只有政治修辞的意义，不宜视作经义的确诂。

进一步说，皮锡瑞只是检讨"吾从周"，在举证上相当不足。谓之不足，在于现存文献留下许多反证：

[1]《论语·述而》引孔子曰："甚矣吾衰也！久矣吾不复梦见周公。"

[2]《论语·阳货》引孔子曰："如有用我者，吾其为东周乎！"

[3]《论语·子张》引子贡曰："文武之道未坠于地，在人。"

[4]《礼记·中庸》云："哀公问政。子曰：'文武之政，布在方策。其人存，则其政举；其人亡，则其政息。'"又云："仲尼祖述尧舜，宪章文武。"①

例[1]指出孔子对周公的念念不忘；若说周公是孔子心中理想的统治者，大概是没有什么疑问的。但按照"变周从殷"之说，读者却看不见哪一位殷商君主具有这样的高度。例[2]指孔子自述若有人任用他，他的做法是"为东周"，而非"变周从殷"。例[3]和[4]的"文武之道"和"文武之政"，在孔门师弟口中，都不是已失传的东西，而是有待今人实践之物。可以说，西周盛世所留下的典章制度，是孔子亟欲效法的。从这四例可知，周公和文武所奠立的政治实践，在孔子眼中是相当美好的，有待落实，多于需要被改变的。可以说，这些都是孔子憧憬的政治理想，不能说是"平日行事"，而"著书立说"则要换成另一说法。Ⅲ与Ⅳ的不一致，在其他文献中也找不到任何根据。高拱

---

① 邢昺：《论语注疏》卷7，第96页；卷17，第275页；卷19，第306页。孔颖达：《礼记正义》卷52，第1440页；卷53，第1459页。

《春秋正旨》云："是孔子之所欲见诸行事者，亦止是行周公之道，以兴东周之治，非欲于文武之政之外，别立一代之制。"① 这是别具心得的评论，进一步印证孔子"从周"而非"变周从殷"的态度。诸如此类的观点，其实都比《经学通记》的说法更易为人取信。皮锡瑞刻意把"平日行事"与"著书立说"对立起来，从自我保全的考虑或可理解，但在文献诠释上却不是什么妙解。

5. 损益四代

《论语·卫灵公》云："颜渊问为邦，子曰：'行夏之时，乘殷之辂，服周之冕，乐则《韶》《舞》；放郑声，远佞人。郑声淫，佞人殆。'"② 皮锡瑞认为这是孔子"损益四代"的"明证"。对此，需要略作疏解：

（1）"夏之时"、"殷之辂"、"周之冕"是三代的东西，但《韶》《舞》不以朝代称其乐。俞樾《群经平议》指出"舞""武"二字通用，《论语》的"舞"宜作"武"："夏时、殷辂、周冕，皆以时代先后为次，若《韶》《舞》专指舜乐，则当首及之，惟《韶》《舞》非一代之乐，故列于后。且时言夏，辂言殷，冕言周，而'韶舞'不言虞，则非止舜乐明矣。"③《韶》本为帝喾之乐，经有虞氏加工与改造，④ 而《舞》则是周武王之乐。《论语·八佾》云："子谓《韶》'尽美矣，又尽善也'，谓《舞》'尽美矣，未尽善也'。"⑤ 基本上，《韶》和《舞》都是孔子当时可以听到的古乐，它们与夏时、殷辂、周冕一样，都是孔子所知道的文化遗产。它们既非孔子创造的，而孔子也不见得认为这些都是

---

① 高拱：《春秋正旨》，见《文渊阁四库全书》第 168 册，上海：上海古籍出版社，1987 年版，第 327 页。
② 邢昺：《论语注疏》卷 15，第 247 页。
③ 俞樾：《群经平议》卷 31，见《春在堂全书》第 1 册，南京：凤凰出版社，2010 年版，第 510 页。
④ 有关《韶》的观止制作，参阅许兆昌：《先秦乐文化考论》，哈尔滨：黑龙江人民出版社，2009 年版，第 23—28 页。
⑤ 邢昺：《论语注疏》卷 3，第 50 页。

最完美和最理想的东西，故有"未尽善"的评语。孔子主张使用这四者，只能说明他觉得它们都是"为邦"可以采用的，其中不曾说过这是"制法"的内容。《卫灵公》这则语录没有"法"的概念。硬要说这是"圣人制法"的表现，是戴着"孔子是立法者"的有色眼镜所得出的结论。

（2）除了夏时、殷辂、周冕、《韶》《舞》的列举外，孔子还说到"放郑声，远佞人。郑声淫，佞人殆"。不能撇开这一句话不予理会。其中，"放郑声"的"放"意谓舍弃，而"远佞人"的"远"意谓疏远。"郑声"和"佞人"都不能算是"四代"的东西，而"淫"和"殆"都是必须规避的恶劣影响。简单地说，"郑声"和"佞人"都是坏人和坏东西；对它们的防范，可以归于人事的管理，却无涉于制度的创建，不能算是"制法"的性质。综观孔子对"为邦"的阐述，与其说是"圣人制法"，不如说是从正反两方面介绍统治者有什么事情是应该做的：要做的事情是采用夏时、殷辂、周冕、《韶》、《舞》，不要做的事情是采用郑声和佞人。为什么要强调后者呢？胡宏有一个值得讨论的意见："夫子既许颜子以损益四代，而犹戒以'放郑声，远佞人'，不以人心为可恃也。"① 这里以"损益四代"解说孔子前四句话，不够准确；下文对之还有分析，暂不深论。在此需要留意的是"不以人心为可恃也"一语：胡宏看见"郑声"和"佞人"对人心的恶劣影响，说这方面的顾虑正是孔子亟欲避免的危险，显然没有把"为邦"的答问完全视作制度的设定。这是很有见地的。只看"损益四代"和"圣人制法"，或多或少是以偏概全的。

（3）"为邦"是当时政治讨论比较流行的话题，《论语》还有一则"为邦"的记载。《子路》引孔子曰："'善人为邦百年，亦可以胜残去

---

① 胡宏：《题张敬夫〈希颜录〉》，见《胡宏集》，北京：中华书局，1987年版，第193页。

杀矣。'诚哉是言也！"① 当时已有人论及"善人为邦"的效应，而孔子表示同意和欣赏。《卫灵公》篇中记述孔子与颜渊的讨论，在很大程度上可以说是相关话题的深化解说。孔子罗列的诸般做法，是阐明他所理解的"为邦"的内容。与其说孔子"为汉制法"或"为后王立法"，不如说他正在回应"为邦"的讨论。还有，《论语》的"邦"，不是汉帝或后王所统治的庞大帝国。孔子让子路、曾皙、冉有、公西华"各言其志"的对话，说道："安见方六七十、如五六十，而非邦也者？"② 可见，"邦"可以是小规模的城邦。孔子所思考的"为邦"，包括采用夏时、殷辂、周冕、《韶》《舞》四者，都是小城邦力所能及的事情。只要不是存心歪曲，就很难推断孔子已有秦汉帝国那种格局的政治构想。皮锡瑞所宣扬的"圣人制法"，则预设"法"是汉代或以后能继续采用的；无形中，这已出现了一个推理上的跳板——"为邦"的场所，由分封格局的小城邦，隐默地转变为一君万民的大帝国！这真的是忠于《论语》的解读吗？

（4）《论语》言"损益"共三例，其中《季氏》"益者三友，损者三友"二例涉及交友，不必多谈③，余下与政治相关的是《为政》以下的一则记载："子张问：'十世可知也？'子曰：'殷因于夏礼，所损益，可知也；周因于殷礼，所损益，可知也。其或继周者，虽百世，可知也。'"④ 以上引文两言"损益"，其上的两"所"字与后面的"损益"结合，形成名词性结构，故"损益"的主体实承其上句的主语，即"殷"和"周"。换言之，"因"的主体与"损益"的主体是同一的，先后是"殷"和"周"。

就这一点，朱熹有清晰的认识："三代相继，皆因之而不能变。其

---

① 邢昺：《论语注疏》卷13，第204页。
② 邢昺：《论语注疏》卷11，第177页。
③ 邢昺：《论语注疏》卷16，第266—267页。
④ 邢昺：《论语注疏》卷2，第25页。

所损益，不过文章制度小过不及之间，而其已然之迹，今皆可见。则自今以往，或有继周而王者，虽百世之远，所因所革，亦不过此，岂但十世而已乎！圣人所以知来者盖如此。"① 这一卓见，实得《论语》此语之要领。如其所解，由于"因"和"损益"是殷、周两代，其中的重点是鉴"以往"而知"来者"，故孔子仅是"损益"的历史观察者，而非主事者或设计者。《为政》三言"可知也"，都是孔子以历史观察者自居而得出的认识。皮锡瑞"不妨损益前代"以孔子为"损益"的主体，意义其实不一，不符合《论语》文意。

此外，"其或继周者"的"其"，作为代词，是指代第三人称，而非当事人的自称。换言之，"其或继周者"不是孔子本人，而是指以后可能继周而起的朝代或统治者。是什么统治者？孔子只是猜测。究竟可能是什么人？没有说清楚。"或"是疑辞。以"或"言之，显示孔子不敢把话说死。自始至终，孔子仅是观察殷、周"因"和"损益"的历史发展，进而判断"所损益"的是什么，不曾明言或暗示他自己就是"继周"的人。

假如皮锡瑞主张孔子"自王"之说，那么他还可以有另一个论述策略，即认为孔子说一套、做一套，暗地以王自命，而表面上却有另一种面貌，那样的话，"其或继周"另指他人也无所谓。然而，皮锡瑞明确反对"自王"，不认为孔子有"王"的意图，这就意味"其或继周者"不可能是孔子自己的事业。这跟皮锡瑞谈经而绝不"自王"和"从时之制"，是相同的道理。

此外，"虽百世，可知也"不过是说明孔子有把握看见以后政治发展的路径，丝毫不意味他设计了什么政治方案留给"百世"以后。这不仅不能支持孔子素王或孔子自王的主张，也没有佐证《春秋》素王的任何元素。

---

① 朱熹：《四书章句集注》，第59页。

总体而言，孔子"损益"的答问，是对子张的回答；而他对"为政"的答问，则是对颜渊而发。这是在两种情境下不同的思想回应，不必强合。没有证据显示"为政"的讨论是孔子"损益"的结果。以"损益四代"概括孔子告颜渊之语，本有疑义；皮锡瑞以"此意"概括"作《春秋》"，更不是圆满的论证。

6. 岁三田

皮锡瑞认为《春秋》从殷的"明证"有二：一是"爵三等"，其非《公羊》本义，详见上述；另一是"岁三田"，这需要略作释义。"田"就是田中行猎。《公羊》桓四年传："春曰苗，秋曰蒐，冬曰狩。"①《穀梁》桓四年传："春曰田，夏曰苗，秋曰蒐，冬曰狩。"② 就此对照，二传有两个差别：其一，《穀梁》记载"夏曰苗"，而《公羊》没有记载；其二，《公羊》作"春曰苗"，《穀梁》作"春曰田"。如何解释以上的差别？基本上，可以分为两套不同的诠释：

V. 维持《公羊》的原文，以此认为《公羊》主张"夏不田"。

VI. 认为《公羊》这句话与《穀梁》本无差别，只是"<u>春曰田，夏曰苗</u>，秋曰蒐，冬曰狩"脱落了"田夏曰"三字（即画有底线的部分）。

何休是Ⅴ的代表。何诂："不以夏田者，《春秋》制也。以为飞鸟未去于巢，走兽未离于穴，恐伤害于幼稚，故于苑囿中取之。"③ 以下，将参照于鬯《香草校书》的观点，结合其他经说，阐述这样的解释有什么困难：

---

① 徐彦：《春秋公羊传注疏》卷4，第79页。
② 杨士勋：《春秋穀梁传注疏》卷3，北京：北京大学出版社，1999年版，第38页。
③ 徐彦：《春秋公羊传注疏》卷4，第79页。

(1)《公羊》的反证

桓四年经："公狩于郎"，《公羊》云："狩者何？田狩也。春曰苗，秋曰蒐，冬曰狩。常事不书，此何以书？讥。何讥尔？远也。诸侯曷为必田狩？一曰乾豆，二曰宾客，三曰充君之庖。"① 以上，涉及三个问题。第一，"狩"是什么？是故《公羊》解释一年中各季（先不问三时抑或四时）有什么名称的田猎。第二，为何讥刺这次冬狩？《春秋》正常情况不记载"狩"，《公羊》认为这是因狩之"远"而"讥"。第三，为何诸侯一定要田狩？诸侯之所以田中行猎，是因为猎物可以有不同的用途："乾豆""宾客""充君之庖"。——这个观点，与《穀梁》大体相同："四时之田用三焉，唯其所先得，一为乾豆，二为宾客，三为充君之庖。"② 综观《公羊》的三个答问，都不涉及"夏不田"的讨论。何休"不以夏田"的解释，于传无据。

此外，"乾豆""宾客""充君之庖"的排序，以"乾豆"最先。"乾豆"就是把猎物风干了做祭品的干肉。田猎首重祭祀，不是为猎而猎。《公羊》桓八年传："春曰祠，夏曰礿，秋曰尝，冬曰烝。"③ 在此，列举了四时之祭。陈列祭品供奉祖先与先祖，既然四时为之，而祭品与田猎所得息息相关，为何有夏礿而无夏苗？于鬯提出有力的质疑："是《公羊》未尝不备四时之祭，则安得不备四时之田？夏苗可废，夏礿亦可废乎？"④ 不论从哪一角度看，《公羊》没有支持"岁三田"的明证，反证倒是相当清晰。

(2)《繁露》的反证

《深察名号》云："享鬼神者号，一曰祭。祭之散名，春曰祠，夏曰礿，秋曰尝，冬曰烝。猎禽兽者号，一曰田。田之散名，春苗、秋蒐、

---

① 徐彦：《春秋公羊传注疏》卷4，第79—80页。
② 杨士勋：《春秋穀梁传注疏》卷3，第39—40页。
③ 徐彦：《春秋公羊传注疏》卷4，第90页。
④ 于鬯：《香草校书》卷49，北京：中华书局，1984年版，第981页。

冬狩、夏狝。无有不皆中天意者。"① 这是主张四时皆有"田"。当然，引文中的"夏狝"置于"冬狩"之后，在直观上略嫌违和，但不能在没有旁证就断定"夏狝"是衍文。于鬯说："谓其倒误，容当有之。疑作'春蒐、夏苗、秋狝、冬狩'，而与四时之祭并言。且曰'皆中天意'，必不得阙夏不数。"② 董仲舒相信人事需要符合天意，每年既有四季，而田猎和祭祀也必是相应四季而行，"夏不田"殊非董氏所能接受的观点。

（3）《白虎通》的反证

《左传》孔疏引《白虎通》云："因《穀梁》之文为之生说，曰：王者、诸侯所以田猎何？为苗除害，上以共宗庙，下以简集士众也。春谓之田何？春，岁之本，举本名而言之也。夏谓之苗何？择其怀任者也。秋谓之蒐何？蒐索肥者也。冬谓之狩何？守地而取之也。四时之田，总名为田何？为田除害也。"③ 侯康亦从孔疏之说，《穀梁礼证》云："考《白虎通》多《公羊》家言，而此独从《穀梁》，以其义本胜耳。"④ 以"其义本胜"为解释，貌似有理，仍不能服人，因为《白虎通》全书皆以《公羊》为立说纲领，为何独此一条跟随《穀梁》而非《公羊》呢？于鬯质疑说："夫岂有全书从《公羊》，独此一条主《穀梁》者。"⑤ 同样是拥护《公羊》的作品，《白虎通》与《春秋繁露》一样，皆非主张"夏不田"之说，简单地说这是杂用《穀梁》之说，难以释除疑惑。

（4）郑注的不足信

《礼记·王制》云："天子、诸侯无事则岁三田：一为乾豆，二为宾

---

① 苏舆：《春秋繁露义证》卷10，第287—288页。
② 于鬯：《香草校书》卷49，第982页。
③ 孔颖达：《春秋左传正义》卷3，第93页。
④ 侯康：《穀梁礼证》卷2，见《春秋公羊礼疏（外五种）》，黄铭、杨柳青、徐渊点校，上海：上海古籍出版社，2015年版，第698页。
⑤ 于鬯：《香草校书》卷49，第983页。

客，三为充君之庖。"郑注："三田者，夏不田，盖夏时也。"孔疏引《释废疾》云："岁三田，谓以三事为田，即上一曰乾豆之等。"① 《释废疾》的"三田"，乃是拿田狩所得的猎物所做的"三事"，即"乾豆"、"宾客"和"充君之庖"。此"三田"既不等于"夏不田"，也不等于"三时田"。这是比较正确的解释。相反，郑注的"三田"却是错误的。因为"夏不田"不是《王制》"岁三田"所能蕴含的意思。郑注与《释废疾》，二者扞格不入。于鬯认为郑注毫不可信，表示明显的困惑，故质疑说："直是后人标立《公羊》家说以为三田之别义，误入注中，非郑语也。顾'夏不田'之说，不特礼家所无，实亦非《公羊》家所有。"② 这是注意到郑注与《释废疾》的分歧，并且质疑"夏不田"的主张，实有所见。郑玄试图调和《王制》与《周礼》的做法，该作如何理解，兹事体大，难以详论，但有一点是很清楚的：在"岁三田"的解释上，郑注猜测是"盖夏时也"，不是皮锡瑞所概括的"殷法"。分析到最后，《王制》"岁三田"不见得等于"夏不田"，即使按郑注之解，也该是"夏时"而非"殷法"。

归纳以上，"岁三田"并非必然正确的观点，还有许多疑惑未清。皮锡瑞以"岁三田"推出"《春秋》从殷"的论断，怎么看也是筑在浮沙上的大厦，难言稳妥。

因为Ⅴ的不可信，故有必要慎重地考察Ⅵ的观点。这是于鬯的解读："《公羊》与《穀梁》本同一说也，且苗为夏田之名，未有名春为苗者，今云'春曰苗'，其脱文甚明矣，后人不察此脱文，遂为《公羊传》三时田有夏不田之说，不亦诬乎？"③

以上解读很有说服力。由于《公羊》《繁露》《白虎通》三书皆有反证，而且郑注对"岁三田"的解释已有问题，《王制》"岁三田"也

---

① 孔颖达：《礼记正义》卷12，第373—374页。
② 于鬯：《香草校书》卷49，第982页。
③ 于鬯：《香草校书》卷49，第981页。

不能印证"夏不田",所以继续维持《公羊》现有文本,无法消除各种疑难。如于鬯之议,承认《公羊》同样是"四时田",那么不仅可以免除疑难,而且可以找到旁证甚多。除《穀梁》桓四年传以外,于鬯还列举《周礼·大司马职》《尔雅·释天》《韩诗内传》《汉书·刑法志》等书都是"四时田"的说法,可见"四时田"本是早期中国的流行认识。《公羊》本无"改制"之说,没有理由必须相信《公羊》真有由"四时田"改为"三时田"的主张。换言之,《公羊》对"田"的理解,与其他文献是相通的。《公羊》有可能是不知什么原因而出现脱文,于鬯尝试推敲说:"公羊家与纬家出入,因《公羊》本传写有脱,遂以纬说附会之。或且据纬以删《公羊》之文,亦正未可知之事。安得谓《公羊》本传'三时田'哉?"① 这里质疑纬家的影响导致《公羊》脱文,容有猜测成分在内,但于鬯遍读群经,其以《公羊》本无"岁三田"之说,所说或是,至少就传世文献看,是比较合理的论断。

经过V和VI两个选项的对比,没有理由认为《公羊》桓四年传必是"岁三田"的主张,尤其是当我们知道《王制》的"岁三田"不是"三时田"的意思。皮锡瑞以V为定论,其实还有许多疑窦未解,反而见证着"《春秋》从殷"绝非牢靠的定论。

7. 诸子改制

前已述及,认定诸子"改制",实乃康有为的观点。《孔子改制考》已提及子桑伯子、棘子成、墨家、道家创教,墨子、棘子成、老子改制。② 这个观点,是为了表明"改制"是早期中国广泛存在的做法。然而,康有为的论证却是极其粗疏,例如《论语·颜渊》引棘子成曰:"君子质而已矣,何以文为?"③ 这是康有为宣称棘子成"改制"的唯一证据,此外再无其他证据足以显示棘子成真的怀有"改制"的构想而这

---

① 于鬯:《香草校书》卷49,第983页。
② 康有为:《孔子改制考》卷2,第7—8、16—18页;卷3,第21—23、25页。
③ 邢昺:《论语注疏》卷12,第186页。

么说。同样，其他被康有为视为"改制"的言论，莫不如此。可以说，"改制"在康有为手中，是一个相对随意的名词，几乎是所有提出政治主张的人都可以适用。皮锡瑞列举老子、墨子、子桑伯子、棘子成作为"必改制"之例，是暗袭《改制考》而又不敢公开支持其说。皮之于康，因无进一步的佐证或解说，其对"变周从殷"的证成，没有多大的帮助。

8.《檀弓》三言邾娄

此外，皮锡瑞还想从《檀弓》找到支持《春秋》"变周从殷"的其他证据。一是"三言邾娄"。邾娄是春秋时期与鲁国关系密切的小国，而"邾娄"是《公羊》之称，《左》《穀》二传作"邾"。以下，先引录《礼记·檀弓》三则"邾娄"记载：

[1]《礼记·檀弓上》："邾娄复之以矢，盖自战于升陉始也。"郑注："时师虽胜，死伤亦甚，无衣可以招魂。"

[2]《礼记·檀弓下》云："邾娄考公之丧，徐君使容居来吊含，曰：'寡君使容居坐含进侯玉，其使容居以含。'"郑注："考公，隐公益之曾孙。考，或为定。"又云："含不使贱者，君行则亲含，大夫归含耳。言侯玉者，时徐僭称王，自比天子。"

[3]《礼记·檀弓下》云："邾娄定公之时，有弑其父者。有司以告，公瞿然失席曰：'是寡人之罪也。'"郑注："民之无礼，教之罪。"①

例[1]是说邾娄人用箭扣魂，是从升陉之战开始。僖二十二年经："秋，八月丁未，及邾娄人战于升陉。"《公羊》无传，何诂亦无解释。

---

① 孔颖达：《礼记正义》卷6，第188页；卷10，第314、317页。

故陈立《义疏》解释此经,也只能杂用《左》《穀》之说。① 有关升陉之战的伤亡,仅《左传》载有相关的叙述。《左》僖二十二年传:"邾人获公胄,县诸鱼门。"② 这是提到鲁国战败的损失,没有记载邾国一方的情况,而郑玄"死伤亦甚"未言所据,似属猜测,有待确证。例〔2〕记载僭越自比于王的徐国君主派出容居吊唁,以卑临尊,要求对邾娄考公行含礼。据郑注可知,邾娄考公可能是邾娄子益的曾孙(当然,郑玄似乎也认为"考公"是"定公"之讹),而邾娄子益则是《春秋》记载邾娄君主最后的一位,即哀十年经:"春,王二月,邾娄子益来奔。"邾娄考公在位期间,因在《春秋》叙事以后,与《公羊》毫无关系。例〔3〕叙述邾娄定公知道有人弑父后的反应,而邾娄定公原名"貜且"。文十四年经:"晋人纳接菑于邾娄,弗克纳。"这是定公登位前晋国尝试干预而又失败,《公羊》"貜且,齐出也""貜且也六""貜且也长"三语③,都是交代貜且的来历,并且比接菑更年长,较有继位的条件。无论《春秋》抑或《公羊》,后来也没有进一步说明邾娄定公继位后有何遭遇。综观以上三例,《公羊》皆无相应或相似的内容足以阐明《檀弓》的说法。可以说,除了用词上的相同外,《檀弓》三言"邾娄"与《公羊》实无任何相通之处,很难说这就是"《公羊》齐学"的明确证据。"《公羊》齐学"究竟有什么具体内容?学派究竟有什么明确的主张可供辨认?限于文献不足,这方面的问题根本无从详述,至少皮锡瑞也说不清楚、说不具体。仅因为《公羊》和《檀弓》都是使用"邾娄"一词,便断定二书属于同一学派,似乎是太过鲁莽的做法。想想看,假如有人因《左传》与《穀梁》同样使用"邾"而断定它们是同一学派,又是否足够可信呢?

皮锡瑞对《檀弓》的另一说法,是认为它"言礼多从殷"。要判断

---

① 陈立:《公羊义疏》卷34,北京:中华书局,2017年版,第1266页。
② 孔颖达:《春秋左传正义》卷15,第403页。
③ 徐彦:《春秋公羊传注疏》卷14,第306—307页。

此说是否正确,还是要回到文本逐一检视:

[4] 有虞氏瓦棺,夏后氏堲周,殷人棺椁,周人墙置翣。周人以殷人之棺椁葬长殇,以夏后氏之堲周葬中殇、下殇,以有虞氏之瓦棺葬无服之殇。

[5] 夏后氏尚黑;大事敛用昏,戎事乘骊,牲用玄。殷人尚白;大事敛用日中,戎事乘翰,牲用白。周人尚赤;大事敛用日出,戎事乘骤,牲用骍。

[6] 夏后氏殡于东阶之上,则犹在阼也;殷人殡于两楹之间,则与宾主夹之也;周人殡于西阶之上,则犹宾之也。而丘也,殷人也。予畴昔之夜,梦坐奠于两楹之间。夫明王不兴,而天下其孰能宗予?予殆将死也。

[7] 孔子之丧,公西赤为志焉:饰棺、墙,置翣,设披,周也;设崇,殷也;绸练设旐,夏也。

[8] 子张之丧,公明仪为志焉;褚幕丹质,蚁结于四隅,殷士也。

[9] 幼名,冠字,五十以伯仲,死谥,周道也。绖也者,实也。掘中溜而浴,毁灶以缀足;及葬,毁宗躐行,出于大门,殷道也。

[10] 夏后氏用明器,示民无知也;殷人用祭器,示民有知也;周人兼用之,示民疑也。

[11] 重,主道也,殷主缀重焉;周主重彻焉。

[12] 周人弁而葬,殷人冔而葬。

[13] 殷既封而吊,周反哭而吊。孔子曰:'殷已悫,吾从周。'

[14] 殷练而祔,周卒哭而祔。孔子善殷。

[15] 殷朝而殡于祖,周朝而遂葬。

[16] 殷人作誓而民始畔，周人作会而民始疑。①

例［4］先是分别记述虞、夏、殷、周四代对棺的不同制作方式，然后说明周人用虞、夏、殷三种不同的棺来葬埋不同年龄死去的孩子。例［5］叙述夏、商、周三代崇尚不同的颜色，导致他们对入殓时间、行军所用马匹、祭祀杀牲也采用不同的颜色。例［6］是孔子死前的话，提及夏、殷、周三代停柩的不同位置，而孔子表示自己是殷人，他在昨夜梦见自己坐在两楹之间，由此推断自己快要死了。例［7］记载孔子的丧事，杂用了夏、殷、周三代不同的规矩。例［8］记载子张的丧事，采用了殷代的丧饰。例［9］叙说室中间挖坑等做法，指出这是殷人丧礼的做法。例［10］是仲宪对曾子所说的话，提及夏、殷、周对器物的不同使用，显示三代对人死后有知抑或无知的认识。例［11］的"重"是停殡期间用木头雕制的前代以受祭的器物，其中谈及殷、周两代对于做了神主后如何处理"重"的不同做法。例［12］对比殷、周行葬时所戴的不同帽子。例［13］对比殷、周葬后对孝子慰问的不同做法，而孔子表示赞同周人。例［14］对比殷、周举行祔祭的不同时间，而孔子表示欣赏殷人。例［15］说明殷、周朝庙后对尸体的不同处理。例［16］说明殷、周二代有什么做法导致人民背离和怀疑统治者。

以上13例，基本上都是对葬礼的不同环节的讨论，其中引述殷人的做法，主要是用来对比周或前代的其他做法。可以说，这些都是重在比较，许多都没有明确的抑扬，而且抑扬的意向不都是褒殷贬周，像例［13］的"吾从周"便是一例。而例［14］的"善殷"，仅是就祔祭的时间问题而言，不能说孔子在礼的整体判断上选择殷而非周。据《檀弓》的叙述，孔子对殷礼的偏倚，主要是他作为"殷人"的身份，但例

---

① 孔颖达：《礼记正义》卷6，第177—179页；卷7，第207、210、212、219页；卷8，第231页；卷9，第266—267、271、274、276页；卷10，第311页。

[6]之梦,也不过是适用于他个人将死的独特情形,不能说孔子所倡导的"礼"大多是"从殷"。确切地说,《檀弓》之所以缕述殷礼和虞夏之礼,主要是扩大历史视界,说明周礼之外的其他做法,或如例[4]所示,周人的某些做法,本来就是折中前代的做法。这13例对"殷"的记述,基本上都不足以说明"言礼多从殷"。皮锡瑞以此定性《檀弓》,似乎尚未中其肯綮;以此印证《公羊》何诂"变周从殷"之说,无裨于论证强化,是明显的。从著述安全的考虑出发,皮锡瑞申述《春秋》"从殷",大概也离不开"行事"迥异于"立说"的二分预设,因为《檀弓》的记载不是确证"变周从殷"的充足条件或必要条件,而它也没有"平日行事"与"著书立说"的区别(或类似的观点)。

三、涉及《礼记》的两项举证

涉及《礼记》的记载,皮锡瑞还有其他引证,需要略作讨论:

(一) 对《中庸》和《儒行》的评论

其一,《中庸》引孔子曰:"吾说夏礼,杞不足征也。吾学殷礼,有宋存焉。吾学周礼,今用之,吾从周。"孔疏引赵商问:"孔子称:'吾学周礼,今用之。吾从周。'《檀弓》云:'今丘也,殷人也',两楹奠殡哭师之处,皆所法于殷礼,未必由周,而云'吾从周'者,何也?"又引郑答曰:"'今用之'者,鲁与诸侯皆用周之礼法,非专自施于己。在宋'冠章甫之冠',在鲁'衣逢掖之衣',何必纯用之?"①

其二,《儒行》引孔子曰:"丘少居鲁,衣逢掖之衣;长居宋,冠章甫之冠。丘闻之也:君子之学也博,其服也乡;丘不知儒服。"郑注:"孔子生鲁,长而之宋而冠焉。宋,其祖所出也。衣少所居之服,冠长

---

① 孔颖达:《礼记正义》卷53,第1457—1458页。

所居之冠，是之谓'乡'。言'不知儒服'，非哀公意不在于儒，乃今问其服。"孔疏："《曲礼》云：'去国三世'，'唯兴之日，从新国之法。'孔子曾祖防叔，防叔生木金，木金生伯夏，伯夏生梁纥，梁纥生孔子。防叔奔鲁，至孔子五世，应从鲁冠，而犹著殷章甫冠者，以立为制法之主，故有异于人。所行之事多用殷礼，不与寻常同也。且《曲礼》'从新国之法'，只谓礼仪法用，未必衣服尽从也。"①

《经学通论》解读说："郑、孔所言，足解'从殷'之惑。惟衣冠、礼法是一类。冠章甫本周制，故公西华可以相礼。两楹奠殡，哭师于寝，盖当时可通行。惟作《春秋》立法以待后王，可自为制法之主耳。谓《春秋》皆本鲁史旧文，孔子何必作《春秋》？谓《春秋》皆用周时旧法，孔子亦何必作《春秋》？"②

（二）辨证

1. 《中庸》疏的问与答

《中庸》"今用之"之语，是"吾从周"的重要理据。如果"周礼"不是当时已有人"用之"，孔子也谈不上"从周"。如上所述，"从周"之"从"，已预设有些选项摆在孔子面前以供挑选。《中庸》对"夏礼"言"说"，对"殷礼"和"周礼"言"学"，此"说"和"学"，与"从"一样，都是把"礼"视作当时保留着的文化遗产。《中庸》未尝说过孔子对这些"礼"有所制作，更未说过"立法"或"制法"。相反，《中庸》云："非天子，不议礼，不制度，不考文"，又云："虽有其位，苟无其德，不敢作礼乐焉；虽有其德，苟无其位，亦不敢作礼乐焉。"③ 这就说明，有德有位，是"作礼乐"等制度构建的必要条件。《中庸》不曾明言或暗示孔子就是这样的人。阅读《中庸》，是不可能得

---

① 孔颖达：《礼记正义》卷59，第1577、1580页。
② 皮锡瑞：《经学通论》卷5，第383页。
③ 孔颖达：《礼记正义》卷53，第1457页。

到正面支持"作《春秋》立法以待后王"或"可自为制法之主"的证据的。

在孔疏中,"赵商问"是立足于以下两个论断貌似矛盾的观察:一是《中庸》的"吾从周",另一是《檀弓》记述孔子自称"殷人"而言"两楹奠殡"。回看上一节剖析《檀弓》言"殷"的13例,此"殷人"的自述即例 [6] 的叙事,其中只说孔子在死前梦见"奠于两楹之间",这是特殊情境下的特殊判断。《檀弓》未尝据此主张孔子"皆所法于殷礼"。假如上文讨论大抵不误的话,《檀弓》13例对"殷"的记述,已显示孔子不是"言礼多从殷",其对"殷礼"亦非"皆所法"。赵商"皆所法于殷礼"之说,以偏概全,毋庸赘言。孔子因发梦而估计自己要坐在两楹之间,反映的是孔子在死前的想法;而"吾从周"则是孔子自述其对夏、殷、周三代之礼的"言""学""从",概括面较广,但也不能说"吾从周"是全称命题。如《檀弓》言"殷"的13例所示,周人对丧礼的某些细节安排,也承认周人之礼已有折中虞、夏、殷三代的现象。因此,"吾从周"与"两楹奠殡"二者是可以兼容的。赵商以为"两楹奠殡"意味着"皆所法于殷礼",据此质疑"吾从周",乃是疑所不必疑。

郑玄的回答,没能澄清"皆所法于殷礼"所夹杂的误解。不过,郑对"今用之"的解释,指出"非专自施于己",却有识见。其解"吾从周",乃就孔子对"周礼"的"从"而言,这既不是孔子任随自己想法而定,也没有另一套"立法"或"制法"留给后人。至于"衣逢掖之衣"和"冠章甫之冠",出自《儒行》,分别是"居鲁"和"居宋"的做法,属于两种不同情境下的行为变化。诸如"何必纯用之"之诘,只能反映郑玄认为孔子在不同情境中各有不同特殊的做法。这不是能够支持"变周之文,从殷之质"的证据,且郑玄不曾说这是"立法"或"制法"的表现。其说不能支持皮锡瑞《春秋》立法以待后王"的主张,也就不言自明了。

2.《儒行》疏的疑问

《儒行》疏引《曲礼》之语，只属节略，原作："去国三世，爵禄有列于朝，出入有诏于国，若兄弟宗族犹存，则反告于宗后；去国三世，爵禄无列于朝，出入无诏于国，唯兴之日，从新国之法。"① 这里讨论的是流亡到其他国家的遗民，指出"去国三世"的人，看有没有"兄弟宗族"在朝廷做官，从而决定是遵循本国礼法抑或新国礼法。孔子原是宋人，其居于鲁，已逾"去国三世"，而又没有"兄弟宗族"为官的限制，当然可以"从新国之法"。《儒行》记述孔子"居鲁"和"居宋"的不同服色，在时间上是自孔子由"少"而"长"的变化，讲的是孔子穿衣的某些变化。这里的重点是，孔子在不同的时间到了不同地方，穿了不同的衣物。而他穿的衣服既以"其服也乡"言之，实已意味着不是他个人有什么创新。这一点，孙希旦已下大功夫研究透彻，《礼记集解》云："孔子不欲直言哀公之服之失，但言己之所服者乃乡俗之旧，非儒服之特异，既以见当时深衣之失其制，而儒者之异于人不在衣服亦可见矣，故哀公因之遂问儒行也。"② 总而言之，"其服也乡"是概述"衣逢掖之衣"和"冠章甫之冠"之义，不能将之化约为"从殷"。《曲礼》和《儒行》皆未提及"制法之主"或"所行之事多用殷礼"的见解。不能说孔疏这么说是相关经文的准确诠释。皮锡瑞说孔疏"足解'从殷'之惑"，只能反映他继续沿袭孔疏之谬，《曲礼》和《儒行》皆非"从殷"二字所能概括。

更仔细看，皮锡瑞并不纯粹袭用孔疏，也有改换其意的一面。孔疏"只谓礼仪法用，未必衣服尽从也"的"法"是效法义，就是认为礼仪的仿效运用，与如何穿衣，不一定是相匹配。这是为了调和《曲礼》与《儒行》而言。然而，皮锡瑞却说"衣冠、礼法是一类"，显然有别于孔

---

① 孔颖达：《礼记正义》卷4，第109—110页。
② 孙希旦：《礼记集解》卷57，北京：中华书局，1989年版，第1399页。

疏。之所以如此，是因为他的目的是要证成"《春秋》立法以待后王"的结论，为此不得不强调《儒行》的"服"（亦即他所谓"衣服"）与"礼法"（这与"礼仪法用"并不相同）"是一类"。

3. 论证的脱节

无论如何，《儒行》的"服"，与《檀弓》的"两楹奠殡"一样，都是涉及孔子本人的某些做法。皮锡瑞显然也察觉这一点，但问题是，他提出了"行事"与"立说"的区分，并且认定孔子的"平日行事"是"从周"，其"立说"则是"变周从殷"。由此推论，"服"与"两楹奠殡"既是"行事"，自然该被视作"周制"。明乎此，就不难理解皮锡瑞为何认为"冠章甫本周制"，又说两楹奠殡"盖当时可通行"。然而，公西华"相礼"，不见得可以说明冠章甫是"周制"。《论语·先进》记载公西华之言："宗庙之事，如会同，端章甫，愿为小相焉。"①此"小相"固然是周礼制度下的官职，但东周的小相想要戴上章甫，不蕴涵章甫就是"周制"。如上所述，像《檀弓》等文献已说明，周人所采用的丧礼，也参考了虞、夏、殷三代的旧有做法。皮锡瑞因"小相"而断言章甫是"周制"，是不通的。至于两楹奠殡在孔子之时是否"通行"，也很难说。前引《檀弓》言"殷"的13例中的例［6］已记载孔子"夫明王不兴，而天下其孰能宗予"之言，反映他很担心没有人为他这么做——若真是"通行"，岂会如此？皮锡瑞"通行"而言"盖"，显示他也在揣测，没有多大的把握。

由于坚持"行事从周"与"立说从殷"的二分法，皮锡瑞对《儒行》与《檀弓》的理解，遂不得不将之定位为"行事"和"从周"的性质。这样做的直接结果是"变周从殷"还未能从《儒行》与《檀弓》二疏中得到确证。假如不是极度谨慎的安全考虑，假如皮锡瑞没有"行事"与"立说"的分际，就不会出现这方面的漏洞。于此，皮锡瑞真正

---

① 邢昺：《论语注疏》卷11，第177页。

看重的是孔疏"制法之主"一语,但偏偏这是孔疏的随意发挥,与《儒行》没有太大关系。退一步说,即使暂且接受孔疏"制法之主"之说,但它不是专就《春秋》而言,皮锡瑞将之转手作为"《春秋》立法以待后王"的依据,已经犯了"合成谬误"(fallacy of composition)。由此反证,皮锡瑞这方面的论证,存在太多误区,不宜信从。

应该说,不管《儒行》与《檀弓》二疏是否具有支持论证的作用,皮锡瑞也是相信"《春秋》立法以待后王"的准确性。问题是,凭什么相信这一点?皮锡瑞没有正面回答,而是提出了两次"何必作《春秋》"的反问。其中,已预设《春秋》:

Ⅶ. 不是"皆本鲁史旧文",
Ⅷ. 不是"皆用周时旧法"。

接受Ⅶ和Ⅷ,不意味《春秋》:

Ⅸ. 是"变周之文,从殷之质"。

除非存在"要么Ⅶ和Ⅷ,要么Ⅸ"的排中律要求,并在经验上得到证实,否则没有理由相信皮锡瑞的说法。由此反证,皮锡瑞的两个反问,既未能说明"变周从殷"之旨,也就仍然无助于"《春秋》素王之义"的证成。

四、小结

从根本上说,皮锡瑞对《春秋》的各种理解,都离不开他支持变法但又顾忌自全的双重考虑。追求变法,本是甲午战败后知识分子的共同心声;但不是所有人都像《公羊》学者那样诉诸"改制"。皮锡瑞把

"改制"与"变法"混为一谈,意图把何休《解诂》的主张变成服务于变法的思想工具。这是他始终不愿放弃的思想坚持,导致写作《经学通论》时仍在继续其说。然而,"改制"挥之不去的潜在僭妄性,还有"党祸"所积累的心理顾虑,使得皮锡瑞必须引证更多,以示"改制"的无害和正当。为此,皮锡瑞尝试证明孔子不是"从周",而是"变周从殷"。但在论证上,不得不加设"行事从周"与"立说从殷"的二分法,凡举颜子问为邦、爵三等、岁三田、诸子改制、《檀弓》三言"邾娄"、《中庸》《儒行》二疏,皆有不合文本原义之谬,以此实不足以证明"变周从殷"是孔子的总体政治蓝图。皮锡瑞伸张《春秋》从殷之质,其意图是要推动全面变法,绝非枝枝节节的改动,但就他的举证来看,"自为制法之主"云云,其论断是可疑多于可信。依照常理来看,没有他这样的安全顾忌和思想关怀,是完全不必像他那样解读相关文献的。

第三节　辨析"《春秋》为后王立法"

第三个不寻常的地方,是"《春秋》为后王立法"的论断。

把《春秋》定位为"为后王立法"的主体,这一构想异常新颖,不是所有《春秋》研究者皆如此思考。同样把《春秋》当作"立法"的性质,但与其他《公羊》学者不同的是,皮锡瑞并未主张孔子是"素王",而且明确反对孔子"自王"之论,改而将《春秋》抬举为素王。他对"素王立法"的理解,讲究立法的有无,多于素王是谁。在他的思想安排中,素王不是孔子也无所谓,反正《春秋》是孔子的作品,将《春秋》抬举为素王,也不会削弱孔子作为教主的地位。相反,没有立法的意识,是不可欲的,因为这将意味孔子作《春秋》不一定与当前政治问题的解决密切相关。有关皮锡瑞对"素王"和"改制"的诠释,已如上述。根据这些诠释意见，他对"《春秋》为后王立法"又有什么具体的想法？根据皮锡瑞的理解，"《春秋》素王之义"不仅预设《春秋》作为改制之书，更规定其所服务的对象。他能不能有效地自圆其说？其中，有一些论证与众不同，对后来经学史的论述甚具影响，还需要再三推敲究竟。

一、"为后王立法"的内涵

皮锡瑞主张说"《春秋》为后王立法"[①]，究竟意味着什么？首先，请回顾本章第一节，这是以《春秋》作为"为后王立法"的主体，意味着《春秋》具有：

F_1　在立法上的主体性。

皮锡瑞以《春秋》（而非孔子）作为素王，故《春秋》具有无可争议的主体性，不是被孔子用作其他目标的工具性（即 E_1）。根据他的用法，《春秋》既是代理孔子作为"素王"而存在，同时又具有拟人的属性（即 G_1、H_1）。

正常的立法行为，都是针对当下的政治现实而言。"《春秋》为后王立法"所要关注的却非如此。这一判断，蕴含着《春秋》立法与后世的相关性。更准确地说，不仅是相关性，还有作者的预见性。假如《春秋》的写作，不是孔子（即皮锡瑞所理解的《春秋》作者）已经预先知道后世出现了什么问题或需要什么法则，凭什么说它的"法"是"为后王"而"立"？用相对抽象的语言来说，这已预设孔子作为《春秋》作者具有：

[①]　皮锡瑞：《经学通论》卷5，第378页。

I_1 超越 T_a 提前构想 T_b 问题的预见性。

暂且假定 T_a 是《春秋》写作的时间，即哀十四年或以后的时间；而 T_b 是指后来某一时段的读者阅览它的时间。这两个时间之间的跨度，意味着《春秋》作者必须具有超越 T_a 预早知道 T_b 是什么的先见之明。

要证明预见性这一条件，最有力的证据应该是文本的内证。大略地说，假如一部文本已记载其作者在 T_a 预测了什么，或意图指导 T_b 的某些发展而写，基本上可以杜绝其他异议；要证成 I_1 或类似论断，将是不费吹灰之力。如果文本内没有这些记载，其他作品叙述了作者在 T_a 的写作心路，这也是相当有力的证据。等而下之，便是其他人的证词。通常，证词若是出自 T_a 之人，尤其是出自那些与作者关系密切的人口中，便有较大的可信性；若是没有关系的外人，尤其是生活在 T_b 的人，就不见得可信。原则上，T_b 的读者的感受，与 T_a 的作者原来的构想，不一定是（甚至极有可能不是）同一回事。T_b 的读者阅览《春秋》产生共鸣，觉得它能够印证自己生活的 T_b，乃至相信它的内容很有用，在性质上仅是属于他自己的阅读感受：

J_1 觉得《春秋》与 T_b 相关的感受。

一部著作是否为了后世而写，要从作者方面找证据。至于别人是否觉得它与自己的时代环境相关，则要看读者方面的证据。以上二者，也许相关，却非相同。涉及 J_1 的材料，不一定可以确证 I_1 的论断。当然，读者的感受可以各种各样，也有可能不仅觉得文本与时代环境相关，而是比较强烈地认定文本作者在 T_a 自主地立法，为读者的 T_b 而写作。这样的信念是：

K_1 认定《春秋》作者具有 F_1 和 I_1 的条件。

与 J_1 一样，K_1 也是一种读者的信念，与 I_1 相关，但它也不足以确证 I_1 的正确性。简单地说，要证成 I_1，J_1 和 K_1 是不够的。说《春秋》在 T_a 为 T_b 立法，最好是看经传有没有记载孔子在 T_a 的心路历程，后人在 T_b 的感受列举再多也未必有用。

根据上述 I_1、J_1、K_1 三点的认识，经传有任何可靠的证据说明《春秋》为后世立法吗？

《春秋》没有。孔子没有为《春秋》撰写序跋，不能像后世许多著作那样；如果有的话，便可以在作品面世前及早表明他是否有为后世立法的意思。

《公羊》也没有这方面的证据。《公羊》哀十四年传："君子曷为为《春秋》？拨乱世，反诸正，莫近诸《春秋》，则未知其为是与？其诸君子乐道尧、舜之道与？末不亦乐乎尧、舜之知君子也？制《春秋》之义以俟后圣，以君子之为，亦有乐乎此也。"① 此"君子"是指《春秋》作者。按《公羊》理解，就是孔子。此传说明君子作《春秋》的原因，而《公羊》虽然认为《春秋》具有"拨乱世，反诸正"的效果，但没有武断地下结论，而是进一步追问《春秋》是否为此而写，故曰"未知其为是与"。提请注意："乱世"是概括《春秋》二百四十二年下陵上替的政治状况，没有"所见""所闻""所传闻"之分。按照皮锡瑞"大义"与"微言"的二分法，"拨乱世，反诸正"似是"诛讨乱贼以戒后世"多于"改立法制以致太平"，偏于"大义"而非"微言"的性质。② 《公羊》没有预言"乱世"以后是什么政治局面。传中既无"改立法制"的建议，也没有提及"致太平"的目标。应该说，《公羊》划分了两个层面，以此剖析《春秋》的写作：

---

① 徐彦：《春秋公羊传注疏》卷28，第626—628页。
② 皮锡瑞：《经学通论》卷5，第366页。

Ⅰ. 在效果上，《春秋》最能"拨乱世，反诸正"。
Ⅱ. 在对象上，《春秋》为"后圣"而写。

Ⅰ和Ⅱ是两个不同层面的命题。"拨乱世，反诸正"是《公羊》认为《春秋》能够救助当时混乱的政治而产生的现实效果，这是鉴于《春秋》与其他东西（《公羊》没有明言什么）的比较而言，故曰"莫近诸"。但一部著作的效果，不等于它的写作动机和服务对象。"曷为为《春秋》"之问，问的是《春秋》为了什么而写作。据《公羊》参酌后的判断，大概是君子喜欢谈论"尧、舜之道"，而喜欢"尧、舜之知"的人也会了解他，所以估计"制《春秋》之义"留给后圣，是君子所乐见的。"其诸"、"末不"这两个自我反问，反映《公羊》作者保持着磋议的谦逊态度，不曾武断地把自己的意见说成必然正确的独断解释。至于"制《春秋》之义"，则是君子检视由隐至哀的历史而得出的思想结果，"义"是上承"拨乱世，反诸正"而言，并非独立于"拨乱世，反诸正"而存在，不能说这是等于"改立法制"。

"后圣"在字面上看，是后来的圣人。他们大概与君子一样都是喜谈"尧、舜之道"的人，是《春秋》所预期的读者群，在人数上似乎极少，至少像现在新媒体时代的阅读大众应是孔子不可想象的。此传没有确言他们是属于什么时代，也没有明言"后圣"就是"王者"或"后王"。《公羊》没有"后王"的概念，也不曾说过"为后王立法"之语。把"后圣"解作在位的统治者，是后来经师的想法，非传文本意。何诂解"俟后圣"为"待圣汉之王"，徐疏："故孔子为后王作之。"① 何、徐二者的解释，皆有疑问。撇除姓名（即圣姜）不论，《公羊》言"圣"仅哀十四年传"后圣"一例，很难说这个"后圣"必是指"后王"。认定"后圣"确指任何一个时期的统治者，都嫌读得太死，因为

---

① 徐彦：《春秋公羊传注疏》卷28，第628页。

"后圣"完全可以包容孔子死后随即出现的一位圣人，可在位，也可不在位，不必是世远之后，甚至迟至汉代或以后历朝的皇帝。

细看《公羊》言"王者"的25起用例，即"王者孰谓？谓文王也"（隐元年），"王者无外"（隐元年、桓八年、僖二十四年、文九年2例、成十二年），"王者之后称公"（隐五年），"王者无求"（桓十五年），"楚有王者则后服，无王者则先叛"，"以此为王者之事也"（僖四年），"为王者之后记异也"（僖十六年，文三年），"是王者与"，"非王者"，"谓之王者"，"王者不书葬"（文九年），"王者必以其祖配，王者则曷为必以其祖配"（宣三年），"王者无敌"（成元年），"王者欲一乎天下"（成十五年），"为王者之后记灾也"（襄九年），"有王者则至，无王者则不至"（哀十四年）。①

以上诸例，全是指代当时在位或已故的最高统治者，尤指周王。没有一例是指那些有德无位的圣贤或"素王"，也没有明说或暗示哪一个还未握有实际统治权柄的圣人将会是"王者"。理会此一关键，就不免追问：凭什么说"后圣"就是"后王"？不预设孔子已经预见后来皇帝的出现，不把"后圣"理解为"后王"或"圣汉之王"，不可以吗？皮锡瑞宣言"《春秋》为后王立法"，基本上是拥护注疏（尤其是徐疏）而非经传的表现。

此外，"制《春秋》之义"的"制"和"义"也不能简单地诠释为"立法"。《公羊》没有"法"或"立法"的概念。除哀十四年传外，《公羊》言"义"还有27例，计有5种用法：

（1）形容某些正确的、能够得到认可的行为，如"尔为仁为义"（宣六年），"宋始以不义取之"（桓二年），"故君子以其不受为义，以

---

① 徐彦：《春秋公羊传注疏》卷1，第7—8、24页；卷2，第49页；卷5，第94、104页；卷10，第213页；卷11，第234页；卷12，第248页；卷13，第282、292页；卷15，第325—326页；卷17，第369页；卷18，第393、401页；卷19，第428页；卷28，第620—621页。

其不杀为仁"（襄二十九年）。

（2）形容某些人或群体的品性特征，如"义形于色"（桓二年3例），"戎众以无义"（庄二十四年），"以中国为义"（襄七年），"强而无义"（僖二十二年），"怀恶而讨不义"（昭十一年），"亏君之义"（定四年）。

（3）专指某种角色的行为规范，如"君子以为得君臣之义也"（庄二十四年），"诛不得辟兄，君臣之义也"（庄三十二年），"诸侯之义，不得专封"（僖元年、僖二年2例、僖十四年），"诸侯之义，不得专讨"（宣十一年2例），"大夫之义，不得专废置君也"（文十四年），"大夫之义，不得世"（昭三十一年），"大夫之义，不得专执也"（定元年）。

（4）专指某些政治人物应有的行为表现，如"比之义，宜乎效死不立"（昭十三年），"以曼姑之义，为固可以距之也"和"辄之义可以立乎"（哀三年）。

（5）泛指事物发展应有的状况，如"缘终始之义，一年不二君"（文九年）。①

综观以上五点，可以看见《公羊》所说的"义"，主要是围绕某些政治行为，尤其是行为实践应有的表现而言，其中关心的主要是行为上的是非对错，或因为各种是非对错，而对相关的行为者予以品性描述，基本上都是属于行为发生后的事后判断。由此判断，"制《春秋》之义"的"义"，同样也是如此。除非认定《公羊》对"义"的理解没有基本一贯的条理，否则便该承认哀十四年传的"《春秋》之义"是其他诸"义"的总和，而不是别具其他内涵的东西。

---

① 徐彦：《春秋公羊传注疏》卷4，第70—71、74页；卷8，第169页；卷9，第187页；卷10，第200、206页；卷11，第229、243页；卷13，第291—292页；卷14，第307页；卷15，第330页；卷16，第347页；卷19，第424页；卷21，第466页；卷22，第490页；卷23，第498页；卷24，第541页；卷25，第548、561页；卷27，第594页。

《公羊》全书言"制",仅"制《春秋》之义"一例,没有其他文本内部的旁证可以参稽,比较棘手。因"制"的客体是"《春秋》之义",而传中其他的"义"不等于"法",故不必解"制"为创立。诸如孔父"义形于色"的"义",不过是其人品格的自然流露,哪里需要立法者另创一套?

"制"是一个多义词,除了制造义,还有裁定义。《淮南子》有一段极有启发性的文字,《主术训》云:"是故贤主之用人也,犹巧工之制木也,大者以为舟航柱梁,小者以为楫楔,修者以为榱榱,短者以为朱儒枅栌。无小大修短,各得其所宜;规矩方圆,各有所施。"① 这里以制木为喻,很能说明一个道理:"制"之良窳,在于判断的准确和恰当,不论大小长短如何,最重要的是因其特点而各有不同的判断。这样的做法,不是有些类似《春秋》经传对不同人事的具体判断吗?

明乎此,可以发现"制"作为裁定义,比起制造义,更能通释《公羊》各种不同的"义"。《公羊》所说的"义",原来都是指代各种不同的人(或群体)或其行为,不是孔子自我创建的虚构物。"《春秋》之义"是围绕具体的人事而言,是经过孔子的裁定。这不是要在尚未发生行为之时预先提出了前实践的法规安排。

还有"以俟后圣"之语,卑之无甚高论,不过是遥想预期的读者,尤其指思想精神与孔子相通的知音,这与《史记·太史公自序》"藏之名山,副在京师,俟后世圣人君子"大致相近。② 就全句而言,"制《春秋》之义以俟后圣,以君子之为,亦有乐乎此也",意谓孔子裁定了《春秋》某些行为规则,让相知的读者赐正;而《公羊》猜想这样的做法,孔子应该会感到高兴的。总之,要解读《公羊》哀十四年传,不必认为这是在讨论"改立法制"的问题。皮氏"《春秋》为后王立法"不

---

① 何宁:《淮南子集释》卷9,第653页。
② 司马迁:《史记》卷130,第4027页。

是阅读传文必有的结论。据《公羊》的解释,"拨乱世,反诸正"是对《春秋》政治效果的判断,"制《春秋》之义以俟后圣"是对《春秋》预期的读者群的估计,二者层面不同。Ⅰ是因应"乱世"而言,而Ⅱ也不蕴涵君子已有预见"乱世"以外的超前性。无论怎么看,Ⅰ和Ⅱ既无助于印证皮锡瑞"大义"与"微言"的定义,也不能说明《公羊》主张《春秋》为后世立法的构想(即 F_1)。无论《公羊》主张的是什么,也不过是解说经文和相关材料的阅读心得,不能以此取代孔子作为《春秋》作者的想法。从《公羊》不断答问的修辞方式,也可以看见它不自视己说为绝对正确的判断,而是容许切磋和商量。硬要说这是《春秋》"为后王立法"的决定性证据,其实是不符合《公羊》的立言宗旨。此外,《公羊》只言"后圣"而非后世哪一时期,可以说它的视角也不是从后世读者的立场出发,进而判断《春秋》与 T_b 有什么关系。因此,阅读《公羊》这一传文,不仅谈不上 F_1、I_1 二条件,连 J_1 和 K_1 也得不到证成。

二、"为汉制法"的神怪叙事

《公羊》没有"立法"的概念,也不曾具体地说明《春秋》"为后王立法"。这是无可逾越的文本限制。然而,皮锡瑞如何证成其说?

(一)论证思路

皮锡瑞不得不退而求其次,舍《春秋》经传本身不顾,回避核心证据的阙如,偏去从汉人的一些言论中寻章摘句。这种做法是不可理解的,因为就证据的分量而言,汉人的言论仅是边缘证据。为了配合这一搜证思路,皮锡瑞所举的不是"《春秋》为后王立法"的例子,而是"汉人又多言《春秋》为汉制法"的例子。如果说,前者是《春秋》作者在 T_a 的创作过程(而《公羊》的评论是在 T_b 出现),后者则是《春秋》读者在 T_c 的观感。鉴于《春秋》与汉人的距离，比《春秋》与《公羊》的距离更远，皮锡瑞不论找到的证据是什么，也很难弥补经传阙如的缺憾。也就是说，汉人的见解是不可能替代经传的言说。皮锡瑞的举证方向似乎是足够可疑的。

不过，皮锡瑞却不措意于此，反而尝试以汉人"为汉制法"的言论来支持"《春秋》为后王立法"的揣断。他说："《春秋》为后王立法，即云为汉制法，亦无不可。"① 在此，有两点必须强调：（1）"为后王立法"的"后王"，与"为汉制法"的"汉"，二者所限定的时间是完全不同的；（2）"汉"是何休或其他汉代经师亲身所处的时代，而"后王"可以虚指后世某个时代的统治者，不必是立言者的时代环境。

这两点，也将导致"为后王立法"与"为汉制法"绝非内容兼容，更不可能产生二者名谓相互指涉也可以的结果。基本上，"为后王立法"与"为汉制法"都是要求立法者或制法者在写作《春秋》时具有预见性，但同样是条件 I_1 的表述，二者绝不相同：

L_1　超越 T_a 提前构想 T_c 问题的预见性。

M_1　超越 T_a 提前构想 T_a 以后任何 T_n 问题的预见性。

L_1 的 T_c 是指汉代。是自公元前 202 至公元 220 年的两个朝代，不是任何时间也不要紧。相反，"为后王立法"因"后王"没有具体时段的限定，故 M_1 的 T_n 也不必拥有固定的外延。原则上，"后王"出现在春秋以后的任何时间都可以。如上所述，何诂和徐疏对"后圣"各有不同的解释：对于歌颂"圣汉之王"的何休来说，很难想象他会接受"后圣"是汉代以后的其他统治者；反之，以"后圣"为"后王"的徐疏作者，面对汉代早已灭亡的政治事实，自然不会坚守"为汉立法"，或

---

① 皮锡瑞：《经学通论》卷5，第378页。

者说"为汉立法"已缺失实践意义。由此可以推知,"为汉制法"与"为后王立法"是两个相互独立、不容彼此化约的主张。

就皮锡瑞而言,"为汉制法"与"为后王立法"二者,应该重在后者,因为"为汉制法"对汉人而言是需要有具体的效应,而"为后王立法"则不必保证政治效应出现在当今。但在论证上,为了证明"为后王立法"的有效性,皮锡瑞选择以汉人"为汉制法"的言说为证,但其中的逻辑关联性显然不足够。为什么呢?"为汉制法"是发生在 T_c 的东西,即使汉代有人这么相信和言说,这些想法的性质也不过是:

N_1 读者觉得《春秋》与 T_c 相关的感受。
O_1 读者认定《春秋》作者具有 F_1 和 L_1 的信念。

在皮锡瑞的理解中,汉人和其他后代的人一样,都是相信孔子预见汉代或后代的发展,自主性为之立法。问题是,汉人对《春秋》与汉代的相关性的想法,因为仅发生在 T_c,所以它的适用性也是相当有限的,充其量仅是属于 T_n(即 T_a 以后任何时代)的一部分例子。"为汉制法"的例子举得再多,也不足以说明"为后王立法"具有高度的似真性。N_1 和 O_1 是不足以推论出 M_1。要确证 M_1,应该在 T_a 找证据,泛举 T_n 的例子不能提高论证的似真性,仅言 T_c 的例子亦不管用。

(二)辨证

皮锡瑞"为后王立法"的举证,有神怪类,也有非神怪类。以下,将会先谈神怪类的三个例子,逐一检视它们为何不能有力地支持皮氏"为后王立法"的观点:

第一例,《公羊》徐疏引《春秋说》云:"伏羲作八卦,丘合而演其文,渎而出其神,作《春秋》以改乱制。"又云:"丘水精治法,为赤制功。"又云:"黑龙生为赤,必告云①象使知命。"又云:"经十有四年'春,西狩获麟',赤受命,仓失权,周灭火起,薪采得麟。"然后说:"以此数文言之,《春秋》为汉制明矣。"②《经学通论》云:"据此,则《春秋》为汉制法,说出纬书。"③

其实,徐疏还有一则《春秋说》,不被皮锡瑞引录:"丘揽史记,援引古图,推集天变,为汉帝制法,陈叙图录。"④读此,《春秋说》作者认为孔子所作不仅是经文,还有援引"古图"的"图录"。这些图录究竟是什么?很难说清楚。上古流传的神怪叙事图文并茂,相当常见。《春秋说》作者看过类似的图像,也不见得不可能。⑤无论如何,由于如今传世的《春秋》和《公羊》有字无图,皮锡瑞也无法进一步解说,故不予引录。综观《春秋说》诸语,倒是明确地主张孔子有意为汉代或汉代皇帝改制立法,换言之,这是貌似满足条件 L_1 的证据。但问题是,这些证据不足取信。假如相信《春秋说》是真实历史的记录,那就需要承认孔子不是一个正常人,而是水精、黑龙的化身,是从天上异象感应互通、预知汉代将会出现的超人。此外,《春秋》也不是正常人的作品,而是天神提前指示孔子为汉代皇帝制定的蓝图。面对这些观点,不妨分开两方面来理解:一方面,可以视之为"神文时代"的思想史材料,今人应该同情地体会和考察;⑥另一方面,纬书的记载的超人性,意味它

---

① "云象"的"云",《经学通论》原误作"之"。周春健校注本(第375页)尚未处理,而吴仰湘点校本(第380页)已予改正。
② 徐彦:《春秋公羊传注疏》卷1,第3页。
③ 皮锡瑞:《经学通论》卷5,第378—379页。
④ 徐彦:《春秋公羊传注疏》卷1,第3页。
⑤ 晁福林:《"山海经图"与〈山海经〉成书问题补释》,见《夏商西周史丛考》,北京:商务印书馆,2018年版,第45—78页。
⑥ "神文时代"的概念,是采用孙英刚的概念。据他的理解,"从汉代到隋唐,存在一个绵延近千年的儒家的神学主义时代。"参阅孙英刚:《神文时代:谶纬、术数与中古政治研究》,上海:上海古籍出版社,2014年版,第2页。

们夹杂着大量虚构失实的内容,不能把它们的记载当作历史实录看待,除非具有足够可信的旁证,否则不能贸然轻信其中的叙事。皮锡瑞"说出纬书"之论,只能说明"为汉制法"是汉人流行的思想史现象,但不能据此断定纬书足以证明孔子预见汉代和为汉帝立法,更遑论为其他时代的"后王"立法了。

第二例,《公羊》何诂:"木绝火王,制作道备。"①

《经学通论》引录何诂后,没有进一步的解说。《公羊》哀十四年传:"《春秋》何以始乎隐?祖之所逮闻也。所见异辞,所闻异辞,所传闻异辞。何以终乎哀十四年?曰:'备矣'!"何诂:"人道浃,王道备,必止于麟者,欲见拨乱功成于麟,犹尧、舜之隆,凤皇来仪,故麟于周为异,《春秋》记以为瑞,明大平以瑞应为效也。绝笔于春,不书下三时者,起木绝火王,制作道备,当授汉也。"②

《公羊》原本是交代经文为何由隐公元年开始,迄至哀十四年完结,而"备"是指叙事的完备性,该传未尝述及"王道"。《公羊》没有"王道"的概念;相反,《左传》和《穀梁》各有一例言及"王道"。③因此,何诂以"王道备"和"道备"解读"备矣",不见得是符合《公羊》固有文义的准确诠释。皮锡瑞引录何休"木绝火王,制作道备"之语,大概是支持"为汉制法"的一个例证。但从他没有引录的诸语可见,何休与《春秋说》一样,都是相信《春秋》的创作是源于孔子具有超常神通、预知周亡汉兴的能力。这是符合纬书,而不符合经传的说法。

---

① 徐彦:《春秋公羊传注疏》卷28,第626页。
② 徐彦:《春秋公羊传注疏》卷28,第624—626页。
③ 《左》襄三年传引《商书》曰:"无偏无党,王道荡荡。"《穀梁》僖十六年传:"故五石六鹢之辞不设,则王道不亢矣。"参阅孔颖达:《春秋左传正义》卷29,第824页;杨士勋:《春秋穀梁传注疏》卷8,第134页。

第三例，《经学通论》云："'血书端门'，明引《春秋纬演孔图》。《史晨》、《韩敕》诸碑亦多引之。"①

先剖析"血书端门"的典故。何诂："得麟之后，天下血书鲁端门曰：'趋作法，孔圣没，周姬亡，彗东出，秦政起，胡破术，书记散，孔不绝。'子夏明日往视之，血书飞为赤乌，化为白书，署曰《演孔图》，中有作图制法之状。孔子仰推天命，俯察时变，却观未来，豫解无穷，知汉当继大乱之后，故作拨乱之法以授之。"② 说上天在鲁端门颁布血书，预言周亡秦兴，指引孔子写作《春秋》，其中还描述子夏观察血书时，血书变为赤乌飞翔，然后化为白书《演孔图》。真正是玄乎其玄，匪夷所思！

至于汉碑的内容，《经学通论》没有引录，但《经学历史》却有转述，其中引《韩敕碑》云："孔子近圣，为汉定道。"又引《史晨碑》云："西狩获麟，为汉制作。"③ 其中未尝提及"血书端门"。不管是什么考虑，这两块碑文与《春秋说》、何休等夹杂纬书的叙述一样，无非是反映相关论者笃信孔子具有超时代的预见，表明他们在汉代的思想表现，不能印证孔子真有预知汉代或其他后世政治的发展。这些记载，仅是 N_1，连 O_1 也不是，绝不足以推出 L_1 和 M_1。

为什么说这是 N_1 而非 O_1？总结上述三例的记载，它们的共性是夹用纬书而富有神异性的奇幻叙事。不论真假，按其记载，《春秋》的产生已经多了一个更先在的动因或源头。孔子不是寻常著作（即以作者为创作主体的著作）的作者，而是上天神圣源头的代理人。孔子作《春秋》，不是按照自己的思想而写作，更重要的是上天的指示。如是说来，孔子或《春秋》就没有立法上的主体性（即 F_1）。准确地说，孔子作《春秋》体现了：

---

① 皮锡瑞：《经学通论》卷5，第380页。
② 徐彦：《春秋公羊传注疏》卷28，第627页。
③ 皮锡瑞：《经学通论》卷5，第375页。

P_1　立法上的代理性。

　　须知道，皮锡瑞所理解的"为后王立法"既以《春秋》为主体，而不及其他影响孔子的外在事物，足证他是不可能想象孔子所作的《春秋》仅为代理他者的产物。皮锡瑞的"立法"，从根本上迥异于纬书的神圣立法。以《春秋》为立法的主体（即 F_1），是不能兼容《春秋》作为他者的代理（即 P_1）。皮锡瑞援引纬书神异的叙事，自相乖戾。因为 P_1 对 F_1 呈现抵消的效应，故皮锡瑞根据纬书的论证，只能说明汉人觉得《春秋》与汉代相关（即 N_1），但无法证明孔子具有立法的自主性（即 F_1）。即使相信《春秋》写作的预见性（即 L_1），也无法推出孔子作《春秋》有预见性和自主性（即 O_1）。

三、设法末减"引谶之罪"

　　谈到皮锡瑞对神怪事例的引起，不得不处理他对《公羊》学者援引谶纬的辩护。

（一）"引谶之罪"的提出

　　在皮锡瑞眼中，作《六经》，相当于老子著《道德经》、释迦传七传之记①，其创教地位，不容置疑。但为难的是，皮锡瑞不能像郑玄、何休那样信心满满地夸耀孔子的神圣性。他所生活的晚清社会，不是谶纬流行的两汉时代。晚清以谶纬解说孔子，违背当时知识界正常的历史常识。尤其犯忌者，康有为喜讲谶纬灾异，其弟子皆以康为教皇，宣言"不及十年，当有符命"。除了门人或忠实党派的小圈子外，基本上没有

---

① 皮锡瑞：《经学历史》，第19页。

多少人愿意相信这等狂言。① 在学术理性上，皮锡瑞大概也知道使用谶纬是不应该的，在知识界中毫无多少市场；在政治考虑上，他既要与孔子"自王"拉开距离，也不可能像康氏门人那样以谶纬自炫。然而他自己不讲，但过去《公羊》学者这么讲了，他好歹也得有个说法——因为偏好《公羊》的强烈情感，使得他无法直斥那些高谈素王立法的人援引谶纬的做法。为此，皮锡瑞试图反守为攻，倒过来指责《左传》学者也有相同或更过分的做法。

《经学通论》云："汉尊谶纬，称为内学，郑康成、何劭公生于其时，不能不从时尚。后人议何氏《解诂》不应引《演孔图》之文。试观《左氏》文十三年传'其处者为刘氏'，孔疏明云：'《左氏》不显于世，先儒无以自申。刘氏从秦从魏，其源本出刘累。插注此辞，将以媚世。明帝时贾逵上疏云："《五经》皆无证图谶明刘氏为尧后者，而《左氏》独有明文。"窃谓前世藉此以求道通，故后引之以为证耳。'据孔疏足见汉时风气，不引谶纬不足以尊经。而《左氏》家擅增传文，《公羊》家但存其说于注，而未敢增传，相提并论。何氏之罪，不比贾逵等犹可末减乎？"②

《经学历史》也有大致相同的叙述，只是最后部分的评论略有小异："据疏，是后汉尚谶记；不引谶记，人不尊经。而《左氏》家增窜传文，《公羊》家但存其说于注，则《公羊》家引谶之罪视《左氏》家当末

---

① 章太炎《致谭献书》记载："康党诸大贤，以长素为教皇，又目为南海圣人，谓不及十年版，当有符命，其人目光炯炯，如岩下电。此病狂语，不值一哂。而好之者乃蛣蜣转丸，则不得不大声疾呼，直攻其妄。"（参阅汤志钧：《章太炎年谱年编》上册，北京：中华书局，1979 年版，第 42 页。）章太炎对康有为师弟以谶纬符介自命的狂妄作风，乃是反映康门以外许多读书人的正常观感。这也导致汪康年和梁启超产生矛盾的一个重要原因。参阅廖梅：《汪康年：从民权论到文化保守主义》，上海：上海古籍出版社，2001 年版，第 180—192 页。

② 皮锡瑞：《经学通论》卷 5，第 380—381 页。

减矣。"①

(二) 辨证

1. "擅增传文"的指责

皮锡瑞的驳论，主要是针对《左传》一段记载该如何理解。《左》文十三年传："秦人归其帑，其处者为刘氏。"杜注："士会，尧后刘累之胤。别族复累之姓。"孔疏："士会之帑在秦不显，于会之身复无所辟，传说处秦为刘氏，未知何意言此？讨寻上下，其文不类，深疑此句或非本旨，盖以为汉室初兴，损弃古学，《左氏》不显于世，先儒无以自申，刘氏从秦从魏，其源本出刘累，插注此辞，将以媚于世。明帝时，贾逵上疏云：'《五经》皆无证图谶明刘氏为尧后者，而《左氏》独有明文。'窃谓前世藉此以求道通，故后引之以为证耳。"②

士会，就是晋国著名大夫范武子，因迎公子雍之事流亡秦国，曾在河曲之战献计秦国，成功抵御晋军。晋国担心秦国任用士会，遂使计将士会迎回晋国。秦国后来送还他的妻子儿女，但不是所有人都回到晋国，"其处者为刘氏"就是说士会还有亲人留在秦国而为刘氏。士会的亲人在秦国传说衍为刘氏，不曾显贵。孔疏认为文意不协，遂猜测这一句话是"先师"插在《左传》正文之中。皮锡瑞没有查核孔疏这一见解的由来，在此需要略作述说。

刘文淇祖孙合力撰写的《春秋左氏传旧注疏证》云："杜注所举'士会尧后'，盖取贾说，杜从贾说。杜于传文无疑词。范蔚宗传赞言'贾逵能附会文致，最差贵显'，疏承范说。"③说杜预没有影响孔疏，并断定孔疏源自范晔之赞，似有商酌之余地。范晔之赞，本是比绞桓

---

① 皮锡瑞：《经学历史》，第122页。
② 孔颖达：《春秋左传正义》卷19，第545页。
③ 刘文淇、刘毓崧、刘寿曾：《春秋左氏传旧注疏证》，见《续修四库丛书》第126册，上海：上海古籍出版社，1995年版，第412—413页。

谭、郑兴与贾逵的幸与不幸，以贾的"附会文致"对比桓的"以不善谶流亡"和郑的"以逊辞仅免"，重点是批判专制皇帝用人任随己意，不是真正尊重学术，故曰："世主以此论学，悲矣哉！"① 孔疏只援引贾传上疏之语，没有触及范氏论赞。刘氏《春秋左氏传旧注疏证》径自扯上因果关系，略有问题。真正启迪孔疏的，还是《贾逵传》以《左传》"明刘氏为尧后"的叙事，而非其赞语。需要注意，贾逵本非专谈"其处者为刘氏"一语。"尧后"的典故，非因"其处者为刘氏"而讲。《左》襄二十四年传："宣子曰：'昔匄之祖，自虞以上，为陶唐氏，在夏为御龙氏，在商为豕韦氏，在周为唐杜氏……'"又《左》昭二十九年传："有陶唐氏既衰，其后有刘累，……惧而迁于鲁县，范氏其后也。"② 无论《左》文十三年传有没有"其处者为刘氏"一语，贾逵也可以得出刘氏为"尧后"的判断。刘氏与范氏在历史上的渊源，杜预所言甚为明晰，故有"别族复累之姓"之说。可是，屡驳杜注的刘炫却没有注意《左传》在范氏、刘氏、尧后之间的各种叙述，仅是孤立地看待"其处者为刘氏"这一句话，遂生疑问。《左传》孔疏："炫于处秦为刘，谓非丘明之笔。"③ 这一观点，正是孔疏产生质疑的重要源头。沈钦韩《春秋左氏传补注》据此辩说："刘炫疑此句为汉时说《左氏》者插注，以证汉刘氏为起后。……知此疏乃袭刘氏之旧。"④ 这是寻聚诸说，复又参互考订，平正通达，真得经传注疏之本意。真正影响孔疏的是刘炫。刘炫之疑，大概与杜预立异相关。刘氏《春秋左氏传旧注疏证》忽略刘炫而另谈范晔之论，其所疑难，未经罩精研思，似非达解。

皮锡瑞没有追查孔疏立说的由来，或多或少反映出他只想借用孔疏

---

① 范晔：《后汉书》卷36，北京：中华书局，1965年版，第1241页。
② 孔颖达：《春秋左传正义》卷35，第1001—1002页；卷53，第1504—1505页。
③ 孔颖达：《春秋左传正义》卷35，第1003页。
④ 沈钦韩：《春秋左氏传补注》卷5，见《春秋左传补疏 春秋左氏传补注》，上海：上海古籍出版社，2016年版，第184页。

来损贬贾逵等《左传》先师,却没有理会孔疏这一见解究竟是否说得通。孔疏因刘炫之疑,以为"其处者为刘氏"是汉时经时增窜传文,但这是经不起推敲的猜测。《后汉书》只是记载贾逵上书提出"《左氏》独有明文"的主张,不曾说过他或其他《左传》经师伪造传文。贾逵所说的"明文"不是专指"其处者为刘氏",因为"其处者为刘氏"仅是交代士会留在秦国的亲人成为刘氏,不触及"尧后"。如上所述,《左传》记载范氏、刘氏的渊源,本有多处记载。孔疏之疑,仅指"其处者为刘氏",本属错置,而又不及其余,殊欠说服力。在贾逵以前,认为刘氏出自尧后的讨论,屡有记述,如《汉书·眭弘传》载其言曰:"汉家尧后"①,已用《左传》之说。又如《汉书·高帝纪赞》引刘向《颂高祖》云:"汉帝本系,出自唐帝。降及于周,在秦作刘。"颜注引应劭曰:"先人所在之国,悉致祠巫祝,博求神灵之意也。"又引文颖曰:"范氏世仕于晋,故祠祀有晋巫。范会支庶,留秦为刘氏,故有秦巫。"②据此,汉初已有晋、秦之巫祭祀刘邦祖先,诚如刘氏《春秋左氏传旧注疏证》所说,"班氏引刘向颂语,在秦作刘,皆非贾氏所增明甚。"③此外,《汉书·叙传》引班彪《王命论》云:"是故刘氏承尧之祚,氏族之世,著乎《春秋》。"④班彪年辈先于贾逵,而用《左传》之说,亦可证明刘氏为尧后的见解,早在贾逵以前流行于世。孔疏疑所不必疑,皮锡瑞亦承其谬。

孔疏之所以怀疑"其处者为刘氏"是贾逵等经师伪造,无非是觉得它在行文上不够通顺,故曰"讨寻上下,其文不类"。这是不必要的疑心。《左》僖二十六年传:"桓公之子七人,为七大夫于楚。"又《左》

---

① 班固:《汉书》卷75,第3154页。
② 班固:《汉书》卷1,第81、83页。
③ 刘文淇、刘毓崧、刘寿曾:《春秋左氏传旧注疏证》,第413页。
④ 班固:《汉书》卷100,第4208页。

定五年传:"九月,夫概王归,自立也。以与王战而败,奔楚,为堂溪氏。"① 这两则记载,都是交代一些政治人物的后裔的后续发展,犹如"其处者为刘氏"的写法,诚如竹添光鸿所言,这些后裔"皆不显于世,然《左氏》皆因事记之,以详其始终。'其处者为刘氏',亦彼类耳。"再配合其他证据,反问道:"岂得云东汉尊尚图谶之日,而插注此辞乎?"② 时至今日,已没有多少严肃的《左传》研究者相信孔疏的猜测,杨伯峻这么评说:"此句必是本有,非东汉人所加,孔疏之说不可信也。"③ 此语实实在在,所言精辟,对《左传》注疏体会极深刻,堪为定论。以此观察皮锡瑞"擅增传文"的指责,自知其非理之所在。

2. 伪造论以外的其他解释

回到学术史的发展看,以上的许多论证在皮锡瑞写作以前,已有清儒作出细致的剖析,绝非罕见的学术观点,更非现代或当代方才出现的新认识。例如洪亮吉《春秋左传诂》早已列举襄二十四年传和昭二十九年传的记载,说:"其言范氏为陶唐氏之后、刘累之裔,固已甚明,不必藉此语为之佐证也。则疑贾氏增益传文者,盖习而不察耳。"④ 除此以外,惠栋《春秋左传补注》引述其父惠士奇曰:"'处'者为留,谓'留于秦'者,遂以为氏。汉人改为刘,以合卯金刀之说。"⑤ 其言推之以理,在欠缺直接证据的情况下,尝试猜测此句为《左传》所有,问题仅是汉人易字而已。观点虽不正确,但已提醒读者"其处者为刘氏"不必从伪造论解释,也有通释语义的其他可能性。还有,沈钦韩《后汉书疏证》尝试从错简论解释"其处者为刘氏",认为它当在襄二十四年传

---

① 孔颖达:《春秋左传正义》卷16,第433页;卷55,第1561页。
② 竹添光鸿:《左氏会笺》卷9,成都:巴蜀书社,2008年版,第762页。
③ 杨伯峻:《春秋左传注》第2册,北京:中华书局,2000年版,第596—597页。
④ 洪亮吉:《春秋左传诂》卷9,北京:中华书局,1987年版,第377页。
⑤ 惠栋:《春秋左传补注》卷2,见《文渊阁四库全书》第181册,上海:上海古籍出版社,1987年版,第151页。

"在周为唐杜氏"之下，然后说："《左氏》所以为古学者，以其先著竹帛，汉儒安敢窜益语句？然异学之徒，必加摘发，《左氏》绝学益无以自明矣。"① 与惠士奇的易字论一样，沈钦韩的错简论也有主观猜测的成分，如上所述，纵使维持"其处者为刘氏"的原文，同样可以读得通，不必改字或改编句读。惠、沈二人，虽然结论错误，但他们与孔疏一样，皆是觉得"其处者为刘氏"读来不够畅顺，故有新解以相发明。这里的重点是，他们的新解已指出，在伪造论以外进行其他方式的解读，不是不可以的。

这不是说贾逵对《左传》的辩护毫无问题。如孔疏之说，贾逵怀有"以求道通"的心理，至少是范晔可能同意的判断。可是，不能据此断言"其处者为刘氏"是贾逵或其他人"增窜"的传文。媚合帝王是一回事，擅增传文则是另一回事。无论如何，孔疏最初提出质疑之时，仅说"深疑此句或非本旨"，又说"盖以为汉室初兴，损弃古学"，以"或"和"盖"言之，足证孔疏作者意存谨慎，还未把媚世的猜测完全说死。相反，皮锡瑞把孔疏这个还在商酌的意见，当作是毫无争议的定案，以此宣布"《左氏》家擅增传文"的罪状，以刻为明，以凿为细，毫不理会清儒各种检讨和反驳孔疏的观点，轻率莽撞，殊非断决精严之说。

3. 未减"引谶之罪"的不成功

说穿了，皮锡瑞之所以罗织贾逵伪造传文的罪行，主要是为了辩护《公羊》学者使用谶纬的错误。这是派性斗争，而非真正的学术论证。看情形，贾逵以"刘氏为尧后"的理由争立《左传》，无论对错，也不过是他个人的言行。贾逵个人有什么想法？能不能代表所有研究《左传》的人的想法？这些都是需要再三酌量的问题。皮锡瑞真正想要打击的，其实不仅贾逵一个人，而是想用贾逵作为代表性例子，披露"《左氏》家擅增传文"之事，从而对照"《公羊》家但存其说于注"的做

---

① 沈钦韩：《后汉书疏证》卷3，上海：上海古籍出版社，1995年，第50页。

法。这样由个别人物泛化为整个学派的做法，最终的归趋还是想证明《公羊》比《左传》高明，即使有罪也比对方少。依皮锡瑞观之，何休"引谶之罪"，诚有然者，或者他也自知这会不可避免地惹起非议，于是索性让论敌共同担负相同的罪名。借用今天的流行语，这是一种典型的"乌贼战略"：在敌人身上泼墨，若黑之同然，人我皆然，于是自己的污迹看起来不那样显眼，如是而已。

最佳的战果不是敌我同黑，而是敌比我黑。因为这样，皮锡瑞不仅不公开指责《公羊》学者的错失，而是千方百计为之辩解，以此争取读者对《公羊》的谅解：

（1）强调"尊谶纬"是"时尚"，郑玄、何休"不能不从"。在皮锡瑞的用法中，"时尚"大概是"风气"影响下的一种产品，可以影响人的思想，使之做出某些错误的行为。① 问题是，东汉"尊谶纬"的"时尚"是否真的限制了人的言行，使得像郑玄、何休这些极具个性的经师也"不得不从"？事实上，东汉学风崇尚博通，论政谈经多有辩难，不同见解的交锋，实等闲事。② 在这种相对宽松自由的学术环境中，根本不存在非尊谶纬不可的禁忌。《后汉书·儒林传》记载李育"颇涉猎古学，尝读左氏传"，又说他"以为前世陈元、范升之徒更相非折，而多引图谶，不据理体，于是作《难左氏义》四十一事"。③ 李育尊崇《公羊》学说，但他又反对征引图谶的做法，这就说明"尊谶纬"纵是"时尚"，也不是所有人"不能不从"的戒律。郑、玄诸注，不曾说过这是"不得不从"的"时尚"。诸如《公羊》哀十四年何诂："夫子素案

---

① 皮锡瑞《经学历史》（第196页）云："二刘以北人而染南习；变朴实说经之体，蹈华腴害骨之讥；盖为风气所转移，不得不俯从时尚也。"从上文"风气"与"时尚"的对举，可以知道皮锡瑞认为"时尚"与"风气"的对应关系。
② 牟润孙：《论魏晋以来之崇尚谈辩及其影响》，见《注史斋丛稿》上册，第157—165页。
③ 范晔：《后汉书》卷79，第2582页。

图录,知庶姓刘季当代周,见薪采者获麟,知为其出……"① 这样实录性的陈述,岂有怯于"时尚"而"不得不从"的委屈?与其说"尊谶纬"具有"不得不从"的压力,倒不如说何休(郑玄亦然)真心相信谶纬(或甘愿采纳其叙事)更来得可靠。

(2) 认为"引谶纬"是"尊经"的必要条件,故曰"不引谶记,人不尊经"。这同样没有根据。郑玄、何休也不曾这么说过。如上所述,李育反对"多引图谶"的驳议,哪有可能导致"人不尊经"的顾虑?讲不讲谶纬,与尊不尊经,完全是两回事。不讲谶纬,也可以尊经。"以不善谶流亡"的桓谭,撰写《新论》即有《正经篇》,其中评述三《易》、古文《尚书》、《礼记》、古《论语》、古《孝经》诸书,誉之曰:"盖嘉论之林薮,文义之渊海也。"哪能说桓谭没有"尊经"之意,或导致"人不尊经"的后果?至于《春秋》,桓谭同样敬重有加,说:"诸儒睹《春秋》之失,录政治之得失,以为圣人复起,当复作《春秋》也。自通士若太史公,亦以为然。余谓之否,何则?前圣后圣,未必相袭也。"② 这是质疑后人自有建树,不能像孔子那样创作出类似《春秋》的作品,尊经之意,实不逊于仿效《春秋》的司马迁。既尊经,又不讲谶纬,绝非匪夷所思的事情。皮锡瑞硬要把"尊经"与"引谶纬"扯上关系,其实是以一个貌似合理的理由(即"尊经")来辩护一个富有争议的事实(《公羊》传注中载有纬书),而理由与事实之间却无必然的关联性,言非所据,不可训也。

(3) 认为《公羊》家"引谶之罪"没有《左氏》家来得严重,因为前者"但存其说于注,而未敢增传"。这个判断存在明显的反例。今本《公羊》昭二十五年传载子家驹曰:"诸侯僭于天子,大夫僭于诸侯,久矣。"③《周礼·考工记·画缋》郑注:"子家驹曰:'天子僭天',意

---

① 徐彦:《春秋公羊传注疏》卷28,第622页。
② 桓谭:《新辑本桓谭新论》卷9,北京:中华书局,2009年版,第38、40页。
③ 徐彦:《春秋公羊传注疏》卷24,第524页。

亦是也。"① 此"天子僭天"必为《公羊》正文，问题是它在何时和如何失佚。皮锡瑞《经学通论》云："《考工记》注引子家驹曰：'天子僭天。'何本无之，皆《严氏春秋》也。"② 这是将"天子僭天"一语之有无，归诸严、颜二家家法之异。李若晖透过缜密的考证，指出皮氏之说，实基于对惠栋的误解："惠氏见解之完整表述为：何休《公羊》与汉石经所据之严氏本不同，则其当用颜本；但对于颜氏'天囚'等过于荒谬之处也断然割弃。实则何休所谓'依胡毋生条例'，正是明确宣示要抛开严、颜旧解，即绕开严、颜共同的祖师爷董仲舒。由此可见，皮锡瑞欲将'天子僭天'一言的有无归结为严、颜两博士家法之异，尤其是陷入绝对二分，认定非颜即严，遂以为何休用严而弃颜，实属误解惠栋。若然，《公羊》'天子僭天'一语之有无，断非严、颜博士家法之异，而当为何休所删。"③ 此说析文甚确，至为精审，揭示皮锡瑞致误之由，在《春秋》研究上够得上一大贡献。皮锡瑞对"天子僭天"被何休删削的情节，欠缺正确的认识。何休为了构造"君天同尊"的新说，虽非"增传"，却敢于删传。按照皮氏的逻辑，何休恐怕不仅负有"引谶之罪"，还有相当于"擅增传文"的删削行为。假如说《左传》家有"擅增传文"之"罪"，那么何休又是否该负有"擅删传文"之"罪"呢？这样的"罪"，真的可以藉由指控对手的"罪"，而得以"末减"吗？

皮锡瑞明知何休等《公羊》学者"引纬"的不是，但又始终提不出真正有力的辩解。他这样别扭地论说，似乎是想走出一条自己的路。自己的路未见走得出，而且毕竟明知何诂杂用纬书是个错误，却又不能承认。为什么尊信《公羊》就要不加拣选地接受自己也不相信的神异叙事，因而必须为不能辩护的"引谶之罪"辩护？痛快承认何诂这方面的

---

① 贾公彦：《周礼注疏》卷40，北京：北京大学出版社，1999年版，第1116页。
② 皮锡瑞：《经学通论》卷5，第406页。
③ 李若晖：《久旷大仪：汉代儒学政制研究》，第201页。

错误，不可以吗？同样是尊尚《公羊》，崔适就毫不含糊地走出了何休《解诂》的窠臼，直接批判何休引纬的错处，故在《春秋复始》中特辟《箴何篇》，罗列何休这方面的谬误，说："何君乃亦引谶纬注《公羊》以抵制之。此亦不得已之苦心，然于经旨则诬矣。"①崔适对《公羊》的解释和辩护，虽然未必正确，但是他比较具有知识上的勇气，敢于逃出何休的藩篱，故他比较能够得出一些新鲜、合理甚至精彩的见解。至少，崔适不会闪烁其词，不会勉强容受那些自己也觉得不通的观点。这是他比皮锡瑞坦诚和高明的地方。皮锡瑞明知"引纬"是"罪"还想勉力分辩，真正的出发点无非是不想让何诂承受攻击，顾忌读者因而怀疑"素王立法"的可信性。

综上所说，无论是对"引纬之罪"的辩护，抑或对"擅增传文"的反诘，皮锡瑞始终无法证成引用纬书的合法性，反复申明也无法进一步加强"《春秋》为后王立法"的依据。

四、纬书以外的举证

除了纬书以外，皮锡瑞还有两则举证，非神怪类，作为汉人"多言《春秋》为汉制法"的事例。一是东平王苍的言说，另一是王充的主张。

（一）对东平王苍和王充的评论

《经学通论》首先说："东平王苍曰：'孔子曰："行夏之时，乘殷之辂，服周之冕"，为汉制法。'"②

王充《论衡·程材篇》云："夫《五经》亦汉家之所立，儒生善政大义皆出其中。董仲舒表《春秋》之义，稽合于律，无乖异者。然则

---

① 崔适：《春秋复始》卷37，见《续修四库丛书》第131册，上海：上海古籍出版社，1995年版，第647页。
② 皮锡瑞：《经学通论》卷5，第380页。

《春秋》，汉之经，孔子制作，垂遗于汉。"《佚文篇》云："孔子曰：'文王既殁，文不在兹乎！'文王之文，传在孔子。孔子为汉制文，传在汉也。"①《经学通论》云："仲任发明《春秋》义甚畅。"②

（二）辨证

东平王苍之语，具载于《东观汉记》："永平二年正月，公卿议举南北郊，东平王苍议曰：'孔子曰："行夏之时，乘殷之辂，服周之冕。"为汉制法。高皇帝始受命创业，制长冠以入宗庙。光武受命中兴，建明堂，立辟雍。陛下以圣明奉遵，以礼服龙衮祭五帝。礼缺乐崩，久无祭天地冕服之制。'"③

刘苍申述《论语》而谈"为汉制法"，其中实未触及《春秋》。假如皮锡瑞是主张"孔子素王"也还罢了，他因为"《春秋》素王"的主张，认定"为汉制法"是以《春秋》为主体，换言之，拿刘苍这样援引《论语》为据的言辞，不足以证成"多言《春秋》为汉制法"的论点。因此，刘苍之言，不仅不能说明 L_1，它甚至连 N_1 和 O_1 也不是，因为他不是在讨论《春秋》。

上述《程材篇》引文，皮锡瑞在《经学历史》也有引录，但评语略为不同："王仲任以孔子制作垂遗于汉，此用《公羊春秋》说也。"④ 王充是否因《公羊》而有"孔子制作"的认识？有关王充及其学习环境，现存史料太少。《后汉书·王充列传》仅说："家贫无书，常游洛阳市肆，阅所卖书，一见辄能诵忆，遂博通众流百家之言。"⑤ 究竟他读的是

---

① 黄晖：《论衡校释》卷12，第542—543页；卷20，第867页。"传在汉也"下，《经学通论》周春健校注本（第375页）云："《论衡》卷二十《佚文篇》"，其中"《佚文篇》"被误排为原文正文的11磅字，宜改作8磅字。
② 皮锡瑞：《经学通论》卷5，第380页。
③ 吴树平：《东观汉记校注》卷5，北京：中华书局，2008年版，第183页。
④ 皮锡瑞：《经学历史》，第121页。
⑤ 范晔：《后汉书》卷49，第1629页。

哪一种书？如何形成"孔子制作"的观点？东汉初期哪一种思想资源影响着他？究竟王充是否真的到过洛阳？似乎也不是毫无疑问的事情。① 当然，这不是说王充与当时的《公羊》学者毫无关系。《须颂篇》云："《春秋》为汉制法，《论衡》为汉平说。"② 此"为汉制法"之说，确实是一些汉代崇尚《公羊》的儒者拥护的，但"孔子制作"是否只可能来自《公羊》呢？很难说。王充只提及董仲舒，而重点仅在"稽合于律"，而《公羊》未尝直言"垂遗于汉"。究竟有没有其他渠道影响王充的想法？

须知道，"为汉制法"是汉儒的流行想法，但有些场合，不仅是涉及《春秋》或《公羊》才这么申述。上述《东观汉记》记述刘苍之言，只引《论语》而不及《春秋》，已够提醒我们，"为汉制法"或有可能以某些方式应用在各种儒家典籍的诠释中，不一定需要紧扣《春秋》或《公羊》。类似"孔子制作"之说，在汉代究竟如何流传而影响了王充？还是无法和盘托出。限于史料不足，可以说王充有些观点接近像何休等《公羊》学者的想法，但像皮氏那样断言王充"用《公羊春秋》说"，又说"发明《春秋》义甚畅"，却嫌说得太死。

顺便一提，皮氏漏引了以下一段："论者徒尊法家，不高《春秋》，是暗蔽也。《春秋》、《五经》义相关穿，既是《春秋》，不大《五经》，是不通也。《五经》以道为务，事不如道，道行事立，无道不成。然则儒生所学者，道也；文吏所学者，事也。假使材同，当以道学。如比于文吏，洗泥者以水，燔腥生者用火。水火，道也，用之者，事也，事末于道。儒生治本，文吏理末，道本与事末比，定尊卑之高下，可得程矣。"③

---

① 根据徐复观的考证，王充未尝到过京师，范晔《后汉书》的记载不宜尽信。参阅徐复观：《王充论考》，见《两汉思想史》卷2，台北：学生书局，1976年版，第566—569页。
② 黄晖：《论衡校释》卷20，第857页。
③ 黄晖：《论衡校释》卷12，第542—543页。

这可以说明，在皮氏所推崇的"孔教已定于一尊"的"经学极盛时代"①也大有"不高《春秋》"的论者存在，而文吏更不信服《五经》，因此王充才要从"道"与"事"之分着手，强调儒生的优越性。这也说明"多言《春秋》为汉制法"的"汉人"，其实仅是某些儒生而已，以"汉人"言之，容易令读者误会"《春秋》为汉制法"是大多数人都相信的压倒性共识。N_1 和 O_1 的"读者"若从《论衡》来衡量，其实在代表性方面存在疑问。

审读《论衡》全书，王充显然认为《五经》（包括《春秋》在内）是专属于汉代的作品，故曰"制作垂遗于汉"，根本没有想过汉以后的问题。因为目光始终盯在汉代，所以王充才会想到把自己写作的《论衡》，与《春秋》并论，作为两部同样服务汉朝的作品。故《须颂篇》云："《春秋》为汉制法，《论衡》为汉平说。"② 这句话和上述《程材篇》《佚文篇》的两则话语一样，都是反映王充在汉代的思想信念，作为汉代思想史的证据是没有问题的，它们可以说明王充相信《春秋》与汉代的关系，而且认为孔子作《春秋》具有自主性和预见性（兼具 N_1 和 O_1，不像纬书证据的有 N_1 无 O_1）。可是，仍不能说王充以上言论可以成为《春秋》"为后王立法"的证据。

为什么呢？无论是王充的"为汉"，抑或皮锡瑞的"为后王"，"为"表示行为的对象，皆有"替"义，不是什么对象都可以成为"为"后的客体，除"后王"以外的人能成为皮锡瑞所理解的"立法"的对象吗？当然不行！同样道理，王充不会接受"汉"以后国家成为"制法"或"平说"的对象。他的"为汉制法"，只能解释为他相信孔子预先为汉代制定了法，不能说他认为这个"法"也是为汉以外的其他"后王"而制的。据此，可以说王充相信 L_1、N_1 和 O_1，不可以说他相

---

① 皮锡瑞：《经学通论》卷5，第375页。
② 黄晖：《论衡校释》卷20，第857页。

信 M_1。当然,即使是相信 L_1、N_1、O_1,也不就此证成 M_1。但王充连 M_1 也不相信,论证关联性更低,更无证成 M_1 的可能性。

五、对欧阳修不成功的反驳

透过王充的例子,可以清楚显示"为汉制法"与"为后王立法"的非同质性。然而,皮锡瑞却是坚持二者的相通,并且批评欧阳修对前者的攻击:

(一) 对欧阳修的批评

《经学通论》云:"仲任发明《春秋》义甚畅,而史公、董子书未有《春秋》为汉制法之说,故后人不信。欧阳修讥汉儒为狭陋云:'孔子作《春秋》,岂区区为汉而已哉?'不知《春秋》为后王立法,虽不专为汉,而汉继周后,即谓为汉制法,有何不可?且在汉言汉,推崇当代,不得不然。即如欧阳修生于宋,宋尊孔教,即谓《春秋》为宋制法,亦无不可。今人生于大清,大清尊孔教,即谓《春秋》为清制法,亦无不可。欧阳所见,何拘阂之甚乎!"①

(二) 辨证

据此,皮锡瑞显然知道《史记》和《春秋繁露》没有"为汉制法"的相关记载,是导致"不信"的原因。因此,他期盼读者接受王充之语和其他证据,目的是借此显示"不信"的不合理。在含义上,"不信"意谓不相信,不烦深解,但在外延上,"不信"是指什么意思呢?为什么"不信"呢?皮锡瑞没有说清楚。若是仔细辨析的话,"不信"可以涉及两种不同对象:

---

① 皮锡瑞:《经学通论》卷5,第380页。

Ⅲ. 不信汉人主张《春秋》为汉制法的事实。
Ⅳ. 不信汉人主张《春秋》为汉制法的说法。

假如是Ⅲ的话，皮锡瑞的举证肯定成功；假如是Ⅳ的话，就有不少商酌的余地。就《经学通论》所列举的五则证据，无论说的是否正确，已够说明汉代有人怀着"为汉制法"的信念。皮锡瑞刻意以王充之语对照《史记》和《春秋繁露》之阙如，似乎是怪责读者不注意《史记》《春秋繁露》二书以外还有其他记载。这一怪责之所以能说得通，只能是就Ⅲ而非Ⅳ而言。尤其在此之前，他列举了三则纬书和刘苍、王充的说法（即上文所讨论的五项举证），然后作出"后人不信"的批评，仿佛"不信"的人连各种简单的史事记载也懵懂不知。在行文上，皮锡瑞攻击的是Ⅲ，而且大获全胜，——假如真有这样的论敌的话。须知道，质疑"为汉制法"的声音，重点是放在Ⅳ而非Ⅲ。读了《公羊》何诂，谁不知道汉代有人鼓吹"为汉制法"？何待王充之语（以及皮所列举的其他证据）方知其事？像欧阳修那样不信"为汉制法"之说，不是因为找不到或看不见"为汉鼓吹"的记载，而是汉儒的观感不能取代孔子本人的思想，T_c 的材料无法证成 T_a 的现象。如上所述，皮的五项举证根本不能有力地证明孔子真有预先为汉立法的自主想法（即 F_1、L_1、N_1、O_1）。"后人不信"的关键，不见得是因为不知道皮的举证，而是这样的举证即使摆出来也服不了人。

皮锡瑞对欧阳修的批驳，还有很多值得商榷之处。欧阳修《集古录》"后汉鲁相晨孔子庙碑"条云："孔子乾坤所挺，西狩获麟，为汉制作，故《孝经援神契》曰：'玄丘制命帝卯行。'又《尚书考灵耀》曰：'丘生仓际，触期稽度为赤制。'谶纬不经，不待论而可知。甚矣汉儒之狭陋也！<u>孔子作《春秋》，岂区区为汉而已哉！</u>"① 欧阳修讥汉

---

① 欧阳修：《集古录》卷2，见《文渊阁四库全书》第681册，上海：上海古籍出版社，1987年版，第25页。

儒"狭陋"，主要是因为《史晨碑》杂用谶纬，其中凿空虚语，不足信据。这样的质疑绝对是釜底抽薪，且也不能说错，因为《经学通论》也表明郑玄、何休负有"引谶之罪"。皮锡瑞视若不见，仅节引"甚矣"以下之语，无形中删除了自己不得不承认欧阳修说得正确的内容，容易使读者误会欧阳修所言没有根据，揆情度理，这种做法恐非恰当。

欧阳修针对的"岂区区为汉而已哉"，是就"孔子作《春秋》"，"为汉"的主体是孔子，不是后来的人。他之所以认为谶纬不可信，是因为他觉得"为汉"并非《春秋》的写作动机。批判"为汉制法"的不是，始终是就孔子所做的行为而言；然而，皮锡瑞却说"即谓为汉制法，有何不可？"，这里有四个谬误：

1. "谓为汉制法"之谬

"为汉制法"与"谓为汉制法"二者绝非等值。假设"为汉制法"为 x，"谓为汉制法"就是"谓 x"。x 不等于"谓 x"。此外，x 的主体是孔子，"谓 x"的人则是孔子以外的其他人。依此排列，可知皮锡瑞有两个变动：

    V. 改易语义：x→谓 x

    VI. 改易指代对象：孔子→孔子以外的其他人

皮锡瑞这么改动行为主体及其行为，彻底违离欧阳修的原意，一目了然。

2. "有何不可"之缪

因为 V 和 VI 的变化，所以皮锡瑞也改变了相关问题的讨论。欧阳修追问的是"孔子做 x"是否真的，是就是，非就非，这是涉及真值（truth）的问题。皮锡瑞却表示"有何不可"，无形中已预设孔子以外的其他人谓孔子做 x 也可以。可以抑或不可以，不一定需要触及是不是的考察，这是涉及可允许性（permissibility）的问题。以"可不可以"的答案来回应"是不是"的问题，完全欠缺逻辑关联性。

3. "为汉"不等于"为宋"或"为清"

在皮锡瑞的理解中，"孔子以外的其他人谓 x"的充足条件无非是"孔子以外的其他人"在其所处的 T_n "推崇当代"。基于这一考虑，在 T_n 便可以说《春秋》为了 T_n 而作，故"谓为汉制法"、"谓为宋制法"和"谓为清制法"中汉、宋、清之差别，其实是不重要的。"孔子以外的其他人"在什么时代也无所谓。如上所述，T_a 或 T_b 或 T_c 绝非相当于 T_n。"为汉"、"为宋、"为清"乃至"为后王"不是能够随便相互转换的东西。这里"为"的使用，带有高度的偏倚性（partiality）。王充生活在汉朝，汉帝国是他的国家，他与汉帝国有着某一种独特的关系，所以他对之有别于其他帝国。他与汉帝国的独特关系，形成了行为判断上的差别。① 宋代的《春秋》读者觉得它与宋代相关的感受，意味着《春秋》偏倚于宋代，同时也就排除它还有可能偏倚于汉代或清代。按照 J_1 和 N_1 来说，生活在 T_b 和 T_c 的人各有其专属的偏倚性，这是无法相互转化为没有固定时段限制的 T_n 的东西。因此，欧阳修反对"为汉"，具有充足的根据，因为他知道"为汉"不蕴涵"为宋"。就偏倚对象而言，T_c 不能兼容 T_a 或 T_b。"为汉"不仅排斥"为宋"，也排斥为汉代以后的其他后世。皮锡瑞以"拘阂之甚"批评欧阳修，反而再一次显示他把"为汉制法"和"为后王立法"混作一谈的含糊性。

4. "推崇当代"之缪

皮锡瑞由"推崇当代"说到"宋尊孔教"和"大清尊孔教"，进而

---

① 有关这一点，伦理学家西蒙·凯勒已有明确的阐述："在这些途径上（也许还有其他途径），你的独特关系是'规范地重要的'，或对你的规范性情境形成了差别。换言之，你的独特关系对于使你的行为得以解答的评估标准形成了差别。"参阅 Simon Keller, *Partiality*, Princeton: Princeton University Press, 2013, p.3。

推论"为宋制法"和"为清制法"的可允许性。为何"推崇"或"尊"自己所偏好的东西（无论是"当代"抑或"孔教"）可以成为宣称孔子为自己的时代制法的充足理由？是孔子允许这么做吗？假如孔子作为《春秋》作者也没有这么允许，后人凭什么越俎代庖代孔子宣布？要证明"孔子做 x"，还是要看关于孔子的证据，不是任随孔子以外的其他人怎么说也无所谓。皮锡瑞把"孔子是否做 x"改为"孔子以外的其他人谓孔子做 x 是否可以"，这样置换设问的方式完全没有说服力可言，至少不可能让欧阳修折服。想想看，冷战时代的道教徒推崇道教，有必要说老子五千言是为了冷战时代而写吗？不这么说，那又如何？说了对于认识《老子》的思想宗旨，真有什么积极的贡献吗？

根据上述的讨论，皮锡瑞对欧阳修的反驳，完全不能服人，也无法有力支持"《春秋》为后王立法"的主张。

六、小结

与皮锡瑞其他《春秋》的构想一样，"《春秋》为后王立法"虽然设法肯定《春秋》的效用，但其摆出的政治立场同样是抽离于当前时政，避免像维新时期那样直接的政治参与。问题在于，《春秋》和《公羊》皆无充足的叙事支撑这方面的理念。"立法"也好，"制法"也好，如何确证经传真有这方面的未来构想？这是皮锡瑞不得不面对的难题。"为汉制法"和"为后王立法"，这两个主张在内涵和外延上存在差别，本来不该牵扯在一起。皮锡瑞以前者证后者，不论在思路抑或论证上，充满各种谬误。要确证"《春秋》为后王立法"是真实的说法，需要从经传或孔子上找证据，有就有，没有就没有！今本《春秋》和《公羊》没有这方面的证据，承认就是了！以汉人的说法充数，只能算是马虎了事，回避了核心问题的解决。

换个角度看，皮锡瑞无法确证"《春秋》为后王立法"的失败，在某种程度上也见证着一神教的教主构想的不适用性。把所有创制的成果归诸全能的教主，把复杂的现实问题化约为一神教的信念依归，不是正确解读《春秋》的唯一途径。皮锡瑞也深知他的主张充满高度的争议性，从他对"《春秋》素王之义"的诠释，到他努力把"改制"说成"变法"的另一说法，再到辩护"《春秋》为后王立法"的主张，都是明知其主张不易为世人接受而不得不作出的思辨。这些思辨，可以说是近代知识分子回应世变的新思维，具有政治思想史的重大意义，但在经学研究上，却因其漏洞和阙失，不宜视为指引《春秋》研究的定论。

第二章 "经"与"史"的分拆

《经学通论》宣扬《春秋》改制的基调，是透过显示《公羊》对现实社会的用处，证明烧经的不必要。为了避免潜在的反对意见，皮锡瑞尝试伸张"《春秋》素王之义"和"《春秋》为后王立法"等观点，认为《公羊》何诂等改制主张不仅无害，而且是可以接受的。在进行论证之时，皮锡瑞很清楚自己的主张未必能够轻易得到认可。完全可以想象，一个钻研《左传》的读者即使完全不理会何休《解诂》这一套见解，也可以得出深刻而有意义的认识。这个异己的存在，是皮锡瑞所不能容忍的。为了贯彻他对《春秋》改制的主张，他坚决排斥"古文说"，认定"古文"诸经是制造错误认识的根源。在他自己的判断上，唯有《公羊》才是真正诠释《春秋》最权威的作品，而《左》《穀》在很大程度上遭到贬抑和否定，不仅不享有与《公羊》相同的地位，甚至是否能够算是解经之传也成疑问。

抬举《公羊》，尤其是伸张改制的何休《解诂》，贬抑、攻击《左传》和《穀梁》，是《经学通论》中的核心主张之一。皮锡瑞的论证策略，主要有三：一是把"经"与"史"予以分拆为两个不同的范畴，据此作为划分《春秋》和《左传》的标签；二是分拆"微言"与"大义"，据以贬抑《左》《穀》二传；三是伸张"借事明义之旨"，以此摒弃各种对《公羊》不利的说法。

接下来的这一章，我将会讨论"经史之分"的问题。在孔子作《春秋》之时，尚无经、史之殊。随着四部分类的出现，《春秋》作为《五经》之一，它和三传一直被列为经部著作。这都是图书分类的意义，与经传作者的写作想法没有直接的关系。无论是《春秋》抑或三传，其作者大概也没有预见"经"与"史"的分拆。然而，皮锡瑞相信"经"与"史"的分拆，是从孔子写作《春秋》之时已经存在的。《经学通论》云："论《春秋》是作不是抄录，是作经不是作史。"① 众所周知，杜预努力证明《左传》是解读《春秋》的作品，故皮锡瑞对杜预表现出极强的不满和敌视，对之攻击尤其猛烈。皮锡瑞把"经"与"史"予以分拆，完全是为了贬抑《左传》和杜预《春秋经传集解》的需要。认真解读《经学通论》的话，便会发现这方面的论证有许多不清不楚之处，对《左传》和杜预都不能算是公允的，需要耐心解读，方知其中的底蕴如何。

第一节 "经史之分"的所以然

皮锡瑞对"经史之分"的认识，不是所有《春秋》研究者所能共许的。一方面，他强调《春秋》是经非史，反对杜预《春秋经传集解》的观点；另一方面，他认定《左传》是史非经，否定《左传》作为解经的基本资格。本节将会引录三则引文，讨论他的想法。

一、重谈"经史之分"

首先要指出，皮锡瑞对"经史之分"的讨论，是从孔子作《春秋》的认知展开。

---

① 皮锡瑞：《经学通论》卷5，第368页。

（一）"经史之分"的宣示

《经学通论》云："说《春秋》者，须知《春秋》是孔子作，'作'是做成一书，不是抄录一过。又须知孔子所作者，是为万世作经，不是为一代作史。经史体例所以异者，史是据事直书，不立褒贬，是非自见；经是必借褒贬是非，以定制立法，为百王不易之常经。《春秋》是经，《左氏》是史。后人不知经史之分，以《左氏》之说为《春秋》，而《春秋》之旨晦；又以杜预之说诬《左氏》，而《春秋》之旨愈晦。"①

（二）辨证

1. 写作产出的意图

首先，皮锡瑞是从"《春秋》是孔子作"的前提出发，进而剖析"作"的含义。"做成一书"意味着《春秋》是孔子写作时预期中的产出。就这一点，历来儒者没有多少异议。《史记·孔子世家》引孔子曰："弗乎弗乎，君子病没世而名不称焉。吾道不行矣，吾何以自见于后世哉？"② 这段自白，足见孔子因为"吾道不行"的挫折，而决定写作《春秋》。现无任何证据足以推翻《史记》的记载，其权威性不言而喻。皮氏"做成一书"的判断，没有问题。

2. "作"与"抄录"

问题在于，皮锡瑞对"作"的界定，不是提出正面的阐述，而是说"作""不是抄录一过"。以"抄录"作为对比之言，仿佛他所批判的杜预，正在损毁圣人——圣如孔子，其所作的《春秋》，竟被说成"抄录"而已？刀笔之吏，未必如此！然则，杜预真的这么理解《春秋》吗？倘

---

① 皮锡瑞：《经学通论》卷5，第368页。
② 司马迁：《史记》卷47，第2352页。

事实如此，其人宜有可黜之罪，不是么？

若要公平地衡量皮锡瑞的指责，有必要深入理解"作"与"抄录"的定义。界定一个概念不是什么的时候，实际上是指出它与其他东西的区别。皮锡瑞强调"作"与"抄录"的区别，其实留有一个需要深描的诠释空间："作"与"抄录"是否非此即彼的对立关系？答案无非以下两者：

  Ⅰ. 假如是，那就意味《春秋》所有内容都是原创，没有抄录其他作品的任何东西。

  Ⅱ. 假如不是，则是意味《春秋》"作"之余，也有"抄录"的做法。

皮锡瑞显然倾向于Ⅰ，因为"抄录一过"的"一过"意谓一遍，指代的是《春秋》全经，因此可以判断他所反对的"抄录"是适用于《春秋》全经。此外，他也没有交代《春秋》哪些内容是"抄录"的、哪些内容不是"抄录"的。因是Ⅰ，故任何一个反证的存在已足以驳倒。就现有文献而言，Ⅰ的反例是不难找到的。

《孔子世家》仅说"乃因史记作《春秋》"和"约其文辞而指博"[1]，此"因"犹如《论语·为政》"殷因于夏礼"和"周因于殷礼"的"因"[2]，皆是承袭义。显然，《春秋》是前有承袭的文本，那就是"史记"。此外，"约其文辞"的"约"是省减义，表示《春秋》经过孔子的处理后文辞显得简洁。就此而言，是无法确证《春秋》不包括"抄录"的结论。杜预既说"仲尼因鲁史策书成文"，又说"其余则皆即用旧史"，就是认为《春秋》具有"抄录"的内容，而这样的理解不见得

---

[1] 司马迁：《史记》卷47，第2352页。
[2] 邢昺：《论语注疏》卷2，第25页。

违反《史记》的原意。

　　能不能说杜预的判断仅属个人偏见呢？很难这么说。皮锡瑞不信杜预，《公》《穀》总该信吧？检视二传，已明确指出某些经文的措辞是抄录史文所致：

　　　　[1] 昭十二年经："春，齐高偃帅师纳北燕伯于阳。"《公羊》云："伯于阳者何？公子阳生也。子曰：'我乃知之矣。'在侧者曰：'子苟知之，何以不革？'曰：'如尔所不知何？《春秋》之信史也。'"

　　　　[2] 僖十九年经："梁亡。"《穀梁》云："梁亡，郑弃其师，我无加损焉，正名而已矣。"

　　　　[3] 襄二十九年经："齐高止出奔北燕。"《穀梁》云："其曰北燕，从史文也。"

　　　　[4] 昭三年经："北燕伯款出奔齐。"《穀梁》云："其曰北燕，从史文也。"①

　　例[1]认为经文的"伯于阳"，实作"公子阳生"，据《公羊》解释，"伯"是"公"之讹，"于"是"子"之讹，"阳"后脱一"生"字。然而孔子明知这里错误了，却不改正，仍然亦步亦趋紧贴史文，是因为他相信《春秋》是"信史"，故不愿任随己意而改之。例[2]以此经"梁亡"和闵二年经"郑弃其师"两则经文为例，表明孔子在文字上没有任何增删，只求"正名"而不作其他言说。例[3]和[4]的"北燕"，有别于其他经文一概单称为"燕"，《穀梁》解释这是孔子依

---

① 徐彦：《春秋公羊传注疏》卷22，第494页。杨士勋：《春秋穀梁传注疏》卷9，第138—139页；卷16，第272页；卷17，第279页。

从史文的缘故。①

以上四例，显示《公羊》和《穀梁》皆认为《春秋》有些文辞是沿用"史文"（或《公羊》所说的"不修春秋"，或《孔子世家》所说的"史记"）而不革。依皮锡瑞的说法，这些都属于"抄录"的例子。当然，依从史文原有的记载，大概不止这四例。诚如焦袁熹《春秋阙如编》所说，"书日月，书公子，经文如此，盖承用旧史，不可一以义例求之。"② 这不是说所有经文皆属"抄录"。更正确地说，是"作"之余还有"抄录"，不能认为经文每一句话、每一个字都是"作"。过度强调"作"而否定《春秋》因袭史文，是不妥当的论断。诸如例〔3〕和〔4〕的"从史文"，重在历史记载，非理义所关。对这一点，刘士毅已看得深透且进而裁定各种注疏的得失："先儒说经者，每事皆有是非，每人皆有予夺，每字皆有取舍，所谓小言詹詹者尔。圣人作经，大纲正而万目举，亦奚用此屑屑为？"③ 有什么理由一定说《春秋》每一个字都带有孔子所发明的思想观念！当然，究竟哪些内容是"作"，哪些内容是"抄录"，需要具体问题具体分析。限于史文散落，不得其详，应该阙疑致慎，不必概括言之。但非常清楚的是，杜预"因鲁史策书成文"之说，虽属但举泛语，还是有一定的根据，不宜视作妄有附会。因此，Ⅰ是不对的，正确的答案是Ⅱ。

另须提请注意的是，杜预未尝主张"抄录一过"是《春秋》主要的笔法。《春秋经传集解序》云："仲尼因鲁史策书成文，考其真伪，而志

---

① 杜预"经承旧史"的观点，与《穀梁》"从史文"的关系，已有《左传》专家作出研究，即方韬：《杜预〈春秋经传集解〉研究》，第164—165页。这里所列的〔3〕〔4〕两例，主要是参照方书的观点。
② 焦袁熹：《春秋阙如编》卷1，见《文渊阁四库全书》第177册，上海：上海古籍出版社，1987年版，第749页。
③ 刘士毅：《春秋疑义录》卷上，见《四库未收书辑刊》第9辑第1册，北京：北京出版社，2000年版，第737页。

其典礼，上以遵周公之遗志，下以明将来之法"，① 说的是孔子对鲁史策书的各种"真伪"记载，具有自己的判断，而且叙述中也注意"典礼"的内容，可见杜预并不认为孔子看见鲁史策书有什么便抄什么。上述的例［1］和［2］，已够反映孔子对"史文"的"真伪"是有所"考"而"抄录"。因此"考其真伪"云云，是比"抄录一过"更符合实际。杜序既不言"抄录"，若以"抄录一过"理解"杜预之说"，以之为取讥之由，对之自是不公平的。

确切地说，杜预在孔子的写作上，已分作两类：一是"刊而正之，以示劝诫"，另一是"其余则皆即用旧史"②。前者的"刊"不是刊登或刻录，而是意谓删削；③ 而"刊而正之"，义近《史记》的"约其文辞"，都是说删定《春秋》之文。由此可见，杜预已承认孔子透过用词来表示相关的政治批评，差别仅在于他没有直接用"作"这个字，而是说"刊而正之"。与"抄录"相近的是"用旧史"，但这不是《春秋》的全部内容，故曰"其余"。可以说，杜预《集解序》对孔子写作的理解，既有"作"，又有"抄录"。这是皮锡瑞没有注意到的要点。相反，像皮那样把"作"与"抄录"对立起来，只是批判"抄录一过"的错误，却又不指出经文含有"抄录"，实是以偏概全的曲说，容易引起不必要的误会。

3. 史 = 不立褒贬

皮锡瑞对"史"的理解，与"抄录一过"密切相关。据他所说，"史"是（1）根据历史事实直接记载，故曰"据事直书"；（2）不宜提出个人的评价，故曰"不立褒贬，是非自见"。

---

① 孔颖达《春秋左传正义》卷1，第11页。
② 孔颖达《春秋左传正义》卷1，第11—12页。
③ 一些研究印刷术起源的人，便因误读"刊"为刻之义，错把印刷术的起源系于汉代或魏晋南北朝。这方面的驳正，参阅辛德勇：《中国印刷史研究》，北京：生活·读书·新知三联书店，2016年版，第13—38页。

这样界定"史"的内涵，能不能符合杜预的主张呢？在皮锡瑞以前，其实已有论者认为《春秋》是"史"，反对杜预把孔子视作"史官"。孙觉《春秋经解》云："若如其说，则孔子乃一史官尔。《春秋》既曰作之，又徒因其记注即用旧史，则圣人何用苟为书也？"① 孙觉认为杜预不理解孔子所以作《春秋》之意，其理据与皮锡瑞相当接近，都是预设史官秉笔直书，而又断定《春秋》不是这样的作品。

问题是，杜预是否完全根据这样的"史"来理解《春秋》？看过《集解注》，恐怕与皮想的不一样。如上所述，杜预已说过"刊而正之，以示劝诫"，说明他也认为孔子透过删削和用词而作出政治批评。除了上述《经学通论》所征引的部分外，杜预《春秋经传集解序》还有以下内容未被征引："……史有文质，辞有详略，不必改也。故传曰：'其善志。'又曰：'非圣人孰能修之？'盖周公之志，仲尼从而明之。"② 这里涉及两则典故：

[1]《左》成十四年传："舍族，尊夫人也。故君子曰：'《春秋》之称，微而显，志而晦，婉而成章，尽而不污，惩恶而劝善。非圣人，谁能修之？'

[2]《左》昭三十一年传："是以《春秋》书齐豹曰'盗'，三叛人名，以惩不义，数恶无礼，其善志也。故曰：《春秋》之称微而显，婉而辨。上之人能使昭明，善人劝焉，淫人惧焉，是以君子贵之。"③

例 [1] 是解释"侨如以夫人妇姜氏至自齐"的经文为何不记载族

---

① 孙觉：《春秋经解·自序》，见《文渊阁四库全书》第 147 册，上海：上海古籍出版社，1987 年版，第 555 页。
② 孔颖达：《春秋左传正义》卷 1，第 12 页。
③ 孔颖达：《春秋左传正义》卷 27，第 765 页；卷 53，第 1521—1522 页。

名，肯定地指出《春秋》的记述用辞相当细密而又含蓄，歌颂只有"圣人"才能编写它。例［2］是说明《春秋》记载齐豹为"盗"和记载三个叛逆的名字，赞扬这是善于记述的表现。

明白以上两则典故，便可以了解《左传》对经文写作的理解，同样也讲究笔削和用词多变，也讲究"褒贬"之意；借用萧楚之说，"非止尽依用旧史事辞也"。① 不能说仅有《公羊》才能注意到这一点。杜预援引这两则典故，就是要概括"刊而正之"与"用旧史"两种不同的笔法，认为它们同样体现孔子写作《春秋》的技艺。皮锡瑞对之缺乏相应的理解，不纯粹是个人认识的错误。更准确地说，这是重复了前人所犯过的类似的错误。宋儒治《春秋》，皮锡瑞最为推许刘敞，说是"以刘敞为最优"。② 尽管皮对宋代《春秋》研究很有保留，但在杜预的评价上，他与刘敞同一路子。刘敞怪责杜预说："此未尽也。苟唯文之所害，则刊而正之，其余皆因而不改，则何贵于圣人之作《春秋》也？而传又何以云'非圣人莫能修之'乎？"③ 刘敞读了"刊而正之"，没能注意到这是笔削删定的意思，反以"非圣人莫能修之"责难杜注，可谓莫名其妙。如其理解，就是认为只有"作"才是《春秋》可贵的地方，却没能正视经文也在"用旧史"，因此他对杜预的批评是不能成立的。与刘敞一样，皮锡瑞同样不重"用旧史"，也没有看见《左传》和杜预也讲褒贬，故其对"史"的理解，强调"不立褒贬"，并刻意把"据事直书"与"褒贬"对立起来，仿佛杜预讨论《左传》时都在鼓吹"据事直书"和"不立褒贬"似的。杜预《集解序》对《左传》的理解大体不错，皮锡瑞质疑"杜预之说诬《左氏》"是过当的，想法没有多少新意，不比刘敞高明多少，对杜预同样是误解且不公允。

承认《春秋》有"抄录"的部分，不蕴涵它没有思想性。在此，曹

---

① 萧楚：《春秋辨疑》卷3，第146页。
② 皮锡瑞：《经学历史》，第250页。
③ 刘敞：《春秋权衡》卷1，第172—173页。

金籀的观点相当值得参考，《春秋钻燧》云："夫子之于《春秋》，或仍之，或改之，必有其义也。"① 曹金籀长年专攻《穀梁》，又好《公羊》《春秋繁露》，绝非偏袒《左传》之徒，故不能把他的说法理解为偏袒古文学的立场。其言"仍"，相当于杜的"用旧史"，《春秋》有"仍"又有"改"，不能说有了"仍"就没有"义"。曹金籀这个观点，说明好言《春秋》之"义"，同时也可以坦率地接受经文"仍之"。这一观察，足见其学《春秋》至深至精，融贯胸中，非同等闲。以此反观刘敞和皮锡瑞的批评，表面上看貌似可通，其实是从不合理的前提立论。二者高下有别，不待话下。

4. 经 = 定制立法

如果说，"史"无涉于"褒贬"，那么"经"就被认为是"褒贬是非"，以期"定制立法"，作为"百王不易之常经"。皮锡瑞这一定义的问题是，《春秋》没有序言自述写作纲领，它的编年史体例也注定其内容都是记载春秋时期的人和事件，不像《周礼》那样陈列制度纲领。因此，乍读来是找不到他所说的"制""法""常经"，而《春秋》也没有这三个概念，故读者完全有理由质疑上述对"经"的定性是否圆满：

（1）"褒贬是非"不是区别经、史的关键变项

这不是儒家经典（包括其他经部著作）所能独占的东西。像《史记》《汉书》《资治通鉴》这些史著，与《左传》一样，亦见嘉言奥旨，卓有可采。②

（2）"定制立法"作为界定"经"的核心条件，似非达解

皮锡瑞由拥护变法的政治立场出发，其所理解的"定制立法"涉及

---

① 曹金籀：《春秋钻燧》卷3，见《四库未收书辑刊》第8辑第2册，北京：北京出版社，2000年版，第328页。
② 在四部分类以前，中国已有相当成熟的史学评论，只因史学著作过少，只是依附在《春秋类》之后。参阅逯耀东：《经史分途与史学评论的萌芽》，见《魏晋史学的思想与社会基础》，北京：中华书局，2006年版，第178—194页。

具体政治制度的创设，本非抽象原理的阐述。至少《周易》《尚书》《诗经》三部著作，若以"定制立法"概括其内容，将是富有争议性的论断。无疑，皮锡瑞视为"定制立法"的典例，主要是《春秋》。本书将会指出，皮锡瑞为了抬举《公羊》何诂的需要，把"微言"与"大义"分拆对待，认为"大义"专指"诛讨乱贼以戒后世"，而"微言"专指"改立法制以致太平"。这样理解的"微言"自然被算作"定制立法"的内容，但因为《春秋》《公羊》皆无确证"微言"的直接记载，故皮锡瑞不得不从《孟子》和董仲舒的著作另觅证据，能找到的大多是偏属"大义"而鲜有"微言"。① 只要不是心存偏见地阅读，便能承认《春秋》记载的都是"事"，主要是人的各种行为，不是首先涉及政治制度；即使与政治制度有所关联，也是辅助解释的作用。② 说《春秋》是"定制立法"之书，不过是偏好何休等汉儒的结果，而《春秋》研究者不见得必须接受这个观点。无论如何，这不是驳杜的良好理据，因为杜预自己也说"下以明将来之法"③，尽管杜的"法"不等同皮的"制"或"法"）。

（3）"事"不被包括在"经"的定义之中

这与"借事明义"的主张密切相关。据皮锡瑞的理解，"事"是次要的、工具的，而且是可伪的、可阙的。④ 因此，他对"经"的界定，不讲求"事"的存在，实非奇事。然而，"事"在儒家经典中的重要性，实在不容轻忽。郑刚中说得相当透彻："或者谓经以传道，史以传事，此大不然。使天下俗学晚生知经而不知史者，必此言也。夫经曷尝无事，史曷尝非道。道与事，散于经史之间。治乱安危，存亡成败，明圣仁惠、昏童暴虐之君，忠良俊乂、奸邪险曲之士，靡不具道，学者不可

---

① 参阅本书第三章，第221—322。
② 参阅拙著：《〈穀梁〉政治伦理探微：以"贤"的判断为讨论中心》上册，第1—4页。
③ 孔颖达：《春秋左传正义》卷1，第11页
④ 参阅本书第四章，第324—333页。

不知也。"① 儒者阅读经书，不仅是为了"道"的认识，还包括"事"的了解。因此，要查找"事"是怎么回事，不能只看史书，还要看经书。② 李源澄说："夫经学者，史与子合流之学问，固非史学，亦非子学，而与子、史皆有密切之关系。"③ 按其认知，史学多记事，子学多言理，而经学综合史学和子学两者。这远比皮锡瑞的观点来得妥当和可靠，因为他正视了经学也有"记事"的一面。

就《春秋》而言，它既有编年史的叙事形式，而经文中的"事"又不是可以随意假托的记载，那就没有理由置之度外。这不意味重事轻道。相反，要解读《春秋》讲的究竟是什么道理，往往需要对史事有所了解。承认经史有别，不蕴涵读经不必理解史事。这一点，黄泽已有深刻的剖析："《春秋》固是经，然本是记事，且先从史看，所以如此说者，欲人考索事情，推校书法。事情既得，书法既明，然后可以辩其何以谓之经、何以谓之史。"④ 不重视《春秋》的"记事"，是有问题的。皮锡瑞强调"经"的"定制立法"，又说"史是据事直书"，无形中把"事"偏属于"史"的范畴，与经无涉，仿佛"事"在"经"中像是无足轻重似的。这一见解，只能说是"借事明义之旨"所带来的必然结果。解读《春秋》不必如此，理由很简单，即使《公》《穀》也不乏以

---

① 郑刚中：《北山集》卷9《答梅秀才》，见《文渊阁四库全书》第1138册，上海：上海古籍出版社，1987年版，第107页。
② 在此姑举一例：明儒丘濬为了说明"武备与文教并行"的道理，就遍查经史以求解答："臣故历考经史所载威武之事，备载之而举韩琦先治内患之说终焉。"（参阅丘濬：《大学衍义补》卷116，第366页。）韩琦的观点暂勿深究，但丘濬查找"威武之事"而从"经史"入手，已反映"经"也是"事"的重要来源。
③ 李源澄：《经学通论》，见《李源澄著作集》第1册，台北：中研院文哲所，2008年版，第6页。
④ 赵汸：《春秋师说》卷下，见《文渊阁四库全书》第164册，上海：上海古籍出版社，1987年版，第290页。

事解经的做法。① "借事明义之旨"不过是皮锡瑞自设的心防,义曲辞费,未得要领。

5. 万世与一代

皮锡瑞说"为万世作经,不是为一代作史",这已划定了《春秋》立言所针对的读者群,不在已逝的"一代",而在未来的"万世"。《史记·孔子世家》说过"吾何以自见于后世哉"②,反映孔子有立言的意向,而"后世"究竟是什么人?孔子没有这样的预见。然而,皮锡瑞绝非如此宽松的理解。结合他对"为汉制法"和"为后王立法"的讨论,可以推知"为万世"就是"为汉"或"为后王"。就皮锡瑞的各种举证而言,他是很想捍卫何休"为汉制法"的主张,进而支撑"为后王立法"的说法,但在论证上绝不成功。③ 无论如何,皮锡瑞从经史之分作为指责杜预的理据,是有问题的,因为杜预已有"下以明将来之法"的说法。尽管杜预抗拒"素王"的构想,但他仍期许孔子有"法"留给"将来"。较之皮锡瑞的理解,杜预所说的"将来",在用词上比"汉"或"后王"宽泛,倒是比较接近《孔子世家》的解释。这显然是一个优点。只言"将来",杜预在时间上没有说死,不像"为汉制法"已设想了某个找不到确实证据而又不得不预测存在的读者群。

6. 作经与作史

"为万世作经,不是为一代作史"的"作经"和"作史",其"作"的主体皆指孔子。如其解,就必须预设孔子在生之时,不仅已有"经"和"史"的学术范畴,而且孔子非常清楚自己所"作"的是"经"而

---

① 赵生群、赵昌文:《三传以事解经比较》,见《南京师大学报(社会科学版)》2000年第4期,第131—137页。另参阅拙著:《无论多少,不该被抹煞:〈公羊〉和〈穀梁〉的史料价值》一文,见《门户以外:〈春秋〉研究偶识》,上海:上海古籍出版社,2020年版,第23—39页。
② 司马迁:《史记》卷47,第2352页。
③ 参阅本书第一章,第93—126页。

非"史"。

这是一个违反历史常识的判断。《孔子世家》仅说孔子"追迹三代之礼,序《书传》","三百五篇孔子皆弦歌之","序《彖》《系》《象》《说卦》《文言》","乃因史记作《春秋》",① 可以说《礼》《书》《诗》《乐》《易》《春秋》是经过孔子整理、编定或撰写的,但孔子未尝以"经"的概念指代它们。为了满足孔子作为"教主"的一神论构想,皮锡瑞试图把"经之名"的发明权也要归诸孔子,但在论证上存在许多谬误,不宜信从。②"经"的名目,远晚于"史"。③《论语·卫灵公》引孔子曰:"吾犹及史之阙文也",④说明孔子知道什么是"史",但他与弟子聚谈却无称其著作为"经"之意,《论语》言"经"仅一例,即《宪问》"自经于沟渎而莫之知也"之言。⑤ 此"自经"意谓自杀,与经部文献毫无关系。没有证据显示孔子写作《春秋》时已经划分"经"与"史"的概念,更遑论在两者之间作出选择。

孔子对经史之分没有明确的构想,但经史之分却因他而起。朱鹤龄《尚书埤传》引章如愚曰:"盖夫子以前,载籍无经史之殊。夫子既删定之,然后经为经,史为史。"⑥ 这不是说孔子自己按照"经"与"史"而进行"删定"的工作。之所以"经为经,史为史",主要是因为孔子被后儒抬成圣人,故其所删定的书,以及后来诠释它的作品,都被归入经部文献。在唐初官修的《隋书·经籍志》中,开始以经、史、子、集四部命名分类,而经与史、子、集之分,主要是目录学的意义。在刘知

---

① 司马迁:《史记》卷47,第2344—2346页。
② 这个问题的分析和讨论,参阅拙著:《"孔子出而有经之名"驳议》,待刊。
③ 朱维铮:《史学史三题》,见《朱维铮史学史论集》,上海:复旦大学出版社,2015年版,第4页。
④ 邢昺:《论语注疏》卷15,第253页。
⑤ 邢昺:《论语注疏》卷14,第227页。
⑥ 朱鹤龄:《尚书埤传》卷末,见《文渊阁四库全书》第66册,上海:上海古籍出版社,1987年版,第981页。

几撰写《史通》以前,"对史学的概念与史学的功用,却没有作清晰的阐释。"① 就经部文献的认识过程而言,四部分类的面世,绝不含蕴经部文献就此与其他部类的文献绝缘。一个经师的养成,绝不是单看经部文献就足够了。不同兴趣的读书人,完全可以根据个人的需要挑选自己想读的书,不必拘泥四部分类的限制。像吴澄那样既治《周易》《春秋》,又通《老子》,绝非可异之象。经学专科目录的出现,基本上是明代藏家事业发达以后的成果。故朱彝尊写作《经籍考》,主要是参考朱睦㮮《授经图》《经序录》,张儒《古今经传序略》,孙承泽《五经翼》这些近作,更早的就只能追溯至马端临《文献通考》,绝非承袭悠久的积累。② 经、史之分,与经与子、集之分一样,作为图书分类的意义,对读者的认知不曾划定什么不可逾越的边界。

这是必须谨记的一点。《春秋》与其他儒家经典一样,即使有了四部之分,但不意味它与"史"的关系就此断绝。知道《春秋》被放在经部之中,不意味这是与"史"无关的书。《隋书·经籍志》云:"《春秋》者,鲁史策书之名。昔成周微弱,典章沦废,鲁以周公之故,遗制尚存。仲尼因其旧史,裁而正之,或婉而成章,以存大顺,或直书其事,以示首恶。故有求名而亡,欲盖而彰,乱臣贼子,于是大惧。"③《春秋》被划到经部(而非史部),但《经籍志》的作者还强调《春秋》原是"鲁史策书"之名,而且它像杜预那样坦白地承认"因其旧史"的写作手法。《春秋》作为经书,只是后人的目录学分类,不能因为这样的分类而以为孔子在写作时也有相同的想法。

对此,郝经已有相当深刻的阐述:"古无经史之分,孔子定《六经》,而经之名始立,未始有史之分也。《六经》自有史耳。故《易》,

---

① 逯耀东:《刘知几〈史通〉与魏晋史学》,见《魏晋史学的思想与社会基础》,第219页。
② 刘仲华:《世变、士风与清代京籍士人学术》,北京:中国人民大学出版社,2013年版,第64—65页。
③ 魏征等:《隋书》卷32,北京:中华书局,1973年版,第932页。

即史之理也;《书》,史之辞也;《诗》,史之政也;《春秋》,史之断也;《礼》《乐》,经纬于其间矣,何有于异哉?"又说:"经史而既分矣,圣人不作,不可复合也。第以昔之经而律今之史可也,以今之史而正于经可也。若乃治经而不治史,则知理而不知迹;治史而不治经,则知迹而不知理。苟能一之,则无害于分也。"① 以上,明确指出孔子所整理和删定的《六经》,与"史"本有密切关系,只是因为"圣人不作",在孔子以后再没有出现第二个圣人,所以经部文献遂为《六经》及其相关作品垄断。郝氏此言,简而明,信而通,其根据之确,非道听途说所敢望。就后人的学习而言,治经与治史二者本可兼容。不论从哪一角度看,皮锡瑞"为万世作经,不是为一代作史"是把后人的图书分类当作孔子的写作方针,以此理解《春秋》的内容,自必费辞,不可能符合历史实际。

7.《春秋》之旨由"晦"而"愈晦"

皮锡瑞之所以认定孔子有"作经"与"作史"之分,言其用意,无非是推出"《春秋》是经,《左氏》是史"的结论。这个问题,本章第三节还会继续讨论,于此不赘。在此,先阐明皮锡瑞的整个说法。据他所说,《左传》加上杜注,严重影响"《春秋》之旨"的理解:

Ⅲ. "以《左氏》之说为《春秋》,而《春秋》之旨晦"。因为"经史之分",《左传》遂被视为不能正确诠释《春秋》,使得"《春秋》之旨"变得隐晦不明。

Ⅳ. "又以杜预之说诬《左氏》,而《春秋》之旨愈晦"。杜预之说,既误解《左传》,又妨碍《春秋》的正确诠释,使得"《春秋》之旨"更加隐晦不明。

---

① 郝经:《陵川集》卷19《经史》,见《文渊阁四库全书》第1192册,上海:上海古籍出版社,1987年版,第208—209页。

由Ⅲ而Ⅳ，是一种递进关系的说明，这从"晦"和"愈晦"二语可证。在此，皮锡瑞似乎阐述矛盾。如其说，《左传》之所以不能正确诠释《春秋》，是因为"《春秋》是经，《左氏》是史"。杜预之所以被视为错误，是因为其序载有"因鲁史策书成文""用旧史"等说法；这些说法，着眼于《春秋》与"史"的关系，而皮锡瑞"不是抄录一过""不是为一代作史"等批评，则是冲着"史"而来。至少就皮的理解而言，杜预对"史"的讲究，很难说是偏离《左传》的观点。《左传》与杜注同样重史，何"诬"之有？在重史的问题上，杜预既非"诬《左氏》"，那又如何使得《春秋》之旨由"晦"变得"愈晦"？

当然，对皮锡瑞"诬《左氏》"的观点，还有另一种解读方式，就是认为"诬"不是指"用旧史"等说法，而是指杜注对孔父、仇牧、荀息的批判。皮锡瑞曾经质疑杜预因支持司马氏而助篡："盖不特孔子之经为所诬罔，即《左氏》之传亦为所汨乱，致使学者以《左氏》为诟病。"① 换言之，由Ⅲ而Ⅳ，其中的言说对象发生隐秘的转换：Ⅲ的"为"是指"史"，Ⅳ的"诬"是指涉嫌"助篡"的观点。皮锡瑞对之亦无相关的交代。征诸上文下理，全是讨论"经史之分"，忽然由"史"转换到"助篡"，实在是太过突兀的，也无助于证成"是作经不是作史"的主题。

此外，由"晦"变得"愈晦"的"《春秋》之旨"究竟是如何界定？这也是一个问题。如果是从皮锡瑞的观点出发，那么"《春秋》之旨"不仅要有"大义"，还要有"微言"，亦即《春秋》改制的主张。② 不信从他所认可的解经意见（即接受《公羊》何诂或貌似与之义近的观点），是无论如何也不可能掌握"《春秋》之旨"的。因此，造成"《春秋》之旨"的"晦"，不独是《左传》或杜注。真正的症结不是杜预或

---

① 皮锡瑞：《经学通论》卷5，第427页。
② 参阅本书第一章，第32—57页；第三章，第221—322页。

其他人不明"经史之分",而是不信从何休的观点无法令皮锡瑞接受。

换个思路来看,假如"《春秋》之旨"的内涵不是预先已被设定只有何诂最能符合,而是具体地追问哪些解经意见最能符合经文的原意,那么就该承认《左传》和杜注对经文的解说不见得只会带来"晦"或"愈晦"的结果。僖十九年经:"梁亡。"《左传》云:"梁亡,不书其主,自取之也。"杜注:"以自亡为文,非取者之罪,所以恶梁。"① 这是批判梁国滥用民力,导致自取灭亡,而《公》《穀》二传也是这么认为。《公羊》僖十九年传:"此未有伐者,其言梁亡何?自亡也。其自亡奈何?鱼烂而亡也。"② 《穀梁》僖十九年传:"梁亡,自亡也。"③ 对"梁亡"的所以然,三传实无重大差别,故赵伯雄这么归纳说:"三传所述《春秋》经义是相同的,三传都指出,经文之所以只用'梁亡'二字,而不采取'某某灭梁'的句式,是要表明梁之亡完全是咎由自取,'梁亡'二字当中蕴涵着《春秋》作者对梁国君主的批评。"④ 因为这样,即使站在《公羊》的立场上看,也不能说《左传》和杜注对"梁亡"的解释是错误的,或导致此经之旨变得"晦"了。

类似"梁亡"的事例还有许许多多,毕竟《春秋》三传记载有同有异,即使仅就《左》《公》而论,也不难找到不少彼此兼容的说法,问题是要看各个特定的解释究竟如何说法。因"经史之分"而预早断定《左传》的解经意见必不可信,是说不通的。认可《春秋》的思想性,相信经文包含各种深刻的政治理念,不必预先否弃它的历史性。

进一步说,经史之殊,本是人为设定的认识心障。《春秋》和其他儒家经典一样,都是包含历史性内容;而历代儒者不乏相信经史相通,透过读经可以提升自己对历史的认识,像刘因说:"胸中有《六经》

---

① 孔颖达:《春秋左传正义》卷14,第393、395页。
② 徐彦:《春秋公羊传注疏》卷11,第241页。
③ 杨士勋:《春秋穀梁传注疏》卷9,第138页。
④ 赵伯雄:《〈春秋〉经传讲义》,北京:人民出版社,2012年版,第33页。

《语》《孟》为主,彼兴废之迹,不吾欺也。如持平衡,如悬明镜,轻重寝扬在吾目中,学史亦有次第。"① 说经取其平正切实,自能看见其中历史叙事,乃其不可或缺的内容。经之于史,紧密相依,此为习学之常道,古今之通义。把"经"与"史"对立起来,不是儒者学习经史的常态,也不必要。必于经中各种历史叙事寻求思想观点,或有失凿之危。经史之分,本是图书分类的意义,将之转化为预先断定什么作品更能解释经典的快捷方式,在认识的进路上,跟某些类型的教条主义是完全相同的:在进行具体解读经典文本之前,便给不同的作品贴上某个标签,于是不用仔细研究和具体分析便能获得貌似正确的结论。皮锡瑞津津乐道"经史之分"而贬恶《左传》及杜注,正是如此施为。考虑到其对《左传》和杜注的认识不合实际,而且他的"《春秋》之旨"也有偏袒《公羊》何诘之嫌,故其对《左传》和杜注之贬抑,徒见刻核求深,岂得古人之意?

二、杜预引证《孟子》的问题

(一) 对杜序的评论

除了"经史之分"外,皮锡瑞还谈及杜预对《孟子》的理解:

杜预《春秋经传集解序》云:"《周礼》有史官,掌邦国四方之事,达四方之志。诸侯亦各有国史,大事书之于策,小事简牍而已。孟子曰:'楚谓之《梼杌》,晋谓之《乘》,而鲁谓之《春秋》,其实一也。'韩宣子适鲁,见《易·象》与《鲁春秋》,曰:'周礼尽在鲁矣,吾乃今知周公之德与周之所以王。'韩子所见,盖周之旧典礼经也。周德既

---

① 刘因:《静修集》续集卷3《叙学》,见《文渊阁四库全书》第1198册,上海:上海古籍出版社,1987年版,第684页。

衰，官失其守，上之人不能使《春秋》昭明，赴告策书，诸所记注，多违旧章。仲尼因鲁史策书成文，考其真伪，而志其典礼，上以遵周公之遗制，下以明将来之法。其教之所存，文之所害，则刊而正之，以示劝戒，其余则皆即用旧史。"①

《经学通论》批判说："杜预引《周礼》《孟子》，皆不足据。《孟子》言鲁之《春秋》，止有其事、其文而无其义，其义是孔子创立，非鲁《春秋》所有，亦非出自周公。若周公时已有义例，孔子岂得不称周公而攘为己作乎？杜引《孟子》之文不全，盖以其引孔子云云，不便于己说，故讳而不言也。"②

(二) 辨证

1. 杜引之《孟子》有别于通行本

在处理皮锡瑞的批评前，必须先厘清《孟子》文本的问题。杜预《春秋经传集解序》所引的《孟子·离娄下》是："楚谓之《梼杌》，晋谓之《乘》，而鲁谓之《春秋》，其实一也。"今传赵岐注本："晋之《乘》，楚之《梼杌》，鲁之《春秋》，一也。"③ 孔颖达《春秋左传正义》云："'晋谓之《乘》，楚谓之《梼杌》，鲁谓之《春秋》，一也。'其言与此小异，是杜足'其实'二字，使成文也。"④ 于鬯认为孔疏之说，正是手中别有所据而校读赵注。《香草校书》云："据杜所引，'楚'在'晋'上，多三'谓'字、'而'字、'其实'字，古人引文原属无拘，尚未足以援订《孟子》。至孔《正义》方在校杜之异，则其所引必当依本文，而亦有三'谓'字，则《孟子》原有三'谓'字可

---

① 孔颖达：《春秋左传正义》卷1，第6—12页。
② 皮锡瑞：《经学通论》卷5，第369页。
③ 孙奭：《孟子注疏》卷8，第226页。
④ 孔颖达：《春秋左传正义》卷1，第9页。

知矣。"① 孔疏只校"其实"而不申述杜序多三"谓"字,反映杜、孔所据的文本异于赵本。如其说,"梼杌""乘""春秋"三称,是因为楚、晋、鲁三国不同的语言口音,而导致对孔子的《春秋》出现了不同的称呼。这是相当有启发性的说法。

多了三"谓"字,对《孟子》也呈现不同的解读方向:"楚谓之""晋谓之""鲁谓之"的"之",都是指"《诗》亡然后《春秋》作"的"《春秋》",于鬯对之进一步申述,认为此《春秋》即孔子的《春秋》:"且此文承上文'《诗》亡然后《春秋》作'而言,所谓'春秋'者,明孔子之《春秋》,何为漫及晋、楚之史乎?故'晋谓之《乘》'者,即谓孔子之《春秋》为'乘',非谓晋国之史为'乘'也。楚谓之'梼杌'者,即谓孔子之《春秋》为'梼杌',非谓楚国之史为'梼杌'也。诚谓晋国之史为'乘',楚国之史为'梼杌',孟子又安得比孔子之《春秋》而漫云'一也'乎?"② 三"谓之"的"之",虽是指代同一对象,但不意味着必是"孔子之《春秋》"。"《诗》亡然后《春秋》作"既未明言主体,而"《诗》亡"亦非源自孔子,故不必预设此《春秋》必指"孔子之《春秋》"。若沿用赵注的旧说,视三"谓之"的"之"为三国之史,亦未尝不可。《孟子·离娄下》的"其事""其文""其义"的"其"是上承鲁之《春秋》而言。下文亦会指出,孟子以"窃取之"言"其义",而"取之"则是取得义,故"其"若指孔子之《春秋》,就会扞格不入。因此,没有必要像于鬯那样把"其"与"之"都说是孔子的《春秋》。"之"是专指列国之史,而"其"是特指鲁国之《春秋》,而"其文"和"其义"本是鲁国旧史所固有的,而"其义"则是孔子从中选取的。③ 因此,《孟子·离娄下》虽是讲述孔子作《春秋》的所以然,但其中讲述的是孔子对鲁国旧史的因革。

---

① 于鬯:《香草校书》卷54,第1085页。
② 于鬯:《香草校书》卷54,第1086页。
③ 参阅本章(第149—154页)的讨论。

因于鬯的新解存在疑问，故不能认为孟子所说的《梼杌》《乘》《春秋》三书皆指孔子所作的《春秋》。这反过来证明杜预的理解没有错误。《春秋经传集解序》上言"《周礼》有史官"，下言"韩子所见，盖周之旧典礼经也"，足证杜预讨论的是列国之史，故他所理解的《梼杌》《乘》《春秋》三书实是晋、楚、鲁三国之史，非孔子的《春秋》。皮锡瑞并不注意杜预所据《孟子》多三"谓"字的文本问题，所以也就没有据此质疑杜预。这也反映他对这句话的认识未尝异于杜预，同样认为《梼杌》《乘》《春秋》是晋、楚、鲁之史。

确切地说，杜预引录虽然不全，但不能说是歪曲《孟子》的原意；而他对《春秋》的历史认识，也是基本正确的。早期中国典籍称诸侯之史为"春秋"之例，可谓比比皆是。如《国语·晋语》云："羊舌肸习于《春秋》"，《楚语》载申叔时曰："教之《春秋》"。① 此外，《墨子·明鬼下》云："著在周之《春秋》"、"著在燕之《春秋》"、"著在宋之《春秋》"、"著在齐之《春秋》"，据孙诒让的辑录，《墨子》还有"吾见百国《春秋》"的佚文。② 又《战国策·燕策二》云："臣闻贤明之君，功立而不废，故著于《春秋》。"③《礼记·坊记》云："故鲁《春秋》记晋丧曰：'杀其君之子奚齐及其君卓。'"④ 这些都是东周时人称述列国之史为"春秋"的明证。于鬯认为"梼杌"和"乘"二称源于口音不同，乃是进一步的佐证。

鉴于此，杜预指出"诸侯亦各有国史"，引《左传》韩宣子适鲁见《鲁春秋》之例，并非没有旁证。《孟子·离娄下》表示"梼杌""乘"

---

① 徐元诰：《国语集解》卷13，第415页；卷17，第485页。
② 孙诒让：《墨子间诂》，孙启治点校，北京：中华书局，2001年版，卷8，第226、230、232、233页；附录，第656页。
③ 范祥雍：《战国策笺证》卷30，范邦瑾协校，上海：上海古籍出版社，2011年版，第1749页。
④ 孔颖达：《礼记正义》卷51，第1413页。

"春秋"三称为一，是可以接受的。皮锡瑞怪责杜预"引《孟子》之文不全"，似嫌过苛，因为就"各有国史"的论述而言，"其事""其文""其义"诸说讲的是孟子如何理解孔子处理鲁国旧史的想法，略之不予讨论也没有太大影响。

2. "义"的"取之"

皮锡瑞对杜预的批判，主要是针对"义"和"义例"的归属。《孟子·离娄下》云："其事则齐桓、晋文，其文则史。孔子曰：'其义则丘窃取之矣。'"赵注："孔子自谓窃取之，以为素王也。"孙疏："窃取之者，不敢显述也。"①

这则引文，本书在讨论"微言"和"大义"时已有简略的剖析②，但对"取"字的含义，尚未深究。赵注沿用"窃取之"三字，没有解释什么是"取"，而孙疏以"不敢显述"解"窃取"，因"窃"有私自、暗地之意，释之以"不敢显"亦不妨。不过，"取"无"述"义，孙解实不可取。皮锡瑞表示"其义是孔子创立"，那是视"取"为"创立"，同样不通，因"取"亦无"创"义。

究竟"取之"是什么含义呢？比较可靠的办法，还是从《孟子》中找内证。除本例外，《孟子》言"取之"还有17例，即《梁惠王下》"或谓寡人取之"，"取之，何如？"，"取之而燕民悦，则取之"，"取之而燕民不悦，则勿取"，"齐人伐燕，取之"，"非择而取之"，《公孙丑上》"非义袭而取之也"；《滕文公上》"多取之而不为虐，则寡取之"；《离娄上》"清斯濯缨，浊斯濯足矣，自取之也"；《离娄下》"资之深，则取之左右逢其原"；《万章下》"其所取之者，义乎？不义乎？"，"今之诸侯取之于民也"，"夫谓非其有而取之者盗也"；《告子上》"于己取

---

① 孙奭：《孟子注疏》卷8，第226页。
② 参阅本书第三章，第224—238页。

之而已矣";《尽心上》"非其有而取之,非义也"。①

这17例的"取之",皆意谓取得,而非记述或创立。其中,"取之"往往涉及选择时的权衡考虑,如"自取之"便是"清斯濯缨"与"浊斯濯足"之间的选取。以此例彼,《离娄下》的"窃取之"也该是取得义。创立,可以是无中生有的,如一个人忽地天马行空地自创一个口号;记述,也可以是我心自足的过程,如某个作家把自己的构思记述下来;取得,则不可能不与外在于自己的客体打交道。——最低限度,上述17例皆非自己拿取自己的东西,而是拿取他者的东西。孟子以"取之"述"其义",就是说《春秋》的"义"被孔子取得了。因为是取得而非创立或记述,所以《春秋》的"义"在孔子"取之"之前本已客观地存在,并非不假外求的结果。这与《公羊》"制《春秋》之义"一样,因"制"宜作裁定义而非创立义,故其"《春秋》之义"亦是客观上存在,有待孔子的裁定。② 同样,《孟子》的"窃取之",也是有待孔子的取得。

前已述及,孔子作《春秋》取材旧史,有些经文措辞肯定是沿用旧史而不予改写,只是旧史已佚,难以全部详考哪些部分是用旧史、哪些部分不用。但要注意,即使是孔子改写了,也可能不是保留旧史的若干内容。上述《坊记》引鲁《春秋》曰:"杀其君之子奚齐及其君卓。"今三传保存的僖九年"晋里克弑其君之子奚齐"、僖十年"晋里克弑其君卓及其大夫荀息"两则经文,与之明显有别,这是:

Ⅴ.《坊记》改易鲁《春秋》而致此?
Ⅵ. 鲁《春秋》原文如此而孔子另作改写?
Ⅶ. 抑或其他原因呢?

---

① 孙奭:《孟子注疏》卷2,第55、57、61页;卷3,第75页;卷5,第134页;卷7,第196页;卷8,第220页;卷10,第279—280页;卷11,第312页;卷13,第369页。
② 参阅本书第一章,第96—101页。

现无明确的答案。假设是Ⅵ，就意味孔子改写之余仍有旧史的痕迹，而且旧文含有相当高的思想性。因"其君之子奚齐"采用"其君之子"而非"晋子"的措辞，据《穀梁》的解释，目的是"国人不子"。①当然，孔子纵使沿袭旧史"其君之子"之语，也不能说《春秋》的著作权不能归孔子所有。毕竟，经文是经过孔子自觉的删定，即使若干意见来自旧史，但《春秋》的思想性仍离不开孔子的贡献。这里只是强调，《春秋》的"义"不一定都是孔子自己的想法，旧史也可能有"义"的存在。从孟子"取之"的意思来看，鲁国旧史亦有"义"。皮锡瑞说"非鲁《春秋》所有"，是武断的。当然，这不是说孔子修《春秋》全抄旧史之"义"，肯定经中有许多部分是经过孔子修改和使用他认为恰当的用词。认为"义"是取得的，既可以安心地承认孔子有些部分沿用旧史之"义"，也不妨兼容以下一种情况：他在处理旧史时，其思想与文本有所互动，觉得旧史的某些用词不妥，故有所改动和删定。换言之，《春秋》最终形成这样的经文用词，是经过孔子自己富有思想性的处理。不必因经文有所"抄录"而否定其"作"的思想性。再次强调，把"作"与"抄录"对立起来，是不必要的。皮锡瑞"创立"之论，与《孟子》文本原意，实有一定距离。

3. 杜预的"义"与"义例"

皮锡瑞之所以强调"其义是孔子创立"，是为了反驳杜预；说"非鲁《春秋》所有，亦非出自周公"，则预设杜预主张《春秋》之"义"是"出自周公"。"创立"之谬，已如上述。以下，需要仔细辨析杜预对"义"和"义例"的认识。

《春秋经传集解序》言"义"，计有15例，其中"义例"2例：

---

① 杨士勋：《春秋穀梁传注疏》卷8，第125页。这个问题，参阅拙著：《〈穀梁〉政治伦理探微：以"贤"的判断为讨论中心》上册，第225—231页。

[1] 故传或先经以始事，或后经以终义，或依经以辩理，或错经以合异，随义而发。

[2] 其微显阐幽，裁成义类者，皆据旧例而发义，指行事以正褒贬。

[3] 诸称"书"、"不书"、"先书"、"故书"、"不言"、"不称"、"书曰"之类，皆所以起新旧，发大义，谓之变例。

[4] 然亦有史所不书，即以为义者，此盖《春秋》新意。

[5] "微而显"，文见于此，而起义在彼。

[6] 三曰"婉而成章"，曲从义训，以示大顺。

[7] 《春秋》以错文见义。

[8] 然刘子骏创通大义。

[9] 分经之年，与传之年相附，比其义类，各随而解之，名曰《经传集解》。

[10] 言《公羊》者，亦云黜周而王鲁，危行言孙，以辟当时之害，故微其文，隐其义。

[11] 若平王能祈天永命，绍开中兴；隐公能弘宣祖业，光启王室，则西周之美可寻，文武之迹不队，是故因其历数，附其行事，采周之旧，以会成王义。

[12] 子曰："如有用我者，吾其为东周乎！"此其义也。

[13] 若夫制作之文，所以章往考来，情见乎辞。言高则旨远，辞约则义微。

[14] 其经无义例，因行事而言，则传直言其归趣而已，非例也。

[15] 传之义例，总归诸凡。推变例以正褒贬，简二传而去异端，盖丘明之志也。①

---

① 孔颖达：《春秋左传正义》卷1，第12、15—19、21—25、28—29页。

例［1］讲的是《春秋》与《左传》行文有时没有直接对应的情况，"事"与"义"皆指《左传》用来解释《春秋》经文的东西。例［2］说明"发凡正例"的情况，指出五十凡例编成各种"义类"，而"类"是指各种不同类型的笔法的归类（据例［3］可知），故"义类"是指各种笔法中的经义的归类，而"发义"的"义"是指《春秋》的经义。例［3］阐述"新意变例"的要义，而"发大义"的"义"与例［2］"发义"的"义"相同，皆指《春秋》的经义。例［4］说明"归趣非例"的情况，认为经文有些内容是旧史没有记载的，而"义"是指《春秋》的经义。例［5］是"为例之情"之一，讲的是经文与《左传》的说明之间的落差，而"义"是指《春秋》的经义。例［6］亦是"为例之情"之一，讲的是经文如何委婉地表达其义，故"义训"之"义"亦是《春秋》的经义。例［7］是说剖析"错文见义"的问题，而"义"亦指经义。例［8］的"大义"与例［3］的"大义"相同，亦指《春秋》经义，而刘歆是杜预研究《左传》时借镜的前辈，故"大义"亦涉及《左传》所解的经义。例［9］的"义类"上承"经之年"和"传之年"而言，指的当是经传之义。例［10］是指《公羊》学者解释的经义。例［11］是杜预从尊周的立场而理解的"王义"。例［12］"此其义"的"其"是反对黜周王鲁而讲的，故"义"亦指经义。例［13］的"文"、"言"和"辞"俱指《春秋》的用语，故"义微"的"义"必指经义。例［14］亦是指"归趣非例"的情况，说明"经无义例"的情况，而"义例"是包括五十凡例和"新意变例"的情况。例［15］说明《左传》的义例，大体上可以归诸五十凡例。杜预还特别提到五十凡例以外，还有"推变例"和"简二传"的情况。

总结上述的说明，《春秋经传集解序》的"义"主要是指《春秋》的经义，有时也涉及《左传》的解释而合经传而言"义"，但没有一例是"出自周公"。至于"义例"，杜预明言"发传之体有三"，孔疏：

"上文发凡正例、新意变例、归趣非例是也。"① 其中，只有"发凡正例"与周公相关，即五十凡例。然而，五十凡例不等于"义例"。皮锡瑞"周公时已有义例"的指责，是不准确的。有关凡例的性质，下文另有说明，不赘。《春秋经传集解序》的"义例"是杜预归纳《左传》的解经原则。除五十凡例外，还有"新意变例"和"归趣非例"两种情况，与周公没有任何关系，反倒是与《公羊》《穀梁》的观点有所相通。

由于杜预未尝说过"义"是"出自周公"或"周公时已有义例"，没有理由认为他故意隐瞒"不便于己说"的证据。《春秋经传集解序》引用《离娄下》也没有涉及"其事""其文""其义"的部分，原因不明，但如上所述，杜预本是讲述"各有国史"的问题，引文"不全"也不妨论述。从序中引用的"义"可知，杜预也承认《春秋》有经义，而且不是五十凡例所能穷尽，岂能说他因此"讳而不言"？还有，皮锡瑞以《离娄下》没有提及"义例"，作为"周公时已有义例"的反证，也有疑义不尽之处。孟子只说"其事""其文""其义"之别，不曾自述他的话已穷尽孔子作《春秋》所有的写作纪录，究竟《春秋》写作过程中有没有周公的影响？原则上不是孟子解说的重点，故《离娄下》不可能用来证成或驳斥"周公时已有义例"。

三、小结

在孔子作《春秋》之时，尚无经史之殊。随着四部分类的出现，《春秋》作为《五经》之一，它和三传一直被列为经部著作。这都是图书分类的意义，与经传作者的写作想法没有直接的关系。无论是《春秋》抑或三传，其作者大概也没有预见"经"与"史"的分拆。然而，皮锡瑞相信"经"与"史"的分拆，是从孔子写作《春秋》之时已经

---

① 孔颖达：《春秋左传正义》卷1，第18页。

存在的。以此,"经史之分"已被转化为独尊"今文说"且排斥异说的有效工具。坚持"经史之分"作为贬抑异己的工具,只能反映其人的派性立场,不宜以学术深度言之。以此强求他人信从,恐无是理。

对《孟子》的理解,杜预的理解未必有什么大错。《孟子》所载的"取之",不是创立义,鲁史亦有"义",皮锡瑞对杜预的诘难,亦嫌过苛。可以说,这方面的批判意见,与"经史之分"一样,仅是一个只有思想史意义的构想,已无继续沿用的必要。

第二节 五十凡例的问题

杜预《春秋经传集解序》相信《左传》具有足够丰硕的解经意见,而皮锡瑞却因"经史之分"而亟欲否定其说。其中,五十凡例的问题尤其需要深入探究。

一、杜序所引起的质疑

皮锡瑞第一个批判意见,涉及凡例的认识:

(一) 对杜序的评论

杜预《春秋经传集解序》云:"其发凡以言例,皆经国之常制,周公之垂法,史书之旧章。"《春秋左传正义》云:"今案《周礼》竟无凡例。"[①]

皮锡瑞《经学通论》批判说:"是孔颖达已疑其说,特以疏不驳注,

---

① 孔颖达:《春秋左传正义》卷1,第14—15页。

不得不强为傅会耳。"又说："《周礼》虽有史官，未言史有凡例。"①

（二）辨证

1. 引《正义》之文不全

套用"引《孟子》之文不全"的话，皮锡瑞仅录"今案《周礼》竟无凡例"一句，其余从略，实是"引《正义》之文不全"。《左传》孔疏："然凡是周公之礼经，<u>今案《周礼》竟无凡例</u>，为当礼外别自有凡，为当凡在礼内。今者所据，礼内有凡。知者，案《周礼·大宰职》于'八法'之内有'官成'、'官法'，郑众注云'官成者，谓官府之有成事品式。官法者，谓职所主之法度'。然则此凡者是史官之策书成事法式也。"②

通读以上引文，可以发现皮氏除画有底线的部分以外，其余皆未讨论，以致其对"孔颖达已疑其说"的判断是相当片面的。孔疏之所以说"《周礼》竟无凡例"，不是真的要在《周礼》中寻找凡例。所有《左传》研究者都会知道，五十凡例展卷即见，不烦寻觅，因为它们皆是《左传》之文，而五十凡例之说，不过是杜预所引录的传文，它们的共同点是以"凡"叙述的某种通则，如《左》庄十九年传"凡物不为灾不书"之类。③ 因为凡例已载于《左传》，而《周礼》又是另一本不同性质、不同体例、不同内容的作品，再傻的读者也不致翻阅《周礼》寻找凡例。因此孔疏"竟无凡例"之言，不是真的找不到"凡例"而产生什么困惑。

须知道，杜预说《左传》言"凡"之例都是"经国之常制，周公之垂法，史书之旧章"，故其涵盖的不可能仅是《春秋》经文，而《周礼》既被视作周公的作品，自然成为审视杜氏之说的一个依据。在《周

---

① 皮锡瑞：《经学通论》卷5，第369页。
② 孔颖达：《春秋左传正义》卷1，第15页。
③ 孔颖达：《春秋左传正义》卷10，第293页。

礼》中寻找的依据，不是凡例的内容，而是有什么记载可以印证凡例的存在。按孔疏之见，答案显而易见："礼外别自有凡"者，是指《左传》纪录的五十凡例；"凡在礼内"者，则是《大宰职》"官成""官法"的记载。不难看见，"《周礼》竟无凡例"之说，不过是孔疏展开自问自答的序幕。只要不是心存偏见的话，单就字面意义来看，实在难以找到孔疏碍于"疏不驳注"的限制而"不得不强为傅会"的委屈表现。孔疏已能回答自己展开的问题，而皮锡瑞又不能找到其他史料说明孔颖达的心理状况，却断定"已疑其说"，实嫌武断。假若不是单看"今案《周礼》竟无凡例"，而是综合考察孔疏整段文字，完全有可能得出更周延的结论。

2. 从《周礼》印证凡例

杜预说"发凡以言例"是"经国之常制，周公之垂法，史书之旧章"，原则上，这不是专指史官之事，如孔疏之言，"以诸所发凡皆是国之大典，非独经文之例。"① 因此，要在《周礼》寻找凡例的旁证，重点不仅是看史官有没有凡例。皮锡瑞以"未言史有凡例"驳斥杜预，不得要领。在《周礼》书中，言"凡"的各种规则，多不胜数。在叙事上，除了孔疏所引《大宰职》的"官成""官法"外，通常学者还会注意《周礼·天官·宰夫职》以下的记载："二曰师，掌官成以治凡。三曰司，掌官法以治目。"② 对此，叶梦得《春秋考》有所申述："古之为书者，皆有凡有目。凡者，其略也。目者，其详也。其设官，则尊者治其略，卑者治其详。故《周官》有官府之八职，师掌官成以治凡，司掌官法以治目，未有一官而无副贰者也。以大史、小史推之，大史言掌建邦之六典，而小史言掌邦国之志，则大史宜尊而治凡，小史宜卑而治

---

① 孔颖达：《春秋左传正义》卷1，第14页。
② 贾公彦：《周礼注疏》卷3，第65页。

目，二者更相备也。"①

"凡"与"目"的对举，显示了周室有不同程度的叙事方式。不能说这种想法是古文经学特有的内容，因其在《公羊》中体现至为明显。僖五年经："秋，八月，诸侯盟于首戴。"《公羊》云："诸侯何以不序？一事而再见者，前目而后凡也。"② 在此之前，僖五年亦有"公及齐侯、宋公、陈侯、卫侯、郑伯、许男、曹伯会王世子于首戴"的经文，其中已列举八个诸侯是什么人，故《公羊》认为经文记载八月之会不必序列细目，只需总括大旨而言"诸侯"即可。对"凡"与"目"的理解，《公羊》无疑有别于《周礼》，但不管如何，"凡"作为一种相对于"目"的总括性笔法，大概是周人通用的理念，至少《公羊》也是这样沿用的，故有明文述及。

《周礼》对"凡"的记载，无疑是相当零碎和间接的，但对于印证杜预"发凡以言例"的理念来说，还是有些佐证的作用。须知道，《左传》言"凡"本已载有"礼经"之说。《左》隐七年传："滕侯卒。不书名，未同盟也。凡诸侯同盟，于是称名，故薨则赴以名，告终、称嗣也，以继好息民，谓之礼经。"③ 这是《左传》言"凡"的第一则，其以"礼经"言之，意味着凡例不仅是专就礼经而言，而是承自周礼的规定。在《左传》书中的"礼"，如无特别交代，基本上都是周礼。然则，周礼是怎么来的？《左传》明言这是来自周公。且看以下二例：

[1]《左》文十八年传："先君周公制《周礼》曰：'则以观德，德以处事，事以度功，功以食民。'"

[2]《左》哀十一年传："且子季孙若欲行而法，则周公之典

---

① 叶梦得：《春秋考》卷1《统论》，见《文渊阁四库全书》第149册，上海：上海古籍出版社，1987年版，第251页。
② 徐彦：《春秋公羊传注疏》卷10，第217页。
③ 孔颖达：《春秋左传正义》卷4，第106页。

在。若欲苟而行，又何访焉？"①

例［1］是史克代季文子所答之语，而例［2］是孔子私下对冉有所说的话，二者不约而同地都提及周公制礼，并有其典供鲁国后人阅览。认为周公是周礼的创始人，不仅是《左传》的一家私言，许多典籍也有旁证：

［3］《尚书大传》云："六年制礼作乐"；
［4］《礼记·明堂位》云："六年，朝诸侯于明堂，制礼作乐，颁度量，而天下大服。"
［5］《逸周书·明堂解》云："周公摄政君天下，弭乱六年而天下大治……制礼作乐，颁度量，而天下大服。"②

例［3］、［4］、［5］的这些说法，与《左传》内容相通，同样记述周公制礼作乐，故周礼渊源自周公，是绝大多数儒者都不会质疑的事实。杜预也是这么理解，而《左传》又在凡例之首明言"礼经"，在他看来，这已表明凡例与周公的密切关系，而且《左传》的凡例扎根于周礼，故《释例·终篇》云："丘明之传有称周礼以正常者，诸称凡以发例者是也。"③既然《左传》在周礼中可以找到其思想源头，二者的关系已经足够清晰，所以对于那些想继续申述二者关系的人来说，只要在《周礼》找到言"凡"之处似乎便足够了，因为这已表明凡例不是《左传》单方面的说法，在《周礼》也有蛛丝马迹可寻。

非常重要的一点，就是这些蛛丝马迹在论证上的作用，充其量只能

---

① 孔颖达：《春秋左传正义》卷20，第576页；卷58，第1662页。
② 孔颖达：《尚书正义》卷14，第358页。孔颖达：《礼记正义》卷31，第934页。黄怀信等：《逸周书汇校集注》卷6，上海：上海古籍出版社，2007年版，第710、716页。
③ 孔颖达：《春秋左传正义》卷1，第18页。

显示《左传》与《周礼》之间存在相对微弱的逻辑关系，绝非强而有力的推论。即使《周礼》有"凡"有"目"，也只能说明旧史叙述具有某些固定的成规，但它们究竟与《左传》的"凡"是什么关系？后者是什么人提出来？其实是不容易说清楚的环节。《史记·十二诸侯年表》仅说左丘明"因孔子史记具论其语"，① 此"其"当指孔子，但"其语"是否就是"凡例"之语呢？问题回到原点：孔子在多大程度上沿用旧史的内容？这部分有多少？是否都是"凡"的语句呢？难言其详。因为这样，杜氏"周公之垂法"之论，其立足点是春秋末年所见的周礼（也就是孔丘和左丘明所见的周礼）。孔子所整理的周礼体系，李若晖有一段话概述得相当准确，"并非仅仅只是一套具体的礼节仪式，而是包含礼之义、职官制度、法令规章、礼节仪式在内的一整套王朝典制。"② 这里已包含记载事件的写作原则。述其所由，儒者咸以为这是源自周公的制礼作乐。这是杜预立论的起点所在。读者固然可以不满意地追问：凡例作为周礼的一部分，究竟有什么内容是出自周公的认知和制作呢？就现存文献所得，是无可稽考，难以钩求。以凡例归诸周公，与其他周人把制礼作乐的功绩归诸周公，是同一心理结构的反映，反映其人有推尊周公之心，多于各种史实细节的检验。

从这里可以看见，认为周公作凡例，与皮锡瑞"《春秋》为后王立法"的说法一样，都是站在读者的角度上推尊自己心目中的思想偶像。二者的差别在于：杜尊周公，皮尊孔子。就论证的效果而言，其实相差不远，若要强分高下，恐怕是五十步笑百步：为杜预辩护的孔疏用以佐证周公与《左传》有关的文本是《周礼》，但记载零碎而且间接，而皮则采用纬书等材料，更是离奇荒诞，不可遵信。③ 皮锡瑞只怪责杜的不

---

① 司马迁：《史记》卷14，第648页。
② 李若晖：《不丧斯文：周秦之变德性政治论微》，上海：上海人民出版社，2019年版，第1页。
③ 参阅本书第一章，第101—107页。

足,却不反思自身也有欠缺证成己见的证据,这样只问立场而不审论证结构的思考方式,放在近代中国的知识界来看,似乎并非罕见的现象。

二、"先儒之说"平议

(一)对孔疏的评论

皮锡瑞另一个批判意见,涉及杜预与"先儒"对《春秋》的认识;其中,他特别指责杜预"夺孔子制作之功"。

《春秋左传正义》云:"先儒之说《春秋》者多矣,皆云丘明以意作传,说仲尼之经,凡与不凡,无新旧之例。"①

《经学通论》批判说:"据孔说,则杜预以前,如贾逵、服虔诸儒说《左氏》者,亦未尝以《凡例》为周公作。盖谓丘明既作传,又作凡例,本是一人所作,故无新例、旧例之别也。至杜预乃专据韩宣疑似之文,尽翻前人成案,以《左氏传》发凡五十为周公旧例。周衰史乱,多违周公之旧,仲尼稍加刊正,余皆仍旧不改。其称书、不书、先书、故书、不言、不称、书曰之类,乃为孔子新例。此杜预自谓创获,苟异先儒,而实大谬不然者也。自孟子至两汉诸儒,皆云孔子作《春秋》,无搀入周公者。及杜预之说出,乃有周公之《春秋》,有孔子之《春秋》;周公之凡例多,孔子之变例少。若此,则周公之功大,孔子之功小。以故唐时学校,尊周公为先圣,抑孔子为先师,以生民未有之圣人,不得专享太牢之祭,上可降居配享之列。《春秋》之旨晦,而孔子之道不尊,正由此等谬说启之。据《孟子》说,孔子作《春秋》,是一件绝大事业,大有关系文字。若如杜预经承旧史、史承赴告之说,止是抄录一过,并无褒贬义例,则略识文字之钞胥,皆能为之,何必孔子?即曰据事直

---

① 孔颖达:《春秋左传正义》卷1,第14页。

书、不虚美、不隐恶，则古来良史如司马迁、班固等亦优为之，何必孔子？孔子何以有'知我'、'罪我'、'其义窃取'之言？孟子何以推尊孔子作《春秋》之功，配古帝王，说得如此惊天动地？与其信杜预之说，夺孔子制作之功，以归之周公，曷若信孟子之言，尊孔子制作之功，以上继周公乎？"①

(二) 辨证

1. "先儒"≠贾逵、服虔等人

孔疏"先儒"究竟指什么人？难以确考谁人。从"苟异先儒"一语可知，皮锡瑞大概认为孔的"先儒"就是"贾逵、服虔诸儒说《左氏》者"。这是可以商酌的。杜预虽然称许刘歆、贾逵父子、许淑诸人为"先儒之美者"，②但孔疏对"先儒"的评述，是就杜预"其发凡以言例"之语而起，其中实未提及"先儒"。因此，孔的"先儒"不必等于杜的"先儒"。观孔疏之语，亦有两个反证：

（1）"皆云丘明以意作传"的"意"是指什么？很不清楚。但按史籍记载，"意"在《左传》写作的讨论中，似乎不是什么善意的措辞，《史记·十二诸侯年表》叙述《左传》写作的由来："鲁君子左丘明惧弟子人人异端各安其意，失其真"，③此"意"与"真"是对反之语，"意"大概是指妨碍事实真相认识的私意。《汉书·楚元王传》记载刘歆争立博士之语："犹欲保残守缺，挟恐见破之私意，而无从善服义之公心。"④由"私意"与"公心"并举，足见"意"在经义解释上不是什么褒辞。鉴于此，令人不免怀疑孔疏的"先儒"未必都是像贾逵、服虔那样支持《左传》的人。

---

① 皮锡瑞：《经学通论》卷5，第369—370页。
② 孔颖达：《春秋左传正义》卷1，第23页。
③ 司马迁：《史记》卷14，第648页。
④ 班固：《汉书》卷36，第1970页。

（2）"凡与不凡，无新旧之例"，上承"皆云"而来，而"说仲尼之经"的主体是指左丘明，故"无新旧之例"也是"皆云"的一部分内容；也就是说，都是"先儒"的批评意见。这似乎是冲着杜预而来。然而，孔疏的批评意见是错误的。不是别人，正是杜预，最先进行"起新旧"①的工作，明确区别周公的旧例和孔子的新例。在杜预以前，因无"新旧之例"，故可以推断提出"凡与不凡，无新旧之例"这个说法的"先儒"应该是晚于杜预，而又不同意其说的人；因晚于杜预，故"先儒"不可能包括年辈早于杜预的贾逵、服虔二人。是故，"先儒"应该是晚于杜注、早于孔疏的某些经师。是故阅读孔疏之言，仅说明杜注存在反对声音，批判杜预的解经意见不合左丘明的本意，却很难据此断定"杜预以前"的情况。

2. "苟异先儒"的批判

无疑，杜预以前的《左传》学者"未尝以《凡例》为周公作"。皮锡瑞这一认识，其实不烦深求。以周公作凡例，是杜预倡导的观点，且明确表示："预今所以为异，专修丘明之传以释经。"②这已表明他所列举的各种凡例，前人未尝提及。皮锡瑞的认识是正确的，但他不从《春秋经传集解序》而从孔疏找证据，舍近求远，莫名其妙。

皮锡瑞之所以重申杜预以前"未尝以凡例为周公作"，无非是坐实杜预的个人罪责，认为这个观点完全是他自己独承其咎，故曰"盖翻前人成案"、"自谓创获，苟异先儒"。一言以蔽之，"前人"和"先儒"不谬，谬在杜预个人。这一判断，立足于以下两点：

Ⅰ. 杜预以周公作为凡例的创始人，没有任何思想上的因袭。

---

① 孔颖达：《春秋左传正义》卷1，第16页。
② 孔颖达：《春秋左传正义》卷1，第22页。

自东汉始，托名周公的著述陡然增多，迄至魏晋时期，将古书作者归在周公名下的现象相当普遍。对这个学术现象，方韬已有深刻的剖析："随着周公作《周易》的新说出现，五经中只有《春秋》为孔子独创。而魏晋时期将古书附会周公的风气，又为杜预发明'周公制凡例'说，提供了现实的土壤。清代以来的学者多批评杜预的附会之说，但不做具体的历史考察，无疑是有所欠缺的。"① 显而易见，皮锡瑞也是"批评杜预的附会之说"的其中一人。认为周公制作是流行的时代风气，人们可以不赞同杜预迎合的做法，但不能把他与当时风气分拆看待而怪责他自逞私智。

　　Ⅱ. 前人已有"成案"，任何改动都是错误的。

　　在什么意义上可以说杜预以前已有"成案"呢？其实，杜预对过去的研究状况已有概述："古今言《左氏春秋》者多矣，今其遗文可见者十数家。大体转相祖述，进不成为错综经文以尽其变，退不守丘明之传。于丘明之传，有所不通，皆没而不说，而更肤引《公羊》《穀梁》，适足自乱。"② 按照杜预的意见，前人根本成不了"成案"，因为解读《左传》的人存在许多问题：（1）没有根据《左传》通释经文，不能"错综经文以尽其变"；（2）立言并非真正恪守《左传》；（3）没有通盘全面解读《左传》，遇到解不通的地方，就打马虎眼避而不谈；（4）有些地方援引《公羊》《穀梁》二传，自乱《左传》之义。

　　当然，杜预列举这些共同问题，不代表当时《左传》学者的所有观点皆是如出一口。杜预已自述《春秋经传集解》"特举刘、贾、许、颍之违，以见同异"。③ 此"违"意谓距离，《左》哀二十七年传杜注：

---

① 方韬：《杜预〈春秋经传集解〉研究》，第317页。
② 孔颖达：《春秋左传正义》卷1，第22页。
③ 孔颖达：《春秋左传正义》卷1，第23页。

"违，去也。"① 这是杜预对"违"的自注，最可信据。以"去"言刘、贾、许、颍四人的解经意见，已足以说明他们各有一些独特的想法，以致产生若干距离，不是同声一辞。然而，这些"同异"的存在与杜预对"十数家"的整体批评，是可以兼容的。

由于"十数家"没有留下相关的文献，现已无法一一检视相关《左传》学者的详细主张，但大略而言，杜注所言似无反证。汉儒研究《左传》的成绩，算不上完美的"成案"，后人对之怀有异见，是相当正常的学术发展。别的不说，贾逵《春秋序》便有"立素王之法"之说，②《左传》本无"素王"的概念，以"素王"为"立法"的主体则是《公羊》学者偏好的主张，可以说，贾逵完全正中杜预的批判，因为他正在"肤引《公羊》"而又"适足自乱"。治《左传》而墨守这种"自乱"之说，岂不大谬！因此，关键是如何对待"苟异先儒"。如果必以"先儒"的是非为学术的是非，那么杜预自己提出了"创获"而又"苟异先儒"，肯定是不能接受的表现。如果学术的是非不是"先儒"所垄断，那么"苟异先儒"的"创获"为何必然不能被接受？为什么《左传》学者必须沿用像贾逵"立素王之法"这种符合《公羊》多于《左传》的错误说法？皮锡瑞"苟异先儒"的批评，其论在怼怼之间，无非是迷信汉学近古而墨守其言：因为贾逵、服虔诸儒是汉儒，故宁愿相信他们，仿佛任何偏离他们的观点必然错误似的。这样惟古是尚，惟汉是从，"株守汉学而不求是者"（借用王引之对

---

① 孔颖达：《春秋左传正义》卷60，第1715页。竹添光鸿《左氏会笺》（第8页）说杜预《春秋经传集解》"以集诸家说为义，谓集刘、贾、许、颍之不违者"，这是以"不违"解杜的"违"，显然竹添以"违"作违反义，导致难以通读杜预文意，故以"不违"释"违"，其谬显明。

② 孔颖达：《春秋左传正义》卷1，第25页。有关"立素王之法"的问题，参阅本书第一章，第33—50页。

惠栋的批评语）①，无形中是鼓励盲从权威，放弃具体问题的分析。

3. 杜氏释例的得失

皮锡瑞指责杜注"大谬不然"，仅以过往没有人（尤指他所说的"自孟子至两汉诸儒"）"搀入周公"为由，实不足够。客观地说，要鉴定杜预这个观点的得失，需要对《春秋经传集解》作出全方位的深入研究，"应当从注释文献及历代的使用状况中求之，方能求得真实"②，像皮锡瑞那样诉诸"先儒"或"前人"的权威而径自否定立异者的新说，不能服人。客观地说，杜预将凡例归于周公，夹杂了主观的猜想，能找到证据也不过是少许的蛛丝马迹，远非确实无讹的验证。但也必须合理地承认，凡例作为一种解读文献的原则，至少含有三层慎重的考虑：

（1）调和经与传之间的歧异

阅读《左传》的读者，大概会发现一些凡例的提出，可能是记载在没有相应经文之上，如《左》隐十一年传："凡诸侯有命，告则书，不然则否。师出臧否，亦如之。虽及灭国，灭不告败，胜不告克，不书于策。"③ 这是解读"郑伯以虢师伐宋"一事，而它在《春秋》却无记载，故《左传》读者不能不注意的问题是：不仅是经文有什么叙事需要解释，有时候连经文没有什么叙事也得解释。因为这样，一些凡例不仅是归纳解释经文的叙事用语，有些也涵盖至经文以外之事。概括地说，有经无传、无经有传、经传歧异的现象，是解读《左传》的人无法回避的。④ 如果坚持《春秋》仅有孔子所载的思想，那么多于、少于或不对

---

① 王引之说："惠定宇先生考古虽勤，而识不高、心不细，见异于今者则从之，大都不论是非。……株守汉学而不求是者，爽然自失。"参阅《王文简公文集》卷4《与焦理堂先生书》，见《续修四库丛书》第1490册，上海：上海古籍出版社，1995年版，第392页。
② 方韬检讨今人论述南北朝《春秋经传集解》的接受史，提出了这样的见解。其实，这个观点也可以适度地扩大应用的范围，不仅杜注的其他问题，还有其他经学问题，恐怕也该采用相同的做法。参阅方韬：《杜预〈春秋经传集解〉研究》，第2页。
③ 孔颖达：《春秋左传正义》卷4，第129页。
④ 方韬：《杜预〈春秋经传集解〉研究》，第169—182页。

应于经文的传文该如何处理？假如杜预像他的批评对象一样，也是"有所不通，皆没而不说"，那么事情便简单多了，只要闪躲就是了。像皮锡瑞那样肆意攻击杜注的人，大概不会（或不愿）理解杜预这样全面发掘和区分各种旧例、新例和非例，其实是直面难关的表现。确切地说，杜预"发传之体有三"的做法，乃是把一堆不容易归于孔子的解经原则消化了，因为"发凡正例""新意变例""归趣非例"的三种设定，已意味着孔子自己提出解经意见不是全部，还有两个部分：一是非例，另一是来自周礼的旧例。先不问杜预列举各项凡例时的具体见解如何，这个三分法最大的好处是既承认《左传》有许多内容阐发《春秋》经义，而又承认一些凡例不因经文而发，或来自周礼，或不算传例。这样一来，既不用因《左传》有些内容与经文不相应而否定它是一部解经作品，又不用为了凸显《左传》解经的面貌而故意无视那些不能用来解经的内容。

因此，审视杜预以凡例归于周公的做法，是不该只看凡例在解释经文上的局限，还要注意这不失是一个努力调和经传、化解二者分歧的合理方案。例如皮锡瑞批判的"史承赴告"之说，就是从《左》隐十一年传"告则书，不然则否"之例引申触类。诚如方韬所言，"当《左传》有记而《春秋》不书时，杜预可用'不告不书'说作解，从而调和'经无传有'这对矛盾。而确定《春秋》当书未书的标准，则以《左传》案例为基准。'从告'说则是为解经经传记载抵牾这个问题。"[1] 杜预的深造自得，使他别开生面，创造出了一个独特的解经体系。皮锡瑞视《左传》为史，从根本上否定它的解经意见，对杜预这方面的贡献自然不可能看得真切了。

（2）发例释经的通行做法

当杜预尝试审定《左传》哪些内容属于"发凡正例"、哪些内容属

---

[1] 方韬：《杜预〈春秋经传集解〉研究》，第313页。

于"新意变例"、哪些内容属于"归趣非例"时,背后已有一个重要的预设,就是某些传文的观点具有高度的概括性,可能适用于其他没有发传的经文。因此,当杜预强调凡例是"经国之常制,周公之垂法,史书之旧章",已意味着它们适用于各个领域,由国家制度到史书叙述方式,都可能与之相关。按照这一精神审理经传,凡例的觅得、归纳、辨析,同时也是拷问哪些经文与之匹配。就诠释经传的进路而言,这完全是体现"属辞比事"①的做法,很难说有何失误。在此附带一提,这种寻觅传文以求通例的做法,不是杜预或《左传》独有,《公》《穀》学者莫不皆然。信手拈来,即见一斑,以下姑举二例:

[1]《公羊》隐十一年传:"《春秋》君弑贼不讨,不书葬,以为无臣子也。"何诂:"道《春秋》通例。"

[2]《穀梁》隐元年传:"大夫日卒,正也;不日卒,恶也。"钟文烝《春秋穀梁经传补注》云:"此传发通例也。"②

三传皆无"通例"二字,《公》《穀》亦然,但何休和钟文烝同样是以"通例"称相关传文,背后的理念是相通的,就是认定相关的传文可以适用于《春秋》其他经义的解释。杜预无论是凡例抑或变例,也是相同的做法,差别不过是他为了化解一些不适用于解经的传文,而将之推托于周公。皮锡瑞不断强调杜预解经的独特性,却看不见他与别的经师也有相似之处,非通达之解。

(3) 经传高于注疏的诠释立场

杜预认为凡例绍承"周公之志",这是遵奉《左传》的策略,而他

---

① 孔颖达:《礼记正义》卷50,第1368页。
② 徐彦:《春秋公羊传注疏》卷3,第65页。钟文烝:《春秋穀梁经传补注》卷1,北京:中华书局,1996年版,第17页。

从未拿其他文本（包括《周礼》在内）凌驾在经传之上。五十凡例无论有什么争议性，但它们皆是来自《左传》，对它们的归纳，与变例、非例并言，自始至终是围绕着经传而言，绝非拿经传以外的其他说法来指导经传的解读。这一点至关重要，许多学者什么批判都是给杜预为难，唯独不肯正面论及这一点，甚为可怪。真正尊重经典，是直面它说了什么。其他文本再权威，哪怕号称诠释它的注疏，其权威也不可能高于它。金景芳《经学概论》说的就是这个意思："余谓学者须以经为主；经意不憭，乃求之注疏；得其解后，仍反证之经，无碍乃已。不得执末师之说，便谓经意如是也。"① 此说最为通达。经传高于注疏，自古皆然，明明白白，一语破的。杜预申述"发凡正例""新意变例""归趣非例"之说，其所"反证"的是经传，而非"求之注疏"。相反，像皮锡瑞所颂扬的"为汉制法"之说，所仰赖的是纬书或像何休、王充等汉儒的观点，没能从《春秋》和《公羊》找到直接的证据，其弊十分明显。② 这不就是"执末师之说，便谓经意如是"的表现吗？以此对比恪守经传的杜注，谁高谁低，不是很清楚吗？

4. 周公与孔子（上）

除了"苟异先儒"的责难外，皮锡瑞还认为杜预区别新例、旧例（即凡例、变例）等做法，寓有扬周公、抑孔子之意，但认真检视的话，便会发现他的论述严重失实：

（1）在孔子之《春秋》以外，没有"周公之《春秋》"

皮锡瑞怪责杜注"搀入周公"，导致"有周公之《春秋》，有孔子之《春秋》"。这个问题，要分开两个层面来说：

其一，两本《春秋》的认识，也是二传的共同认识。《公羊》言

---

① 金景芳：《经学概论》，见《金景芳全集》第 6 册，上海：上海古籍出版社，2015 年版，第 2795—2796 页。
② 参阅本书第一章，第 93—126 页。

"不修春秋",《穀梁》言"从史文"。杜预"旧史"之说,与之大体相同。

其二,杜预只说"盖周公之志,仲尼从而明之",何尝说过周公有一部《春秋》呢?后世读者也未尝因杜注而误会多了一部"周公之《春秋》",如萧楚《春秋辨疑》云:"夫未修之《春秋》,可谓周公之法;既修之《春秋》,则仲尼之笔也。"① 这是检视杜预的观点,但其中只言"周公之法",并未把《春秋》的著作权归诸周公。无论如何,杜预不曾在"孔子之《春秋》"以外另谈"周公之《春秋》",后世读者也没有这样的误解,皮锡瑞的批评是无的放矢。

(2) 凡例虽多,但不是全部都能用来解经

再次重申,以凡例归于周公,主要是为了解释一些不能用来解读经文的通则。一些凡例的提出,与经文毫无关系,如《左》庄二十九年传:"凡马日中而出,日中而入。"又云:"凡土功,龙见而毕务,戒事也。火见而致用,水昏正而栽,日至而毕。"② 经中无"马"字,亦未详载土功的安排,它们都不是用来解经的凡例。杜预据以释经的,仅是凡例的一部分,而非全部。对此,方韬已有明确的解说:"凡例解经的前提是凡例所述与经文的内容接榫。若凡例与经文毫不相涉,则无经可解。"③ 皮锡瑞徒见"周公之凡例多",却不审一些凡例没能释经的实况,其为皮相之见,一目了然。

(3) 变例不少,孔子的贡献未被抹杀

依《经学通论》之论,杜预仿佛漫无差别,概以周公凡例述之。究其实,在凡例以外,杜预解说的变例甚多,据方韬的归纳,计有:

[1]《春秋经传集解序》的变例 7 种:书例、不书例、先书例、改

---

① 萧楚:《春秋辨疑》卷1,第111页。
② 孔颖达:《春秋左传正义》卷10,第292—294页。
③ 方韬:《杜预〈春秋经传集解〉研究》,第200页。

书例、不言例、不称例、书曰例。

[2] 归纳新条例 11 种：诸侯出奔例、行人例、杀大夫不称名例、大夫与公侯会盟例、即位例、公不与小敛故不书日例、夫人薨不书葬例、书朔日例、诸侯女适大夫称字例、获例、葬小君例。

[3] 杂例 2 种：追书例、称例。

[4] 凡例 9 种、变例之外的诸例：告朔朝正例、附庸称名例、国讨例、天子大夫称字例、东道国亦与盟例、赐族例、字例、诸侯书葬例、诸侯相朝例。①

以上 29 例，都是杜预解读《左传》时使用的，故"孔子之变例少"其实只能理解为相对于五十凡例为较少，在实际数字上不能算"少"。凡例与变例，各有重要性，不可执此而非彼。真要衡量的话，说不定变例在杜注中还显得重要些，方韬已经指出，"与凡例相比，杜氏以为变例更注重释经文中的褒贬大义。"② 只要不存偏见的话，便该注意杜预归纳变例之举，使经义的认识因而邃密深沉，很难认为这是寓有贬抑孔子之意。

(4) 例的多少不决定功的大小

皮锡瑞认定杜预主张"周公之凡例多，孔子之变例少"，由此推断杜预拿周公贬抑孔子，故曰"周公之功大，孔子之功小"。上述 (1)、(2)、(3) 已显示，"周公之《春秋》"既不正确，而杜预也未尝因"例"之多少而认定周公的"功"比孔子更大。皮锡瑞这一推论只能反映他对杜预心存误解，整个立论的大前提都不能成立。

5. 周公与孔子（下）

皮锡瑞说"唐时学校，尊周公为先圣，抑孔子为先师"，这一说法过于简单。其实，唐初官方对孔子的称呼出现了以下变化：

---

① 方韬：《杜预〈春秋经传集解〉研究》，第 201—220 页。
② 方韬：《杜预〈春秋经传集解〉研究》，第 202 页。

（1）武德二年（619），唐高祖下令在国子学立周公庙和孔子庙，以周公为"先圣"，孔子为"先师"，而以孔子配享周公。

（2）贞观六年（632），唐太宗废除周公庙，以孔子为"先圣"，颜渊为"先师"。

（3）永徽六年（655），唐高宗改从高祖之制，下令以周公为"先圣"，孔子为"先师"。

（4）显庆二年（657），长孙无忌等大臣集议，推翻永徽之制，孔子恢复"先圣"的称号，自此孔子变成唯一的"先圣"。①

以上，说明唐代尊周公、抑孔子的时间，不过是高祖至太宗初的14年和高宗由永徽至显庆的2年，这16年对比于唐代享国的289年，仅是极短的时间。孔子地位为何有三次变化，需要唐史专家探究，但这已反映对如何定性孔子，三代皇帝当时还在探索阶段，如朱维铮所言，"他们尽管在命人统一经义，自己却对孔子没有统一认识，于是出现了祖孙三人各拿个人主观的孔子来强迫太学生们崇奉的趣剧。"② 皮锡瑞以"唐时"泛言"尊周公为先圣，抑孔子为先师"之事，既没交代唐初政策的变化，又没有指出孔子自显庆二年后已确立独尊的地位，一叶障目，阙失良多。

最可注意者，皮锡瑞援引唐时典故，拿来对照的是孟子尊孔子作《春秋》之事，其中提及"配古帝王"，隐然怪责唐人受杜预"此等谬说"的影响，不知道孔子应享有像王者一样的尊位。然而，唐高宗追封孔子为隆道公，到了开元二十七年，则追谥为文宣王。这是儒学发展史的重要一页，朱鸿林解释说："这个称号有很大的意涵。孔子作为王者之后，他的塑像就不能穿普通人的衣服。它穿戴的是要有冠有冕的王者袍服，十分讲究。因为孔子封王，孔门弟子也被给予封爵。颜回被封为

---

① 朱维铮：《走出中世纪》，上海：上海人民出版社，1987年版，第224—225页。
② 朱维铮：《走出中世纪》，第225页。

公，十哲之中九人被封侯，七十二子中六十七人被封伯。他们有了这些封号，衣冠也不一样了。可以想象，整个孔庙充满了帝王殿廷的气派。"① 由此可见，孔子在唐代不只"配古帝王"，且是实实在在地被封为王，相信他应该比照帝王来看待。皮锡瑞只说唐时"抑孔子为先师"而不知其为文宣王的风光，亦是以偏概全，窥一斑而未见全豹。

仅以唐高祖和唐高宗两次奉周公为"先圣"的短暂做法而论，实在看不出这是受到杜预的影响。反倒是杜注被正式列入《五经正义》之时，唐太宗允许孔子独称先圣，周公只配享成王，岂能说杜预之说盛行便造成"孔子之道不尊"？周、孔从并尊到分家，乃至孔门弟子亦得以从祀的历史，处处见证唐人尊孔的态度。就现存文献而言，没有证据足以说明唐人有什么做法真的产生了贬抑"孔子之道不尊"的恶劣影响。远的不说，外族君长如耶律阿保机，继唐亡立国，即诏建孔子庙并亲赴祭奠②，何来"不尊"之有？更不用追究责怪到杜预头上了。

回顾过去的崇圣史，益可证明皮锡瑞断言唐时"孔子之道不尊"，并说这是杜注导致"《春秋》之旨晦"的结果，诚乃虚言。什么才算是"《春秋》之旨晦"？《唐六典》明列"正经有九"，其中就有《公羊》《穀梁》这两本"小经"③，当时学习《春秋》的人不独杜预的"谬说"而已。二传与《左传》同样具有"正经"的地位，为何三传并列学官还算是"晦"？反正《春秋》之旨"是任随皮锡瑞界定的东西，只要看不见他所偏好的《公羊》何诂尚未独尊，他便可以随意抒发"晦"的感慨，但对其他不同想法的人而言，似乎也没有继续讨论的必要。

6. 援《孟》评杜之非

皮锡瑞攻击杜注的另一依据，是《孟子》有关孔子作《春秋》的记

---

① 朱鸿林：《儒者从祀孔庙的学术与政治问题》，见《孔庙从祀与乡约》，北京：三联书店，2015年版，第5页。
② 林鹄：《南望：辽前期政治史》，北京：三联书店，2018年版，第33—34页。
③ 李林甫等：《唐六典》卷2，北京：中华书局，1962年版，第45页。

载。有关他对《孟子》相关文句的误读，本书将有深入的剖析①，在此仅指出两点，显示皮锡瑞援《孟》评杜之非：

(1) 杜预也讲褒贬，未尝鼓吹"抄录一过"

《孟子·离娄下》的"其事""其文""其义"的"其"皆是指代鲁之《春秋》，而"其义"则以"窃取之"，是说明孔子自己要从鲁《春秋》取得"义"。这里，显示孟子认为孔子在叙事之余，也讲究思想性的表现。皮锡瑞再三"何必孔子"质问杜预，并以司马迁、班固等"良史"作对比，就是预设杜预没有看见经文中的思想观点，仅把《春秋》视作没有思想的史书。

前已述及，杜预"因鲁史策书成文"之说，不等于"抄录一过"。孔子作《春秋》有些内容抄录史文，三传都能找到相关的证据。此外，杜预也讲求褒贬，无论是五十凡例，抑或孔子的变例，都是可以寓有褒贬的，故曰"据旧例而发义，指行事以正褒贬"②。这不是看重义，是什么！这不是讲究褒贬，是什么！

按照杜预的理解，《春秋》有些内容因袭旧史，也有些内容寓有褒贬。这是兼顾史实性和思想性两方面的诉求，而从"仲尼从而修之，以成一经之通体"之言③，足证杜预视《春秋》为"经"，哪是将之等同于没有思想的史书？完全没有理由认为杜预只知"抄录"而不知"义"。皮锡瑞以"并无褒贬义例"反诘杜预，无中生有，莫名其妙。因此，问题并非杜预不知"经史之分"，而是皮锡瑞透过"经"与"史"的分拆，误会杜预对《春秋》的理解仅限于"史"而不知"经"。

(2) 杜预未尝"夺孔子制作之功，以归之周公"

《孟子·滕文公下》"知我""罪我"之言，说的是孔子预期后人对

---

① 参阅本书第三章，第223—242页。
② 孔颖达：《春秋左传正义》卷1，第15页。
③ 孔颖达：《春秋左传正义》卷1，第14页。

他的褒贬离不开《春秋》，未尝自言"制作之功"。杜预以五十凡例归于周公，而不曾否定孔子的贡献。不能把杜的"从而修之"的"修"与孟子的"作《春秋》"的"作"视作冰炭不容的对立物。孟子言"作"，但也强调《春秋》承袭旧史的渊源；而杜预言"修"，但也认为变例是孔子的设定。换言之，孟、杜二人同样认为《春秋》既有史实性，又有思想性。杜预不是背弃孟子的叛徒：孟子从未以"制作之功"言《春秋》，而杜预也没有说"制作之功"归周公独有。皮锡瑞指责杜预"夺"了孔子的"制作之功"，极不妥当。

如上所述，杜预的主要关怀是调和《春秋》和《左传》，而他强调《春秋》上承周公的进路，不过是为了消化一些无助于解经的内容。强调《春秋》与旧史的因革关系，就杜预的历史认识而言，不失为相对谨慎的做法。对此，苏洵有相近的说法："仲尼惧后世以是为圣人之私言，故因赴告策书以修《春秋》，旌善而惩恶，此经之道也；犹惧后世以为己之臆断，故本《周礼》以为凡，此经之法也。"① 这个说法，多多少少是从杜预转手而来。无论是赴告策书抑或言凡发例，都是具有历史渊源的做法，非孔子个人揣测妄参。皮锡瑞之所以不能接受杜预之说，在很大程度上缘于此，因为他心目中的孔子是像老子、释迦一样的创教先圣，不像杜预那样注重孔子与以前历史的传承关系。

在此必须指出，杜预与皮锡瑞的分歧，不该理解为不同信念的选择。在杜预心目中，周公与孔子是二而为一的关系，而他所解读的《左传》包含一些与经文不直接对应的内容，所以他有必要思考如何化解各种貌似不协调的疑难。公平地说，他的新说实非小言破道，而是出于理

---

① 苏洵：《嘉佑集》卷9《史论上》，见《文渊阁四库全书》第1104册，上海：上海古籍出版社，1987年版，第904页。对苏洵文章的批评意见，参阅汤斌：《汤子遗书》卷6《二十一史论》，见《文渊阁四库全书》第1312册，上海：上海古籍出版社，1987年版，第546页。

性和证据的考虑，方才出现"回归先秦《春秋》观的结果"。① 相反，皮锡瑞讲的却是信念的取选，在"信杜预之说"与"信孟子之言"二者之间，他鼓励读者选择后者而非前者，理由无非是"尊孔子制作之功，以上继周公"比"夺孔子制作之功，以归之周公"更可欲。

　　如果可欲与否纯粹是个人的主观偏好，那么读者有什么选择也该任随自选；但如果这样的选择是来自于不正确的事实认知，则很难让人信服。杜预不是夺功者，尽管他不提及"制作之功"，但他却是既"尊孔子"又"上继周公"。故以上选项的设定，从摆设之初已是带有偏见的。周公、孔子，同属杜序推许之圣。皮锡瑞以"夺孔子制作之功"加罪于杜预，过从其刻，亦异于罪疑惟轻之忠厚。

　　事实上，皮锡瑞所言亦有虚饰不尽由衷之处：其言孔子作《春秋》，本与周公无涉；而他偏又称孔子"上继周公"，此"上继"究竟是指什么？这一点，在其论述中阐述得不充分。在此允许大胆地推测，这大概可能是鉴于周公与孔子在历史上长期同在圣人之列，真把周公完全撇开是许多儒者难以接受的做法，容易引起儒林公愤，故皮锡瑞遂以"上继"这种不具备切实内容的词语含糊了事，至少可杜群儒之口。然而，在他的经学构想中，"上继周公"不具有理论意义上的重要性。就皮锡瑞自己而言，因为一神宗教的构想，孔子已被构想为《六经》的唯一作者，没有其他；故在《经学通论》全书中，周公从来也不是真正有意义的源头。

三、陆淳与柳宗元的反对意见

　　皮锡瑞第三个批判意见，援引了陆淳和柳宗元批判杜预的说法。

---

① 方韬：《杜预〈春秋经传集解〉研究》，第163页。

(一) 对陆淳、柳宗元的评论

陆淳《春秋集传纂例》驳杜预之说曰:"杜预云:'凡例皆周公旧典礼经。'按其传例云:'弑君称君,君无道也;称臣,臣之罪也。'然则周公先设弑君之义乎?又云:'大用师曰灭,弗地曰入。'又周公先设相灭之义乎?又云:'诸侯同盟,薨则赴以名',又是周公令称先君之名以告邻国乎?虽夷狄之人,不应至此也。"①

《经学通论》解读说:"陆淳所引后一条,即《左氏》所谓礼经,杜预所谓常例。陆驳诘明快,不知杜预何以解之?祖杜预者又何以解之?柳宗元亦曰:'杜预谓例为周公之常法,曾不知侵、伐、入、灭之例,周之盛时,不应预立其法。'与陆氏第二条说同。"②

(二) 辨证

1. 杜预论证的要点

从陆淳两言"周公先设"、一言"周公令称"之问,足见他认为杜预主张周公设计了五十凡例。之所以有这样的疑问,大概是由于《春秋经传集解序》云:"其发凡以言例,皆经国之常制,周公之垂法,史书之旧章。"③ 这一句话必须谨慎地解读,在此申述两个要点:

(1) "垂法"不蕴涵周公已规定了凡例所有的内容

"周公之垂法"一语,显示杜预是以凡例归于周公。但要注意,"垂

---

① 陆淳:《春秋集传纂例》卷 1,见《文渊阁四库全书》第 146 册,上海:上海古籍出版社,1987 年版,第 385 页。最后两句,《纂例》原作"周以讳事神,不应有此也",但翻查卓尔康《春秋辩义》作"虽夷狄之人,不应至此也"(参阅《春秋辩义》卷首 3,见《文渊阁四库全书》第 170 册,上海:上海古籍出版社,1987 年版,第 204 页),鉴于文渊阁四库本常有删略"夷狄"的做法,而《辩义》引录《纂例》之言,似属原本存真的记载,加上《经学通论》(卷 5,第 370 页)亦作"虽夷狄之人",故不取"周以讳事神"。

② 皮锡瑞:《经学通论》卷 5,第 370 页。

③ 孔颖达:《春秋左传正义》卷 1,第 14 页。

法"不是说凡例所有的内容都是出自周公的安排。对"垂法"的含义,杜预《春秋经传集解序》有一个不能忽略的内证:"是故因其历数,附其行事,采周之旧,以会成王义,垂法将来。"孔疏:"虽据鲁史为文,足成王者之义也。以其'会成王义',故得'垂法将来',将使天子法而用之,非独遗将来诸侯也。"① 此"垂法"与"会成"对举为义,"会成"意谓凑足成全,而"垂法"则相当于悬垂榜样。"王义"和"将来"都不是《春秋》写作之时已存在的现实,故《春秋》记载的"行事"也仅是存在于诸侯分裂治权的历史,而"周之旧"相对于"王义"和"将来",不过是过去历史的存在,难以涵盖将来庞大帝国的诸多状况,而孔疏显然意识到《春秋》的"行事"对未来仅有榜样示范的作用,故以"天子法"与"将来诸侯"对比说明。由此可见,"垂法将来"不是把所有后人要做的事情都预先规定了。以此例彼,"周公之垂法"的"垂法"既不需要理解为周公把凡例预先安排了所有内容,也不必认定周公已有全盘想好后来发生了什么事情。简单地说,就是没有事先严格立法的意味。

(2) 重点是凡例属于周礼的一部分

"经国之常制,周公之垂法,史书之旧章"三句连言,系于"皆"后,反映这三句话是用形容"发凡以言例"的性质。"经国之常制"意谓周礼的政治安排,"史书之旧章"意谓周礼规定的述史方式,二者皆是周礼的内容,而"周公之垂法"当然也不是独立于周礼的存在。如上所述,杜预把凡例追溯到周公,既受到汉晋尊周公的风气影响,也是因为第一则凡例称为"礼经"。从《左传》的视角出发,"礼经"必与"周公之典"相关,故"周公之典"与"周公之垂法"其实是相差无几:前者是总而言之,遍及周代礼乐;后者是专而言之,是特指《左传》记载的凡例。二者是整体与部分的关系。因此,不能撇开周礼而孤立地说周公作凡例。杜预认为凡例出自周公,主要因为他把凡例视为周

---

① 孔颖达:《春秋左传正义》卷1,第28—29页。

礼的一部分。其中的推论是：

  P—M 凡例是周礼的一部分；
  M—S 周礼是源自周公垂法；
  S—P 故凡例是源自周公垂法。

  在此，"周礼"（M）是整个推论的中介环节，绝不能予以抽离。"周礼"的先存，导致杜预把凡例与周公（P—M）合起来说。必不可少的是，凡例属于周礼的一部分。假如不是如此，杜预也不会将之追溯至周公头上。
  认识（1）和（2）两点，可以排除以下一个举证责任：不必因为"周公之垂法"一语而要求杜预陈述周公作凡例的过程细节。周公作为凡例的创始者，只是在相对宽松的意义上言说。其中，究竟周公如何写凡例？是否全部都是经过他亲自审理？实非杜预设想之内的事情。这跟后人推尊周公制礼作乐一样，留传到后世的周代礼乐是否每一项都是经过周公的制作，谁能保证？儒者不因此质疑周礼与周公的关系，岂能算是错误？确切地说，把某部著作归于某个伟大人物，是否都需要找到相关写作过程的证据方能如此？倒是未必。像《周礼》《仪礼》这些号称出自周公的作品一样，其实也不是真正要求周公作为其书所有内容的设定者。即使书中有些春秋战国时的东西，也不是什么可怪的现象，因为这里的重点往往在于：其书的主要内容是否记述周代礼乐，而非追问周公如何写作它们。当论者声称某书出自周公之手，实际上是主张其书寓有周公制礼作乐的构想在内。就这一点，过常宝已有中肯的解说："西周的基本礼仪精神出于周公，而《周礼》《仪礼》等书，不过是反映了周礼的精神，并加以发挥、完善的结果。"[①] 同样的道理，凡例是周礼的

[①] 过常宝：《制礼作乐与西周文献的生成》，北京：中国社会科学出版社，2015年版，第43页。

一部分，反映的是周礼的精神，要否弃凡例与周公的关系，就需要先检视或修正周公制礼作乐的传统说法。然而，这是许多儒者也不会触犯的禁忌。无论如何，杜预因周礼而认为凡例出自周公，首要的是不要松动它与周礼的关系；至于周公写作过程的举证，则是次要的。这是仲裁陆淳评杜的重要判准。

2. 陆淳批评的失当

很明显，陆淳不致看不见周礼的重要性，故他也说杜预云"凡例皆周公旧典礼经"，但杜预只说"韩子所见，盖周之旧典礼经也"。此"所见"据《左》昭二年传"韩宣子适鲁，见《易象》与《鲁春秋》"的记载①，是指《易象》与《鲁春秋》，而杜预估计这两本书是"周之旧典礼经"，但也没有把话说死，故以"盖"言之，足见矜慎。陆淳以"凡例皆周公旧典礼经"指责杜预，易"盖"为"皆"，把原来杜预没有说死的话说死了，而且主语由"《易象》与《鲁春秋》"变为"凡例"，岂合杜预的原意？由"周之旧典礼经"转换为"周公旧典礼经"，一字之差，却是不能接受的改动，因《易象》肯定算不到周公头上。

撇开改易引文的问题，陆淳以"周公旧典礼经"为言，质疑周公不可能具有凡例所载的各种政治关怀。诸如"先设弑君之义""先设相灭之义""令称先君之名以告邻国"，他都不相信是出自周公之手。这方面的举证工作，换了杜预复生，也不可能完满地做到：谁有充足的材料说明周公生前是否已思考如何称呼弑君者、该如何叙述诸侯相灭、该如何记载同盟时出现诸侯死亡等问题？当然，陆淳提出这样的怀疑，其实也是臆想居多，无非是立足于周公为圣人的历史想象：因为认定周初必无弑君、相灭等乱事，故断言周公也不致这么预想。如果说，杜预被指责没有足够证据说明周公说过凡例的内容，那么陆淳的质疑也不是严格地以史实为根据。在周公写作了什么的问题上，双方同样没有史料确定

---

① 孔颖达：《春秋左传正义》卷42，第1172页。

的、无可动摇的基点。

最可注意者，杜预原来的重点是放在周礼之上，因周礼而言周公，但陆淳不关注周礼在论证上的先在性，而是责备杜预没有交代周公如何认知相关凡例的内容。如上所述，杜预对"周公之垂法"的理解本非设想为严格立法的含义。凡例与周礼一例，除了上溯周公以外，也未必不能兼容周人对之作出进一步的补充。因此，弑君、相灭诸事究竟是否全部经过周公首肯，是相对的不重要。更重要的是，规限它们的凡例在孔子以前已经存在，而凡例则是属于周礼的一部分。杜预对凡例的构想，最不能放弃的核心内容是凡例与周礼的关系。倘说陆淳要求的举证是超出杜预所能完成的事情（尽管陆淳自己的否证也是同样难以完成），那么杜预只要作出策略性让步，继续主张凡例作为周礼的重要内容，不再讲究周公作为凡例的创始人，便能化解陆淳的指责。这样一来，退一步海阔天空，五十凡例仍能保留，它们作为周礼的一部分而在《春秋》面世以前已经存在，还是未被推翻。或者最低限度，比起那些依据纬书而申述孔子为汉制法的神异记载，更可信得多。

由此可见，真要推倒杜预凡例，重中之重，是要否证凡例与周礼的关系。只是浮泛地怀疑周公不可能有凡例的想法，其实是抓不住问题的关键。陆淳之驳，固然不能令人满意，而皮锡瑞夸以"驳诘明快"，更是过誉。他特别指出《左传》第一则凡例"礼经"之说，却没能为陆淳另添旁证，说明他也没能切中肯綮。陆淳以"不应有此也"驳杜，乃是援引《穀梁》使然。襄七年经："郑伯髡原如会，未见诸侯；丙戌，卒于操。"《穀梁》云："此其生名，何也？卒之名也。"又云："其不言弑，何也？不使夷狄之民加乎中国之君也。"[①] 这是解释经文为何记载郑僖公同盟时的姓名，认为郑国臣子因为害怕楚国而弑郑僖公，故以"夷狄之民"称之。陆氏"夷狄之人"之论，实据《穀梁》立说；而《穀

---

① 杨士勋：《春秋穀梁传注疏》卷15，第249页。

梁》这个观点在多大程度上可以推翻《左传》的"礼经",则需要更深入的剖析。确切地说,即使承认《穀梁》这个说法更合经义,也无法驳倒杜预,因为《左》隐七年"礼经"之说,是"故薨则赴以名",《左传》学者完全可以说,此乃交代赴告的笔法,与经文纵有歧异也无大碍。陆淳驳议本有可酌之处,像皮锡瑞这样简单地援陆而毫无申论,岂能折服杜预和"祖杜预者"?

3. 浅论柳宗元的批评

皮锡瑞所引柳宗元之言,不载于《柳宗元集》。《六经奥论》云:"《春秋》重事而轻人,详内而略外盖如此,乌有所谓例耶?善乎柳宗元之言曰:'杜预谓例为周公之常法,曾不知侵、伐、入、灭之例,周之盛时,不应预立其法。'真知言乎?"① 不知皮锡瑞是否据此而录,但可以估计的是,清人对柳氏之说并不陌生。康熙朝大学士陈廷敬《〈春秋〉为史法说》一文亦采此语,评说:"柳子可谓知言矣,故《春秋》者,由周公以来,未有此体也。圣人为史法以诏万世,曰其文则史,而后之人名之曰经。名之经者,其意主于尊圣人,而后世遂专以经尊《春秋》,而不知为圣人之史,于是圣人之史法遂亡。《春秋》有达例,有特笔。达例者,史官之史也;特笔者,圣人之史也。"②

略作比较可知,皮锡瑞的想法有别于上述二者。《六经奥论》之所以引录柳宗元之语,是要彻底否定经文有例,而皮锡瑞相信"《春秋》必有例"。③ 陈廷敬虽许可柳宗元对杜预的反驳,但把孔子的"特笔"

---

① 郑樵:《六经奥论》卷4,见《文渊阁四库全书》第184册,上海:上海古籍出版社,1987年版,第86页。卓尔康《春秋辩义》(卷首1,第165页)亦摘录其说。要注意的是,以《六经奥论》作为郑樵的作品,此说屡被清儒质疑,似难轻信。参阅杨新勋:《〈六经奥论〉作者与成书考》,见《经学蠡测》,南京:凤凰出版社,2012年版,第284—297页。
② 陈廷敬:《午亭文编》卷22《〈春秋〉为史法说》,见《文渊阁四库全书》第1316册,上海:上海古籍出版社,1987年版,第335页。
③ 皮锡瑞:《经学通论》卷5,第437页。

理解为"史法",也不是强调"经史之分"的皮锡瑞所能首肯的。大概因为这样,皮锡瑞仅引柳氏之言而不及其余。无论如何,柳宗元不认为周公时已有侵、伐、入、灭之例,其想法与陆淳如出一辙,同属中唐儒学革新扬弃旧说的表现。① 就观点而言,柳宗元没有什么新意,其对杜预的质疑也像陆淳那样,只伸张周公"预立其法"的不可能性,而没有否定周礼与凡例的关系。皮锡瑞抄录其说,也没有更深入的探究。说实在的,柳宗元在《春秋》研究上最重要的成果是对《国语》的质疑,其对杜预的经学见解也不见得全盘否弃的态度,② 仅凭片言只字是难以继续有进一步的讨论。

四、小结

至此,可以得出一个初步的总结:皮锡瑞对五十凡例的批判,在很大程度上是失实的。杜预将凡例归于周公,重在周公与周礼的关系,而杜注调和经传歧异的努力,其中自有内在的学术理性考虑,可惜得不到皮锡瑞重视。五十凡例的提出,不等于孔子的贡献遭到抹杀。皮锡瑞硬把夺创制之功的罪名冠在杜预头上,只能反映他厌恶《公羊》立场得不到推尊的愤慨,不能说明什么。至于援引陆淳、柳宗元的反对意见,除了多添骂声以外,其实也无裨于提高《经学通论》的论证作用。

---

① 有关中唐儒学革新的研究,参阅陈弱水:《柳宗元与中唐儒家复兴》,见《唐代文士与中国思想的转型》,桂林:广西师范大学出版社,2009年版,第246—289页。
② 柳宗元《送韩丰群公诗后序》云:"余谓《春秋》之道,或始事,或终义。"这是袭用杜预"或先经以始事,或后经以终义"之说。(参阅《柳宗元集》卷25,北京:中华书局,1979年版,第654页;孔颖达:《春秋左传正义》卷1,第12页。)杜氏这两句话是概述《左传》释经之旨,足见柳宗元对杜预的解经意见也有接纳和支持的一面。

第三节 《春秋》与《左传》的分拆

皮锡瑞的"经史之分"不仅是攻击五十凡例的工具,最重要的是否定《左传》解经的作用。如其解,阅读《左传》不是正确理解《春秋》的充足条件或必要条件,不论《左传》还有什么优点。上一节已提及,皮锡瑞声言"以《左氏》之说为《春秋》,而《春秋》之旨晦"。以下,将会说明经过皮锡瑞的解说,《左传》如何因"经"与"史"的分拆而被切断了它与《春秋》的关系。

一、"经"与"史"不能"强合为一"

(一)"废《左氏》"的讨论

与许多《公羊》学者相比,皮锡瑞对《左传》还不算是全盘抹杀的态度。不过,并非全盘抹杀,不代表不予以贬抑。"经史之分"始终是使《左传》得不到正面评价的重要门槛。

《经学通论》云:"论《春秋》是经,《左氏》是史,必欲强合为一,反致信传疑经。"又云:"《左氏》叙事之工,文采之富,即以史论,亦当在司马迁、班固之上,不必依傍圣经,可以独有千古。《史记》、《汉书》,后世不废,岂得废《左氏》乎?"[1]

(二)辨证

1. "废《左氏》"的两种形态

皮锡瑞认为反对"废《左氏》",这个反对意见是预设"废《左

---

[1] 皮锡瑞:《经学通论》卷5,第432—433页。

氏》"是一种已存在的想法。但究其实,"废《左氏》"是有两种不同的论述:

(1) 反对《左传》局部的观点

自中唐以后,墨守一经的做法,屡被扬弃。是故,不同的人可以根据不同的想法而支持自己赞同的传注,故《左传》的某些观点遭到贬抑或废弃,可谓家常便饭,不足为奇。例如徐廷垣《春秋管窥》云:

> [1] 单伯为周大夫,《左传》纪之甚悉。先儒废《左氏》而断以为鲁大夫,不知何意。
>
> [2] 胡氏于《公》《穀》所不言者,则用《左传》为据,及《公》《穀》偶有异闻曲说,遂宗《公》《穀》而废《左传》,是好异而非征实也,于何以见《春秋》之义乎?①

例[1]是因《公》《穀》载"单伯逆王姬",有别于《左传》"单伯送王姬",两种记载导致对"单伯"是什么人各有不同的判断,而徐廷垣是支持《左传》而反对二传。例[2]则因"莒人灭鄫"的判断,而批判胡安国《春秋传》依违三传不够合理。非常清楚的是,徐廷垣的"废《左氏》"或"废《左传》",都是针对《左传》某一个解经意见而发,像他所批评的胡传,就肯定不是全盘反对《左传》的。他的"废《左氏》"是解经意见纷纭的常态,不足为奇。《左传》与其他经典作品一样,书中有局部意见存在争议,或得不到相关论者的同意,都是可以理解(甚至接受)的情况。

---

① 徐廷垣:《春秋管窥》,见《文渊阁四库全书》第176册,上海:上海古籍出版社,1987年版,卷6,第772页;卷9,第800页。

(2) 反对《左传》整体

彻底反对《左传》，比起仅反对它的局部观点，是激烈得多的态度。基本上，这都是固守门户的表现。陈岳《春秋折衷论·自述》曰："自斯学者愈茂，欲存《左氏》而废《公》《穀》，则西汉鸿儒向焉欲存《公》《穀》而废《左氏》，则丘明与圣人同代，是以皆各专一传。"① 这是回顾《左传》兴起时的状况，而"欲存《左氏》而废《公》《穀》"与"欲存《公》《穀》而废《左氏》"是两种冰炭不容的思想立场。

迄至晚清，今古文又成为流行的学术标签，（2）的"废《左氏》"全面浮现，而且声音主要是来自《公羊》学者。现在学术史书写较少注意到：清代支持《穀梁》的学者，如李光地、惠士奇父子、钟文烝、廖平、柯劭忞等人都不是主张废弃《左传》的。柯劭忞更表示："非兼通三传，不足以治《春秋》之学。"② 相反，《公羊》学者坚守门户、不容异己的做法，迥异于《穀梁》学者。其所要求废弃《左传》的声音，比汉儒有过之而无不及。康有为《新学伪经考》陈述刘歆罪状有二：一是"以世儒业而仰儒篡孔"，二是"以作伪经而诬父悖祖"，而"作伪经"正是以"伪造《左传》"为主。③ 崔适同样这么看法："新室篡汉，故《左》《穀》始终不见一'篡'字，此歆之为莽饰非也。"④ 王树荣继康、崔之后，骂声尤为响亮："孔颖达躬为圣裔，不能匡正杜谬，专务随波逐流，诋毁先人，数典忘祖，于是伪《左》之祸经，遂如巨浸稽天，汩沉千载，汪澜既倒而莫回，颓波一往而不反，而《左氏》真成相斫

---

① 朱彝尊：《经义考》卷178，上海：上海古籍出版社，2010年版，第3258页。
② 柯劭忞：《春秋穀梁传注·序》，北京：国立北京大学研究院文史部，1927年版，第2页。
③ 康有为：《新学伪经考》卷14，见《康有为全集》第1集，第545页。
④ 崔适：《春秋复始》卷1，第383页。

书矣。"①

2. 皮锡瑞的"废《左氏》"属于什么形态

显然,皮锡瑞更接近(2)而非(1)。他不是反对《左传》某些枝枝节节,或觉得它的局部观点不妥,而是从根本上不承认《左传》作为解经作品的资格。他的立足点,同样是以《公羊》何诂为尊,不承认其他传注具有"发明"他所理解的"微言、大义"的成果。

当然,他以上的话貌似是肯定《左传》的价值,但在他以前,刘逢禄早已提出相同的观点:"左氏以良史之材,博闻多识,本未尝求附于《春秋》之义。后人增设条例,推衍事迹,强以为传《春秋》,冀以夺《公羊》博士之师法,名为尊之,实则诬之,《左氏》不任咎也。"② 须知道,刘逢禄认为刘歆增设条例,彻底反对《左传》具有解经的内容,故反对"尊之"和责备"诬之"的背后,其实是废除《左传》解经的资格。这一点,不仅与康有为同调,而且也启发康对"伪经"的指控。皮锡瑞与刘逢禄意见略同:刘在表面上称赞左丘明是"良史之材",实际上断定它仅是史书,无涉于解经;皮比刘多了一项赞美,即"叙事之工,文采之富",那就是除了"史"外,还有"叙事"和"文采"等好处,但就整体而言,尤其是就"经史之分"而言,《左传》既然是"史",那就意味它与《春秋》的关系已被切断。据此,《左传》自该放在史部而非经部,其地位岂能比拟《公羊》?明乎此,便可以了解皮锡瑞在骨子里是康、崔、王三人的知音,只差他没有像这三人那么明白地废《左》而已。

---

① 王树荣:《续左氏膏肓·序》,见《民国时期经学丛书》第1辑第44册,台中:文听阁图书公司,2009年版,第291页。
② 刘逢禄:《春秋公羊释例后录》卷3,见《春秋公羊经何氏释例 春秋公羊释例后录》,上海:上海古籍出版社,2013年版,第359—360页。

二、《汉制考自序》对制度思考的见解

皮锡瑞在讨论废《左》时,谈及王应麟《汉制考》的内容:

(一)对王应麟的评价

王应麟《汉制考自序》原作,而画有底线的部分是《经学通论》的节录:"名卿大夫,讲闻故实,三代文献蔼如也。纳鼎有谏,观社有谏,申繻名子之对,里革断罟之规,御孙别男女之贽,管仲辞上卿之飨;柳下季之述祀典,单襄公之述夏令秩官,魏绛之述夏训虞箴;郯子能言纪官,州鸠能言七律,子革、倚相能诵《祈》《招》懿戒;观射父之陈祭祀,闵马父之称《商颂》;格言猷训,粲然可睹。齐虞人之守官,鲁宗人之守礼,懔懔秋霜夏日之严;刘子所云'天地之中',子产所云'天地之经'。胥臣敬德之聚,晏子礼之善物,又皆识其大者。<u>统纪相承,渊源相续,得夏时《坤乾》,见《易象》《鲁春秋》,而知三代之礼,所以扶持于未坠者,岂一人之力哉?战国去籍之余,孟子言井地曰'大略',言班爵禄曰'闻其略',言诸侯丧礼曰未学而'尝闻'。若其宏纲丕式,因略而致详,推旧而为新,圣人复起不能易也。《春秋》大复古,讥变古,井牧变而阡陌,畿服变而郡县,车乘变而步骑,什一变而箕敛,佩玉变而带剑,簋席变而杯案,生民之理有穷,则圣王之法可改,古其不可复乎?</u>"①

《经学通论》评论说:"且其书比《史》《汉》近古,三代故实,名臣言行,多赖以存,如纳鼎有谏,观社有谏,申繻名子之对,御孙男女之贽,管仲辞上卿之飨,魏绛之述夏训虞箴,郯子之言纪官,子革之

---

① 王应麟:《汉制考自序》,见《文渊阁四库全书》第609册,上海:上海古籍出版社,1987年版,第781页。

诵祈招，且有齐虞人之守官，鲁宗人之守礼，刘子所云天地之中，子产所云天地之经，胥臣敬德之聚，晏子礼之善物。王应麟《汉制考自序》尝历举之，顾栋高、陈澧皆引之，以为《左氏》之善矣。然《左氏》记载诚善，而于《春秋》之微言、大义，实少发明。"①

（二）辨证

1."大复古，讥变古"

比读《汉制考自序》与《经学通论》二文，皮锡瑞自"三代故实"至"晏子礼之善物"之语，是对王序"讲闻故实"至"又皆识其大者"之语（即上一段没有画底线的部分）的转抄和改写。单就这两段话来说，皮锡瑞大体上没有违背王氏原意。但若结合《汉制考自序》下文，即"统纪相承"至"古其不可复乎"一段（即画底线的部分）阅读下来，便可看见王应麟之所以钩稽《左传》的各种记载，不是纯粹为了记载"故实"，而是相信"三代之礼"由上古发展下来，有其线索可寻，后人得以窥见其"宏纲丕式"，故曰"因略而致详，推旧而为新"。孟子言"大略""闻其略""尝闻"，就是认真追查历史记载的表现。因此，像《左传》的各种叙事，不仅是"三代故实"的"记载"，还是后人赖以复古的凭据，故王应麟以"大复古，讥变古"来概括《春秋》的要旨。

2. 王、皮之间的距离

这与皮锡瑞"《春秋》素王之义"显然不同：尽管皮锡瑞不敢把"素王"归于孔子，而将之归于《春秋》，但他所欣赏的"法制"显然是孔子一个人写作《春秋》的产品，故曰"改立法制以致太平"。同样是谈论"法"的可改性，王应麟更重视不同的人在以往历史中的传承作用，而非某个伟大人物的"改立"，故曰"岂一人之力哉"。因此，即使

---

① 皮锡瑞：《经学通论》卷5，第433页。

后世出现"圣人",也不能脱离历史遗产另搞一套,故曰"圣人复起不能易也"。依此,《左传》对"三代故实"的"记载"之所以可贵,是因为这些都是有助于"复古"的思想资源,故仅将之定性为"史"(尤其是像"抄录一过"的轻鄙说法)是肯定不够的。可以说,王应麟与皮锡瑞一样,都是重视《春秋》的制度性,尽管进路不同。王是肯定《左传》对"三代之礼"的保存,且承认它对复古的意义;皮只讲《春秋》素王,宣扬"改立法制"的意义。先不问二者的优劣如何,在此仅指出一点:皮锡瑞仅以"史"解读《汉制考自序》,是没有真正把握其中的要点,完全看不见王应麟在"三代之礼"的讨论上也有深刻的思想性。

三、对顾栋高、陈澧的批评

(一) 陈澧等人的见解

皮锡瑞不仅对王应麟的认识存在偏差,而且对顾栋高、陈澧的理解也有待商榷的余地。以下,继续剖析这些人的观点。皮锡瑞述及"顾栋高、陈澧皆引之",这是针对相关的人对《左传》的评价。鉴于《经学通论》屡次引用《东塾读书记》,故有理由相信皮锡瑞所说的"引之",指代的正是陈澧《东塾读书记》的评论意见。实际上,陈澧除了王应麟《汉制考自序》之文外,还对四个不同的言论作出点评,以下将这些言论和陈澧的评述一并列举:

第一例,《后汉纪》引袁宏论曰:"春秋之时,礼乐征伐,霸者迭兴,以义相持,故道德仁义之风,往往不绝。虽文辞音制,渐相祖习,然宪章轨仪,先王之余也。"①

---

① 袁宏:《后汉纪》卷22,见《两汉纪》下册,张烈点校,北京:中华书局,2017年版,第433页。

第二例，《史通·正史篇》云："《春秋传》载楚左史能读三坟五典，《礼记》曰：'外史掌三皇五帝之书。'由斯而言，则坟典文义、三五史策，至于春秋之时，犹大行于世。"①

第三例，顾栋高《〈春秋左传〉引据〈诗〉〈书〉〈易〉三经表》云："呜呼！当时经学昌明，君卿大夫泽躬尔雅，谨守矩矱，一举动必有占，一酬答必有赋，故赋《吉日》而具田备，赋《匏有苦叶》而具舟，而歌《相鼠》而不知，诵《蓼萧》而弗答，即知其有败亡之祸。微特士大夫也，穆姜一淫妇人而占《易》而知筮史之非，赋《诗》而拜大夫之辱，岂非先王《诗》《书》、象数之教浸渍于人心者久，故通行于天下而无闲哉！"②

第四例，阮元《诂经精舍策问》云："惟考列国时，孔、曾、游、夏诸圣贤及各国君卿大夫之德行名言，载在三传、《国语》、《孝经》、《论语》者，皆为接物之庸行，非如禅家遁于虚无也。……近时学者，发明三代书数等事，远过古人，于春秋学行，尚未大为发明。本部院拙识所及，首为提倡，诸生如不鄙其庸近，试发明之，以成精舍学业焉。"③

引录诸说后，陈澧《东塾读书记》接着评论说："以上五说，大意略同，读《左传》者，不可不知。且当知所谓道德仁义、宪章坟典、故实文献、经学德行名言，皆出于孔子之前，赖有《左传》《国语》述之，至今得以考见。此《左氏》之功之大也。"④

---

① 浦起龙：《史通通释》卷12，上海：上海古籍出版社，2009年版，第305页。
② 顾栋高：《春秋大事表》卷47，北京：中华书局，1993年版，第2549—2550页。
③ 阮元：《揅经室一集》卷11，见《揅经室集》上册，北京：中华书局，1993年版，第237页。
④ 陈澧：《东塾读书记》卷10，见《陈澧集》第2册，上海：上海古籍出版社，2008年版，第185—186页。

(二) 辨证

1. 诸例的基本内容

简单概述以上诸说的基本内容：第一例是袁宏的史论，它与王应麟《汉制考自序》一样，都是歌颂春秋时期保留"道德仁义之风"。第二例记载刘知几以《左传》和《礼记》为证，显示春秋时期保留史册的重要性。第三例是顾栋高简述《左传》引用《诗》《书》《易》的概况，指出"当时经学昌明"的盛况。值得一提的是，顾栋高的文章不曾援引王应麟《汉制考自序》，而二者的论证也大有不同，因此也不存在隐性引用的情况。皮锡瑞说"顾栋高、陈澧皆引之"是错误的，只有陈澧"引之"，顾栋高并非"引之"。第四例的策问反映阮元强调春秋时人"德行名言"，其中似乎暗地反对宋明儒暗袭禅家虚无之意，而"春秋学行"的记载也不仅专指《左传》，还包括三传、《国语》、《孝经》、《论语》诸书。附带一提，阮元肯定三传记载"德行名言"的贡献，显示他看到《公》《穀》二书只有重事的一面，不像皮锡瑞"借事明义"那样的理解。

陈澧所说的观点，与他引述的四例一样，不都是专谈《左传》，但有一点是清楚的：春秋时代有各种值得欣赏和玩味的言行和制度，都是发生在孔子以前，而《左传》作为其中一部记载当时事迹最翔实的作品，就提供了许多有待理论阐发的重要资源，不能说它的价值仅限于"叙事之工，文采之富"，或贬之为"抄录一过"，因为这样说，无形中就低估了《左传》许多内容的思想价值。明白这一点，便可以明白陈澧真正重视的不是《左传》《国语》一般的历史记载，而是书中各种值得深入剖析、含有思辨价值的内容，例如"道德仁义"等等。因此，陈澧的"《左氏》之功"，不是专指皮锡瑞所说的"史"。陈澧与王应麟一样，都不是把"经"与"史"截然对立，故像《左传》《国语》的"述之"，是专指各种可以提升思想的材料，而不是只有"抄录"而无"褒贬是非"的东西。

2. 对"记载"的认识和评价

归纳王应麟、顾栋高、陈澧等人的理解，可以看见《左传》在他们心目中既有制度性的材料，也有思想性的材料，他们讲究《左传》的"记载"，已预设春秋时期的各种做法，也是得到孔子的肯定，而《春秋》对之有所因袭。然而，皮锡瑞言"记载"，却是透过"微言大义"的判准来衡量。如上所述，真正阐述他所理解的"微言大义"，主要就是他所认可的《公羊》经师，如董仲舒、何休等人的说法。因此，当皮锡瑞批判《左传》甚少"发明"《春秋》之"微言大义"，实际上是重申《公羊》（包括董、何等人）高于一切的立场。假如"微言大义"不必像他那样的设定，王、顾、陈等人的观点同样也可以自圆其说。皮锡瑞"实少发明"的批判，仅是反映他个人的偏好；在王、顾、陈和其他不偏袒《公羊》的学者看来，恐怕不是公允的论断。

四、陆淳《春秋集传纂例》的批评

此外，皮锡瑞还尝试从陆淳的著作中寻找贬抑《左传》的凭据。

（一）对陆淳的评论

陆淳《春秋集传纂例》云："或问：无经之传，有仁义诚节、知谋功业、政理礼乐、谠言善训多矣，顿皆除之，不亦惜乎？答曰：此经，《春秋》也；此传，《春秋传》也。非传《春秋》之言，理自不得录耳，非谓其不善也。且历代史籍善言多矣，岂可尽入《春秋》乎？其当示于后代者，自可载于史书尔。今《左氏》之传见存，必欲耽玩文彩、记事迹者，览之可也。若欲通《春秋》者，即请观此传焉。"[①]

---

① 陆淳：《春秋集传纂例》卷1，第387页。

《经学通论》评论说:"陆氏自言其所作《集传》,不取《左氏》无经之传之义。治《春秋》者,皆当知此义,分别《春秋》是经,《左氏》是传,离之双美,合之两伤。经本不待传而明,故汉代《春秋》立学者,止有《公羊》,并无《左氏》,而《春秋经》未尝不明。其后《左氏》盛行,又专用杜预《集解》,学者遂执《左氏》之说为《春秋》之义,且据杜氏之说为《左氏》之义,而《春秋》可废矣。"①

(二) 辨证

1. "无经之传"的问题

皮锡瑞仅以"无经之传之义"来概括杜预的观点,是不够全面的。《左传》孔疏引《释例·终篇》云:"今《左氏》有无传之经,亦有无经之传。无经之传,或可广文。无传之经,则不知其事。"② 这些话所表达的正是杜预关心的《春秋》与《左传》之间的落差:《左传》有些传文是超出《春秋》的范围,如哀十四年"西狩获麟"以后的内容皆是;也有些经文是《左传》不曾发传的,如隐二年经"九月,纪裂繻来逆女",《左传》对之没有相应的传文作出解释或叙述。在杜预看来,"无经之传"即使不是直接解读《春秋》,也有辅助参考的作用,故曰"或可广文";"无传之经"因无相关传文佐证,无从稽考经义的所以然,难以意理推求。"无传之经"的问题,将在下文讨论;在此,首先需要指出:"无经之传"不是《左传》独有,《公》《穀》二传也有类似的文本问题。

尽管二传内容只限于隐元年至哀十四年的242年间,不像《左传》上追鲁惠公时期、下迄鲁哀公二十七年,在首尾两端皆超出《春秋》经文的时限,但时间大致配对不代表二传所有内容皆依经而发。

---

① 皮锡瑞:《经学通论》卷5,第433页。
② 孔颖达:《春秋左传正义》卷1,第23页。

成元年经:"冬,十月。"《穀梁》云:"季孙行父秃,晋郤克眇,卫孙良夫跛,曹公子手偻,同时而聘于齐。齐使秃者御秃者,使眇者御眇者,使跛者御跛者,使偻者御偻者。萧同侄子处台上而笑之,闻于客,客不说而去,相与立胥间而语,移日不解。齐人有知之者,曰:'齐之患,必自此始矣!'"① 经文仅有系年而无记事,《穀梁》所述之事则交代鞍之战的起因,这是典型的"无经之传"。后来学者对此也找不到合理的解说,如范宁"疑经'冬十月'下云'季孙行父如齐'脱此六字",② 王引之不同意,认为这段传文"当在二年'战于鞍'传之末",③ 柳兴恩对此不予赞同,但也没有提出更合理的新说。④ 钟文烝改而主张"此传当与下'其日,或曰'相连,误跳在此"⑤,也是臆测而无确据。凡此可见,强行解释成元年经为何多出这一段貌似不相干的传文,是很难找到令人满意的答案。

同样,《公羊》也有四国大夫如齐受辱之叙事,但却系于成二年经"秋,七月,齐侯使国佐如师;己酉,及国佐盟于袁娄"之下:"前此者,晋郤克与臧孙许同时而聘于齐。萧同侄子者,齐君之母也。踊于棓而窥客,则客或跛或眇。于是使跛者迓跛者,使眇者迓眇者。二大夫出,相与踦闾而语,移日然后相去。齐人皆曰:'患之起,必自此始。'二大夫归,相与率师为鞌之战,齐师大败。"⑥ 这段传文,与经文"使国佐如师"和"及国佐盟"的记载不能吻合。可以说,《公羊》也同样囿于经文没有交代四大夫如齐的限制,不得不将之系于不直接相干的经文之下。

---

① 杨士勋:《春秋穀梁传注疏》卷13,第212页。
② 杨士勋:《春秋穀梁传注疏》卷13,第212页。
③ 王引之:《经义述闻》卷25,上海:上海古籍出版社,2016年版,第186页。
④ 柳兴恩:《穀梁大义述》卷11,见《续修四库丛书》第132册,上海:上海古籍出版社,1995年版,第160页。
⑤ 钟文烝:《春秋穀梁经传补注》卷17,第471页。
⑥ 徐彦:《春秋公羊传注疏》卷17,第373—374页。

《公》《穀》二传系于某年经下的传文不直接对应于经文，并非什么奇事。系于某年经下的叙事和观点，也可能适用于另一处的经文。若以经传之间的不对应性而言，二传同样也有《左传》的问题，只是程度不同而已。两传不仅确认了许多《春秋》所不书的事件类型，而且大体上以此为前提，认定《春秋》某处某事系孔子特笔，具有特殊的含义，从而展开阐发。它们以《春秋》之所书明其所不书，以其所不书明其所书，认定《春秋》所"不书"或"不志"的内容与经义无关，却无可置疑。在这一点上，《公》《穀》与《左传》如出一辙。① 因此，即使是反对采信"无经之传"的啖助，也没有简单地认为这是《左传》独有的问题。陆淳《春秋集传纂例》引啖助曰："三传文义虽异，意趣可合者，则演而通之。文意俱异，各有可取者，则并立其义。其有一事之传，首尾异处者，皆聚于本经之下，庶使学者免于烦疑。至于义指乖越，理例不合，浮辞流遁，事迹近诬，及无经之传，悉所不录。其辞理害教，并繁碎委巷之谈，调戏浮侈之言，及寻常小事不足为训者，皆不录。"② 此"无经之传"上承"三传"而言，由此可以说明这不是专指《左传》。皮锡瑞所引陆氏《春秋集传纂例》之语，固然是批判《左传》，但不能据此认为问题惟《左传》独有。对此，赵生群已有中肯的评论："皮锡瑞对《左传》的所谓'无经之传'多所指责，而对《公羊》《穀梁》两传中类似的条目却视而不见，应该说是一种偏见。"③

陆淳对"无经之传"的批评，本不恰当。问题不在于《左传》专有抑或三传共有，而是这样的批判已预设只有直接与经文相关的传文方有价值，因此断定"无经之传"无助于经文的理解。但《左传》所载的一些传文，纵无直接隶属的经文，但不见得完全无助于《春秋》的理解，

---

① 赵生群：《〈春秋〉经传研究》，上海：上海古籍出版社，2000年，第164—166页。
② 陆淳：《春秋集传纂例》卷1，第386页。
③ 赵生群：《皮锡瑞的治学立场与〈春秋〉学研究》，见《清代经学与文化》，北京：北京大学出版社，2005年版，第99页。

例如《左》哀十五、十六年传记载卫国内乱的过程①，这是交代蒯聩争国的结果，鉴于经文止至哀十四年，只看这两父子在卫灵公死后争国，读了《左传》这一"无经之传"，至少让事件的来龙去脉具有更清晰的了解。② 因此，有些传文的叙事和言说可能扯得很远，远远超出经文字句之义以外，但也不见得无助于解经。

退一步来说，即使承认《左传》有些"无经之传"与经文关系不大，也不见得《左传》的所有内容就是无助于解经。杜预早已洞悉这方面的关键，故提出五十凡例、变例、无例之说，尝试兼顾《左传》既有专为解经而发的观点，也有承袭以前的史文。由是言之，直接与经义相关的传文，肯定是一大部分，并非全部都与解经无关。因"无经之传"而彻底否定《左传》解经的作用，肯定是以偏概全的。事实上，陆淳纵然批判《左传》，但尚未因"无经之传"而彻底否定《左传》："凡《左氏》无经之传，今皆不取。其有因盟会、征伐等事，而说忠臣义士及有说言嘉谟与经相接者，略取其要。若说事迹与经符而无益于教者，则亦不取。"③ 什么内容算是"与经相接""与经符而无益于教"？此非不必举证即有公论。陆淳所言，很大程度上是取决于个人主观的选取。这里的重点是，他认为《左传》有些内容可以印证经义，这是批判《左传》却不曾全部否定的一个显例。

相反，皮锡瑞却从"无经之传"推论出"离之双美，合之两伤"的结论，无形中主张《左传》所有内容也不能用来解经，既不合陆淳原意，对《左传》也不公允。龚道耕显然不满意皮锡瑞的观点，故批判说："其于二传，可以互相证明。惟无经之传，则是《左氏》兼存旧史

---

① 孔颖达：《春秋左传正义》卷59、60，第1683—1689页。
② 有关这一公案的历史考察，参阅拙著：《父命抑或王父命？——从蒯聩争国事件看儒家政治伦理的发展》，《中山大学学报（社会科学版）》2018年第4期，第120—129页。
③ 陆淳：《春秋集传辨疑·凡例》，见《文渊阁四库全书》第146册，上海：上海古籍出版社，1987年版，第597页。

之文。而读《左氏》者，乃一概以记事之史视之，浅矣！"① 龚氏此言实有见地。以"经史之分"作为贬抑《左传》的理据，是不可靠的。

2. "无传之经"的问题

与"无经之传"相辅而成的是"无传之经"。杜预的观察是仅就《左传》而言，但其实《公》《穀》二传也有"无传之经"，像襄十七年，计有七则经文："十有七年，春，王二月庚午，邾子瞷卒"；"宋人伐陈"；"夏，卫石买帅师伐曹"；"秋，齐侯伐我北鄙，围桃；齐高厚帅师伐我北鄙，围防"；"九月，大雩"；"宋华臣出奔陈"；"冬，邾人伐我南鄙"。《公》《穀》皆未发传。基本上，杜预的观察也适用于二传之上；而经与传的不对应性，也是三传学者共同面对的问题。

对于三传学者来说，"无传之经"往往需要论者结合该年经文以外的其他传文，看看有没有足以通释该经的说法。譬如说，若要解释襄十七年经"九月，大雩"，因定元年经亦云"九月，大雩"，故《穀梁》学者可以透过定元年传而得出"雩之正也"的判断。② 简单地说，这是在传中找出较具概括性的通则，进而通释不同的传文，与杜预凡例、变例等做法，其实没有什么差别。令人纳罕的是，皮锡瑞回避了三传学者皆有通则（或称之为传例）的做法，反而提出"经本不待传而明"的主张。

这是一个容易令人误会的说法。就字面看，"经本不待传而明"的"传"是泛指解经的传，不仅是《左传》。像宋儒便有弃传从经的做法，最著名的莫过于欧阳修的《春秋论》，其中扬弃了三传的说法，强调信传不如信经，认为许止、赵盾是真正的弑君，而隐公亦无让国之心。③

---

① 龚道耕：《经学通论》，见《龚道耕儒学论集》，李冬梅选编，成都：四川大学出版社，2010年版，第54页。
② 拙著：《〈穀梁〉政治伦理探微：以"贤"的判断为讨论中心》上册，第149—155页。
③ 欧阳修：《文忠集》卷18《春秋论》，见《文渊阁四库全书》第1102册，上海：上海古籍出版社，1987年版，第147—150页。

这是标准的"经本不待传而明",但其实没有多少学者真能做到扬弃传文而直探经义,因为许多真正有思想信息的观点,都要配合传文方能获致。例如,桓十四年经:"夏五,郑伯使其弟御来盟。"为何是"夏五"?为何无"月"?其中是否寓有什么奥义?《公羊》云:"夏五者何?无闻焉尔。"《穀梁》云:"夏五,传疑也。"① 尽管二传没有提出明确的解释,但读者阅此至少可以理解二传持论谨慎,虽不理解个中玄机也不作强解。若是离开传文,就有可能得出另一些不同的判断;因此,解经离不开传文,是《春秋》研究的基本认知,正如叶梦得所言,"学者多言《春秋》自为一经,不期于传而自明,岂有是哉?"② 像欧阳修那样表示弃传从经,更多的是表达对现有传义的不满。就进路而言,"经本不待传而明"是一个没有建设性的错误口号。

在皮锡瑞心目中,《公羊》肯定是最能解释经义的作品。他的"经本不待传而明"的"传"仅指《左传》,不是《公羊》。他大概认为,只要《公羊》就够了,没有《左传》也可以达到"《春秋经》未尝不明"。这里有以下的疑惑:

(1) 为什么能不被包括在"经本不待传而明"的"传"是专指《左传》?《公羊传》分明是"传",为什么不必包括在内?答案只有一个,皮锡瑞把《春秋》与《公羊》视若二而为一,无分彼此,但只要不是偏袒《公羊》的话,其实不见得需要接受这样的结论。

(2)《春秋》的"明"和"不明",究竟是怎么回事?为什么"止有《公羊》"就可以"明"?是不是按照皮锡瑞所规定的"微言大义"作为判准?如果是,就要追问这是不是一个不待验证而又必定客观的判准?如果不是,那为什么有了《左传》就会导致"不明"?

(3) 既然"止有《公羊》"便可以"明",那么不仅《左传》,《穀

---

① 徐彦:《春秋公羊传注疏》卷5,第103页。杨士勋:《春秋穀梁传注疏》卷4,第53页。
② 叶梦得:《统论》,见《春秋考》卷1,第251页。

梁》和其他传注恐怕也被视为多余和带来误解的源头。为什么多了不同的解经意见，便能带来"不明"？

3. 高估杜预的影响力

皮锡瑞谴责《左传》和杜注盛行的祸害，但时段和讨论范围是极其含糊的，"其后"是指东汉、魏晋南北朝抑或初唐？《左传》成为研究热点，是东汉的学术现象；杜预是西晋时人，但杜注从未彻底压倒服注；专用杜预，是《五经正义》颁行以后的事情。"执《左氏》之说为《春秋》之义"和"据杜氏之说为《左氏》之义"是指哪些"学者"？如皮所述，陆淳等人在中唐对《春秋》的新诠释，已把杜注视为挑战和超越的对象，而宋儒纵使好读《左传》，但不见得都是《左传》之说当成《春秋》之义，更少人墨守杜注或以此当作《左传》之义。宋儒的各个主张，暂且不予详述，仅摘引孙觉之言为证："作传者既不解孔子所以作《春秋》之意，而杜预、何休之徒又妄为之说。"① 这是《春秋经解》的自序之语，而孙觉师从胡瑗，他的《春秋》研究在宋儒中起着先行引领的带头作用，但他是毫不含糊的反杜、反何，实在不好说像孙觉之流真的因杜预而相信"《春秋》可废"。杜注虽然获得官方钦定教科书的地位，但不能说它真能支配后人解读《春秋》的方向。说穿了，皮锡瑞夸大杜注的负面影响，无非是为了贬抑杜预乃至《左传》而已。其实纵然危言耸听，只要看见杜注以后，许许多多研究者与它不是一路，无论怎样强调杜注导致"《春秋》可废"的祸害，也不会有效果。

五、《北梦琐言》的批评

为了罗列《左传》为史非经的证据，皮锡瑞还引用了令狐澄《大中遗事》的记载。

---

① 孙觉：《自序》，见《春秋经解》，第555页。

(一) 对《北梦琐言》的评论

令狐澄《大中遗事》的叙事，具载于孙光宪《北梦琐言》："大中时，工部尚书陈商《立汉文帝废丧议立春秋左传学议》，以孔子修经，褒贬善恶，类例分明，法家流也。左丘明为鲁史，载述时政，惜忠贤之泯灭，恐善恶之失坠，以日系月，修其职官，本非扶助圣言，缘饰经旨，盖太史氏之流也。举其《春秋》，则明白而有识，合之《左氏》，则丛杂而无征。杜元凯曾不思夫子所以为经，当与《诗》《书》《周易》等列；丘明所以为史，当与司马迁、班固等列，取二义乖剌不侔之语，参而贯之，故微旨有所不周，宛章有所未一。"①

《经学通论》评论说："分别《春秋》《左氏》最明者，惟唐大中时工部尚书陈商《立春秋左传学议》。"又说："陈商在唐代不以经学名，乃能分别夫子修经，与《诗》《书》《周易》等列，丘明作史，与《史记》《汉书》等列，以杜预参贯经传为非是，可谓卓识。其谓《左传》'非扶助圣言'，即汉博士云'丘明不传《春秋》'之说也；非'缘饰经旨'，即晋王接云'《左氏》自是一家言，不主为经发'之说也。经、史体例，判然不同：经所以垂世立教，有一字褒贬之文；史止是据事直书，无特立褒贬之义。杜预、孔颖达不知此意，必欲混合为一，又无解于经传参差之故。故不能据经以正传，反信传而疑经矣。"②

(二) 辨证

1. 陈商的"卓识"

皮锡瑞以上引文，其下还有一句未录："文多不载，又睹吴郡陆龟蒙亦引啖助、赵匡为证，正与陈工部义同。"③ 这也说明，陈商的整个论

---

① 孙光宪：《北梦琐言》卷1，北京：中华书局，1981年版，第3页。
② 皮锡瑞：《经学通论》卷5，第434页。
③ 孙光宪：《北梦琐言》卷1，第3页。

述在宋时已无法窥见全豹，而他的观点似乎与陆龟蒙相若，受到啖、赵等人的观点影响。① 皮锡瑞视之为"卓识"，主要是因为陈商在他以前已说了他的观点。陈、皮二人，同样把"经"与"史"这两种隋唐以后固定下来的图书分类概念，当作方便的学术标签，以此断言《春秋》与《左传》各有不同的写作方针，并断言杜预以传释经是错误的。这是概念的错位应用，其谬已如前述，不烦赘言。由于陈商没有具体地陈述"微旨有所不周，宛章有所未一"是指怎么回事，这里也无法展开进一步的讨论。至于皮锡瑞指责杜预和孔颖达"不能据经以正传"，下文将有讨论，于此从略。

2. 皮锡瑞对陈商的两个理解

撇开整体的立言方针，皮锡瑞无非是借陈以证己，具体的说法有二：

(1) 认为陈商说《左传》"非扶助圣言"，可以印证汉博士"丘明不传《春秋》"之说

《史记·十二诸侯年表》云："鲁君子左丘明惧弟子人人异端，各

---

① 曾建林说："陈商重新提出了如何看待《春秋》作为'经'的问题。此后，啖助、赵匡、陆淳等人在《春秋》经、史问题上继续了陈商的观点。"（参阅其《欧阳修经学思想研究》，杭州：浙江大学出版社，2014 年版，第 143 页。）此说甚谬，错的离谱。陈之议，载于"大中时"。查两《唐书》可知，陈商在大中九年（855）逝世，翌年（856）中书门下奏"见置科目"之议。（参阅刘昫等：《旧唐书》200 卷，北京：中华书局，1975 年版，卷 18，第 633—634 页；卷 189，第 4978 页。欧阳修、宋祁：《新唐书》225 卷，北京：中华书局，1975 年版，卷 200，第 5705—5707 页。）假使此议与陈商生前对《左传》立学内容接近，可以估算陈之议当在他死前不久，即大中九年或稍早的时候。无论是在大中哪一年，肯定是 847 年或以后的事情。至于啖助，是"天宝末，调临海尉、丹杨主簿"，逝世时"年四十七"，赵匡生卒年不明，陆淳则是永贞革新失败，即贞元二十一年（805）时离世。啖、赵、陆以《春秋》"自名其学"是在"大历时"（766—779），距离至大中之议，至少有 67 年以上。陈商议《左传》之时，啖、赵、陆三人墓木已拱，怎能说他们还"继续了陈商的观点"？以《春秋》研究的资历而言，只有可能是啖、赵、陆影响了陈商，不能是陈商影响他们三人。

安其意，失其真，故因孔子史记具论其语，成《左氏春秋》。"① 陈商说左丘明是"鲁史"而不称为"鲁君子"，不知何据。《史记·十二诸侯年表》已明言《左传》之作，是针对孔门弟子对《春秋》认识的歧异，很难说他没有"扶助圣言"之心。现在没有任何史料足以推翻《史记》的叙事，而陈商也没有提供新证据。

皮锡瑞除了表示赞成，就是将之作为印证博士的佐证。《汉书·刘歆传》记载责让太常博士书云："谓左氏为不传《春秋》，岂不哀哉！"② 据刘歆表示，这是不正确的偏见，而博士们究竟是根据什么而断言《左传》"不传《春秋》"，因为《汉书》和其他材料没有记录博士的具体观点，所以无法判断其得失如何。相对清楚的是，皮锡瑞以陈商证汉博士，无非是列举铺排反《左》的意见，以此作为损贬《左传》的理据。若以论据的分量而言，陈商"非扶助圣言"不过是个人意见，有何依据也搞不清楚，对论证殊少帮助。

(2) 认为陈商说《左传》本非"缘饰经旨"，可以印证王接"不主为经发"之说

《晋书·王接传》云："常谓《左氏》辞义赡富，自是一家书，不主为经发。"③ 王接大概是偏好《公羊》，但他是否彻底否定《左传》解经的资格呢？也未必。"一家书"是什么性质或内容？不清楚。若以经文为本，三传中任何一传，不也是"一家书"吗？王接说得太简略，这里无法继续讨论下去。"不主为经发"不蕴涵《左传》所有内容与经无关。即使是拥《左》的杜预，不也是认为有些凡例不能用来解经吗？因此，王接之言，与陈商反对《左传》"缘饰经旨"的意见，未必完全同调。无论如何，由王接到陈商，也不足以支持皮锡瑞"经"与"史"分

---

① 司马迁：《史记》卷14，第648页。
② 班固：《汉书》卷36，第1970页。
③ 房玄龄等：《晋书》卷51，北京：中华书局，1974年版，第1435页。

拆的论点。

六、"训诂之传"与"载记之传"

皮锡瑞不仅分拆"经"与"史",还分拆"经"与"传"。当然,被分拆的"传"是专指《左传》。一切,都是为了否定《左传》解经的资格。

(一) 对张杓的评论

为此,他接受了张杓"训诂之传"与"载记之传"的说法,为其"论《左氏传》止可云载记之传"的核心内容,故有必要仔细辨析张杓的观点。

张杓《春秋之传解》云:"传有二义,有训诂之传,有载记之传。训诂之传,主于释经;载纪之传,主于纪事。昔之传《春秋》者五家,邹氏无师,夹氏无书,今所传惟《左》《公》《穀》。《公》《穀》依经立传,经所不书,更不发义。故康成谓:'《穀梁》善于经',王接亦曰:'《公羊》于文为俭,通经为长'。此而例之训诂之传,犹或可也。若《左氏》之书,据太史公《十二诸侯年表》,则曰《左氏春秋》,而不言传;据严彭祖引《观周篇》之文,则言为传,与《春秋》相表里,而不言是释经;据卢氏植、王氏接,则谓囊括古今,成一家之言,'不主为经发'。据高氏佑、贺氏循,则并目之为史。是汉晋诸儒言《左氏》者,莫不以为纪事之书,所谓载记之传是也。故汉《左氏传》与《春秋》分行。至杜元凯作《集传》,始割传附经,妄生义例,谓'传或先经以纪事,或后经以终义,或依经以辨理,或错经以合异',一似《左氏》此书专为解驳经义者,独不思经止哀十六年,而传则终于二十七年。如依杜说,此十有一年之传,为先后何经、依错何经耶?甚矣其惑也!后儒不察,乃反依据杜本妄议《左氏》之书。唐权德舆谓:'《左氏》有无经之传,失其根本。'宋王晳谓:'《左氏》贪惑异说,于圣人微旨疏略。'明何异孙谓:'《左氏》疏于义理,理不胜文。'凡此狂言,皆杜氏以传附经,谓《左氏》专为释经而作,有以启之也。昔人谓三传作而《春秋》微,余亦谓杜注行而《左传》隐。"①

《经学通论》评论说:"《史记》云'《左氏春秋》',《汉志》云'《左氏传》',近人据博士说'左丘明不传《春秋》',以《汉志》称传,为沿刘歆之误。此独分别有训诂之传,有载记之传,以《左传》为载记之传,其说亦通。《南齐书·陆澄传》曰:'泰元取服虔,而兼取贾逵经。由服传无经,虽在注中,而传又有无经者故也。今留服而去贾,则经有所阙。'据此,则服子慎知经传有别,故但释传而不释经,贾景伯则经传并释,杜从贾,不从服,故《集解序》不及服虔,其后服、杜并行,卒主杜而废服,盖以杜解不经,服解无经之故,不知经传分行,实古法也。"②

(二) 辨证

1. 训诂之传与载记之传

张杓对"训诂之传"和"载记之传"的界定,是错误的。"主于释经"的"训诂"作品,仅对经书字句作训诂而不另作发挥,汉人称之为"诂"(亦通"故"),不是称为"训诂之传";另有"载纪",甚至"主于纪事",在经义另作阐述,甚至援引一些与经文不直接相关的材料或叙事,则是"传",不是称为"训诂之传",如《韩诗外传》便是显例。对"诂"与"传"之别,马瑞辰已有明确的辨析:"盖诂训第就经文所言者而诠释之,传则并经文所未言者而引伸之,此诂训与传之别也。"③

---

① 张杓:《磨甋斋文存》,见《广州大典》第461册,广州:广州出版社,2017年版,第755页。
② 皮锡瑞:《经学通论》卷5,第422页。
③ 马瑞辰:《毛诗传笺通释》卷1,北京:中华书局,1989年版,第4—5页。

李若晖透过西汉初期《诗》的学习流传，指出："鲁《诗》学无《传》，仅有《故》，最大限度地保留了经书的'原教旨'"，又说："刘歆仍然承认在三家之中，'鲁最为近之'，即是因为鲁仅有《故》而无《传》，笃守经义，不做发挥。"① "训诂之传"和"载记之传"二称，是张杓自己随意的界定，实为无稽之言。

2.《公》《榖》≠ 训诂之传

张杓论定《公》《榖》属于"训诂之传"，是不全面的，甚至有误导性的。上述"无经之传"的讨论已指出，二传与经文不尽对应。这里要补充的是，即使是隶属于某经之下的传文，二传也不都是"依经立传"的情况。试看以下二例：

[1] 庄四年经："纪侯大去其国。"《公羊》云："大去者何？灭也。孰灭之？齐灭之。曷为不言齐灭之？为襄公讳也。《春秋》为贤者讳，何贤乎襄公？复仇也。何雠尔？远祖也。哀公亨乎周，纪侯谮之，以襄公之为于此焉者，事祖祢之心尽矣。尽者何？襄公将复雠乎纪，卜之曰：'师丧分焉。''寡人死之，不为不吉也。'远祖者，几世乎？九世矣。九世犹可以复雠乎？虽百世可也。"

[2] 定四年经："庚辰，吴入楚。"《榖梁》云："日入，易无楚也。易无楚者，坏宗庙，徙陈器，挞平王之墓。何以不言灭也？欲存楚也。其欲存楚奈何？昭王之军败而逃，父老送之，曰：'寡人不肖，亡先君之邑。父老反矣，何忧无君？寡人且用此入海矣。'父老曰：'有君如此其贤也，以众不如吴，以必死不如楚。'相与击之，一夜而三败吴人，复立。何以谓之吴也？狄之也。何谓狄之也？君居其君之寝而妻其君之妻，大夫居其大夫之寝而妻其大夫之

---

① 李若晖：《解经与治国：以战国至西汉儒道经学之互动为中心》，见《南开学报（哲学社会科学版）》2017年第3期，第103页。

妻，盖有欲妻楚王之母者，不正乘败人之绩而深为利，居人之国，故反其狄道也。"①

例［1］撇开了"纪侯"的主辞不谈，把"大去"当成"灭"来解释，而《公羊》的重点不是经文说了什么，而是经文"不言"什么；更准确地说，是以《公羊》所认知的史实来取代经文所言之事，即"纪侯大去其国"一事。就立说的范围来看，"不言"远比"言"更广泛，"言"离不开《春秋》说了什么，"不言"则是任何貌似相关的叙述也可以采用。在字面意义上，"大去"与"灭"毫无相通之处。《公羊》认定《春秋》寓有讳齐襄之意，是在"经所不书"之处"发义"。真的"依经立传"的话，就该注意被灭国的纪侯，因为"纪侯"是庄四年经的主语，而《公羊》既不理会"纪侯"，又不训诂"大去其国"之意，这完全是为了肯定复九世之仇的需要。自"何贤乎襄公"起的十一问，都不是紧扣经文而产生的，而是根据《公羊》所述的历史叙事及其政治判断，进而反复答问，由此证明复仇灭国也可被讳。用张构的话来说，《公羊》伸张复仇之义，不是"主于释经"，而是"主于纪事"。②

例［2］是以"入"为"灭"的讳辞，而"不言灭"之问，与"不言齐灭之"之问一样，都是从"不言"而非"言"来展开讨论。《穀梁》"欲存楚"的判断，更多的是立足于相关历史的认知，而非经文的训诂。凡举楚昭王与父老的对话、父老奋起三败吴人乃至"妻其君之妻""妻其大夫之妻""欲妻楚王之母"诸事，都不是紧扣经文，而是另添叙事以作旁证。

---

① 徐彦：《春秋公羊传注疏》卷6，第122页。杨士勋：《春秋穀梁传注疏》卷19，第323—324页。
② 有关庄四年经的解读，参阅拙著：《〈穀梁〉政治伦理探微：以"贤"的判断为讨论中心》下册，第390—408页。

《公》《穀》二传，充满各种"不言"或其他在解文以外立说的观点。张㧑"经所不书，更不发义"是无视反例的概述。当然，这不是说二传全非"依经立传"。二传有许多正面解读经文的说法。但也该正视，《公》《穀》"依经立传"有其限度，所立之传不乏"经所不书"之处，上述［1］和［2］绝非孤证。汉人称之为"传"，是有道理的，因为二经不像鲁《诗》有《故》无《传》的情况。

张㧑不从二传内容上找证据，反而诉诸某些他相信是权威的意见，对于证成己说是不利的，甚至是弃本逐末的。更重要的是，他的两个举证都是有问题的：

［3］郑玄《六艺论》云："《左氏》善于礼，《公羊》善于谶，《穀梁》善于经。"

［4］《晋书·王接传》："《公羊》附经立传，经所不书，传不妄起，于文为俭，通经为长。"①

例［3］是泛论三传释经的特色，张㧑只引"《穀梁》善于经"，是存心隐瞒潜在的反证。因为"《左氏》善于礼"显示郑玄欣赏《左传》对礼的各种记载和评论意见，以此可以证明《左传》不仅是"纪事"。此外，"《公羊》善于谶"则是认为《公羊》可以印证谶语，而"谶"显然不是经传的一部分，此则"经所不书，更不发义"之明征。观察例［4］，同时比较张㧑之文，可以发现张㧑是把例［4］之语一分为二：转换了"依经立传，经所不书，更不发义"的指代对象，由原来专指《公羊》变为兼指《公》《穀》，又维持"于文为俭，通经为长"出自王接之口。前者不是概括《公》《穀》的准确描述，前已述及；后者不过是指出《公羊》行文简约，长于"通经"。此"通经"没有规定《公羊》

---

① 杨士勋：《春秋穀梁传注疏》，第3页。房玄龄等：《晋书》卷51，第1435—1436页。

是以"训诂"作为解经的主要手段。确切地说，真以训诂作判准，《公羊》也比不上《穀梁》，故于鬯评曰："《穀梁》于训诂之学最慎。"① 王接不过是相对空泛的赞颂，张栻却"例之训诂之传"，以为这是印证《公羊》作为"训诂之传"的证据，说明他对王接所言得失似欠把握。

3. 《左传》≠ 载记之传

张栻论定《左传》属于"载记之传"，也是以偏概全的。《左传》记载大量叙事，自然包含张栻所说的"载记"或"纪事"，但以"载纪之传"概括《左传》，并把"载纪之传"与"训诂之传"对立起来，却有两个谬误：

（1）《左传》许许多多的"载记"或"纪事"都有助于经义的解释，甚至是极大的帮助。譬如说，赵盾没有弑君的动机，在相关事迹的叙述上，《左传》与《公羊》若合符节。② 无论是印证《公》《穀》二传，二传所无的独特叙事，抑或其他方式的叙事，《左传》的记载往往是读者认识经中相关事件的重要凭借，岂能说丰富的叙事就是解释经义的绊脚石？

（2）"载纪之传"与"主于纪事"都是大而化之的概括，很容易让读者误会《左传》只有各种叙事，没有释经的内容。相信所有《左传》读者皆知道，传中解经之语，俯拾皆是，不待深求：

[1] 隐七年传："夏，城中丘。书，不时也。"
[2] 桓元年传："秋，大水。凡平原出水为大水。"
[3] 庄五年传："秋，郳犁来来朝。名，未王命也。"③

---

① 于鬯：《香草校书》卷47，第946页。
② 孔颖达：《春秋左传正义》卷21，第594—598页。徐彦：《春秋公羊传注疏》卷15，第329—334页。
③ 孔颖达：《春秋左传正义》卷4，第106页；卷5，第132页；卷8，第226页。

例［1］是解释经文的"夏",说明"城中丘"的时机错误;例［2］解读"大水"之义;例［3］阐述"郳犁来"称名的原因。这些都是"释经"而非"纪事"的内容。无视于此,径以"载纪之传"定性《左传》,当然是以偏概全的做法。

张杓"载记之传"之称,无非是强调《左传》不像《公》《穀》那样"主于释经"。他所罗列的证据,第一条就是《史记·十二诸侯年表》称之为"左氏春秋"①,而不是"传"。但如上所述,《年表》正是记载了左丘明"因孔子史记具论其语"是鉴于"惧弟子人人异端"的状况,② 可见在司马迁心目中,《左氏春秋》的写作是针对经义分歧,完全是一部解经的作品。张杓以《年表》称"左氏春秋"而非"传"作为反证,实已预设《史记》称"春秋"而非"传"的作品,只能是"载记之传",无涉于解经。事实上,《史记》没有以"传"称《左》《公》《穀》三书,《儒林列传》云:"唯董仲舒名为明于《春秋》,其传公羊氏也。"又云:"瑕丘江生为《穀梁春秋》。"③ 可见,《公羊》和《穀梁》亦非称"传"。根据司马迁的用法,某书冠以"春秋"之名,不蕴涵它只属"载记之传"。

张杓这一论点,泥于自设的二分牢笼,而对《左传》误加刻论,殊无可信的凭据,但皮锡瑞却喜其言,认为"其说亦通",为什么呢?这里需要追溯语脉。从西汉末博士指责左丘明"不传《春秋》"的抗议立论,继而怀疑《汉书·艺文志》称"传"是"沿刘歆之误",不是张杓的发明,而是源于刘逢禄(即皮锡瑞所说的"近人")的观点。无论如何,"左氏为不传《春秋》"出自《汉书·刘歆传》所载的驳语,其中的批判重点是攻击学者们"信口说而背传记,是末师而非往古"④,不能

---

① 司马迁:《史记》卷14,第648页。
② 司马迁:《史记》卷14,第648页。
③ 司马迁:《史记》卷121,第3799页。
④ 班固:《汉书》卷36,第1970页。

为汉朝创立一套天子礼。① 其中，未尝辨析区别《春秋左氏传》与《左氏春秋》二者之别。察看《汉书》的用法，这是两个没有实质区别的用语，试看以下二例：

[4] 及歆校秘书，见古文《春秋左氏传》，歆大好之。

[5] 歆白《左氏春秋》可立，哀帝纳之，以问诸儒，皆不对。……汉兴，北平侯张苍及梁大傅贾谊、京兆尹张敞、太中大夫刘公子皆修《春秋左氏传》。谊为《左氏传》训故，授赵人贯公。②

例[4]所言的《春秋左氏传》，是刘歆阅读和喜好的读物，《汉书》不曾说过刘歆对之命名。例[5]可以说明，汉初已有人修习《春秋左氏传》；而刘歆所奏立的《左氏春秋》，基本上就是汉人所传习的《春秋左氏传》。当时反对《左传》的博士"皆不对"，其中不曾述及这些人对《左氏春秋》的书名有何看法。据此，很难说这是刘歆首称《左氏春秋》为传的证据。相反，贾谊为之"训故"的既是《左氏传》，更合理的解读是刘歆以前早有"左氏传"之名存在，此"左氏传"与"左氏春秋"极有可能是同一本书的不同称呼。令人沮丧的是，《左氏》从什么时候开始称为"传"？现在还是茫昧度臆，欠缺足够准确的传世史料说明详情。《汉书·艺文志》的"《左氏传》三十卷"的记载③，只是记载有这样一部官藏古籍传世，究竟是谁首称为"传"？即使《艺文志》取材于刘歆《七略》，但无法进一步确证《左氏传》是刘歆的冠名。最低限度，不能据此推翻例[4]的记载。皮锡瑞暗引刘逢禄之说，但结果呢？还是不能从"近人"支持张杓之说。

---

① 李若晖：《久旷大仪：汉代儒学政制研究》，第133—173页。
② 班固：《汉书》卷36，第1967页；卷88，第3619—3620页。
③ 班固：《汉书》卷30，第1713页。

4. 其他八项证据

除了《史记·十二诸侯年表》以外，张杓还有以下八项证据，皆引自朱彝尊《经义考》，现摘录如下：

[1] 严彭祖曰："孔子将修《春秋》，与左丘明乘如周，观书于周史，归而修《春秋》之经，丘明为之传，共为表里。"

[2] 卢植曰："丘明之传《春秋》，博物尽变，囊括古今，表里人事。"

[3] 王接曰："《左氏》辞义赡富，自是一家书，不主为经发。"

[4] 高佑曰："《左氏》属辞比事，两致并书，可谓存史意，而非全史体。"

[5] 贺循曰："左氏之传，史之极也。文采若云月，高深若山海。"

[6] 权德舆曰："仲尼明周公之志而修经，丘明受仲尼之经而为传，元凯悦丘明之传而为注。左氏有无经之传，杜氏又错传分经，虑失其根本矣。"

[7] 王晳曰："邹、夹无文，独左氏善览旧史，兼该众说，得《春秋》之事迹亦甚备，其书虽附经而作，然于经外自成一书，故有贪惑异说，采掇过当，至于圣人微旨颇亦疏略，而大抵有本末盖出于一人之所撰述。"

[8] 何异孙曰："《左氏》善于考事，而义理则疏；《公》《穀》于义理颇精，而考事则略；《左氏》理不胜文，《公》《穀》文不胜理。《左氏》之得，《公》《穀》失之；《公》《穀》之得，《左氏》失之。"①

---

① 朱彝尊：《经义考》卷169，第3087—3088、3098页；卷173，第3167页。

例 [1] 表明严彭祖相信左丘明追随孔子修经而"为之传",张灼反而根据"共为表里"一样认为《春秋》与《左传》仅是"相表里",以此否定《左传》与"释经"的关系。"共为表里"是形容经传之间互相配合,密不可分,尽管严彭祖言"共为表里"不等于"释经",但不蕴涵《左传》毫无解经的内容。以严彭祖对《左传》评价之高,若说《左传》有许多内容可以解明经义,恐怕他也会这么认为比反对的可能更高得多吧?其实,要审视《左传》是否释经,还得从文本自身着手。张灼拿严彭祖这句没有太多信息的话作为《左传》没有"释经"的证据,迹近悬木求鱼。

例 [2] 的"博物尽变,囊括古今",反映卢植对《左传》记事的欣赏,但不能据此断定他眼中的《左传》只是"纪事之书"。《后汉书·卢植传》云:"今《毛诗》《左氏》《周礼》各有传记,其与《春秋》共相表里,宜置博士,为立学官,以助后来,以广圣意。"① 可见,卢植完全相信《左传》是解经的作品,其言"共相表里",与严彭祖的"共为表里",意义相当。张灼之驳,不当显然。

例 [3] 王接之言,上文已有讨论,于此不赘。

例 [4] 高佑之语,原载《魏书·高佑传》,其载高佑与李彪等奏曰:"臣等闻典谟兴,话言所以光著;载籍作,成事所以昭扬。然则《尚书》者记言之体,《春秋》者录事之辞。寻览前志,斯皆言动之实录也。夏殷以前,其文弗具。自周以降,典章备举。史官之体,文质不同;立书之旨,随时有异。至若《左氏》,属词比事,两致并书,可谓存史意,而非全史体。"② 高佑、李彪是在讨论"记言"和"录事"的问题,认为《左传》兼取《尚书》和《春秋》两种写法,兼载言、事,被视为"存史意",不是"全史体"。估计高、李等人认为,还是要把

---

① 范晔:《后汉书》卷64,第2116页。
② 魏收:《魏书》卷57,北京:中华书局,1974年版,第1260页。

"言""事"截然分开,方才算是"全史体"吧。不管如何,他们讨论的是史官的叙事方针,并以《尚书》《春秋》《左传》三书作为参考对象,但要注意,从这三本书找到写史的依据,不蕴涵它们只能算是"史"而不算是"经"。谁会因为《尚书》"记言"、《春秋》"录事"而把它们剔除在《五经》之外?如此类推,不能因为《左传》"两致并书"而否定它也有解释《春秋》的元素。高佑等人显然没有"经"与"史"二者冰炭不容的想法。张杓"目之为史",是过分简单化的说法。

在例[5],贺循赞美《左传》为"史之极",但这也不意味他仅是"目之为史"。《通典》记载贺循上言:"儒道荒废,学者能兼明经义者少。且《春秋》三传,俱出圣人,而义归不同。自前代通儒,未有能通得失,兼而学之者也。"① 承认《左传》是史书的杰作,不等于它应该丧失经部典籍的地位。张杓对贺循的理解,同样以偏概全。

从例[1]到[5],张杓企图透过"汉晋诸儒"之口,刻画《左传》是"纪事之书"的声音,进而佐证"载记之传"的结论。但严彭祖、卢植、王接、高佑、贺循五人除了赞美《左传》的历史记载外,也不见得否定《左传》解读《春秋》的作用。张杓的举证貌似多种多样,其实任随己意,不能当真。然而,皮锡瑞对之却无基本的查证。

张杓与皮锡瑞一样,都是相信杜预是制造错误认识的祸首,故对杜注"妄生义例"大施斥斧。这方面的意见,不过是"无经之传"所引起的认识困乱,已如前辩。问题是,张杓真的相信有"后儒"受杜预的误导,宣示"昔人谓三传作而《春秋》微,余亦谓杜注行而《左传》隐",前一句原是《中说·天地篇》云:"三传作而《春秋》散"②,这里透露了王通对经传旧说的不满,与张杓反杜注本无任何实质意义的联系。比较有信息意义的是张杓所举的三例。

---

① 杜佑:《通典》卷53,北京:中华书局,1988年版,第1465页。
② 张沛:《中说校注》卷2,北京:中华书局,2013年版,第63页。

比较例[6]权德舆之言，与张杓所摘录的部分，可以发现权德舆既承认孔子—左丘明—杜预三者的经、传、注的关系，也认可"虑失其根本"的根源在于杜预"错传分经"。杜预为了经传之间的对应性，割裂了《左传》原来的文句，分系于《春秋》经下，如于鬯所说，"《左传》未经割传附经之前，其文本相连接。"① 从文本的完整性判准，杜预这个做法是值得商榷的。但要注意的是，权德舆是因为《左传》有"无经之传"，觉得杜预割传附经做得不妥，这是对《左传》文本编序的不同观点，而"虑失其根本"的"其"是指《左传》。张杓削去"杜氏又错传分经"一句，使得"失其根本"上属"有无经之传"的"《左氏》"而言；而"失其根本"的"其"，已变为"无经之传"的"经"。也就是说，"失"了"根本"的是由《左传》变为《春秋》，而导致"失其根本"的承咎者，由杜预变为《左传》；移花接木，一睹即见。权德舆分明不满杜注对《左传》的文本处理，张杓反而怪责他误信杜预"有以启之"，莫名其妙。皮锡瑞没有查证而信据其言，同样不可接受。

例[7]批评《左传》的话，只是王皙对三传评价的部分内容。接下来，王皙还继续说："《公》《穀》之学，本于议论，择取诸儒之说，系于经文，故虽不能详其事迹，而于圣人微旨多所究寻，然失于曲辩赘义，鄙浅丛杂，盖出于众儒之所讲说也。"② 把这一句与例[7]结合观察，可知王皙对比《左传》与《公》《穀》，三传互有短长：《左》的长处是"善览旧史，兼该众说"，短处是"贪惑异说，采掇过当"，《公》《穀》的长处是"于圣人微旨多所究寻"，短处是"不能详其事迹"。张杓只注意《左传》的短处，不言《公》《穀》的短长，其实是为了自己拥《公》《穀》、反《左氏》的立场。王皙不是一边倒地谴责《左传》，也不是从"训诂之传"与"载记之传"对立的视角中展开，更未涉及杜

---

① 于鬯：《香草校书》卷37，第741页。
② 王皙：《春秋皇纲论》卷5，见《文渊阁四库全书》第147册，上海：上海古籍出版社，1987年版，第158页。

预"以传附经"的问题。张朹举王晳为例,无裨论证。

例［8］与例［7］大致相同,何异孙与王晳一样,是比论《左传》与《公》《榖》各自的得失。这些评论,重义理又重考事,无论何异孙对杜预"以传附经"是什么想法,也可以这么提出。因此,何的观点与张朹没有多少逻辑关联性。何异孙虽批判《左传》"义理则疏",这已显示他觉得《左传》也讲"义理";而他批判《公》《榖》"善于考事",则已显示他觉得二传也讲"考事"。张朹片面摘录何异孙的观点,但何的观点也不能加强《左传》作为"载记之传"的定性。

［6］、［7］、［8］三证,与张朹的其他例证一样,都是欠缺足够的证据分量。权、王、何三人很难说是墨守杜注的信徒,张朹切割了他们的语句而随意申论,断言一切都是受到杜注的影响"有以启之",令人费解。

说实在的,张朹"训诂之传"和"载记之传"的区别,从概念的界定和举证,都是存在不少的疑问,据此作为区别《公》《榖》与《左传》两者的依据,自然是不牢固的建构。皮锡瑞以此阐述,大概是相信其说有助"经史之分"的论证。然而,他自己不再加以深究,思以强化之术。其引《陆澄传》之事,无非是回顾了杜注与其他诸注之间的角逐,与张朹论题殊无关涉。

七、对刘安世的评论

(一) 对刘安世的评论

除了张朹以外,皮锡瑞为了让《春秋》与《左传》脱钩,还多加其他引证,特别引用刘安世的观点:

马永卿《元城语录解》引刘安世曰:"先生与仆论《春秋》,仆问西汉之时《左氏》不立学官,何也?先生曰:'西汉学者,各有师授,一授之于师,则终身不变。《左氏》与二家大相戾,故不列于学官也。'

仆曰：'《春秋》之说，不胜其烦，何也？'先生曰：'吾友之问是矣。仲尼门人皆受《六经》之义，而《六经》而前，世事可以明言得失。至于《春秋》所贬损，皆当时君臣有威权势力，不可书见。故仲尼授弟子，弟子退而异言，故其说不胜其烦。《公》《穀》皆七十二贤弟子，其说皆有师承，非《公》《穀》自为之也。《公》《穀》皆解正。《春秋》所无者，《公》《穀》未尝言之。故汉儒推本，以为真孔子之意。然二家亦自矛盾，则亦非孔子之意矣。若《左传》，则《春秋》所有者或不解，《春秋》所无者或自为传。故先儒以谓《左氏》'或先经以起事，或后经以终义，或依经以辨理，或错经以合异'，然其说亦有时牵合。要之，读《左氏》者，当经自为经，传自为传，不可合而为一也，然后通矣。"①

《经学通论》评论说："据此，则《左氏》经传，当各自为书，宋人已见及之，可为刘逢禄先路之导。"②

（二）辨证

1. 刘安世对三传的批评

《元城语录解》画有底线的引文，《经学通论》皆未引录。假如联系这一部分看，便非常明白。刘安世对三传皆有贬词，故有"二家亦自矛盾""亦非孔子之意"的劣评。至于《左传》，刘安世绝非否定其书解经的作用，且看他如何反驳啖助对《左传》的攻击："多失于穿凿，以为三家皆不可信，而吾于数千载后独得圣人之微意。呜呼！其诬先儒，后世之罪大矣。至于唐时啖助尤为作俑，至于以谓左氏者，非左丘明也，乃《论语》孔子所引前世人老彭、伯夷等类，非同时人。所谓'左丘明耻之，丘亦耻之'者，左丘明非'春秋左氏'，而左氏别有名也。其妄意穿凿，乃至如此。想见啖助当初立此新意穿凿之时，自谓可破万

---

① 马永卿：《元城语录解》卷中，见《文渊阁四库全书》第863册，上海：上海古籍出版社，1987年版，第370页。

② 皮锡瑞：《经学通论》卷5，第423页。

世之惑，不知为后世笑具也。"①

刘安世欣赏《公》《穀》解读经义的贡献，但不是据二传而废《左传》。他还是宁愿接受左丘明撰写《左传》以解《春秋》的传统说法。在刘安世心目中，《左传》为解经而作，事实确凿，不容轻易置疑，而他之所以批评杜预，主要是觉得"经传分行"是比较符合古本。这一道理，简明可信，清儒研治《左传》的学者都能承认，像洪亮吉《春秋左传诂》便是"经自为经，传自为传"，未尝"合而为一"，但洪诂是否主张《左传》与《春秋》毫无关系呢？答案显然不是。杜预割裂传文以解经，在文本处理上的得失和争议，还需要学者专家继续推进研究，但有一点是相当清晰的：不能因为杜预做法的争议性而反过来断定《左传》必然与经无关。《春秋》与《左传》之间是否有关？这是要对两个文本作出实质考察后方能定夺。不能说杜预"合而为一"做得不对，就意味《左传》没有解经的内容。

2. 刘逢禄指责的不可信

无论如何，刘安世"经自为经，传自为传"的说法，与张杓"训诂之传"和"载记之传"在论证上没有紧密的关联。鉴于皮锡瑞承其张说之后援引刘说，其真正作用，倒不是虚晃一枪便即了事，主要是为了拥护刘逢禄的观点。刘逢禄指责刘歆作伪，在原来的《左传》上增设条例，把原来不解经的《左传》变为一部解经的作品。刘逢禄触及的问题甚多，兹事体大，在此无法全面展开讨论；好在他指控刘歆之说，学界早有定论，现引赵伯雄的说法备案："在那崇尚考证的时代里，刘氏之说自然容易得人的信仰。然而经过现代学者的研究，所谓刘歆伪造说还是被推翻了，《左传》之解经的性质已被多数学者所承认。现在再回头来看刘逢禄的所谓'考证'，就会发现存在许多武断及不合理之处。他揭发刘歆作伪之迹，也往往缺乏正确的证据。他为了证明《左氏》不传

---

① 马永卿：《元城语录解》卷中，第370页。

《春秋》，对《汉书》等书中所记《左传》之传授也一概予以否定，这就更显得偏执了。"①

问心而言，皮锡瑞恐怕也不自安于刘逢禄的结论，故此容有退让地说："刘氏以为刘歆改窜传文，虽未见其必然，而《左氏》传不解经，则杜、孔极祖《左氏》者，亦不能为之辨。"② 读此可见，皮锡瑞也估测刘逢禄的考证未必靠得住。刘逢禄因局部问题指控《左传》为伪书，其不信《左传》的依据实为门户之见。就这一派性立场而言，却与反锡瑞并无二致。是故，皮锡瑞虽不敢像刘逢禄那般自信，仍继续拿它作为批判《左传》的旁证。举证不可靠，自然导致推论的可信性。皮氏"不能为之辨"之言，恐怕也是把话说得太满了。虽然明知刘的考证未必靠不住，皮锡瑞仍然予以极力称道，"可为刘逢禄先路之导"云云的论断，实为铺张反《左传》的声势，显示刘逢禄之说亦有知音。就修辞而言，这是利用貌似没有争议性的事例来支持一个高度争议性的论断，其为掩护的作用，体现得最为充分。刘安世与刘逢禄二人，学术理念大异，前者绝非后者在宋代的先驱，就学理而言，二刘之间绝无关系，是可以断言的。皮锡瑞以刘安世印证刘逢禄的思路，差矣谬矣。

八、小结

《左传》是什么性质的书？该作如何界定？宜看它的整个内容，进行细致归纳，在搜证前不妄语，此乃最可靠和最妥当的做法。弃置《左传》文本不顾，找来其他人且是没有直接关系的人作证，着意从这些人的著作分解某些话语与自己对《左传》的劣评挂钩，然后宣布《左传》不能用来解释《春秋》，这不是好办法。若照此法办理，凡是载有历史

---

① 赵伯雄：《〈春秋〉经传讲义》，第290页。
② 皮锡瑞：《经学通论》卷5，第419页。

叙事的著作，不仅《公羊》和《穀梁》，而且许许多多采用三传记载来解读经文的著作，包括何休《春秋公羊解诂》在内，都应被划归"史"而不再是"经"的东西。如是推说，经不容史，史不容经，经史自古同冰炭，然则能被划在《春秋》类的著作究有多少？

评估一部作品，不先考察它写什么，仅从前言旧闻入手，尤其是其他人对它的负面观感，而将之归入某一劣质的标签之下，乃是一个懒惰和可能偏颇的做法。皮锡瑞对《左传》的批判，除了"经史之分"的提出，以及对五十凡例的攻击外，主要是罗列其他人对《左传》的读后感，尤其那些被他视为有助于证成《左传》为史的观点。结果呢？这些观点，罗列再多，也不可能取代《左传》文本的全盘分析，更何况所举的论证存在立论偏颇的弊端了。

经史之分，是扬《公》抑《左》的派性工具。"经"和"史"是两个方便的标签。像昔日教条主义盛行的标签一样，"经"是先在地比"史"重要，至少在经学研究上，只要贴了"经"的名称，相关著作似乎就变得高人一等，不问内容如何，也可以得出它比较重要和正确的判断，至少肯定比贴了"史"的作品更重要和更正确。皮锡瑞以《春秋》为经、《左传》为史的二分切割，充分证明这种贴标签的做法是不必充分证明即可获得结论，而且有力打击敌人的犀利武器，其威力不可低估。

《春秋》研究能不能不再是贴标签？能不能不再拿着"经史之分"到处排斥异己？一切有待学术研究验证。

第三章 "微言"与"大义"的分拆

除了"经"与"史"的分拆，皮锡瑞伸张《春秋》改制的另一做法，是对"微言"与"大义"的分拆。同样，其中的论证也是需要考察的。

"微言"指什么？"大义"指什么？历来诸说纷纭，莫衷一是。"大义"和"微言"本无固定的内涵和指代对象。《汉书·艺文志》云："昔仲尼没而微言绝，七十子丧而大义乖。"① 自此以后，"微言"和"大义"，以及二者的合成词"微言大义"，成为许多论者讨论孔子思想或早期儒学时随意使用的术语。② 在绝大多数情况下，它们都不是严格的学术用语。没有公认的标准规定如何使用它们。无论是文人抑或经师，只要喜欢的话，都可以把某些自己偏爱的话语视为"大义"、"微言"或"微言大义"，言者任随己意，听者也未必计较。这些用语不是《公羊》学者的专利，而《公羊》也没有独占它们的

---

① 班固：《汉书》卷30，第1701页。
② 其他意义相近的措辞，如"微辞奥义"之类，同样也是这样任意的使用，本书对此不予深论。

任何条件。①

不过，皮锡瑞却认定《春秋》有"微言"和"大义"，并且将之分拆为两个不同的主张。皮锡瑞《经学通论》云："《春秋》有大义，有微言。所谓大义者，诛讨乱贼以戒后世是也；所谓微言者，改立法制以致太平是也。"② 此"微言"与"大义"各有不同的内涵，语极明显。这样鲜明的对比，是皮锡瑞的个人发明。它的提出，与皮锡瑞努力辩护《春秋》改制主张密切相关。究竟这个想法能不能证成呢？关键是来自文献内部的证据。可是，读者甚少对之深入地剖析。

《春秋》措辞简约，即使极复杂的事情亦以单言词组述之，没有"微言"或"大义"之类这些相对抽象的复合词。三传皆无"微言"。至于"大义"，《公》《穀》毫无记载，《左传》仅2例，但其含义有别

---

① 郭晓东引录刘歆"夫子没而微言绝，七十子终而大义乖"之语，然后说："其后，此词素有广义与狭义两种用法。今文家多在狭义上使用'微言大义'一词，"（参阅《春秋公羊学史》中册，第866—887页。）这主要是以皮锡瑞的界说为"狭义"的用法，而"广义"的用法则杂引两宋道学家诸说。此说实可商榷，因为：(1)"素有"之"素"作副词用，意谓向来，如"素不相识"是说向来不认识相关某些对象。郭晓东于"其后"言"素有"，显然认为他所理解的"狭义"和"广义"是自刘歆以来即有两种用法，但其例证却不自两汉列举。仅以刘歆《移让太常博士书》看，其"微言"和"大义"算是"狭义"抑或"广义"？刘歆或其他汉儒真有"两种用法"的意识吗？进一步追问，哪一个"今文家"（尤其是汉代的"今文家"）像皮锡瑞那样的界说？郭晓东不举一例，空口无凭，没有承担相关的举证责任。(2)本章下文将会述及，曾亦在《春秋公羊学史》认为皮锡瑞的"明确界说"，使得"微言"与"大义"的"内涵"得以阐明。此说已预设皮锡瑞以前，无人如此区分"微言"和"大义"；换言之，郭所说的"狭义"的用法，在皮锡瑞以前无人如此主张。事实上，郭的引证也没有早于皮以前的例子。《春秋公羊学史》内容自相刺谬，曾、郭之间，前后矛盾显然。(3)确切地说，"微言"与"大义"的二分界定，是皮锡瑞的个人创造，非汉儒以来的产品，根本说不上"素有"什么"两种用法"。在郭以外的有限引证外，还有大量事例可以说明儒者对"微言大义"相对松散而欠缺统一认识的使用，皮锡瑞在维新以前随意泛言"微言大义"，便是显例。郭晓东"素有"之说，只是盲目以《经学通论》的界说为权威定论，加之非历史地随意套用，其言轻率，不宜信从。

② 皮锡瑞：《经学通论》卷5，第366页。

于皮锡瑞所说。① 单以《公羊》而言，传中既无"大义"，亦无"微言"，更无"大义"与"微言"之区别。相关概念的阙如，是一个客观的文本限制。一方面，皮锡瑞所倡导的"微言"，亦即"改立法制以致太平"的主张，是参照何休《解诂》而提出的。另一方面，何休毕竟只是东汉的一名经师，仅凭《解诂》是不足服人的。

说到底，"微言"或"大义"之所以成为可褒之词，关键在于它们皆被预设是源于孔子（或至少是孔门弟子），而非何休的个人创造。基于这样的考虑，分拆"微言"与"大义"的新构想，必须是儒者可以接受和认可的安全主张，最好是能够证明这不是一小撮《公羊》信徒的异常观点，而是《春秋》固有之义。但在欠缺本证的情况下，讲述《春秋》的"微言"或"大义"，必然是退而求其次，从其他典籍或材料着手。皮锡瑞无疑很想从其他具有代表性的思想家中寻找支持其说的证据。以下三节，将会先后考察皮锡瑞如何诠释《孟子》、董仲舒的著作和宋五子的观点。

第一节 孟子与"微言大义"

皮锡瑞论证的依据，首举《孟子》。他强调《孟子》载有支持其说的证据，故曰"此在《孟子》已明言之"。② 这个论断是否可靠？它的论证有没有讹谬？

---

① 《左》隐四年传："大义灭亲"，这是指石碏设计杀子之事；又《左》僖二十五年传："诸侯信之，且大义也。"这是狐偃劝晋文公勤王的谏言。（参阅孔颖达：《春秋左传正义》，卷3，第88页；卷16，第426页。）以上二例，皆无涉于皮氏"诛讨乱贼以戒后世"的定义。
② 皮锡瑞：《经学通论》卷5，第366页。

一、对"天子之事"的过度诠释

（一）对《滕文公下》的解释

《孟子》讨论《春秋》的写作宗旨，计有两则文字。以下，先看第一则：

《滕文公下》云："世衰道微，邪说暴行有作；臣弑其君者有之，子弑其父者有之。孔子惧，作《春秋》。《春秋》，天子之事也。是故孔子曰：'知我者其惟《春秋》乎！罪我者其惟《春秋》乎！'"赵注："设素王之法，谓天子之事也。"① 朱熹《四书章句集注》引胡氏曰："罪孔子者，以谓无其位，而托二百四十年南面之权。"然后又说："愚谓仲尼作《春秋》以讨乱贼，则治世之法垂于万世，是亦一治也。"②

对此，皮锡瑞解释说："孟子说《春秋》，义极闳远。据其说，可见孔子空言垂世，所以为万世师表者，首在《春秋》一书。孟子推孔子作《春秋》之功，可谓天下一治，比之禹抑洪水，周公兼夷狄，驱猛兽；……且置孔子删《诗》《书》，订《礼》《乐》，赞《周易》皆不言，而独举其作《春秋》，可见《春秋》有大义微言，足以治万世之天下，故推尊如此之至。两引孔子之言，尤可据信。是孔子作《春秋》之旨，孔子已自言之；孔子作《春秋》之功，孟子又明著之。孔子惧弑君弑父而作《春秋》，《春秋》成而乱臣贼子惧，是《春秋》大义。'天子之事'，'知我罪我'，'其义窃取'，是《春秋》微言。大义显而易见，微言隐而难明。孔子恐人不知，故不得不自明其旨。"又说："朱子注引胡传，亦与《公羊》素王说合。素，空也，谓空设一王之法也。即孟子

---

① 孙奭：《孟子注疏》卷6，第178页。
② 朱熹：《四书章句集注》，第272页。

云'有王者起，必来取法'之意。本非孔子自王，亦非称鲁为王。后人误以此疑《公羊》，《公羊》说实不误。胡传曰：'无其位而托南面之权'，此与素王之说，有以异乎？无以异乎？赵岐汉人，其时《公羊》通行，岐引以注《孟子》，固无足怪。若朱子宋人，其时《公羊》久成绝学，朱子非墨守《公羊》者，胡安国《春秋传》，朱子亦不深信，而于此注，不能不引胡传为说，诚以《孟子》义本如是，不如是非则解《孟子》不能通也，后人于《公羊》素王之说，群怪聚骂，并赵岐注亦多诟病，而朱注引胡传，则尊信不敢议，岂非知二五而不知十乎？……云'治世之法垂于万世，是亦一治'，亦与《公羊》拨乱功成、太平瑞应相合，人多忽之而不察耳。"①

（二）辨证

1. 赵注之解

在上述引文中，最关键的是如何理解"《春秋》，天子之事也"一语。覆按赵注原文："孔子惧正道遂灭，故作《春秋》，因鲁史记，设素王之法，谓天子之事也。"② 由于"作《春秋》""因鲁史记""设素王之法"三语皆上承"孔子"为主语，而《春秋》是采取鲁史记而设立"素王之法"，由此可知，赵岐实已预设：

A_3　孔子是素王。
B_3　孔子"设"的是"素王之法"。

翻查赵注对"设"的用法，除"设素王之法"以外，还有5例，即"设陷阱者不过丈尺之间耳"、"言古之设关"、"孟子设此"、"好事毁败

---

① 皮锡瑞：《经学通论》卷5，第367—368页。
② 孙奭：《孟子注疏》卷6，第178页。

人之德行者为设此言也"、"夫我设教授之科"。① 这5个"设"字，都是其人有意识的"设"，不能说这些"设"不蕴涵主体行其事而又没有相关认知，甚至不知道或没有相关的行动意识。因此，以"设"言孔子"素王之法"，已预设：

  C₃ 孔子有"设"的行动意愿。

  必须辨析的是，说一个人是"素王"，可能是外在的评价，他本人不一定接受。贾谊《新书·过秦下》云："诸侯起于匹夫，以利会，非有素王之行也。"② 这是形容秦末崛起的诸侯如何没有"素王之行"。而相关的诸侯是否有"素王"的意识？很难说。这不过是贾谊的评论，当事人不一定怀有"素王"的自我定位。相反，假定孔子知道自己所设的东西是"素王之法"，那么"素王"就不能说是他人的认知或颂扬，而是孔子自己也认可和赞同这一身份。赵注因为采用"设"字，实已预设：

  D₃ 孔子有"素王"的自我认同。

  说孔子自认为"素王"，在汉代不是陌生的观点。郑玄《六艺论》云："孔子既西狩获麟，自号素王，为后世受命之君制明王之法。"③ 据此理解，孔子不仅做了符合"素王"条件的事情，而且也接受"素王"这个身份，视若己之固有。可是，除了纬书以外，根本没有可靠史料可以证明孔子确实有"素王"的自我认同。因此，后世许多儒者都不愿意

---

① 孙奭：《孟子注疏》卷2，第34—35页；卷3，第90页；卷4，第116页；卷9，第266页；卷14，第398页。
② 阎振益、钟夏：《新书校注》卷1，第16页。
③ 孔颖达：《春秋左传正义》卷1，第25页。

接受赵注。赵佑的批判意见甚有见地:"汉儒既不知《春秋》,赵岐又不知《孟子》,就其注'设素王之法'一语,便似孔子意中,别设一天子,隐文巧托,盖从《公羊》家黜周王鲁之说出。"① 黜周王鲁是何休解读《公羊》的重要主张,而赵注是否与何诂同调?尚待进一步的研究。无论如何,赵佑的批评还是需要认真看待,因为他注意到赵注惹人疑窦的关键:孔子写作《春秋》之时,周王尚在,假如孔子自视为"素王",那么周王算是什么?

鉴于《孟子》全书没有"素王"或"素王之法"等概念,又不曾明言孔子要做"素王",赵佑的质疑很难说没有道理。有关"素王"的历史变化,葛志毅的研究结论,非常值得重视:"虽然久有孔子当王之说,素王的概念亦出现较早,但素王并未仅仅成为孔子的专称。至纬书出,以素王之名称孔子,复以对孔子的神化式宣传推波助澜,遂造成孔子专素王之称的习惯,后世则相沿而不改。"② 汉儒尊孔子为"素王",只能说是一种当时流行的历史意见,但不等于孟子和孔子就是这样的看法。

2. 皮氏之解

事实上,皮锡瑞本人也不能接受孔子具有"素王"的自我认同。没有任何可靠的证据显示孔子自命为王,而何休黜周王鲁的说法也存在漏洞,饱受疵议。③ 只要不是偏爱《公羊》的话,许多儒者可听从接受杜预的批判意见,不接受孔子"修《春秋》,立素王"的观点④,诚如陆

---

① 赵佑:《四书温故录》卷9,见《续修四库丛书》第166册,上海:上海古籍出版社,1995年版,第591页。
② 葛志毅:《玄圣素王考》,见《谭史斋论稿》,第88页。
③ 吕绍纲:《何休〈公羊〉"三科九旨"浅议》,见《庚辰存稿》,第323—326页。
④ 孔颖达:《春秋左传正义》卷1,第25页。

陇其所言："杜氏驳去素王素臣、黜周王鲁之说，最有功于《春秋》。"①更重要的是，孔子"自王"之说，因为康有为的宣传，在清末属于极度犯忌的政治话题。为了应对各种"疑《公羊》"的观点，皮锡瑞努力辩称"本非孔子自王，亦非称鲁为王"。所以说，他绝不能接受 D_3。最明确的证据，是他在《经学通论》中强调"《公羊》有《春秋》素王之义"，批判后世质疑《公羊》的人"因误以素王属孔子"。② 这是以《春秋》取代孔子作为素王，有别于赵岐和一般论者以孔子或其他人为素王。③ 正是在这种认识基础上，皮锡瑞已认定：

  E_3 《春秋》是素王。

由"《春秋》素王之义"出发，A_3 肯定是皮锡瑞不能接受的观点。当然，他没有明确驳斥赵注，但《经学通论》不曾说过孔子是素王，也是确凿的事实。

然而，皮锡瑞又歌颂孔子"空言垂世"，与赵注"设素王之法"不同，他讲的是"空设一王之法"，这已预设：

  F_3 孔子"设"的是"一王之法"。

由"素王"改为"一王"，一字之差，语意却有明显的转换：因为孔子所"设"的是"一王之法"，而非"素王之法"，所以即使容受 C_3，认为孔子有"设"的行动意愿，也不会由此推出孔子自命为"素王"（即 D_3）这个不能接受的结论。

---

① 陆陇其：《三鱼堂剩言》卷2，见《文渊阁四库全书》第725册，上海：上海古籍出版社，1987年版，第567页。
② 皮锡瑞：《经学通论》卷5，第378页。
③ 这个问题，参阅本书第一章，第32—57页。

此外,"空设一王之法"也意味着:

  G₃ 孔子的"设"是"空设"。

皮锡瑞以"空"解"素"之训,不是来自赵注,而是《左传》孔疏:"素,空也,言无位而空王之也。"① 此"空"仅指"素王",是说明《公羊》学者所理解的孔子没有执政地位。相反,皮锡瑞的"空",却指赵注的"设"。把"设素王之法"理解为"空设一王之法",同样是"设",皮锡瑞在很大程度上转换了语义。从他引录《滕文公上》"有王者起,必来取法"之语,可见他所理解的"空设"意谓不一定是需要当前现实的改变,而是可以悬空地设定。与《经学通论》其他内容一样,他更讲究的是孔子对"后世"立法的深远影响,而非当下即见的效应。出于顾虑政治猜忌的安全考虑,他所说的"空设"别具个人关怀,无形中也导致他的解释不可能忠于赵注。赵岐没有"空设"的说法,《公孙丑上》载宰我曰:"以予观于夫子,贤于尧、舜远矣。"赵注:"以孔子但为圣、不王天下,而能制作素王之道,故美之。"又载子贡曰:"见其礼而知其政,闻其乐而知其德。"赵注:"见其制作之礼,知其政之可以致太平也。"② 此处两言"制作","制作素王之道"犹如"设素王之法",而"制作之礼"所指的"礼"和"乐"是可以"见"、可以"闻"的,由此反证"设素王之法"的"设"也像"礼"的"制作"一样,实实在在,绝非"空设"。皮锡瑞"空设"之解,违离赵岐原意,一览无遗。

另须补述的是,《滕文公上》"有王者起,必来取法"下还有一句:"是为王者师也",③ 但《经学通论》漏引了。这不是无关痛痒的话语。

---

① 孔颖达:《春秋左传正义》卷1,第25页。
② 孙奭:《孟子注疏》卷3,第78—79页。
③ 孙奭:《孟子注疏》卷5,第136页。

无论是"取法"抑或"王者师"都是围绕"庠序学校"而谈，讨论的是夏、商、周三代的教育机构，而孟子相信"王者"应该效法它们。换言之，"取法"的对象是孟子所理解的三代教育措施，不是孔子"空设"的东西，更与皮锡瑞"空设一王之法"风马不接。换言之，F_3 和 G_3 在《孟子》找不到根据。

3. "法""王""天子之事"

无疑，赵的"设素王之法"与皮的"空设一王之法"，二者纵有分歧，但共同点是明显的，即它们都是讲究"设"，而且"设"的是"王之法"。然则，孟子有这样的想法吗？《孟子》言"法"共 10 例，即《公孙丑上》"则文王不足法与"，"法而不廛"；《离娄上》"不可法于后世者"，"徒法不能以自行"，"先王之法"，"下无法守也"，"二者皆法尧、舜而已矣"；《离娄下》"舜为法于天下可传于后世"；《告子下》"入则无法家拂士"；《尽心下》"君子行法"。① 以上，大多是作动词用，意谓效法，"取法"亦取此义。唯一接近"素王之法"是"先王之法"，但"先王之法"与孔子、《春秋》、素王没有任何关联，同样也不能证成皮锡瑞的观点。

不仅是"法"，"王之法"的"王"也是值得审理的。不管是"素王"抑或"一王"，它们同样是解读"天子之事"的"天子"。为了正确认识"天子"的含义，最妥当的做法还是在《孟子》书中寻找本证。《孟子》言"天子"共 35 例，除本例外，还有《梁惠王下》"天子适诸侯曰巡狩"和"诸侯朝于天子曰述职"，《公孙丑下》"自天子达于庶人"，《滕文公上》"自天子达于庶人"，《离娄上》"天子不仁"，《万章上》"贵为天子"、"立为天子则放之"、"身为天子"、"天子使吏治其国"、"舜既为天子矣，又帅天下诸侯以为尧三年丧，是二天子矣"、"而

---

① 孙奭：《孟子注疏》卷3，第68、90页；卷7，第185—186、189页；卷8，第233页；卷12，第347页；卷14，第401页。

舜既为天子矣"、"为天子父，尊之至也"、"天子不能以天下与人"（2例）、"天子能荐人于天"、"诸侯能荐人于天子，不能使天子与之诸侯"、"天子诸侯朝觐者"、"夫然后之中国，践天子位焉"、"匹夫而有天下者，德必若舜、禹，而又有天子荐之者，故仲尼不有天下"，《万章下》"天子一位"、"天子之制"、"不达于天子"、"天子之卿受地视侯"、"是天子而友匹夫也"、"则天子不召师"，《告子下》"天子诸侯曰巡狩，诸侯朝于天子曰述职"、"是故天子讨而不伐"、"天子之地方千里"，《尽心上》"舜为天子"，《尽心下》"及其为天子也"、"是故得乎丘民而为天子，得乎天子为诸侯"。① 归纳以上，《孟子》所说的"天子"，或是泛指最高统治者（例如相对于诸侯而言），通常属于讨论政治制度安排时的用法；或是特称（例如专指舜），通常是指某一时段在位的统治者。无论如何，没有一例是指有德无位之人。然则，"天子之事"的"天子"，是指谁呢？不出以下三个可能性：

（1）泛指最高统治者

通常作泛指的"天子"，在时段上具有广泛的适用性，如"天子适诸侯曰巡狩"的"天子"便是泛指的用法，所以《梁惠王下》既引"夏谚"为证，又说"今也不然"②，足见《孟子》所述蕴涵的时段，由夏至东周，基本上没有特指任何时段。相反，"天子之事也"上承"世衰道微"而来，此"世"特指春秋时期的乱世，不是泛指任何时段都可以。"臣弑其君"和"子弑其父"仅此一见，绝不是什么时候都有的问题，而是孔子直接面对的当时的政治现实。有鉴于此，孟子口中的"天子之事也"，实非泛指，而是另有具体指代的对象。

---

① 孙奭：《孟子注疏》卷2，第40页；卷4，第114页；卷5，第130页；卷7，第191页；卷9，第244、250—251、253、256—257、259页；卷10，第271—272、277、288页；卷12，第334、338页；卷13，第370页；卷14，第384、387—388页。

② 孙奭：《孟子注疏》卷2，第40页。

(2) 专指孔子

《孟子》书中"天子",皆是现任的统治者,不是有德无位之人。如上所述,《万章上》"仲尼不有天下"一语,已经明确排除孔子"有天下"的资格。据孟子的政治理念,"天子"并非专指孔子,基本上毫无争议。

(3) 专指周王

由于《孟子》用作专指的"天子",都是指当时在位的最高统治者,而"世衰道微"又是指春秋时期的政治状况,那么最合乎情理的答案,呼之欲出,"天子"明明白白是指当时的周王。就这一点,高拱早有完整而有力的阐述:"盖当是时,天下皆曰周,虽有王,犹无王也,而孔子则曰周,固有王也,其典制,其号令固在,有可取而行也,故曰'《春秋》,天子之事',盖谓周天子事,犹今人称我太祖旧制云尔,非谓孔氏之为天子也。"① 这个观点,在某种程度上是从《穀梁》转手而来,言之有据。《穀梁》桓元年传:"桓无王,其曰王,何也?谨始也。其曰无王,何也?桓弟弑兄,臣弑君,天子不能定,诸侯不能救,百姓不能去,以为无王之道,遂可以至焉尔。元年有王,所以治桓也。"② 这是专就鲁桓公杀害其兄鲁隐公一事,而剖析"无王"的弊端。鲁桓公既弑兄又弑君,却得不到应有惩罚,在《穀梁》看来,就是"无王之道"。③ 同样,孟子也是针对"臣弑其君"和"子弑其父",认为只有《春秋》方能达到"乱臣贼子惧"的惩治效果;而他所说的"《春秋》,天子之

---

① 高拱:《春秋正旨》,第326页。
② 杨士勋:《春秋穀梁传注疏》卷3,第31页。
③ 同样是受到《穀梁》的影响,张自超有以下的见解:"内诸侯之无王,伯主之无王,亦已甚矣。夫子笔削鲁史,直书于册而罪之,大小俱着,故《孟子》曰:'《春秋》,天子之事也。'"参阅《春秋宗朱辨义·总论》,见《文渊阁四库全书》第178册,上海:上海古籍出版社,1987年版,第3页。这同样是看见"无王"与《春秋》写作的内在关系,但以"天子"的释义而言,张氏所言显然不如高拱来得确切可信。

事也",实际上就是预期"乱臣贼子惧"本该是周天子所做的事情。由此可见,《穀梁》的"无王之道"与《孟子》的"天子之事",在理念上是高度接近的,"王"与"天子"同样是指在位的周王;① 而高拱解"天子"为"周天子",思路连贯,论据坚强,很能把握周天子王泽虽竭、尊位犹明的政治现实,可谓真知灼见,非奋其私智者可比。

由于"天子之事"不是专指孔子而言,故把"素王"理解为孔子或《春秋》已非圆满的解释。更进一步说,"天子之事"仅是孟子对《春秋》的评估,不是孔子自己这么说。阅读《滕文公下》这一段话,绝对且千万不能漏了"是故"二字。"是故"是《孟子》书中常用的连词,意谓因此。以"是故"剖析的因果关系,基本上都是孟子所设定的,不是被征引的客体所固有的。例如《告子下》云:"禹之水,水之道也。是故禹以四海为壑,今吾子以邻国为壑。"② 此"是故"是孟子对"水之道"的心得,以禹与吾子作对比也是出自他个人的思考结果,不能说禹治水之时已有这方面的想法。由此及彼,可以推知《滕文公下》把"天子之事"与"知我""罪我"之言联系在一起,不过是孟子主观的联想。只要不是心存偏见地阅读,便可以承认孔子"知我""罪我"的自白,不过是孔子预期别人对他的褒贬都要落在《春秋》这部书,如此而已,字里行间,哪有"素王"、"一王"或"天子"的影子?无论对"天子"作何种解释,"天子之事"仅是孟子因景仰孔子而作出的后世评价,不能说"天子之事"就是孔子的自我认知。明乎此,便可以进一步窥见《孟子》与赵岐的距离:《滕文公下》本来说的是孟子理解孔子思想的个人心得,而赵岐"设素王之法"却预设这是孔子自己有意为之的

---

① 吕绍纲评价范宁"王道尽矣"之言,说是"其说大体可取,但远不及《孟子》精粹",(参阅《孟子论〈春秋〉》,见《庚辰存稿》,第306页。)究其实,范宁的"王道尽矣",就是根据《穀梁》"无王之道"而来;吕绍纲扬《孟》之言,显示他似乎没有注意《穀梁》与《孟子》二者在内容上存在若干相近之处。

② 孙奭:《孟子注疏》卷12,第343页。

做法，二者存在无法弥缝的罅隙，较然可知。由此可见，上述 A_3、B_3、C_3、D_3 四者皆不能成立。当然，皮锡瑞与赵注本有差距，但孟子没有说过《春秋》是素王，也没有提及孔子"空设"或"一王之法"，所以 E_3、F_3、G_3 在《孟子》也没有凭据。

二、说"《春秋》有大义微言"的谬误

除了"天子之事"的问题外，皮锡瑞还有其他观点值得深入讨论。

1. 孔子作《春秋》之"功"

上一节引录《孟子》之语，不过是《滕文公下》的一小部分。该段"世衰道微"之上还有一大段引文："予岂好辩哉？予不得已也。天下之生久矣，一治一乱。当尧之时，水逆行，泛滥于中国。蛇龙居之，民无所定。下者为巢，上者为营窟。《书》曰：'洚水警余。'洚水者，洪水也。使禹治之。禹掘地而注之海，驱蛇龙而放之菹。水由地中行，江、淮、河、汉是也。险阻既远，鸟兽之害人者消，然后人得平土而居之。尧、舜既没，圣人之道衰。暴君代作，坏宫室以为污池，民无所安息；弃田以为园囿，使民不得衣食。邪说暴行又作；园囿、污池、沛泽多而禽兽至。及纣之身，天下又大乱。周公相武王，诛纣伐奄；三年讨其君，驱飞廉于海隅而戮之。灭国者五十，驱虎、豹、犀、象而远之。天下大悦。《书》曰：'丕显哉，文王谟！丕承哉，武王烈！佑启我后人，咸以正无缺。'"①

可以看见，孟子为了辩护"距杨、墨，放淫辞"的做法，不仅谈及孔子作《春秋》，还举禹抑洪水，周公兼夷狄、驱猛兽二事为例。把这四人的行为编在一起，重点是凸显他们面对眼前发生的重大危难，而作出一些挽救性的反应，不是皮氏所说的宣示"孔子作《春秋》之功"。

---

① 孙奭：《孟子注疏》卷6，第176—177页。

整段文字未尝言"功",也没有探究孔子为何是"万世师表"。令孔子担心的"世衰道微",其"世"是指春秋时期的政治发展,不是"万世"。孔子被后世推许为"万世师表",是皮锡瑞在清末拥有的常识,不等于孟子已有相同的构想。无论如何,"万世师表"因其教育意义而非政治意义,远不如《公羊》学者的素王说来得敏感和犯忌。皮锡瑞始终不说孔子是素王,并把"万世师表"的原因归诸"空言垂世",大概又是为了避免政治犯忌而故意错位的修辞策略。

2. "空言垂世"之说

此外,"空言垂世"之说,也有一定的误导性。《史记》载董仲舒引述孔子曰:"我欲载之空言,不如见之于行事之深切著明也。"《史记·索隐》说:"孔子之言见《春秋纬》,太史公引之以成说也。"① 王应麟据此说:"愚谓纬书起哀、平间,董生时未有之,盖为纬书者述此语耳。"② 有关董仲舒与纬书之间的影响,并非本章的研究重点。在此,仅讨论强调一点:对孔子此语的理解,一般认为孔子不愿侈谈空言,觉得从人的具体行事更容易阐述明白。例如中井积德说:"孔子言别立言说道理,不如就时事褒贬之道理著明也。"③ 这个解释扼要明白,大体可从。董仲舒引录孔子之言,用意非常清晰,就是强调《春秋》写作为何充斥各种"行事"而非"空言",显然有别于皮锡瑞的诠释。

此外,《经学通论》引录胡安国《春秋传序》,有意无意间漏引了胡传以下之语:"是故《春秋》见诸行事,非空言比也。"④ 皮锡瑞之所以强调"空言",是因为他以"借事明义"概括《春秋》大旨。然而,这是极不吻合《春秋》经传的错误主张。⑤ "空言垂世"不是《春秋》的

---

① 司马迁:《史记》卷130,第4003—4004页。
② 王应麟:《困学纪闻》中册,上海:上海古籍出版社,2008年版,第737页。
③ 泷川资言:《史记会注考证》卷130,第5198页。
④ 胡安国:《春秋胡氏传》,杭州:浙江古籍出版社,2010年版,第1—2页。
⑤ 参阅本书第四章,第323—430页。

立言宗旨，而"万世师表"也不过是后人对孔子的推许，但孟子没有这么说，更没有说因为《春秋》的"空言垂法"而导致孔子成为"万世师表"。依此，F_3和G_3仍无凭据可言。皮锡瑞为了凸显《春秋》"微言"只对将来"太平"的深远影响，而悬之以《孟子》无据的"空言"，再次见证安全顾忌高于学术考虑。

3. 独举《春秋》的猜测

皮锡瑞在讨论《孟子》时，仅是反对"自王"和"称鲁为王"之说，却没有提及谁是素王。《孟子》没有"素王"的概念。大概是主张"《春秋》素王之义"的缘故（即E_2），他又很想抬高《春秋》的位置，故说孟子"独举其作《春秋》"的原因，是因为"《春秋》有大义微言"。孟子未尝提及《周易》，也没有拿《春秋》与《诗》《书》《礼》《乐》并举，"六艺"或"六经"之说不见于今本《孟子》，原因不明。① 阅读《孟子》或其他文献，无从知道他是否已有"六艺"或"六经"的认知，凭什么断定这是孟子已有"六艺"的构想而故意独举《春秋》？《孟子》全书没有"大义微言"的概念，凭什么认为孟子因"大义微言"而独举《春秋》？皮锡瑞乃以臆测之说，轻言"独举"，未可为训。

4.《孟子》没有"大义"与"微言"之区分

皮锡瑞虽然努力回避赵注的破绽，但在"素王"与《春秋》的解释上，仍没有足够的说服力。根据《孟子》，既无"素王"（更不用说"《春秋》素王之义"），也没有"空设一王之法"的迹象。E_3、F_3、G_3三点仍然有论无证，自然无法进一步证成皮锡瑞对"大义微言"的理解。撇掉"《春秋》素王""空设一王之法"等主张，不怀成见地阅读《滕文公下》，便可以知道文本仅说"臣弑其君"和"子弑其父"等祸

---

① 程苏东：《从六艺到十三经：以经目演变为中心》上册，北京：北京大学出版社，2018年版，第95—97页。

害导致孔子作《春秋》，未尝说这就是"大义"。对"乱臣贼子"的批判，就是孟子所推许的"天子之事"。它们实非并存或对举之二物。把"天子之事"视作"微言"，是"大义"以外的另一东西，绝非《孟子》原文所能承载的观点。此外，皮锡瑞还说这种"微言"是孔子"自明其旨"，其举证仅是"知我""罪我"的自白，没有更多的旁证。再次强调，"知我"、"罪我"与"天子之事"本非一物，孟子不曾说这些是"微言"，也没有表明孔子"恐人不知"而这么说。皮氏所言，全是过度诠释，经不起具体辨析。

5. 朱熹引用胡传之不足依凭

为了证成其说，皮锡瑞刻意凸显朱熹引用胡传的意义，然而胡传的原意有待辨析。胡安国《春秋传序》云："知孔子者，谓此书之作，遏人欲于横流，存天理于既灭，为后世虑至深远也；罪孔子者，谓无其位而托二百四十二年南面之权，使乱臣贼子禁其欲而不得肆，则戚矣。"① 因为接受并试图改造赵岐"素王"之说，胡安国提出"托二百四十二年南面之权"的说法，但据他的理解，《春秋》写作的目的是针对"乱臣贼子"而来，故有"禁其欲"之说，涉及宋儒对"人欲"或"天理"的讨论，其中得失不深究。这里的重点是，胡安国不曾把"乱臣贼子惧"与"天子之事"划分为"大义"与"微言"，朱熹同样没有也不可能有这样的区分。从朱注对"一治"的认识，便知道"讨乱贼"与"治世之法垂于万世"不是分属"大义"与"微言"。没有证据显示朱熹特别欣赏《公羊》的观点，更不能说他引用胡传是因其"与《公羊》素王说合"。"一治"之说，无非是肯定孔子作《春秋》的贡献，不能据此证明朱熹接受"素王说"或"拨乱功成、太平瑞应"等观点。朱熹不是何休《解诂》的信徒。强合朱熹和《公羊》学者之说，是不可取的。胡、朱二人对《孟子》的理解，不足以印证皮锡瑞的观

---

① 胡安国：《春秋胡氏传》，第1页。

点，了然于目。

三、"同一师承"的误认

再读《孟子》另一则讨论《春秋》的文字。

（一）对《离娄下》的评论

《离娄下》云："王者之迹熄而《诗》亡，《诗》亡然后《春秋》作。晋之《乘》，楚之《梼杌》，鲁之《春秋》，一也。其事则齐桓、晋文，其文则史。孔子曰：'其义则丘窃取之矣。'"赵注："孔子自谓窃取之，以为素王也。"① 朱熹《集注》云：'此又承上章历叙群圣，因以孔子之事继之。而孔子之事，莫大于《春秋》，故特言之。'"②

皮锡瑞解释说："又从'舜明于庶物'，说到孔子作《春秋》，以为其事可继舜、禹、汤、文、武、周公。"又说："'其事则齐桓、晋文'一节，亦见于《公羊》昭十二年传，大同小异。足见孟子《春秋》之学，与《公羊》同一师承。故其表章微言，深得《公羊》之旨。赵岐注《孟子》两处，皆用《公羊》素王之说。"又说："朱子云：'孔子之事，莫大乎《春秋》'，深得《孟子》、《公羊》之旨。"③

（二）辨证

1. "可继舜、禹、汤、文、武、周公"之谬

在上述《孟子》引文之前，《离娄下》另有两节，先是"人之所以

---

① 孙奭：《孟子注疏》卷8，第226页。
② 朱熹：《孟子集注》卷8，见《四书章句集注》，第295页。按：皮锡瑞引述朱注此言，"此又"之"又"讹作"文"，现行一些校注本尚未改正，例如周春健校注：《经学通论》5卷，北京：华夏出版社，2011年版，第362页。
③ 皮锡瑞：《经学通论》卷5，第367页。

异于禽兽者几希；庶民去之，君子存之。舜明于庶物，察于人伦，由仁义行，非行仁义也"，然后是"禹恶旨酒而好善言。汤执中，立贤无方。文王视民如伤，望道而未之见。武王不泄迩，不忘远。周公思兼三王，以施四事；其有不合者，仰而思之，夜以继日；幸而得之，坐以待旦"。① 皮锡瑞"以为其事可继舜、禹、汤、文、武、周公"，就是把这三则引文当作一个整体合并观察，这个读法尚有疑义，因为"舜明于庶物"一节，本是就"人之所以异于禽兽者几希"而发，而接着下来的两节皆未讲述人禽之别，很难说孔子作《春秋》所"继"的是禹。至于"周公思兼三王"一节，重点是说周公重视以前的统治者，努力实践禹、汤、文、武四人的事业。周公所继的"四事"，既不包含禹的"明于庶物，察于人伦"，其后也不记载继承周公及以前的王者。《孟子》所讲的"《春秋》作"，是继"王者之迹熄"和"《诗》亡"之后。这不等于"可继舜、禹、汤、文、武、周公"。皮锡瑞的解读，不能准确地体现《孟子》原文固有的语义。

2. "其事""其文""其义"之解

此外，《春秋》昭十二年经："齐高偃帅师纳北燕伯于阳"，《公羊传》引孔子曰："《春秋》之信史也。其序，则齐桓、晋文；其会，则主会者为之也；其词，则丘有罪焉耳。"② 这是刻画《春秋》作为"信史"的面貌，强调孔子不会妄改史事，而"其序""其会""其词"三者，与《离娄下》"其事""其文""其义"不是全面匹配的："其序"与"其事"同指"齐桓、晋文"，但"序"与"事"不能说是相同的；"其会"与"其事"，一是"主会者为之"，一是"史"，内涵与外延皆不相同；"其词"与"其义"都是孔子负责的，但"词"与"义"也有微妙的差别。皮锡瑞说是"大同小异"，似是试图淡化二者之异。无论如何，

---

① 孙奭：《孟子注疏》卷8，第223—224页。
② 徐彦：《春秋公羊传注疏》卷22，第494页。

他由此进一步断定"孟子《春秋》之学"与《公羊》"同一师承",肯定是过度推论。限于文献匮乏,孟子究竟透过什么渠道学习《春秋》,不得而知,无从判断二者是否"同一师承"。分析到最后,皮锡瑞所恃的无非是上述两段引文的相似性,但如何解释相似中又存在差别的现象?有没有可能是二者没有"师承"关系,而又同样参考了某一个文献来源?假如说,"同一师承"的根据是二者在思想和措辞上有些相似,那么完全可以得出另一个驳论:《孟子》与《穀梁》在思想观点上的相似性,其实比《公羊》更多①,所以《孟子》与《穀梁》"同一师承"的可能性其实更高。皮氏"师承"的推测,纯属以思造事。理能够以思而通,事不能以思而造。阅读《孟子》《公羊》《穀梁》和其他文献,实无相关证据可以确定"孟子《春秋》之学"究竟属于何宗何派。②

须知道,《离娄下》只有"其事""其文""其义"之别,没有说过"微言"。从孔子自言"窃取"了"其义",如何可以证成孟子"表章微言"之说?真要从《公羊》与《孟子》的关联性上立论,"其义"既与《公羊》昭十二年传的"其词"相通,而"词"则是摆在读者眼前,是"显而易见"而非"隐而难明",那就有理由相信《孟子》的"其义"不过是指《春秋》各种褒贬用词所蕴含的意思。不在"大义"以外另辟"微言",把"其义"理解为《春秋》褒贬政事的观点,借用皮锡瑞的话来说,同样"深得《公羊》之旨"。把《孟子》的"其义"理解为《春秋》褒贬之辞,是完全说得通的。即使不拿《公羊》作参照的旁证,也是可以得出这样的结论。《公羊》昭十二年传的重点,不过是强调史

---

① 《孟子》与《穀梁》二书思想内容相似之处,我已另文处理,即《重评刘师培〈《公羊》《孟子》相通论〉》,未刊稿。
② 大概是因为皮锡瑞的影响,陈其泰谈论《公羊传》"对《春秋》'微言大义'的大力阐扬"时,就强调"它与孟子应是同一师承,或至少是学术传授有密切关系"。(参阅陈其泰:《清代春秋公羊学通论》,北京:华夏出版社,2018年版,第12页。)然而,陈书除了《公羊》昭十二年传与《孟子》外,再无多于皮的举证,显然欠缺说服力。

实,如此而已。单就褒贬而言,不仅《公羊》,《左》《穀》二传的学者同样也可以接受这样的见解。例如顾栋高说:"如以为无褒贬,则是有文、事而无义也。如此,则但有鲁之《春秋》足矣,孔子更何用作《春秋》乎?"① 此言发挥《孟子》的观点,持论平正。然而,皮锡瑞强调"大义"与"微言"之别,是不可能满足像顾氏那样的想法,因为这意味《春秋》仅有"大义"而无"微言",然则"微言"从哪里来呢?可是,皮锡瑞对《孟子》的诠释,完全提不出可信的答案。

3. 朱熹之言与《公羊》无关

不仅《孟子》,朱熹的作品也不能支持皮锡瑞的观点。朱熹"莫大乎《春秋》"的感言,说是深得《孟子》之旨,是可以的。没有证据表明朱熹此言触及《公羊》。不仅《四书章句集注》,即使翻查《四书或问》或《朱子语类》,也找不出这与《公羊》有什么关系。皮氏"深得《孟子》、《公羊》之旨",纯属漫扯,不宜当真。

综上所说,皮锡瑞对《滕文公下》和《离娄下》两则引文的讨论,完全无法证成"《春秋》素王""空设一王之法"等主张,也无法使读者相信孟子真的说过所谓的"大义"和"微言",论证错谬,不能符合《孟子》原意。

四、小结

《孟子》与《公羊》(特别是其中的何诂)是两部不同的作品。皮锡瑞期待《孟子》印证他自己设计中的"微言"与"大义"的二分构想,本是一厢情愿的做法。《滕文公下》和《离娄下》的两则引文,虽然涉及《春秋》的写作,但无法据之证成皮锡瑞的想法。论证既不见成功,而且区分"大义"与"微言"也有不可欲的思想效应,除了不切实

---

① 顾栋高:《读春秋偶笔》,见《春秋大事表》上册,第35页。

际地抬举了《春秋》立法的虚幻形象,更多的是对《左》《穀》二传的无形损贬。从历史环境上看,论者固然可以理解或同情皮锡瑞的思想努力,但同情其人的处境,不含蕴其结论的可接受性。皮锡瑞以"微言"指代"改立法制"而归诸以后"致太平"之用,为的是避免《公羊》何诂遭受更多的政治猜忌。这些都是政治史和思想史上的事情。撇开这些不论,若就真实的学术价值而言,恐怕不宜继续将之当作学术定论来接受。

第二节 董仲舒与"微言大义"

除了《孟子》以外,皮锡瑞还依据董仲舒以证明"微言大义"的存在。他在《经学通论》这么说:"微言、大义存于董子之书,不必惊为非常异义。"又肯定清儒勘订《春秋繁露》的重大意义:"圣人之微言、大义,得以复明于世。"① 究竟皮锡瑞如何理解董仲舒?如果"微言大义"不限定内容和指谓,像一般儒者使用那样仅是泛指孔子思想的精华,那么自然没有必要计较皮氏以上的论断。但根据本章上述的研究,皮锡瑞所说的"微言"和"大义"不限于语言修辞的用法,而是专指《春秋》的思想内容:"大义"是指"诛讨乱贼以戒后世",而"微言"则是"改立法制以致太平"。这是专就《公羊》学者的思想而设的定义,而董仲舒就是其中一个皮锡瑞所欣赏的《公羊》学者。皮锡瑞不是董仲舒研究的专家,但董仲舒是他用以确证"微言大义"的重要环节。到底他如何理解董仲舒?现行研究对此鲜有探究。以下,将会重新审视皮锡瑞相关论证是否可靠。

---

① 皮锡瑞:《经学通论》卷5,第371页。

一、朱熹与董仲舒

(一) 对董仲舒的概述

究竟董仲舒算是什么地位的人呢？皮锡瑞特别推许他的"《春秋》之学"，其中涉及朱熹的评论。《经学通论》云："孟子之后，董子之学最醇。然则《春秋》之学，孟子之后，亦当以董子之学为最醇矣。"在"然则"前注云："朱子称仲舒为醇儒。"①

(二) 辨证

1. 朱熹对董仲舒的真实评价

以上的论断，貌似平正，但在很大程度上偏离了朱熹的原意。认为"董子之学最醇"，是皮锡瑞的个人判断。以朱熹为其佐证，却有问题。《朱子语类》云："汉儒惟董仲舒纯粹，其学甚正，非诸人比。只是困苦无精彩，极好处也只有'正谊'、'明道'两句。"又云："只有董仲舒资质纯良，摸索道得数句著（如"正谊不谋利"之类）。然亦非它真见得这道理。"② 跟许多宋儒一样，朱熹对汉儒的评价普遍不高；而董仲舒得到相对高的评价，是相对于其他汉儒而言。反之，皮锡瑞以"孟子之后"言"董子之学"，隐然把后者放在"孟子之后"的首要位置。细读语录可知，"纯粹"或"纯良"都是指董仲舒，不是"董子之学"，更不是董仲舒的"《春秋》之学"。因为参照点和指谓对象不同，皮锡瑞所说的"最醇"，不符合朱熹"纯粹"或"纯良"的原意，相当明显。

令朱熹得出"纯粹""资质纯良"等观感的，是《汉书·董仲舒

---

① 皮锡瑞：《经学通论》卷5，第371页。
② 黎靖德：《朱子语类》卷137，北京：中华书局，1986年版，第3257、3262页。

传》之言:"夫仁人者,正其谊不谋其利,明其道不计其功。"① 这是董仲舒任江都相时对易王所说的话。除此之外,《天人三策》也是得到朱熹的肯定的作品。《朱子语类》云:"仲舒之文最纯者莫如《三策》",又云:"仲舒本领纯正。如说'正心以正朝廷',与'命者,天之令也'以下诸语,皆善。班固所谓'纯儒',极是。至于天下国家事业,恐施展未必得。"② 此"正心""命者"二语,皆是出自《天人三策》。③ 朱熹欣赏董仲舒之处,是反对功利的行为规范和从"正心"到"正朝廷"的努力方向;但他对董仲舒施展"天下国家事业"的效应,显然抱有疑虑。④

2. 弃班从朱的奥秘

"纯儒"之说,出自《汉书·叙传下》。⑤ 皮锡瑞"朱子称仲舒为醇儒",略去班固不谈,耐人寻味。《董仲舒传》赞曰:"刘向称:'董仲舒有王佐之材,虽伊、吕亡以加,管、晏之属,伯者之佐,殆不及也。'至向子歆以为:'伊、吕乃圣人之耦,王者不得则不兴。故颜渊死,孔子曰:"噫!天丧余。"唯此一人为能当之,自宰我、子赣、子游、子夏不与焉。仲舒遭汉承秦灭学之后,《六经》离析,下帷发愤,潜心大业,令后学者有所统壹,为群儒首。然考其师友渊源所渐,犹未及乎游、夏,而曰管、晏弗及,伊、吕不加,过矣。'至向曾孙龚,笃论君子也,以歆之言为然。"⑥ 正如周寿昌的观察,"刘歆以其父向之言为过,刘龚

---

① 班固:《汉书》卷56,第2524页。
② 黎靖德:《朱子语类》卷87,第2226页;卷137,第3260页。
③ 班固:《汉书》卷56,第2501—2503页。
④ 有关朱熹这段语录,现在研究者略有误解。黄铭只摘录至"极是",不理会朱熹对董仲舒的批评,然后说:"盖以仲舒'明道'、'正谊'之说,与宋人诚意正心之学相合也。"(参阅曾亦、郭晓东:《春秋公羊学史》上册,第234页。)这是很不准确的说法。《天人三策》只言"正心",没有触及"诚意"。把朱熹肯定董仲舒的原因理解为董氏与诚意正心之学"相合",亦嫌证据不足。
⑤ 班固:《汉书》卷100,第4255页。
⑥ 班固:《汉书》卷56,第2526页。

则然歆之言，从其祖以驳曾祖。"①

班固对董仲舒的褒扬，基本上是引述而不直接发论。需要注意，刘氏父子纵有分歧，但他们对董仲舒的欣赏，无论是刘向"王佐之材"，抑或刘歆"唯此一人"，皆非朱熹所能认可的。观皮锡瑞抬举董仲舒的高度，很明显接近刘氏父子和班固，而非朱熹。鉴于董仲舒是被奉为"经学昌明时代"（借用《经学历史》的分期）的代表人物，而争立古文经的刘歆则遭到皮的猛烈抨击②，皮锡瑞偏爱今文的立场相当清晰，所以他在定位董仲舒的问题上宁取朱子而弃刘、班的做法，可以理解。

3. 朱熹对董仲舒有所保留

以门户立场决定证据挑选，并非毫无代价。弃刘、班而取朱子的代价，就是读者很容易追问朱熹是否对董仲舒有褒无贬。认真查核的话，就会发现皮锡瑞其实刻意回避了对自己不利的证据。最明显的是朱熹对《春秋繁露》的讨论。《朱子语类》云："尤延之以此书为伪，某看来不是董子书。"③ 为什么认为《春秋繁露》不是董仲舒的书？不得而详其义。但可以窥见，朱熹对董的佳评，与之实无多少关系。若此之类，杂出不伦，皆是皮锡瑞没有正面处理的。甚至可以说，朱熹之言是不可能全盘引用的。若不预先剔除各种潜在的反例，皮氏"《春秋》之学，孟子之后，亦当以董子之学为最醇"的论断必然遭到弱化。

朱熹不是不知道董仲舒要求更化改制等主张，但在他看来，实非正确可从。《朱子语类》云："周太繁密，秦人尽扫了，所以贾谊谓秦'专

---

① 周寿昌：《汉书注校补》卷39，见《续修四库全书》第267册，上海：上海古籍出版社，1995年，第707页。
② 皮锡瑞：《经学历史》，第70、81—84页。皮锡瑞对刘向的评价，虽不如刘歆之劣，但刘向是五经博士分为十四以后研治《穀梁》的代表人物，而皮对十四家之立，实是态度相当保留，如《经学历史》（第76页）说是"不知如何分门，是皆分所不必分者"。因此，刘向也不见得是皮锡瑞相当认可的人物，至少评价应该远不如董仲舒。
③ 黎靖德：《朱子语类》卷83，第2174页。

用苟简自恣'之行。秦又太苟简自恣,不曾竭其心思。太史公、董仲舒论汉事,皆欲用夏之忠。不知汉初承秦,扫去许多繁文,已是质了。"①再明白不过,他对改制诸事的保留和抗拒,谁也无法改变。皮锡瑞所理解的"微言"既是"改立法制以致太平",而文质之说又是董仲舒政治思想的重要部分,所以朱熹这么质疑董仲舒对"汉事"的理解,肯定是皮锡瑞不能接受。总之,朱熹对董仲舒的评价,相当有保留;而且,他最肯定董氏思想的部分,也不是其对《春秋》的诠释。依朱熹的判断,董仲舒在"《春秋》之学"中的地位,绝非如皮锡瑞所说的那么高。皮氏举"醇儒"为证,是错位的做法。

二、董仲舒与胡毋生的师承

皮锡瑞对董仲舒的学术渊源,也有一些令人费解的判断。他断言董仲舒与胡毋生都是出自公羊寿的传授:

(一) 对《儒林列传》的评论

《史记·儒林列传》云:"言《春秋》齐鲁自胡毋生,于赵自董仲舒。……董仲舒,广川人也,以治《春秋》,孝景时为博士。……汉兴至于五世之间,唯董仲舒名为明于《春秋》,其传《公羊氏》也。胡毋生,齐人也,孝景时为博士,以老归教授。齐之言《春秋》者多受胡毋生,公孙宏亦颇受焉。"②

《经学通论》评论说:"太史公未言董子受学何人,而与胡毋同为孝景博士,则年辈必相若。胡毋师公羊寿,董子或亦师公羊寿。何休《解诂序》谓'略依胡毋生《条例》',徐疏:'胡毋生以《公羊经传》传授

---

① 黎靖德:《朱子语类》卷135,第3219页。
② 司马迁:《史记》卷121,第3788、3798—3799页。

董氏，犹自别作《条例》。'太史公但云公孙弘受胡毋，不云董子亦受胡毋。《汉书·儒林传》于胡毋生云：'与董仲舒同业，仲舒著书称其德。'云同业，则必非受业。戴宏《序》、郑君《六艺论》，皆无传授之说，未可为据。何氏云'依胡毋'而不及董，《解诂》与董书义多同，则胡毋、董生之学，本属一家。"①

（二）辨证

1. 胡、董同样"师公羊寿"的臆测

阅读上文，《史记》不仅"未言董子受学何人"，而且仅说"齐人也，孝景时为博士"，可以发现它也没有说过胡毋生"受学何人"。《六艺论》云："治《公羊》者，胡毋生、董仲舒。"与司马迁一样，郑玄同样没有说明谁是胡毋生的师承。唯一明确说公羊寿传经于胡毋生，正是被皮锡瑞斥为"未可为据"的戴宏《序》。其云："子夏传与公羊高，高传与其子平，平传与其子地，地传与其子敢，敢传与其子寿。至汉景帝时，寿乃其弟子齐人胡毋子都著于竹帛，与董仲舒皆见于图谶。"②

这是现存史料中的唯一孤证。但究竟是否可靠呢？大有疑问。它说胡、董二人"皆见于图谶"，但在此之前的各种记载，皆未提及他们与图谶的关系。通常，处理谶纬或其他神怪类的文献，除非有足够的旁证足以支撑，否则一般是不能轻信其说。可能因为戴宏序涉及这方面的数据，在史料上极容易引起质疑，所以皮锡瑞也自知引用谶纬不能服人③，故没有引录这则序文，而且表示"未可为据"。尽管表示怀疑，但他还想坚持"胡毋师公羊寿"，却不能在戴宏序以外提出其他有力的证据，这是没能负起应有的举证责任。

胡毋生研治《公羊》是否源自公羊寿的传授？这是一个尚待更多证

---

① 皮锡瑞：《经学通论》卷5，第371页。
② 徐彦：《春秋公羊传注疏》，第4—5页。
③ 皮锡瑞自知谶纬不足信，却仍想加以辩护，参阅本书第一章，第101—117页。

据方能确定答案的问题。皮锡瑞以"胡毋师公羊寿"作为立论的依据，并不可靠。更成问题的是，他试图据此推论出"董子或亦师公羊寿"，其所恃的理由是二人"同为孝景博士，则年辈必相若"。这至少存在一些难以释除的疑问：两个人成为同事，不意味他们年辈相若，鉴于胡毋生和董仲舒的生平尚有许多空白点还不清楚，而且胡毋生入职为孝景博士的岁数也无法确定，所以皮氏"年辈必相若"充其量只是大胆的假设。

即使二人年辈相若，但也不能说明二人同样"师公羊寿"。按照普通的生活常识，两个年辈相若的人完全可以有不同的学习背景，若要推断他们拥有同一位老师，之前至少要确定这个老师与二人有所接触。限于史料不足，公羊寿的生平、年岁、讲学情况、生活环境等等究竟如何，已经难言详情。《史记》既说"言《春秋》齐鲁自胡毋生，于赵自董仲舒"，已说明二人在不同地方活动，没有证据显示董仲舒曾在某一段时间向公羊寿求学。因此，从"年辈必相若"的前提是无法得出董仲舒"师公羊寿"的结论，故皮锡瑞只说"或亦师公羊寿"，"或亦"源于言无实据，反映他对自己的说法欠缺信心。

徐疏"胡毋生以《公羊经传》传授董氏"一语，甚为可疑。正如徐复观所说，"按两汉有关资料，决无胡毋以《公羊》传仲舒之事"。① 就疏中所录的材料而论，仅有戴宏序提及胡毋生乃公羊寿的"弟子"。皮锡瑞也清楚这一点，故曰"未可为据"。需要注意，这一判断虽然正确，但他之所以驳斥戴宏序，主要是立足于"师公羊寿"的猜想。这是有问题的。为了佐证"师公羊寿"，皮锡瑞特别援引《汉书·儒林传》"与董仲舒同业"之语。无疑，"同业"二字可以意谓同学，如《北史·恩幸传》云："解悟捷疾，为同业所尚。"② 此"同业"是指和士开被选为

---

① 徐复观：《先秦儒家思想的转折及天的哲学的完成——董仲舒〈春秋繁露〉的研究》，见《两汉思想史》卷2，第317页。
② 李延寿：《北史》卷92，北京：中华书局，1974年版，第3043页。

国子学生的同学。然而,不是所有"同业"皆解作同学。《儒林传》"与董仲舒同业"一语,还有上一句"为景帝博士"未被皮锡瑞引录。合二句通读,可以确定"同业"是指二人作为博士的同事关系。是故,"同业"不足以确证董仲舒"师公羊寿"的说法。

2. "本属一家"的误判

现存文献没有任何证据显示胡、董同一师承。《史》《汉》既无明载二人的关联,也就没有必要强调二者之同,甚至断言他们有相同的老师。真要厘清二者的关系,倒是不能忽略彼此之间的差别。就这一点,唐晏的观察比皮锡瑞更有历史根据,《两汉三国学案》云:"胡毋生派止传公孙弘一人,故弘居朝专与董生立异,正以流派不同耳。"① 唐晏注意到公孙弘与董仲舒的矛盾,是有洞见的。当然,公孙弘和董仲舒的矛盾是否全因"流派不同"的缘故,也不好说。但唐晏这个观点,至少提醒读者一点:研究《公羊》的人存在各种不同想法,不能轻易认定他们必然水乳交融。

何休明言"略依"《条例》,又说:"多得其正,故遂隐括使就绳墨焉。"② 这已表明,他已自觉地仿照《条例》进而推敲传义,其中很难说其中没有何休个人的发挥,只是胡毋生《条例》早已失传,究竟他有什么观点是独创的?有什么观点是因袭前人?已很难逐一确定和计算。无论如何,现今存世的《解诂》不见得就是全盘复述胡毋生的观点。皮锡瑞说《解诂》与《繁露》"义多同",没有说清楚"义多同"究竟有多少。在此不作深究。即使承认二书存在若干相同性,究竟这些相同性是因为什么缘故?何休始终没有提及董仲舒对他有什么影响,为何他有些观点与之相同?是胡毋生与董仲舒原来已有这些相同性?抑或二人所衍生的流派相互影响?抑或另有其他影响的源头?能够想象的可能性还

---

① 唐晏:《两汉三国学案》卷8,北京:中华书局,1986年版,第418页。
② 徐彦:《春秋公羊传注疏》,第4—5页。

有许多，但限于文献不足，现已很难得到圆满的解释。谨慎的做法，应是慎言其余，不作强解，等待日后新证据的面世。然而，皮锡瑞却断言"胡毋、董生之学，本属一家"，这是欠缺可靠理据的臆断，比之其他尚待证据的可能性，更不可取。可以说，"本属一家"的观点，除了满足董、何一脉相承的虚拟想象外，对相关学术面貌的重构，没有正面的帮助。

三、重谈《太史公自序》（上）

值得注意，皮锡瑞谈论董仲舒所传的"微言大义"，不是直接从《天人三策》或《春秋繁露》寻找例证，而是借助司马迁的转述。

（一）对《太史公自序》的评论

《史记·太史公自序》云："余闻董生曰：'周道衰废，孔子为鲁司寇，诸侯害之，大夫壅之，孔子知言之不用，道之不行也。是非二百四十二年之中，以为天下仪表；贬天子，退诸侯，讨大夫，以达王事而已矣。子曰："我欲载之空言，不如见之行事之深切著明也。"夫《春秋》，上明三王之道，下辨人事之纪，别嫌疑，明是非，定犹豫，善善恶恶，贤贤贱不肖，存亡国，继绝世，补敝起废，王道之大者也。<u>《易》著天地阴阳四时五行，故长于变；《礼》经纪人伦，故长于行；《书》记先王之事，故长于政；《诗》记山川溪谷禽兽草木牝牡雌雄，故长于风；《乐》乐所以立，故长于和；《春秋》辩是非，故长于治人。是故《礼》以节人，《乐》以发和，《书》以道事，《诗》以达意，《易》以道化，《春秋》以道义。</u>"拨乱世，反之正，莫近于《春秋》。"《春秋》文成数万，其指数千。万物之聚散，皆在《春秋》。《春秋》之中，弑君三十六，亡国五十二，诸侯奔走不得保其社稷者，不可胜数。察其所以，皆失其本已。故《易》曰："失之毫厘，差以千里"，故曰："臣弑君，子弑父，非一旦一夕之故也，其渐久矣。"故有国者不可以不知《春秋》，前有谗而弗见，后有贼而不知；为人臣者不可以不知《春秋》，守经事而不知其宜，遭变事而不知其权；为人君父而不通于《春秋》之义者，必蒙首恶之名，为人臣子而不通于《春秋》之义者，必陷篡弑不诛、死罪之名。其实皆以为善，为之不知其义，被之空言而不敢辞。夫不通礼义之旨，至于君不君，臣不臣，父不父，子不子。夫君不君则犯，臣不臣则诛，父不父则无道，子不子则不孝。此四行者，天下之大过也。以天下之大过予之，则受而弗敢辞。故《春秋》者，礼义之大宗也。夫礼禁未然之前，法施已然之后，法之所为用者易见，而礼之所为禁者难知。'"①

《经学通论》评论说："太史公述所闻于董生者，微言、大义，兼而有之，以礼说《春秋》，尤为人所未发。《春秋》拨乱反正，道在别嫌明微。"②

(二) 辨证

1. 文本的校读问题

先清理文本的校读问题。《太史公自序》所录，是司马迁与壶遂在讨论《春秋》写作目的时所说的话。首先要审视的是，究竟司马迁引录的董氏话语有多少呢？由"周道"二字开始是董仲舒的话，毫无疑问；但下迄至哪儿呢？《史记》中华书局版的点校者把引号止于"而已矣"之后。换言之，就是从"子曰"起的一大段话，都理解为司马迁的话。③

---

① 司马迁：《史记》卷130，第4003—4004页。
② 皮锡瑞：《经学通论》卷5，第373页。
③ 一些学者也是这样解读，例如李长春概括整段回答的大意，说："(1) 引述董仲舒的《春秋》论说。(2) 阐述自己对于六艺的总体看法……"参阅李长春：《"六家"、"六艺"与"一家之言"：司马迁〈太史公自序〉新探》，见《经学与建国》，北京：中国人民大学出版社，2013年版，第140页。

其实，这段引文还有另一种点读方式，就是由"子曰"至"难知"皆视为董氏的话，因为整段答话没有明显的语意转折，这样的解读也是可以的。王应麟《困学纪闻》云："《太史公自序》：'闻之董生曰："子曰：我欲载之空言，不如见之行事之深切著明也。"'"①这是认为"子曰"以下的话都是董氏之语，不是司马迁的回答。鉴于"子曰"前的"以达王事而已矣"的"王事"，与"子曰"后的"王道之大者也"的"王道"，前后呼应，如王应麟那样读法，该是更合文理的选择。② 当然，司马迁不嫌辞费地大量转述董氏之言，也说明他自己对转述的意见大体信服，因此这段文字对认识司马迁的思想，亦很有价值。但就《经学通论》的语脉而言，皮锡瑞之所以引录《自序》之语，是为了讨论董仲舒的思想；而他在展开评论前也说"太史公述所闻于董生者"，显示他的读法与王应麟相同，皆是把整段话视为董仲舒的说话。③

此外，《太史公自序》中的省略号，被皮锡瑞省略了一段话，即画以底线的部分。这段文字，对理解董仲舒很有帮助，因为它与《春秋繁露·玉杯》的记载颇为接近："君子知在位者不能以恶服人也，是故简六艺以赡养之。《诗》《书》序其志，《礼》《乐》纯其美，《易》《春秋》明其知，六学皆大，而各有所长。《诗》道志，故长于质；《礼》制节，故长于文；《乐》咏德，故长于风；《书》著功，故长于事；《易》本天地，故长于数；《春秋》正是非，故长于治人。能兼得其所长，而不能遍举其详也。"④ 可以说，《春秋繁露》这段文字是佐证《太史公自序》之言出自董仲舒的一个旁证。

---

① 王应麟：《困学纪闻》卷6，第737页。
② 有关中华书局点校本的问题，参阅李若晖：《久旷大仪：汉代儒学政制研究》，第226—227页。
③ 因此，周春健校注的《经学通论》（第367—68页）沿用中华书局版的标点，是不正确的。对此，吴仰湘点校本（第372—373页）已予改正。
④ 苏舆：《春秋繁露义证》卷1，第35—37页。

比读《太史公自序》画以底线的文字，以及《玉杯》上述文字，可以发现董仲舒话语的重点，是强调《六经》各有所"长"，尤其《玉杯》"能兼得其所长"一语，更说明董仲舒没有《春秋》高于其他经典的主次区别。针对《太史公自序》的引文，李长春尝试解说："司马谈说'儒者以六艺为法。六艺经传以千万数，累世不能通其学，当年不能究其礼'，如果把'以千万数'的六艺经传同等看待，当然就会'累世不能通其学'。但是，如果认识到《春秋》是'礼义之大宗'，《六经》中分出主次轻重，自然也就用不着皓首穷经，又怎么会'当年不能究其礼'呢？"①

这是可以商榷的。董仲舒在《史记》中的这段话语只是罗列《六经》之"长"，没有说过"主次轻重"或反对"同等看待"的主张。他之所以重视《春秋》，是因为《春秋》"长于治人"和"道义"，这不意味《春秋》是"主"。至于司马谈对儒家的批判，包括"累世不能通其学"等问题，是另一回事。②没有理由认为董仲舒对《春秋》的阐述与司马谈的批评存在前后对应的关系。当讨论董仲舒的观点时，皮锡瑞采用节略的策略避免直接谈论，没有像后来学者那样捧高《春秋》，倒是比较克制的表现。

2. 解读董仲舒之语（上）

皮锡瑞概括《太史公自序》上述引文，说是"微言、大义，兼而有之"。之所以说"兼"，就是先在地预设"微言"与"大义"的差别：

H_3 大义 ≠ 微言

根据他对"大义"和"微言"的区分，皮锡瑞显然认为董仲舒之语

---

① 李长春：《"六家"、"六艺"与"一家之言"：司马迁〈太史公自序〉新探》，第141页。
② 有关这个问题，参阅李若晖：《久旷大仪：汉代儒学政制研究》，第107—132页。

不仅涉及"诛讨乱贼以戒后世"的见解，也有"改立法制以致太平"的内容，故曰"兼而有之"。

要检视皮氏这一论断是否正确，有必要逐句细读董仲舒之语，以免大而化之，反失其解：

(1)"是非二百四十二年之中，以为天下仪表；贬天子，退诸侯，讨大夫，以达王事而已矣"二句，是典型的互文见义。"是非二百四十二年之中"的"是非"，与"贬天子，退诸侯，讨大夫"的"贬""退""讨"相通；"二百四十二年之中"的人物，就是"天子"、"诸侯和大夫"。"以为天下仪表"与"以达王事"就是"是非""贬""退""讨"的效应。"仪表"，意谓行为上的准则，如《管子·形势解》云："礼义者，尊卑之仪表也。故动有仪则令行，无仪则令不行。"① 此"仪表"就是准则义，而"礼义"就是区分尊卑的准则。"以为天下仪表"意谓把各种"是非"当作世上的各种行为准则，"以达王事"意谓透过"贬""退""讨"来表达王事。因为上下文义交相阐明，交相补足，可以推定"仪表"与"王事"二而为一，处于相应位置而可以互释其义。由"仪表"的已知义，可以推知"王事"的未知义。据此，董仲舒的"王事"其实离不开行为是非的判别。简单地说，这里交代《春秋》的写作背景，是说孔子从政得不到重用的失败，遂以《春秋》衡度政治人物及其行为是非。借用皮锡瑞的区分，这是属于"大义"而非"微言"，因为"是非""贬""退""讨"显然接近"诛讨乱贼以戒后世"多于"改立法制以致太平"。

(2)"上明三王之道，下辨人事之纪"二句互相映衬，同样是互文的形式。"三王之道"的"明"不是偏属于"上"，"人事之纪"的"辨"也不是偏属于"下"。"上明"和"下辨"二语在前后文中各自只出现一个而省略另一个，只要合观二者，方得其全。至于"人事之纪"，

---

① 黎翔凤：《管子校注》卷20，北京：中华书局，2004年版，第1181页。

犹如"天下仪表";而"三王之道",犹如"王事"。这两句话的意思是全面地辨别"三王之道",亦即"人事之纪"。

（3）"别嫌疑，明是非，定犹豫，善善恶恶，贤贤贱不肖"是辨别各种行事及其相关人士的对错，"存亡国，继绝世"是对一些已亡或已绝的国家予保存和延续。"补敝起废"的"敝"通"弊"。《汉书·董仲舒传》载董氏对策曰："思昔先王之德，兴滞补弊，明文、武之功业，周道粲然复兴。"① 这是歌颂周宣王中兴补救弊败的功业。由"别嫌疑"至"补敝起废"三句，都是"王道"的全部内容，仅是董仲舒为"王道"所列举的部分列举，故曰"王道之大者"。此"王道"相当于"三王之道"，而"三王之道"又与"人事之纪"互相补充。由此推断，"达王事""明三王之道""王道之大者"的"王事""三王之道""王道"三者，都是以"人事之纪"或"天下仪表"为其内涵。根据董仲舒的理解，《春秋》对二百四十二年的各种人和事（包括一些已灭亡的国家）予以辨别和明确，剖析各种弊败之象，从而展示其中的行事方式，都是属于皮锡瑞所说的"大义"而非"微言"，没有明言素王改制或立法等问题。

（4）"拨乱世，反之正，莫近于《春秋》"之语，显然是对《公羊》的隐性引用。《公羊》哀十四年传："君子曷为为《春秋》？拨乱世，反诸正，莫近诸《春秋》。"② 金景芳对这段传文的理解，最是准确："这就是说，孔子惩于春秋时天下大乱，想利用旧日的等级制度来恢复社会安宁秩序。"③《公羊》哀十四年传的要点是针对乱臣贼子所形成的政治乱象，不是为后世立法。④ 董仲舒引用其义，只能说他是偏重于皮锡瑞所说的"大义"而非"微言"。皮锡瑞以"拨乱反正，道在别嫌明微"

---

① 班固：《汉书》卷56，第2499页。
② 徐彦：《春秋公羊传注疏》卷28，第626—627页。
③ 金景芳：《孔子的这一份珍贵的遗产——六经》，见《金景芳全集》第9册，上海：上海古籍出版社，2015年版，第180页。
④ 对此传的内容分析，参阅本书第一章，第96—101页。

复述《春秋》的要旨,讲的同样也是"大义"而非"微言"。

3. 解读董仲舒之语(下)

(5)"万物之聚散,皆在《春秋》"的"万物"泛指世上所有事物。《春秋繁露》言"万物"共32例,通常都是涉及秩序状态的讨论,如《玉英》"惟圣人能属万物于一,而系之元也",《立元神》"天地人,万物之本也,天生之,地养之,人成之",《考功名》"是非不能混,喜怒不能倾,奸轨不能弄,万物各得其冥"等等。① 董氏"万物之聚散"就是指代世上各种东西的活动,而这种用法在战国诸子(如荀子)实不罕见。② 对此,程苏东解释说:"这里《春秋》显然已经成为一种自足的经典,完备地囊括了世间一切义理。"③ 这一理解似有可商酌之处。"世间一切义理"不等于"万物"。阅读董氏之言,也不蕴涵"自足的经典"的说法。《春秋》的内容与现代人所理解的政治世界不同,非人的能动者也是被叙述的对象。"万物之聚散"就是刻画《春秋》书中各种东西的动态。这样注意事物状况的关怀,与董仲舒所引用《公羊》"拨乱世,反诸正",可谓一脉相承。无论如何,皮锡瑞综述《太史公自序》之旨,仅说"拨乱反正",对"万物之聚散"也没有深究。但根据他的分类,"拨乱反正"同样属于"大义"而非"微言"。

(6)"弑君三十六,亡国五十二"所陈述的数字,是否符合经中弑君、亡国的数目?存在疑问。④ 无论如何算法,董仲舒大概是要说明各种政治乱象的广泛存在,而这些乱象之所以产生,背后都有潜藏的深层原因。各种政治人物,无论是君父抑或臣子,假若不懂得《春秋》之

---

① 苏舆:《春秋繁露义证》卷3,第68页;卷6,第168页;卷7,第178页。
② 例如《荀子》言"万物"即有50例,用法与《春秋繁露》相当接近。
③ 程苏东:《从六艺到十三经:以经目演变为中心》上册,第124页。
④ "弑君三十六"的数目如何计算,存在争议。《春秋》经文采用"弑其君"的措辞,仅23例。段玉裁尝试将"三十六"修订为"二十六",但还有窒碍难通之处。参阅拙著:《〈穀梁〉政治伦理探微:以"贤"的判断为讨论中心》,第178—179页。

义，就会犯了罪恶而不能知悉洞察。这不是主观的良好意愿便能保证行为做得正确，故曰"皆以为善，为之不知其义"。此"义"与《公羊》哀十四年传"制《春秋》之义"的"义"相通①，是谈论不同的人所做的行为的准则，也就是上述所说的"天下仪表"或"人事之纪"的内容。"义"与"仪表"、"人事之纪"一样，都是涉及各种行为的可允许性，是独立于相关的人的客观准则，不是这些人所拥有或掌握的能力。对此，李长春认为问题在于欠缺政治智慧："政治人物的某些政治行动中，最终的效果往往和最初的动机相悖。这当然是因为他们缺乏足够的政治智慧，用司马迁的话来说，就是他们不通'礼义之旨'。"② 这里存在误解。"礼义之旨"的"旨"意谓意思。如上所述，"礼义"是区分尊卑的准则。董仲舒批判人们不懂"礼义之旨"，就是不懂这种区分尊卑的准则的意思。"礼义"不是个人的所有物。相反，按照汉语的惯常用法，"政治智慧"是指个人在政治思考上的聪明才智。因此，以"政治智慧"解说"礼义之旨"，不大妥当。无论如何，不懂得"礼义之旨"就有可能犯下恶行，因而被《春秋》加以贬斥也无从辩解。这就是"被之空言而不敢辞"和"以天下之大过予之，则受而弗敢辞"的要义，而这里的"空言"和"大过"就是指"首恶之名"或"篡弑不诛、死罪之名"。因为事涉"诛讨"，这些围绕"礼义之旨"的述说都是属于皮锡瑞所说的"大义"而非"微言"。

（7）"礼义之大宗"的"大宗"，意谓本源的地方，如《庄子·天道》云："夫明白于天地之德者，此之谓大本大宗。"③ 此"大本大宗"便是指本源之处。至于"礼义"，如上所述，就是区分尊卑的准则。在三传中，《公》《穀》皆无"礼义"的概念，仅《左传》内有三例，即"其德刑礼义，无国不记"（僖七年）、"是以有动作礼义威仪之则，以

---

① 徐彦：《春秋公羊传注疏》卷28，第626—628页。
② 李长春：《"六家"、"六艺"与"一家之言"：司马迁〈太史公自序〉新探》，第142页。
③ 郭庆藩：《庄子集释》卷5，第458页。

定命也"（成八年）、"《诗》曰：'礼义不愆，何恤于人言。'"（昭四年）。① 有趣的是，董仲舒虽以治《公羊》名世，但他对"礼义"的理解，与《左传》同调，都是涉及人的行为准则。《春秋繁露》言"礼义"共七例，即"潞子欲合中国之礼义""宜厚其忠信，敦其礼义""贵孝弟而好礼义""有礼义廉让之行""民不犯则礼义成""以礼义为道则文德""人生别言礼义"。② 这些"礼义"，都不是独立于行为实践以外的东西。由《左传》和《荀子》的用例，可以进一步确认"礼义"是针对行为是非而言。董仲舒之所以强调《春秋》是"礼义之大宗"，就是透过《春秋》的褒贬，要让人懂得各种行为的准则。简单地说，他在《太史公自序》的话语，显示的同样是皮锡瑞的"大义"而非"微言"。

（8）除了"礼义"以外，董仲舒也谈及"礼"，不过"礼"是相对于"法"而言。值得注意的是，他特别强调"礼"在"禁"的使用，通常先秦文献言"禁"，往往是涉及相关执法者使用权力禁制某种行为，通常是法或刑罚层面的事情，如《庄子·胠箧》"斧钺之威弗能禁"③便是一例。《孟子》《荀子》《新语》《新书》皆无以"礼"言"禁"的用法。董仲舒说《春秋》，无疑有"人所未发"的内容，但皮锡瑞归结为"以礼说《春秋》"，却嫌用语不准。"礼义"与"礼"并非等值。"夫礼禁未然之前"以"夫"言之，"夫"是助词，用于句首，表示开端。"夫"以下的内容，是董仲舒重新说明一种道理，即比较"礼"与"法"在影响行为上的不同。这是一种总体倾向的比较，不是专讲《春秋》的内容。之所以作出这样的比较，是为了确立另一个通则，从而支持"礼义"的重要性。可以说，"礼义"是"礼"的一部分内容，不能

---

① 孔颖达：《春秋左传正义》，卷13，第350页；卷27，第754页；卷42，第1204页。
② 苏舆：《春秋繁露义证》卷4，第123页；卷10，第286页；卷11，第320、330页；卷14，第392页；卷17，第470—471页。
③ 郭庆藩：《庄子集释》卷4，第350页。

把"礼义"等同为"礼"。董仲舒用以概括《春秋》内容的是"礼义",而非"礼"。皮锡瑞"以礼说《春秋》"之说,是把"礼义"与"礼"混为一谈。再一次重申,董仲舒的"礼"同样是就行为的是非而言,根据皮锡瑞的分类,是"大义"而非"微言"。

归纳上述八点可知,董氏之言再三显示是"大义"的内容,完全没有触及"微言"。既没有"改立法制"的内容,也不曾说过"以致太平"的目标;有之,仅是"礼"与"法"的对比。全篇讲话实无"微言"可寻,也无法确证"大义"与"微言"之别(即 A)。皮锡瑞"微言、大义,兼而有之"的概述,显然是不准确的说法:有"大义"而无"微言",何来"兼而有之"?

四、重谈《太史公自序》(下)

(一) 对《太史公自序》的发挥

除了"兼而有之"的错误认识外,皮锡瑞在讨论《太史公自序》时,还尝试提出"《春秋》之法"和"《春秋》之礼"等区别。

《经学通论》云:"学者知《春秋》近于法家,不知《春秋》通于礼家。知《春秋》之法可以治已然之乱臣贼子,不知《春秋》之礼足以禁未然之乱臣贼子。自汉以后,有用《春秋》之法,如诛意,如无将,而引经义以断狱者矣,未有用《春秋》之礼,别嫌疑,明是非,而明经义以拨乱者也。若宋孙复《尊王发微》,狭隘酷烈,至谓《春秋》有贬无褒,是以《春秋》为司空城旦书,岂知《春秋》者乎?董子尝作《春作决事》,弟子吕步舒等以《春秋》颛断于外,而其言礼之精如是。是董子之学,当时见之施行者,特其麤粝,而其精者并未尝见之施行也,然则世但知汉世《公羊》盛行,究之其盛行者,特酷吏藉以济其酷,致后人为《公羊》诟病。董子所谓'礼义之大宗',汉时已以为迂而不之用矣。董子之学不行，后人并疑其书而不信。试观太史公所述，有一奇辞险语否？何必惊为非常异义乎？"①

(二) 辨证

1. 两个参照点

以上评论，是立足于"微言、大义，兼而有之"的进一步发挥，其中有许多内容需要深入剖析。在《春秋》的认识上，皮锡瑞提出两个参照点：一是"近于法家"与"通于礼家"的差别；另一是"知《春秋》之法"与"知《春秋》之礼"的差别。在此已预设以下两者的差别：

I_3　法家 ≠ 礼家
J_3　《春秋》之法 ≠ 《春秋》之礼

据皮锡瑞的理解，《春秋》既"近于法家"，也"通于礼家"。它的内容有两面性，兼具"《春秋》之法"和"《春秋》之礼"。只看一面，而忽略另一面，是不完整的，犹如只看"大义"而不见"微言"的情况。

《春秋》没有"法"和"礼"这两个字，三传也没有说过"法家"和"礼家"的概念。皮锡瑞所说的"法家"和"礼家"是什么？需要进一步的解说。事情很明显，此"法家"不是战国时期以韩非为代表的流派。《春秋》是后世儒者普遍认可的经典，基本上没有什么人认为它与战国时的法家有何相近之处。胡安国这么说："《春秋》虽隆君抑臣，而体貌有加焉，则廉陛益尊而臣节砺。后世法家，专欲隆君而不得其道，至以犬马国人相视，大伦灭矣。"② 这是明确地把《春秋》与法家

---

① 皮锡瑞：《经学通论》卷5，第373页。
② 胡安国：《春秋胡氏传》卷17，第265页。

对立起来。皮锡瑞"近于法家"之说，如果猜测不错的话，极有可能是出自程颐的比喻："《诗》《书》载道之文，《春秋》圣人之用。"五经"之有《春秋》，犹法律之有断例也。律令惟言其法，至于断例则始见其法之用。"① 叶采解释说："律令者，立法以应事。断例者，因事以用法。"② 因为程颐的说法被收录在《近思录》中，后世儒者对之不会感到陌生。据程颐的理解，《春秋》有别于其他经典之处，是它有丰富的叙事，透过这些叙事可以印证其他"载道之文"。是故，"律令"与"断例"的比喻，是立足于《春秋》具有各种事件的记载而发。之所以用"断例"来比拟《春秋》经文，大概是因为经文系年的写作方式，与宋人的法律文书有些相似。王皙《春秋皇纲论》云："凡大变、大危、大恶之事，则必书日以谨之，中事则但志之以月，小事则直系之于时，以次略之尔。犹今之法家，大辟之案则必敷条考式，文致周详，以谨之也，中刑次之，小刑则又略之其大纲然也。"③ 因为《春秋》诸事各有差别，不能划一看待，故以不同笔法分别处理。这样注意"事"的独特性，与程氏"断例"之喻，可谓理念相通。"近于法家"的说法，就其喻辞的语脉看，只能理解为有些学者把握《春秋》的事件或行为的独特性，像处理法律案件那般讲求细节。像程颐那样把《春秋》喻以"断例"的想法，说到底是着眼于经文对人物的褒贬，言其性质，还是属于皮锡瑞所说的"大义"而非"微言"。

相对于"法家"，皮锡瑞所说的"礼家"倒是不清楚所指是什么。是研究"《春秋》之礼"的人呢？抑或讲究礼的人呢？皮锡瑞没有明确他的说法。假如"不知《春秋》通于礼家"是说学者不了解《春秋》有些与礼相关的内容，那么大概是不符合实际的判断。与其他儒家经典一样，《春秋》有些内容触及礼制，而且一直是研究者努力解读和申张

---

① 程颢、程颐：《二程集》上册，北京：中华书局，1981年版，第19页。
② 陈荣捷：《近思录详注集评》，上海：华东师范大学出版社，2007年版，第132页。
③ 王皙：《春秋皇纲论》卷5，第157页。

己见的课题，例如禘祫的安排，无论是遵从抑或否定哪些传注，几乎都不可能完全付之度外，诚如顾栋高所说，"礼家禘祫之说，千古聚讼。"①除禘祫以外，历代《春秋》学者关心的五礼问题还有许多，在此不必列举。没有证据显示《春秋》学者因不懂董仲舒的思想而导致"不知《春秋》之礼"或"不知《春秋》通于礼家"的结果。

2. 董仲舒"法"与"礼"之别

无论皮锡瑞如何界定"法家"和"礼家"，其实是相对的不重要，因为《太史公自序》这一段话，根本没有提及这两个概念。查看董仲舒的原话，只有"法"与"礼"的差别：

K_3 法 ≠ 礼

"法"与"礼"的差别，不等于"《春秋》之法"和"《春秋》之礼"的差别。也就是说，K_3 不等于 J_3，也不见得与 I_3 相通。董仲舒对比"礼"与"法"的目的，是为了昭彰《春秋》的"礼义"。他不曾对比"用《春秋》之法"与"用《春秋》之礼"的差别。对董仲舒来说，"禁未然之前"的是"礼"，不是"《春秋》之礼"；"施已然之后"的是"法"，不是"《春秋》之法"。皮锡瑞不讲"礼"而讲"《春秋》之礼"，不讲"法"而讲"《春秋》之法"，概念滑转，一目了然。

3. "麤觕"与"精者"之别

皮锡瑞之所以区分"《春秋》之法"与"《春秋》之礼"的效用，无非是辩护《公羊》的主张。在他看来，自汉以后"引经义以断狱"，不过是"用《春秋》之法"，但没有人"用《春秋》之礼"。前者仅属"麤觕"，后者方是"精者"。之所以有此论断，很大程度上是因为《史记》等史料存在负面的记载。如《酷吏列传》云："汤决大狱，欲傅古

---

① 顾栋高：《书〈春秋〉禘祫说后》，见《春秋大事表》卷15，第1473页。

义，乃请博士弟子治《尚书》、《春秋》补廷尉史，亭疑法。"① 这是记载酷吏张汤以儒家经典附会其执法，借用皮锡瑞的解释，就是"酷吏藉以济其酷"。尽管《经学历史》宣称"治一经得一经之益"，其中的一个凭据就是"以《春秋》决狱"②，但皮锡瑞心里相当清楚，《春秋》（尤其是《公羊》）在当时的刑法实践中，亦有不光彩的一面。为此，他强调"用《春秋》之法"仅属"麤觕"，还有"精者"还未"施行"。这里，皮锡瑞已提出了另一个差别：

L_3　　麤觕 ≠ 精者

"麤觕"与"精者"之别，主要是形容"《春秋》之法"与"《春秋》之礼"的效应。也就是说，L_3 的提出，是为了强化 J_3。把自己欣赏的东西抬举为有待实现的理想，将各种历史上或现实上的负面经验予以淡化或无关化，是近代以来中国知识分子总结传统文化时相当常用的手法，不独皮锡瑞如此。但要注意，"麤觕"与"精者"之别完全是修辞意义的对比，没有论证意义的作用。

"董子之学"是否存在"麤觕"盛行、"精者"得不到采用呢？基本上，这是一个无法确切回答的假问题。如上所述，董仲舒仅是讲述《春秋》作为"礼义之大宗"的重要性，不曾区分"《春秋》之法"与"《春秋》之礼"。没有证据显示"董子之学"也是沿着这一区别而出现不同的思想影响。司马迁引录董仲舒的话，是为了解释自己撰写《史记》的动机，不曾说明时人对"礼义之大宗"出现"迁而不之用"的反应。相反，从司马迁不吝笔墨引录董仲舒的说法，应该显示至少司马迁觉得这是没有差错的权威性说法。从上文第一节引录班固的赞语可

---

① 司马迁：《史记》卷122，第3811页。
② 皮锡瑞：《经学历史》，第90页。

知，董仲舒被称为"群儒首"，但具体到他的哪些想法如何影响当时和后来的儒者，限于史料不足，难以推求其详。

附带一提，皮锡瑞说"董子尝作《春作决事》"，指的该是《汉书·艺文志》所载的《公羊董仲舒治狱》十六篇。① 此书已失传，不清楚它与吕步舒有着什么联系。《史记·儒林列传》云："步舒至长史，持节使决淮南狱，于诸侯擅专断，不报，以《春秋》之义正之，天子皆以为是。"② 这是说吕步舒审理淮南王案以《春秋》作为断案依据，此《春秋》之义"不知与《治狱》有何关系。限于文献记载不足，吕步舒究竟了解董仲舒到什么程度，也不清楚。据《儒林列传》记载，董仲舒著《灾异之记》，"吕步舒不知其师书，以为下愚。于是下董仲舒吏，当死，诏赦之。"③ 当然，吕步舒不知道董仲舒讲灾异，不蕴涵他不懂得董仲舒言礼的要旨。这里，只能说明他不知道其师讲灾异，但其他方面的认识，还是不明不白。连弟子如吕步舒之流，董仲舒对之有何影响也搞不清楚，更不用说其他儒者了。皮锡瑞对"麟觕"和"精者"的讨论（即 L_3），没有什么可信的凭据，自然不能加强"《春秋》之法"与"《春秋》之礼"的说明（即 J_3）。

4. "贬"和"褒"之别

认为孙复《春秋尊王发微》有贬无褒，不是皮锡瑞的个人发明。元儒黄泽已有这个想法："盖说《春秋》者多泥褒贬，先生主意不欲泥褒贬，是欲矫诸家之失。孙明复说有贬无褒，先生则云：'"晋士匄帅师伐齐，至榖，闻齐侯卒，乃还"，分明是与他。' 是欲正孙明复之失。"④ 此"先生"就是朱熹。这是讨论《春秋》襄十九年经的写法，主要是针

---

① 班固：《汉书》卷30，第1714页。
② 司马迁：《史记》卷121，第3799—3800页。
③ 司马迁：《史记》卷121，第3799页。
④ 赵汸：《春秋师说》卷中，第282页。

对胡安国《春秋传》的观点而言。① 朱熹没有提及孙复之书，而孙复也没有"有贬无褒"的主张。把朱熹之语理解为纠正孙书之失，纯属黄泽的联想。清代研究《春秋》的人，认同黄泽之说甚多，在《四库全书》编成之前，张自超便有相同的观点："孙明复以为《春秋》有贬无褒，朱子曰：'如晋士匄伐齐，闻丧而还'，分明是褒之。"② 这是隐性引用。《四库》馆臣大概也受到影响，遂在《御纂春秋直解》的《提要》云："自孙复倡为有贬无褒之说，说《春秋》者必事事求其所以贬。求其所以贬而不得，则锻炼周内以成其罪，而《春秋》益荒。"③ 皮锡瑞重提"有贬无褒"的错误，不是他个人的创见。对孙复的鄙弃和指责，实是清代《春秋》学者的流行意见。

皮锡瑞在讨论董仲舒的"微言大义"时，忽然痛斥孙复"有贬无褒"，不外是援引当时学术界的一种通行观点，从而说明要理解《春秋》，不能仅是"知《春秋》之法"，还应该"知《春秋》之礼"。在他的论述中，孙复"有贬无褒"的"贬"和"褒"，同样也是一种需要分殊看待的差别：

M_3　贬 ≠ 褒

孙复"有贬无褒"的"贬"和"褒"之别，犹如"知《春秋》之法"与"知《春秋》之礼"之别。在皮锡瑞看来，孙复"有贬无褒"的错误，犹如只是"知《春秋》之法"而不能"知《春秋》之礼"（即 J_3）的错误。

---

① 朱熹原话是："《春秋》分明处，只是如'晋士匄侵齐，至闻齐侯卒，乃还'，这分晓是与他。"（参阅黎靖德：《朱子语类》卷83，第2156页。）比较黄泽之语，略有小异。
② 张自超：《总论》，见《春秋宗朱辨义》，第2页。
③ 傅恒等：《御纂春秋直解》，见《文渊阁四库全书》第174册，上海：上海古籍出版社，1987年版，第12页。

5. 失效的模拟推论

回顾上述 H_3 至 M_3 的六个差别，仅有"法"与"礼"（即 K_3）的差别符合董仲舒原来的设想。至于"大义"与"微言"、"法家"与"礼家"、《春秋》之法"与《春秋》之礼"、"麤觕"与"精者"四者的区别（即 H_3、I_3、J_3、L_3），都是皮锡瑞自己的个人发挥，与董仲舒没有太大的关系。相对而言，"贬"与"褒"的差别（即 M_3）因承其他《春秋》研究者对孙复的批判而来，大概是其他学者较能认可的内容。基本上，皮锡瑞以孙复比照董仲舒，是立足于这样一个拟想："有贬无褒"的"贬"（M_3）与"法家"（I_3）、"《春秋》之法"（J_3）、"麤觕"（J_3）、"大义"（H_3）一样，仅是对错误行为的批判，就《春秋》的总体内容而言，都是不够全面的。这五者以外还有其他东西：在"贬"以外还有"褒"（M_3），在"法家"以外还有"礼家"（I_3），在"《春秋》之法"以外还有"《春秋》之礼"（J_3），在"麤觕"以外还有"精者"（L_3），在"大义"以外还有"微言"（H_3）。简单地说，这是以 M_3 来模拟和印证 I_3、J_3、L_3、H_3。因为孙复的片面和偏颇没有太大的争议，故皮锡瑞试图借以说明：对董仲舒思想的认识同样不能片面和偏颇，像孙复"有贬无褒"是不行的，必须同时兼顾"《春秋》之法"和"《春秋》之礼"、"法家"与"礼家"、"麤觕"与"精者"、"大义"与"微言"。

这个类推，其实极不可靠。接受 M_3，推不出 I_3、J_3、L_3、H_3。"褒"与"贬"一样，都是对政治行为的判断。借用现代学科的分类而言，这些是属于政治伦理的问题；而皮锡瑞所理解的"礼家"、"《春秋》之礼"、"精者"和"微言"，却不仅是行为是非的讨论，可能涉及制度的安排。换言之，"褒"与"礼家"、"《春秋》之礼"、"精者"和"微言"四者，具有不同的本质，彼此名义乖反，不宜混作一谈。任何模拟论证都要有性质的相似性。承认《春秋》不仅是"贬"，还有"褒"，是一回事。"《春秋》之法"以外还有"《春秋》之礼"，则是另一回事。

避免孙复的错误，不等于认识董仲舒也该如此。更何况董仲舒只讲"法"与"礼"（即 K_3），与皮锡瑞所说的其他差别（即 H_3、I_3、J_3、L_3、M_3）没有直接的关系。不能说兼顾这些差别就可以正确把握董仲舒的思想。相反，真正尊重董仲舒的做法，是全部放弃它们。

董仲舒所讲的"礼义之大宗"，不蕴涵皮锡瑞所说的各种差别。说穿了，皮锡瑞之所以列举 I_3、J_3、L_3、M_3 的区别，无非是要回护 H_3。无论如何形容和理解董仲舒思想的内容，皮锡瑞相信"大义"以外还有"微言"，而"《春秋》之礼"、"礼家"、"精者"与"微言"一样，都是不能忽略的内容。这些东西，是与他所理解的"三科九旨"等主张密切相关。然而，这些恰好是充满争议的观点。至少，不是每一个《春秋》学者都能相信的见解。不认可皮锡瑞的"微言"或"《春秋》之礼"，不等于不认可董仲舒的"礼义之大宗"。如上所述，"礼义之大宗"是围绕人的行为是非而发。依司马迁的记载，董仲舒的话也没有"三科九旨"或类似的主张。因此，一个《春秋》学者完全可以接受"礼义之大宗"，同时又拒斥皮锡瑞所预想的"《春秋》之礼"。

以下姑举一例。洪咨夔有一个极著名的观点，就是"以摄欺天下自公始"，认定鲁隐公表态将要让国予弟，其实欺世盗名："始求逊国之名，终享擅国之利，作伪日拙，公之心迹败矣。"① 这个观点，当然不是包括皮锡瑞在内的《公羊》学者所能接受的。洪传的是非对错，暂不深论，但非常清楚的是，他不可能接受"存三统"等观点，而他的《春秋说》也没有"存三统"或"三统"的主张。然而，洪咨夔却再三爰引董仲舒"礼义之大宗"的说法，既说"《春秋》，礼义之大宗。人君动不以礼，必谨书之，以为世戒"，又说"轻重有权，褒贬有等，《春秋》所以为礼义之大宗"。② 不难看见，洪咨夔既接受"太史公所述"，也知

---

① 洪咨夔：《洪氏春秋说》卷1，见《文渊阁四库全书》第156册，上海：上海古籍出版社，1987年版，第461页。
② 洪咨夔：《洪氏春秋说》卷8，第516页；卷25，第668页。

道这是涉及政治人物的行为举止而言。这个议论，实本至公，远比皮锡瑞的理解更可信和更平实。洪氏上述观点的存在，是一个鲜明的反证。它的存在，证明承认"太史公所述"不是"奇辞险语"或"非常异义"，也可以有理由不接受皮锡瑞的"《春秋》之礼"或"微言"。

五、《春秋繁露》与三科九旨

归纳上述，皮锡瑞对《太史公自序》的解读，并不符合董仲舒的原意，也不能据此确证"微言、大义存于董子之书"。当然，《史记》记载的董仲舒话语，不等于"董子之书"的全部。然则，董仲舒其他著作有没有皮锡瑞所定义的"微言"和"大义"呢？《春秋三策》不是皮锡瑞重点解读的文本，姑且不论。他与许多尊崇董仲舒的清儒一样，都认为《春秋繁露》的内容是代表董仲舒的思想。以下，将会观察皮锡瑞对一些文献的解读，看看他能不能确证《春秋繁露》包含他所定义的"微言"和"大义"。

（一）对"三科九旨"的评论

何休《文谥例》云："三科九旨者，新周故宋，以《春秋》当新王，此一科三旨也。"又云："所见异辞，所闻异辞，所传闻异辞，二科六旨也。"又云："内其国而外诸夏，内诸夏而外夷狄，是三科九旨也。"宋氏之注《春秋说》云："三科者，一曰张三世，二曰存三统，三曰异外内，是三科也。九旨者，一曰时，二曰月，三曰日，四曰王，五曰天王，六曰天子，七曰讥，八曰贬，九曰绝。"① 《经学通论》解释说："何氏九旨在三科之内，宋氏九旨在三科之外，其说亦无大异。"②

---

① 徐彦：《春秋公羊传注疏》卷1，第5页。
② 皮锡瑞：《经学通论》卷5，第369页。

(二) 辨证

1. 何、宋之异（上）

"三科九旨"这两套说法存在很大的差别。皮锡瑞已注意到，何休没有把"九旨"独立在"三科"之外，宋氏的"九旨"却是"三科"以外的观点。然而，"九旨"究竟算是什么？《公羊》徐疏："时与日、月，详略之旨也；王与天王、天子，是录远近亲疏之旨也；讥与贬、绝，则轻重之旨也。"① 这是相当笼统的解释，包含有实质内容的信息太少。更麻烦的是，《公羊》的观点不见得对应于"九旨"而发。这一点，郑杲早已提出这样的推测："夫《公羊》惟于讥、贬、绝一科稍详尔；至于三称，引其端而已，其说弗详也。至于时、月、日一科，尤弗详也。详之者，皆在《穀梁》。故三科九指之说，必其兼治《穀梁》者也。然而《穀梁》无师说，有说皆属之《公羊》师，盖有以知二传之相衔接也。"② 以上的观点，也得到柯劭忞的接纳："何氏则就三科分为九旨，摈古说之九旨不用。盖以三科为《公羊》学，九旨则《穀梁》学，故取其三科，而不取其九旨也。今以《穀梁传》证之：日、月、时之例，传义较《公羊》详数倍；天王、天子、王之三称，传义备矣，《公羊》未之及也；讥、贬、绝之例，亦较《公羊》为详。用是，知宋君所谓九旨者，诚哉为《穀梁》之义例矣。"③

郑、柯二人，猜测"九旨"是因《穀梁》而发，甚至认为何休更改"古说"，很大程度上是推测而非证实，毕竟先儒传授和发挥"三科"和"九旨"的具体内容如何，限于史料不足，已无从细致说明。然而郑杲和柯劭忞的猜测不是毫无合理性，因为他们同样看见《穀梁》比《公

---

① 徐彦：《春秋公羊传注疏》卷1，第5页。
② 郑杲：《郑东父遗书》卷2《春秋说》，见《丛书集成续编》第198册，台北：新文丰出版公司，1989年版，第153页。
③ 柯劭忞：《序》，见《春秋穀梁传注》，第1页。

羊》更能对应于宋氏的"九旨"。不仅何诂，即使是《春秋繁露》，也没有这方面的内容。这是一个需要认真正视的环节。皮锡瑞"亦无大异"之说，其实是完全不理会"九旨"如何而得出的结论。接下来对《春秋繁露》的论述，皮锡瑞说"而三科之义，已见董子之书"，这是仅言"三科"而不及"九旨"。不问可知，他是深知宋氏的"九旨"难以契合何休的主张，故有避重逐轻之举。

2. 何、宋之异（下）

不仅"九旨"，何休和宋氏对"三科"的理解是否一致，也很难说。何休《解诂》是现存汉儒治《公羊》的唯一完整文本，而它又没有记载宋氏的说法，难以确言何休和宋氏在"三科"上是否具有相同的认识。"张三世"是否相当于"所见异辞，所闻异辞，所传闻异辞"？"存三统"是否相当于"新周故宋，以《春秋》当新王"？"异外内"是否相当于"内其国而外诸夏，内诸夏而外夷狄"？乍看来很有可能，但需要确证。根据徐疏的引录，读者仅知"虽大略据三代，其要主于文王者"，① 但宋氏对周是否也主张"新周"呢？不清楚。宋氏是否认可何休"托王于鲁"的主张？也不清楚。唯一明确的是，徐疏在简述何、宋两种主张时，先是问："三科九旨，聊不相干，何故然乎？"然后答："《春秋》之内，具斯二种理，故宋氏又有此说，贤者择之。"② 据徐疏的意见，何诂和宋氏是两种不同的说法，不曾混为一谈。然而，皮锡瑞似乎不希望《公羊》的基本主张呈现内在的歧异，遂有"亦无大异"之说。但这是比徐疏更正确的判断吗？很难这么说，因为宋氏之注已经失传，皮锡瑞和其他论者也没有读过。既然未读过，也不了解其中内情，为何一定要说是"亦无大异"？

（三）对《楚庄王》的评论及其辨证

为了证明《春秋繁露》也讲"三科九旨"，皮锡瑞列举了一些文献，

---

① 徐彦：《春秋公羊传注疏》卷1，第8页。
② 徐彦：《春秋公羊传注疏》卷1，第5页。

另加自己的诠释。《楚庄王》曰:"《春秋》分十二世以为三等,有见,有闻,有传闻。有见三世,有闻四世,有传闻五世。故哀、定、昭,君子之所见也;襄、成、宣、文,君子之所闻也;僖、闵、庄、桓、隐,君子之所传闻也。所见六十一年,所闻八十五年,所传闻九十六年。"①《经学通论》云:"此张三世之义。"②

(四) 辨证

1. "三等"与"张三世"(上)

《楚庄王》的主张,源于《公羊》的解经意见。隐元年经:"公子益师卒。"《公羊》云:"何以不日?远也。所见异辞,所闻异辞,所传闻异辞。"何诂:"所见者,谓昭、定、哀,己与父时事也。所闻者,谓文、宣、成、襄,王父时事也;所传闻者,谓隐、桓、庄、闵、僖、高祖、曾祖时事也。"③《经学通论》云:"与董子书略同,皆以三世为孔子之三世,据此是知《春秋》是孔子之书。张三世之义,虽比存三统、异外内为易解,然非灼知《春秋》是孔子作,必不信张三世之义,而《春秋》书法详略远近,皆不得其解矣。"④

皮锡瑞说何诂"与董子书略同",是略嫌简化的说法。此"董子书"是指《楚庄王》上述记载。除此以外,《春秋繁露》还有另一说法。《奉本》云:"杀隐、桓以为远祖,宗定、哀以为考妣。"⑤ 此"远祖"即"所传闻",指隐、桓二公,不包括庄、闵、僖;而"考妣"即"所见",仅定、哀二公,不包括昭公。它对"三世"的分期,显然有别于

---

① 苏舆:《春秋繁露义证》卷1,第9—10页。
② 皮锡瑞:《经学通论》卷5,第369页。
③ 徐彦:《春秋公羊传注疏》卷1,第25页。
④ 皮锡瑞:《经学通论》卷5,第376页。
⑤ 苏舆:《春秋繁露义证》卷9,第280页。

《楚庄王》。仅说《奉本》"亦言三世异辞之义",①却不明言它与《楚庄王》之别,是不够的。有人说"董子言之甚确,本不容疑义"②,是无视《春秋繁露》文本内部的歧义。很难说《奉本》的分期比《楚庄王》的分期更不好。对此,蒙文通可谓洞若观火:"董氏已自二说不同。劭公唯取后说,安在前说即非?"③确切地说,《奉本》以"定、哀"为一期的说法,其实比《楚庄王》"哀、定、昭"为一期的说法,更有传文的根据。《公羊》定元年传:"定、哀多微辞。"④ 这是剖析经文在最后二公的用词,却不把昭公与之合论。相反,《公羊》没有什么说法把昭、定、哀三公合为一期。

不仅《春秋繁露》二说兼存,《公羊》注疏亦非单一论调。据徐疏的引录,郑玄参照《孝经援神契》"《春秋》三世,以九九八十一为限"之言,主张"隐元年尽僖十八年为一世,自僖十九年尽襄十二年又为一世,自襄十三年尽哀十四年又为一世"⑤。何休如何看待郑说?不得而

---

① 曾亦、郭晓东:《春秋公羊学史》上册,第348页。
② 曾亦、郭晓东《春秋公羊学史》(第347页注1)说:"三世之断限,董子言之甚确,本不容有疑义。"又说:"近人廖平遂据此二说,谓定、哀为所见世,隐、桓为所传闻世,庄、闵、僖、文、宣、成、襄、昭为所闻世。此又一新说也。"廖平之说,是按《奉本》内容加以述说,董仲舒的作品就是产生"疑义"的根源。廖平援《奉本》为据,实非自创己见。曾亦说是"又一新说",令人费解。
③ 蒙文通:《治学杂语》,见《蒙文通全集》第6册,成都:巴蜀书社,2015年版,第10页。
④ 徐彦:《春秋公羊传注疏》卷25,第545页。
⑤ 徐疏引郑氏云:"九者,阳数之极。九九八十一,是人命终矣。故《孝经援神契》云:'《春秋》三世,以九九八十一为限。'然则隐元年尽僖十八年为一世,自僖十九年尽襄十二年又为一世,自襄十三年尽哀十四年又为一世,所以不悉八十一年者,见人命参差,不可一齐之义。"(参阅徐彦:《春秋公羊传注疏》卷1,第4页。)曾亦《春秋公羊学史》(第347页注1)说:"《孝经·援神契》别有一说,谓隐元年至僖十八年为所传闻世,僖十九年至襄十二年为所闻世,襄十三年至哀十四年为所见世。其后,郑玄从此说。"此说有两个错误:(1)《孝经援神契》是一部作品,不必加书名号内加号。(2)《孝经援神契》的原文,只限《春秋》三世,以九九八十一为限"两句。"然则"以下,是郑玄的发挥和说明。从"谓"一语,《学史》把郑玄之见视为《孝经援神契》的原话,显属误读。

知。徐疏这么驳斥说:"《援神契》者,自是《孝经纬》横说义之言,更作一理,非是正解《春秋》之物,故何氏自依《春秋说》为正解明矣。"① 同样是纬书,《孝经援神契》是否不宜用来解释《春秋》? 也不好说。徐疏的理由无非是批判《孝经援神契》是属于《孝经》类的作品,但《孝经钩命决》"吾志在《春秋》,行在《孝经》"之语,何休引之为据,说"此二学者,圣人之极致,治世之要务也"②,何曾遭到怀疑和否定? 当然,这并非说郑氏之解可以接受。毕竟徐疏的引录太过简略,读了也搞不清楚它的凭据是否稳妥。无论如何,皮锡瑞对郑说没有讨论。《公羊》对"所见""所闻""所传闻"三者的时段,没有明确的说法。何诂对"所见""所闻""所传闻"的理解,不见是唯一可靠的说法。同样是说"三世",不乏异说,比皮锡瑞所说的更复杂。

此外,"孔子之三世"的问题也需要略作辨析。隐元年经没有记载日期,《公羊》解释是"远";而"远"在传中,可以指空间上的距离,也可以是指时间上的距离。"所见""所闻""所传闻"都是指《春秋》作者而言,而《公羊》昭十二年传引孔子曰:"其词,则丘有罪焉耳。"③《公羊》肯定相信孔子是《春秋》的作者,故此《公羊》肯定把"所见""所闻""所传闻"说成孔子的"见""闻""传闻"。但要注意,"孔子之三世"实非不言而喻的。承认《春秋》是孔子作,不等于必须相信"张三世之义",更不等于因此不领会《春秋》的"详略远近"。三传之中,唯《穀梁》说过"孔子故宋也"的主张,故从《穀梁》看来,说孔子是《春秋》作者,其理据不少于《公羊》。但《穀梁》肯定没有董、何的主张,但不等于书法的"详略远近"得不到理解。《穀梁》桓十四年传:"孔子曰:'听远音者,闻其疾而不闻其舒。望远者,察其貌而不察其形。'立乎定、哀,以指隐、桓,隐、桓之日

---

① 徐彦:《春秋公羊传注疏》卷1,第4页。
② 徐彦:《春秋公羊传注疏》卷1,第4页。
③ 徐彦:《春秋公羊传注疏》卷1,第1页。

远矣。"① 这是有点接近《奉本》上述的观点,但算不算"三世"? 就要看"三世"如何界定。承认孔子作《春秋》和经文的"详略远近",是一回事;而接不接受"三世",尤其是何休所说的"三世",则是另一回事。由前者推不出后者,明明白白。

2."三等"与"张三世"(下)

无论如何,"所见""所闻""所传闻"三者,是就相关事件与孔子之间的时间距离而言,认为在三个不同时期各有不同的用词,意思明白,毫无神秘性可言。据此,董仲舒把《春秋》十二公划分为所见、所闻、所传闻三个段落,说明它们在记事上的区别:"于所见,微其辞;于所闻,痛其祸;于传闻,杀其恩,与情俱也。"② 这是进一步阐述《公羊》的意思,认为时间愈近,用词愈隐晦;时间愈远,恩情也消散淡薄。之所以要采用不同的措辞,董仲舒解释说:"义不讪上,智不危身,故远者以义讳,近者以智畏。畏与义兼,则世逾近而言逾谨矣。"③ 这里强调的是"义"和"智"作为用词的判准,时间的远近影响下笔的分寸。在此,吕绍纲有一个非常值得重视的意见:"所谓所见、所闻、所传闻之说,并没有什么神秘,其实就是今日之现代、近代、古代之分。今人写历史,时代愈久愈简约,愈近愈加详,古人也是这样。"④《公羊》原意和董仲舒的诠释,都是围绕叙事详略而发,不多也不少。

明乎此,便可以发现皮锡瑞与董仲舒之间微妙的思想距离。皮锡瑞解读《公羊》以上传文,说:"三科惟'张三世'之义,明见于《公羊传》。"⑤ 不过,他所接受的"张三世",是依据何休《解诂》加上近代

---

① 杨士勋:《春秋穀梁传注疏》卷3,第34页;卷4,第53页。
② 苏舆:《春秋繁露义证》卷1,第10页。
③ 苏舆:《春秋繁露义证》卷1,第13页。
④ 吕绍纲:《董仲舒与春秋公羊学》,见《庚辰存稿》,第313页。
⑤ 皮锡瑞:《经学通论》卷5,第375页。

进化论思想的产品。① 相反,《春秋繁露》全书未尝提出"张三世"的说法,而董仲舒主张的是"分十二世以为三等",透过三等的区别,审视经文在三个不同时段内的措辞有何差别。苏舆《义证》云:"董子言三世,不用乱世、升平、太平之说,要以渐进为主,所谓'拨乱世,反之正'也。"② 此"渐进"是就经文的变化而言。《春秋繁露》全书没有由乱世进而升平,最终到达太平的阶段性主张。苏舆认为董仲舒所讲的"三世"不是何休那一套,可称别具只眼。如上所述,"张三世"出自宋氏之注,与何休的解释未必完全相同。皮锡瑞不审宋、何之别,径自以宋氏的主张指代何诂的观点,已嫌陋略。但退一步来说,暂且承认何、宋相同,董、何二者亦难同日而语。由此可见,皮锡瑞以"张三世"概括董仲舒"分十二世以为三等",只能说明他亟欲糅合宋、董、何三者的愿心而已。

(五) 对"异外内"的评论

《王道》曰:"内其国而外诸夏,内诸夏而外夷狄,言自近者始也。"③《经学通论》评论说:"此异外内之义。"④

(六) 辨证

1. "自近者始"与"异外内"(上)

皮锡瑞的理解同样需要商酌。成十五年经:"冬,十有一月,叔孙侨如会晋士燮、齐高无咎、宋华元、卫孙林父、郑公子鳅、邾娄人,会吴于钟离。"《公羊》云:"曷为殊会吴?外吴也。曷为外也?《春秋》内其国而外诸夏,内诸夏而外夷狄。王者欲一乎天下,曷为以外内之辞

---

① 参阅本书第四章(第419—429页)下一节的讨论。
② 苏舆:《春秋繁露义证》卷1,第10页。
③ 苏舆:《春秋繁露义证》卷4,第116页。
④ 皮锡瑞:《经学通论》卷5,第374页。

言之？言自近者始也。"① 钟离之会，鲁、晋、齐、宋、卫、郑六国大夫是主辞，系于"会"后的客体是"吴"，《公羊》解释这是把吴排除在外的笔法。"所见""所闻""所传闻"谈的是时间的距离，"内其国而外诸夏，内诸夏而外夷狄"谈的是涉及空间距离的两种情况。成十五年经既是记载中原六国与吴国的关系，自然是属于"内其国而外诸夏"而非"内其国而外诸夏"的情况。这是国与国的双边关系，不涉及国以外的人物。相反，《王道》原文是："天子不臣母后之党，亲近以来远，未有不先近而致远者也。故内其国而外诸夏，内诸夏而外夷狄，言自近者始也。"② 以上引文，先是以"天子"为主语，由"母后之党"的对待说起，进而申述处理"近"和"远"的关系，接着以"故"作为转折的连词，此"故"意谓于是，随后是对《公羊》的节略引用。《公羊》与《春秋繁露》之间，存在语脉的转换。《公羊》是站在中原国家一边看待夷狄的吴国，而《春秋繁露》则是站在天子一边说明对待"近"和"远"的问题。《王道》言"天子"18例，言"天王"6例，都是意谓周王，如"周衰，天子微弱""臣下上逼，僭拟天子"③，便是显例。此外，《王道》所说的"远"和"近"也不是专指国与国的关系，这从"母后之党"一语可证。与"张三世"一样，"异外内"同样出自宋氏之注。究竟宋氏的"异外内"是专指国与国的关系，抑或像董仲舒那样可以引申至国家以外的政治人物身上？不清楚。没有文献可以说清楚。《春秋繁露》没有"异外内"的说法，全书言"外内"或"内外"共3例，即《楚庄王》"此其别内外、差贤不肖而等尊卑也"，《仁义法》"然后辨乎内外之分"，《奉本》"序尊卑、贵贱、大小之位，而差外内、远近、新故之级者也"④，皆不是专就国与国的关系而言。到底宋氏的

---

① 徐彦：《春秋公羊传注疏》卷18，第400—401页。
② 苏舆：《春秋繁露义证》卷4，第115—116页。
③ 苏舆：《春秋繁露义证》卷4，第107、111页。
④ 苏舆：《春秋繁露义证》卷1，第13页；卷8，第254页；卷9，第276页。

"异外内"与董仲舒对"内外"或"外内"的理解是否完全相同呢？二者的指代是否一致？同样，这是有可能的，但欠证据，无法立即找到答案。皮锡瑞以"异外内"称述《王道》之语，隐然预设宋、董二者浑然一体，无分彼此。这是在没有证据下预作宣判，难释疑云。

2. "自近者始"与"异外内"（下）

需要谨慎的是，皮锡瑞所接受的"异外内"，是依据何休《春秋公羊传解诂》而言。何休把"内其国而外诸夏"和"内诸夏而外夷狄"分别放在"所传闻"和"所闻"中的做法，不合《公羊》本义。皮锡瑞据以申述进化之理，更是远离文本的自我发挥，属于近代思潮的产物。相反，董仲舒对"内""外""近""远"的讨论，都不曾与"分十二世以为三等"牵混。就此，吕绍纲已有深刻的洞悉："有一点是重要的，董氏并没有把《春秋》的其他书法原则一概纳入'张三世'的轨道。"① 董仲舒的"内""外""近""远"都是就相关国家或政治人物的关系而言，与不同国家的进化程度没有什么关系。皮锡瑞对"异外内"的理解，迥异于董仲舒的原意。

六、有关《三代改制质文》的理解

除了"三科九旨"外，皮锡瑞还希望透过《春秋繁露》能够证成其对"微言大义"的理解主要涉及《三代改制质文》的讨论：

（一）对《三代改制质文》的评论

《三代改制质文》云："《春秋》应天作新王之事，时正黑统，王鲁，尚黑，绌夏、新周、故宋。"又云："《春秋》上绌夏，下存周，以《春秋》当新王。《春秋》当新王者奈何？曰：王者之法，必正号绌王谓

---

① 吕绍纲：《何休〈公羊〉"三科九旨"浅议》，见《庚辰存稿》，第328页。

之帝，封其后以小国，使奉祀之。下存二王之后以大国，使服其服，行其礼乐，称客而朝。故同时称帝者五，称王者三，所以昭五端，通三统也。是故周人之王，尚推神农为九皇，而改号轩辕谓之黄帝，因存帝颛顼、帝喾、帝尧之帝号。绌虞而号舜曰帝舜，录五帝以小国，下存禹之后于杞，存汤之于后于宋，以方百里，爵号公，皆使服其服，行其礼乐，称先王客而朝。《春秋》作新王之事，变周之制，当正黑统。而殷周为王者之后，绌夏改号禹，谓之帝禹，录其后以小国。故曰绌夏存周，以《春秋》当新王。"①

《经学通论》解释说："此存三统之义。"又云："存三统尤为世所骇怪，不知此是古时通礼，并非《春秋》创举。以董子书推之，古王者兴，当封前二代子孙以大国，为二王后，并当代之王为三王。又推其前五代为五帝，封其后以小国，又推其前为九皇，封其后为附庸；又其前则为民，殷周以上皆然。然则有继周而王者，当封殷周为二王后，改号夏禹为帝。《春秋》托王于鲁，为继周者立法，当封夏之后以小国，故曰绌夏。封周之后为二王后，故曰绌周。此本推迁之次应然。《春秋》存三统，实原于古制。逮汉以后，不更循此推迁之次。人但习见周一代之制，遂以五帝、三王为一定之号，于是《尚书大传》舜乃称王，解者不得其说。《周礼》先、后郑注引九皇、六十四民，疏家不能证明，盖古义之湮晦久矣。晋王接、宋苏轼、陈振孙皆疑黜周王鲁，《公羊》无明文，以何休为《公羊》罪人，不知存三统明见董子书，并不始于何休。《公羊传》虽无明文，董子与胡毋生同时，其著书在《公羊》初著帛之时，必是先师口传大义。据其书，可知古时五帝、三王并无一定，犹亲庙之祧迁，后世古制不行，人遂不得其说。学者试取董书《三代改制质文篇》，深思而熟读之，乃知《春秋》损益四代，立一王之法，其

---

① 苏舆：《春秋繁露义证》卷 7，第 187、189、198—200 页。

制度纤悉具备，诚非空言义理者所能解也。"①

(二) 辨证

1. "数三而复"与"存三统"

以上论断，问题甚多。《三代改制质文》的各种制度性论述，是否符合上古的历史实践？这是一个需要更多的历史证据方能回答的问题。仅就篇中所述，董仲舒其实没有综述一套完备的蓝图，例如在回答王者改制作科的问题时，这么说："当十二色，历各法而正色，逆数三而复。绌三之前曰五帝，帝迭首一色，顺数五而相复。礼乐各以其法象其宜，顺数四而相复，咸作国号，迁宫邑，易官名，制礼作乐。"② 以上说明了三种不同的"复"："数三而复"，是按三正而作一次循环；"数四而相复"和"数五而相复"，不清楚如何算法。究竟上古是否有这样的观念？限于史料记载残缺，无从详考。唯一清楚的是，董仲舒致力于"数三而复"的说法，故苏舆解释说："以上推明古王者改制，有三复、五复、四复之不同，董所主则以三统为说。"③ 可以说，即使承认董仲舒努力复述古史的状况，也仅能说明他作为一个汉儒在当时有这样的认识，但"古礼"是否如此实行，也是需要更多的旁证方能确认其实。如上所述，"存三统"出自宋氏之注，究竟这是什么说法？此"三统"是否相当于董仲舒的说法？同样是有可能，但尚待更多的确证。皮锡瑞以"存三统"概括《三代改制质文》的观点，是把宋、董之说混作一谈；至于断言"存三统"是"古时通礼"，则是大胆的猜测。

就其引文而言，皮锡瑞认为"圣王"加上"二王之后"合共"三王"，在"三王"之前有"五帝"，"五帝"之前"九皇"，"九皇"之前有"民"，这些说法基本上符合董仲舒的原意，其中需要商酌的是

---

① 皮锡瑞：《经学通论》卷5，第370—371页。
② 苏舆：《春秋繁露义证》卷7，第185—186页。
③ 苏舆：《春秋繁露义证》卷7，第186页。

"九皇"和"民"的理解。《三代改制质文》云:"圣王生则称天子,崩迁则存为三王,绌灭则为五帝,下至附庸,绌为九皇,下极其为民。"①此"至"和"极"皆是意谓到达,是说"五帝"后来的子孙成为"附庸",而"绌"的主体则是"圣王"(其实《三代改制质文》的11个"绌"字,皆指圣王之事)。这是有了"附庸"和"民",而对"附庸"绌之为"九皇"。然而,皮锡瑞对"附庸"与"九皇"的发生次序,却是颠倒过来:"推其前为九皇,封其后为附庸,又其前则为民。"如其解,是因为推许"其前"为"九皇",所以册封其后裔为"附庸"。这显然不吻合《三代改制质文》的原意。

"九皇"和"民"究竟是指什么人?《三代改制质文》的记载不是唯一可靠的说法。《周礼·小宗伯》云:"兆五帝于四郊,四望、四类亦如之。"郑注引郑司农曰:"四望,道气出入。四类,三皇、五帝、九皇、六十四民咸祀之。"贾疏:"案《史记》云:'九皇氏没,六十四民兴。六十四民没,三皇兴。'彼虽无三皇、五帝之文,先郑意三皇已祀之,明并祭五帝、三王可知。"②《都宗人》云:"掌都宗祀之礼。凡都祭祀,致福于国。"郑注:"都或有山川及因国无主九皇、六十四民之祀。"贾疏:"按《史记》,伏羲已前九皇、六十四民,并是上古无名号之君。绝世无后,今宜主祭之也。"③ 以上记载,皮锡瑞已有注意,《九皇六十四民考》说:"九皇、六十四民,其朝代、姓氏,在汉世必犹可考,故先、后郑皆引以注经。"④ 然而,郑众、郑玄的注文颇为简略,二人是否可以考述九皇、六十四民的内容?不能确定。至少,郑玄便没有

---

① 苏舆:《春秋繁露义证》卷7,第202页。
② 贾公彦:《周礼注疏》卷19,第487—488页。
③ 贾公彦:《周礼注疏》卷27,第737页。
④ 皮锡瑞:《经训书院自课文》卷2《九皇六十四民考》,见《皮锡瑞全集》第8册,第638—639页。此文的写作时间,估计是1892年夏,因皮锡瑞1892年7月19日日记:"拟作《九皇六十四民考》、《黜周王鲁辨》二篇。"载《皮锡瑞全集》第9册,第70页。

接受郑众"四类"的解释,改而主张说:"四类,日、月、星、辰,运行无常,以气类为之位。"① 皮锡瑞不大可能不知道二郑之异,却略之不言,或多或少给人一种错误印象,即汉儒对九皇、六十四民的认知,既清晰又没有分歧,错误出在后人的不懂,故《经学通论》说"疏家不能证明,盖古义之湮晦久矣",这是怪责贾疏没有遵奉董仲舒的观点。然而,《春秋繁露》的"九皇"和"民",与二郑的"九皇"和"六十四民"是否完全对应,有待考究。《汉书·郊祀志》颜注引张晏曰:"三皇之前有人皇九首。"韦昭曰:"上古有人皇者九人。"② 此外,《史记·殷本纪·索隐》释"九主之事"说:"九主者,三皇、五帝及夏禹也。或曰:九主谓九皇也。"③ 可见,以"九主"为"九皇",亦是一说。如上所述,董仲舒认为"九皇"之称,是因为他比"五帝"更悠久。这与张、韦、司马三说不同。此外,贾疏所引的《史记》引文,于今本《史记》无载,不能等闲视之。孙诒让《周礼正义》洞悉贾疏与《春秋繁露》之异,这么评论董仲舒的观点:"以此推之,六十四民当在九皇之前。而贾引《史记》谓六十四民在九皇之后,复与诸说差迕。"④ 张晏、韦昭、贾公彦等说法,在显示《春秋繁露》以外还有其他"古义"不宜忽略。皮锡瑞对贾疏的批评,实嫌过苛,而且不必要地抬高《春秋繁露》作为证据的分量。

2. "古制不行"之叹

皮锡瑞欣赏《三代改制质文》,誉之为"立一王之法",慨叹"后世古制不行","不更循此推迁之次"。这些观点,值得再三酌议。确切地说,后人认为"五帝三王为一定之号",主要是因为汉代以后没有政治发展使然。然则,为什么"后世古制不行"?为什么"不更循此推迁

---

① 贾公彦:《周礼注疏》卷19,第487页。
② 班固:《汉书》卷25,第1234页。
③ 皮锡瑞:《经学通论》卷3,第122—123页。
④ 孙诒让:《周礼正义》卷36,第1431页。

之次"？皮锡瑞没有解释。事实上，"三王""五帝""九皇""民"等说法，无论是什么称谓和等级，在秦汉以后的大帝国中都是作为过去历史记忆的存在，在现实中是不可能允许这些圣王的后裔自占封疆独立施政。想想看，被儒者视为继周的汉廷如何需要找殷周子孙作为册封的对象？因此，"循此推迁之次"的想法在汉代即使得到若干儒者的认可，但也不可能有相应的政治实践维持"古制"的运作。孙诒让在讨论九皇、六十四民的问题时，提出了一个很有启发性的意见："虽皆人鬼，以是古之帝王，故特尊尚之，与祖王庙同也。"① 即使早在汉代，上古帝王都是过去历史人物的存在，其作为宗教祭祀的意义，远多于政治权力的安排。与其他汉儒的政治构想一样，"循此推迁之次"之所以不能落实，离不开秦汉以后的政治变化。这是儒家经典因分封割据进入到皇帝专制的必然结果。皮锡瑞推许"一王之法"的"制度纤悉具备"，却不审视这套"纤悉具备"的"制度"在政治实践中的潜在效应。这跟教人游泳的老师只是夸赞自己所推荐的教材如何美好，却不察看听了课的学生是否下水试练，有什么分别？皮锡瑞批评有些不理解《三代改制质文》的人是"空言义理者"，但他的进路显然是"空言"制度，完全是另一种"空言"！说穿了，皮锡瑞"空言"之论，主要是辩护"微言"的安全性，其潜台词似乎就在强调《公羊》学者的说法有关制度上的规划不是直接冲击当前的政治安排。

3. "《春秋》托王于鲁"之说

即使撇开实践效应不论，皮锡瑞"推迁之次"的观点还需要进一步审理。在此，需要辨析皮氏"《春秋》托王于鲁"之说是否正确。《三代改制质文》在"王"的归属上，存在一定的含糊性：既说"《春秋》应天作新王之事"和"以《春秋》当新王"，仿佛《春秋》就是"新王"，但它又说"王鲁"，仿佛鲁（尤指鲁国君主）就是"王"。在此，

---

① 孙诒让：《周礼正义》卷53，第2223页。

第三章 "微言"与"大义"的分拆

有两个诠释进路:

(1) 以《春秋》为"新王"的主体,把"王鲁"的"王"视同假托。

这是把"王鲁"纳入在《春秋》的"新王之事"之中,以此调和两种不同的"王"的歧异。较少人注意,皮锡瑞不像其他《公羊》学者那样主张孔子是素王,而是以《春秋》为素王的主体,特别反对孔子"自王"的想法。因此,他所理解的"素王"不是指孔子,而是《春秋》。① 因此,皮锡瑞对"新王"的理解,只可能是指《春秋》,而非他者。然则,"王鲁"的"王"如何安排呢?因为皮锡瑞明确主张"借事明义之旨",认定《春秋》有些内容是假托的,所以"托王于鲁"的"托"也该是假托义。是故,他相信鲁之为"王",不是真实的,而是假托的。

但就字面看,"王鲁"是没有"托"义。"王鲁"的"王"作动词用,意谓使相关客体成为王,这是属于"实字活用"之例。② 如《史记·秦楚之际月表·集解》引《白虎通》曰:"圣人无土不王,使舜不遭尧,当如夫子老于阙里也。"③ 这是说占有领土是成为"王"的先决条件,如果舜不是遇到尧,也像孔子老死在阙里做不了王。此"王"是使圣人成为王的动词义,而"王鲁"的"王"正是这一用法。由此可见,把"王鲁"理解为《春秋》把"王"假托给鲁国,就是在"王"以外添加"托"义,增字解读文本,疑窦难免。

《春秋繁露》未尝以"托"概括《春秋》的笔法,书中言"托"共6字,载于以下5例:

---

① 这方面的问题,参阅本书第一章,第32—57页。
② 有关实字活用之例,参阅俞樾:《古书疑义举例》卷3,上海:上海古籍出版社,2007年版,第51页。
③ 司马迁:《史记》卷16,第923页。

[1]"托贤于纪季,以见季之弗为也";

[2]"遂得意于吴,所托者诚是";

[3]"楚王髡托其国于子玉得臣"和"虞公托其国于宫之奇";

[4]"采摭托意,以缳失礼";

[5]"有非力之所能致而自至者,西狩获麟,受命之符是也,然后托乎《春秋》正不正之间。"①

上述五例,例[1]是假托义,是针对纪季有"用地""去国""避外难"三项过失而《公羊》又贤其人,而作出辩护。例[2]是寄托义,说伍子胥逃离楚国后寄托在吴国以谋复仇之事;例[3]是托付义,指楚王髡和虞公把国家托付给子玉得臣和宫之奇;例[4]是寄托义,是说《春秋》采集摘录以寄托作者的心意;例[5]也是寄托义,董仲舒和许多汉儒一样,相信《春秋》因获麟和符命而作,此"托乎《春秋》"就是说孔子因应天命将之寄托在《春秋》书中。归纳上述例子,董仲舒未尝说过鲁国的"王"是被假托的,他所说的"托"是寄托义多于假托义。例[1]"托贤于纪季"是因为董仲舒觉得真正的贤者是纪侯,不是纪季,情况独特,故以"托"言之。如果鲁国真是被他视为被托为王的对象,那么便该使用"托王于鲁"而非"王鲁"的措辞。"托P于A"与"PA"二者,绝非等值的句式。假如"王鲁"读不出鲁国之为王者仅是假托的意思,为何不将之视为王者?

《奉本》云:"今《春秋》缘鲁以言王义",② 此"缘"意谓凭借,而非假托。不必按皮锡瑞的"借事明义之旨"来诠释"缘鲁"之义。为何要"缘鲁"呢?苏舆解释说:"缘鲁言不义者,正不敢自居创作之意。"③ 据这个解释,"缘鲁"正是体现孔子不自居为王,但借用鲁国来

---

① 苏舆:《春秋繁露义证》卷3,第82页;卷5,第134、142页;卷6,第157页。
② 苏舆:《春秋繁露义证》卷9,第279页。
③ 苏舆:《春秋繁露义证》卷9,第279页。

说明"王义"。"缘鲁"与"王鲁",是在两个不同层面上的说法,二者可以兼容,不必因"缘鲁"而断定"王鲁"为假托之事。

(2) 以"王鲁"的"王"为实际的王者,而《春秋》则是相当于"王"的代理物。

这是正面承认"王"的主体就是鲁,不是其他东西,包括《春秋》在内。"王鲁"意味鲁国作为王者,是实实际际的事情。明乎此,对皮氏所引的两段引文,便可以得出迥异于"托王于鲁"的理解:

在"《春秋》应天作新王之事"中,"作新王之事"的"作"是制造义,意谓《春秋》做了一些"新王之事",不是说《春秋》成为"新王"。至于"以《春秋》当新王"的"当",则是相当义。以"当"为相当,相当常见。如《礼记·王制》云:"次国之上卿,位当大国之中,中当其下,下当其上大夫。小国之上卿,位当大国之下卿,中当其上大夫,下当其下大夫。"这些"当"字,皆是意谓相当。事实上,"当"的使用,已预设两个不同的东西之存在,一者相当于或相同于另一者,此之谓"当"。若是二者本是一物,则不必言"当"。在《春秋繁露》中,"当"是一个多义词,但通常都涉及某一东西(或主体)面对其他相当于它的东西的状况,如《王道通三》云:"取天地与人之中以为贯而参通之,非王者孰能当是?"又如《人副天数》云:"是故凡物之形,莫不伏从旁折天地而行,人独题直立端尚,正正当之。是故所取天地少者,旁折之;所取天地多者,正当之。"① 前者讨论"王者"参通天、地、人三者而为"王者"的所以然,后者提及"人"与"天地"的关系。以此例彼,"以《春秋》当新王"就是明知《春秋》不是新王,而以《春秋》相当于新王。借用现代语言来说,《春秋》就是相当于"王"的代理物。它与"王鲁"的"王"的实际义,是可以兼容的。表面看来,既以《春秋》相当于"新王",又以"鲁"为"王",仿佛有

---

① 苏舆:《春秋繁露义证》卷11,第329页;卷13,第355页。

两个"王"似的。这算不算矛盾？也未必。为何不能允许《春秋繁露》有两个或以上的王者？如上所说，"缘鲁以言王义"的"王"，就不是专指《春秋》、鲁国或孔子，而是泛称。考虑到《春秋繁露》屡以"天子"称周王，足见董仲舒对"王"的解说极有可能是多样的、异质的，为何硬要说"王鲁"的"王"是假托的？不接受皮锡瑞的"借事明义"，不谈假托，为什么不可以？如果上述解读成立的话，其实更忠于董氏原意的解释是："鲁"之为"王"，是实际表述的"王"，不是假托的，而《春秋》则是被视作相当于"新王"的代理者。皮锡瑞"《春秋》托王于鲁"之说，不是《三代改制质文》唯一正确的解读结论。

4. "绌周"之说

除了"王"的指代外，皮锡瑞"绌周"的说法也嫌不准。《三代改制质文》说汤"亲夏、故虞，绌唐"，说文王"亲殷、故夏，绌虞"，说《春秋》"绌夏、亲周、故宋"①，由此可见"绌"是距离时王最遥远的朝代，即汤的"唐"、文王的"虞"、《春秋》的"夏"，而距离最近的是"亲"，即汤的"夏"、文王的"殷"、《春秋》的"周"。"绌"就远者而言，"亲"就近者而言。"绌"与"亲"绝不等值。皮锡瑞说《春秋》"绌夏"，是符合文本的；但说"绌周"而非"亲周"，则是背离原意。为什么改"亲周"为"绌周"？不知道是什么考虑。字面上看，"绌周"与何诂"黜周王鲁"之说，似乎比较接近。须知道，《三代改制质文》的"王鲁"是《春秋繁露》全书唯一的孤例，除此以外，再也找不到其他推许鲁国君主为王者的观点。相反，《春秋繁露》充斥着各种遵奉周王为王者的说法，如《王道》云："桓公救中国，攘夷狄，卒服楚，至为王者事；晋文再致天子，皆止不诛，善其牧诸侯，奉献天子而服周室，《春秋》予之为伯，诛意不诛辞之谓也。"② 这是检讨齐

---

① 苏舆：《春秋繁露义证》卷7，第186—187、189页。
② 苏舆：《春秋繁露义证》卷4，第118页。

桓、晋文对待周王的态度，其中的周王实乃在位的王者，实非"王者之后"。可以说，《三代改制质文》的观点，与《春秋繁露》的其他观点合观，还有许多不一致和不同调之处，需要认真清理。皮锡瑞申张"绌周"之说，不别董、何之异，难消疑窦。

5. "原于古制"续议

"舜乃称王"，是另一个问题。《尚书大传》云："维十有三祀，帝乃称王，而入唐郊，犹以丹朱为尸。"皮锡瑞《疏证》云："据董生之说，则今以夏、殷、周为三王，黄帝至尧、舜为五帝，皆治周时之制。周始绌虞，谓之帝舜，在舜当日，本是称王。《大传》云'帝'，据后人所称；云'称王'，据当时所称也。"① 《尚书大传》这段文字最大的疑难，其实不在"帝"与"王"的称号。过往，论者大多结合《国语》和《礼记》的记载一并考察。《鲁语》云："有虞氏禘黄帝而祖颛顼，郊尧而宗舜。"② 《祭法》的记载也有相似的记载："有虞氏禘黄帝而郊喾，祖颛顼而宗尧。"③ 因为这两段文献提及"宗舜"和"宗尧"，而《大传》仅言"入唐郊"，所以从尧禅让得位的舜究竟在掌权后如何对待尧及其后裔，就成为值得考究的问题，故有"郊尧"抑或"宗尧"的辨析和讨论。④ 有别于此，皮锡瑞却把焦点放在"帝"与"王"的名称上。"解者不得其说"的批评，主要是埋怨学者没有从《三代改制质文》的主张理解《大传》。但比读《鲁语》和《祭法》可见，二者皆言"有虞氏"而非"帝舜"或"王"。这些都是明显的证据，说明早期中国对

---

① 皮锡瑞：《尚书大传疏证》卷2，见《皮锡瑞全集》第1册，第69页。
② 徐元诰：《国语集解》卷4，第159页。
③ 孔颖达：《礼记正义》卷46，第1292页。
④ 例如董丰垣《有虞氏郊尧宗尧辨》说："愚谓郊尧则可，宗尧则不可，何以言之？夏之郊鲧也，殷之郊冥也，盖鲧障洪水而殛死，冥勤其事而水死，皆以死勤事之例也。舜父无功，不足以配天，故郊以尧也。"参阅董丰垣：《识小编》卷上，见《文渊阁四库全书》第861册，上海：上海古籍出版社，1987年版，第524页。

舜的认识有别于对"帝"或"王"的性质，尚且知道舜的统治集团是氏族的名称。后世读者阅读《三代改制质文》和《尚书大传》等文献，只知董仲舒、伏生等汉儒使用了"帝"、"王"等概念书写上古的历史，但舜和当时的人是否真的使用这些称号？"古制"是什么情况？单凭后人追述的叙事，基本上是无法准确回答的。

根据上述的论说可知，强调《三代改制质文》的叙述是"原于古制"，远比仅是把它视作研究董仲舒的思想材料，需要承担更大的举证责任。也就是说，皮锡瑞作出"古时五帝三王并无一定"的判断，不能仅从《繁露》这篇文章立说，必须有其他上古史料作为凭据。这是传世文献不能解决的问题。然而，皮锡瑞却不避忌史料之不足，断言《三代改制质文》的叙述是"原于古制"，很大程度上是为了让"存三统"立足于更坚实的历史基础上。这一思路，对照于皮氏以"借事明义"为《春秋》"大旨"的主张，① 是非常令人诧异的：既然《春秋》的"事"也可以不必是真的，那么解读《春秋》而另谈改制的董仲舒所说的"事"又何必是真的？须知道，《三代改制质文》是皮锡瑞用以证明"《春秋》损益四代"的主要文献，它的分量和性质应该与《春秋》经文同科，为何经文不必是真的，而《三代改制质文》的叙述却被视为"原于古制"呢？贯彻"借事明义"的逻辑，能不能说《三代改制质文》的"事"也是为了"明义"而假托呢？可以说，"原于古制"的说法，反映皮锡瑞其实也有相当在乎"事"的真实性的一面，这里的关键在于：那些有争议而又不符合道德想象的叙事，如鲁隐、齐襄、祭仲、宋襄之例，以"借事明义"为由而认定是假托的；那些对己有利的叙事，是将不会重申"借事明义"的原则，反而认为相关记载都是真实而有根据的。双重标准，一览无遗！

6. 辩护备受质疑的何诂

直白地说，皮锡瑞"原于古制"之说，是表明董仲舒的"微言"所

---

① 有关"借事明义"之旨，参阅本书第四章，第323—430页。

申述的制度安排，都是面向历史，而非面向当前。安全的考虑，使他刻意强调《三代改制质文》的历史真实性，也避免冲击时政的猜忌。当然，他只要放弃何诂的主张，或不以《三代改制质文》佐证何诂，便可以减省这方面的麻烦。这不是皮锡瑞心中的选项。辩护何休不被责难，是《经学通论》写作的重要目的（至少就《春秋》的论述是如此）。是故，对何诂的重视，往往更高于对《公羊》的确解。

不过，反何诂不代表反《公羊》。王接是特别需要交代的一个例子。《晋书·王接传》云："《公羊》附经立传，经所不书，传不妄起，于文为俭，通经为长。任城何休训释甚详，而黜周王鲁，大体乖硋，且志通《公羊》而往往还为《公羊》疾病。接乃更注《公羊春秋》，多有新义。"① 可见，王接是拥护《公羊》的观点，同时也没有接受何休的说法，认为黜周王鲁反而是令《公羊》受到不必要的诟病。把何诂奉若正解的《公羊》信徒不愿接受此说，皮锡瑞同样如此。

《春秋》和《公羊》不曾提及"黜周王鲁"的主张，所以何休这方面的观点一直遭到挑战、质疑和怪责，在《公羊》重新成为思潮热点之前，视何休为《公羊》罪人，岂止王接、苏轼、陈振孙三人？皮锡瑞批评他们不知道《春秋繁露》已有"存三统"的观点，实嫌过苛。如上所述，《三代改制质文》的观点是否与宋氏、何休二人完全相同？很难这么说。读了《春秋繁露》，觉得它与何诂的观点存在分歧，绝非什么匪夷所思的事情。退一步说，即使暂且假定三者内容相同，也不过显示何休的观点有一个持论相同的知音，不能据此断定这就是《公羊》的正解。《春秋繁露》是解读经传的作品，不等于经传自身。对《三代改制质文》的内容，苏舆早已指出它与经传之异："本篇所纪，但述师说。至以《春秋》当新王诸义，不见于传。盖为改正而设，与《春秋》义不

---

① 房玄龄等：《晋书》卷51，第1435—1436页。

必相属。自何休取以注传，转令经义支离，为世诟病矣。"① 依苏舆之理解，《三代改制质文》即使有些观点与何诂相同，也不过是经师的个人发挥。这已预设，经师的论说不能凌驾在经传之上，《春秋繁露》不可能取代《春秋》或《公羊》。其见解是极为精湛的。皮锡瑞援引《春秋繁露》作为印证何诂的主要凭据，反而是从另一角度暴露了"黜周王鲁"等说法"《公羊》无明文"的内在窘局。《春秋》和《公羊》皆无"损益四代"的具体主张，而王接等人之所以质疑何休，主要是着眼于经传与何诂之间的距离。皮锡瑞找《三代改制质文》充数，并以此为《解诂》辩解，如何能使王接等人折服？

7. 说不清楚的"口传大义"

最后要补充的是，董仲舒的师承，迄今不明所自。皮锡瑞因董仲舒与胡毋生"同时"，说"其著书在《公羊》初著竹帛之时，必是先师口传大义"，似嫌武断。认为董仲舒有"先师"的传授，却又说不清楚谁是"先师"。尤其可怪的是，按照皮锡瑞的分类，"微言"既指"改立法制以致太平"，《春秋繁露》的改制主张应该算是"微言"而非"大义"，但皮氏反而说这必是"先师口传大义"，说是"大义"而非"微言"，不知是笔误抑或其他原因所致。

七、"董子之书"有没有"大义"和"微言"？

要证明"微言、大义存于董子之书"，其实还有更简单和更直接的做法，就是翻看董仲舒的著作，查找：有没有相关的概念？有什么内容属于"微言"？抑或"大义"？抑或两者都不是？这些，都是需要经过仔细的归纳，方能得出可靠的答案。令人纳罕的是，皮锡瑞始终没有紧扣文本中的概念进行分析。在这里，不妨越俎代庖，假定这仅是皮锡瑞无

---

① 苏舆：《春秋繁露义证》卷7，第199页。

心的忽略，进而翻阅相关的文本翻查究竟。

先看《汉书》所载的《天人三策》。很可惜，没有"微言"和"大义"这两个概念，其中言"微"有6例，即"故王道虽<u>微</u>缺，而管弦之声未衰也"，"及至后世，淫佚衰<u>微</u>"，"寖<u>微</u>寖灭寖明寖昌之道"，"故圣人莫不以晻致明，以<u>微</u>致显"，"故尽小者大，慎<u>微</u>者着"，"故桀、纣虽亡道，然犹享国十余年，此其浸<u>微</u>浸灭之道也"。① 这些"微"字，不是意谓衰落，就是意谓细微，皆不涉及皮锡瑞所说的"微言"或"大义"。

再看《春秋繁露》。书中"大义"有5例，即"故屈民而伸君，屈君而伸天，《春秋》之<u>大义</u>也"，"君臣之<u>大义</u>，父子之道，乃至乎此"，"丑父<u>大义</u>，宜言于顷公曰"，"《春秋》，<u>大义</u>之所本耶"，"天地为名号之<u>大义</u>也"。② 这些"大义"，不是意谓要旨或大道理，就是形容人的品格，不符合皮锡瑞所说的"诛讨乱贼以戒后世"的内涵。

《春秋繁露》没有"微言"之说，言"微"共36例，即"于所见，<u>微</u>其辞"，"此定、哀之所以<u>微</u>其辞"，"《春秋》之好<u>微</u>与，其贵志也"，"夫泰山之为大，弗察弗见，而况<u>微</u>渺者乎"，"《春秋》理百物，辨品类，别嫌<u>微</u>，修本末者也"，"按经无有，岂不<u>微</u>哉"，"其辞体天之<u>微</u>，效难知也"，"天子<u>微</u>弱"，"刺恶讥<u>微</u>，不遗小大"，"会王世子，讥<u>微</u>也"，"生天地之间，根本<u>微</u>者"，"附晋又<u>微</u>"，"小大<u>微</u>着之分也"，"夫览求<u>微</u>细于无端之处"，"<u>微</u>之将为着也"，"故圣人能系心于<u>微</u>，而致之着也"，"是小者不得大，<u>微</u>者不得着"，"吾所以贵<u>微</u>重始是也"，"岂非贵<u>微</u>重始，慎终推效者哉"，"是亦始于麤粗，终于精<u>微</u>"，"故为人君者，谨本详始，敬小慎<u>微</u>"，"不以着蔽<u>微</u>，不以众掩寡"，"法不刑有身，重怀藏以养<u>微</u>"，"求天数之<u>微</u>，莫若于人"，"人之与天多此类

---

① 班固：《汉书》卷56，第2499—2500、2517页。
② 苏舆：《春秋繁露义证》卷1，第32、43页；卷2，第62页；卷5，第143页；卷10，第285页。

者，而皆微忽，不可不察也"，"凡百乱之源，皆出嫌疑纤微"，"圣人章其疑者，别其微者，绝其纤者"，"微者，谓下士也"，"微国之君"，"微而至远，踔而致精"，"其告之以政令而化风之清微也"，"而疑于神者，其理微妙也"，"明见成败，微谏纳善"，"春阳气微，万物柔易"，"此言德滋美而牲滋微也"，"循微赴下，不遗小间"。"物之微者也"。①这些"微"字，大多意谓衰落或细微，其中有些涉及《春秋》经文的理解，如"于所见，微其辞"，就是说孔子在所见之世用词有所隐藏，文约旨隐，这算不算是"微言"？此为异于皮锡瑞的构想，不待赘言。董氏"微其辞"或对《春秋》的类似见解，与皮氏"改立法制以致太平"，不是一个想法。

皮锡瑞分拆"微言"和"大义"，董仲舒没有这样做过。舍此不顾而大谈董仲舒亦有"微言、大义，兼而有之"的构想，是徒劳的。若一定要说《经学通论》的想法董亦有之，就一定要细致剖析《春秋繁露》诸篇的内容，揭示其书已用"微言"和"大义"分指皮锡瑞所说明的内涵，一一对应，说个明白，不能含糊。然而，《经学通论》却在避重就轻，笼统合言，而非具体举证，此足见皮锡瑞虽自觉而鲜明地高举"微言"和"大义"二分之说，却也十分清楚自己的划分难以确证。

八、小结

归纳上述，《天人三策》和《春秋繁露》皆无皮锡瑞所界定的"微言"或"大义"的二分构想。"微言、大义存于董子之书"若要说得

---

① 苏舆：《春秋繁露义证》卷1，第10、13、38页；卷2，第56页；卷3，第76—77、96页；卷4，第107、109页；卷5，第133、136页；卷6，第155—156、163、166、175页；卷7，第195、218页；卷8，第231、236页；卷9，第281页；卷11，第333—334页；卷13，第360、364页；卷14，第392页；卷15，第415页；卷16，第424页；卷17，第470页。

通，唯一可行的进路是放弃皮锡瑞对"微言"和"大义"的定义，像一般儒者对自己欣赏的观点随便言之。也就是说，"微言大义"是指什么也无所谓，不必说死。这意味着皮锡瑞对"微言"和"大义"的定义，是不能用来理解董仲舒的思想的。

皮锡瑞愿意接受这个结果吗？不清楚，没有人可以代他回答。问题回到原点：为什么必须把"微言"与"大义"分拆言之？为什么一定要强调《公羊》（尤指《公羊》经师）独得此义？说到底，孟子和董仲舒作为先导之例，无非是证明何休那一套不是个人的私说，而是渊源有自。如果说，皮锡瑞限于政治处境而顾忌"遽用太平之法"，故有此设计，那么其他没有这些顾忌的学者为什么还要坚守其说？

第四节　宋五子与"微言大义"

皮锡瑞分拆"微言"与"大义"的做法，在孟子、董仲舒皆无可信和充足的证据。为了充实这一主张的可信性，皮锡瑞尝试依据宋儒立说，宣称周敦颐、邵雍、程颐、张载、朱熹五人"独能知微言大义"，《经学通论》云："宋五子于《春秋》无专书，而说《春秋》皆有特见。"又云："《春秋》始误于杜预，而极谬于刘知几，当以宋五子之说正之，其说与《孟子》《公羊》之旨合。"[①]

周、邵、程、张、朱五人都是中国哲学工作者讨论宋代理学发生史必然提及的重要思想家，但极少注意的是，他们也是皮锡瑞自幼敬仰的权威偶像，皮锡瑞答叶德辉信表示："弟少沈溺俗学，性凉泊，规行矩步，颇近宋学，亦尝观五子书。"[②] 因此，宋五子被皮锡瑞拿来支持其观

[①]　皮锡瑞：《经学通论》卷5，第459—460页。
[②]　皮锡瑞1898年5月26日日记，见《皮锡瑞全集》第10册，第883页。

点，并不奇怪；问题在于，支持其说的凭据是否可信？以下两节，将会审视皮锡瑞如何援引和诠释宋五子的观点，然后澄清一个更根本的问题：分拆"微言"和"大义"在多大程度上是一个可以合理接受的主张？据此，进一步论证：宋五子为何不可能接受皮锡瑞的做法？

一、宋五子对"微言大义"的认识

以下，逐一列举宋五子有什么言论被视为"独能知微言大义"，并且审视皮锡瑞的评说是否允当。

（一）对周敦颐的评论

周敦颐《通书》云："《春秋》正王道，明大法也，孔子为后世王者而修也。乱臣贼子诛死者于前，所以惧生者于后。"①

《经学通论》解释说："周子曰'《春秋》正王道，明大法'，非即素王改制之旨乎？曰'孔子为后世王者而修'，非即'为汉定道'之旨乎？"②

（二）辨证

1. 王道/大法 ≠ 素王改制之义

皮锡瑞援周敦颐《通书》为据，似是附会多于确证。《公羊》没有"王道"或"大法"的概念，而何休《解诂》亦无"大法"之说，其言"王道"者仅有三例：

---

① 周敦颐：《通书》，见《周敦颐集》卷2，北京：中华书局，1990年版，第42页。
② 皮锡瑞：《经学通论》卷5，第460页。

[1] 成五年经:"梁山崩。"《公羊》云:"梁山崩,何以书? 记异也。"何诂:"记山崩壅河者,此象诸侯失势,王道绝,大夫擅恣,为海内害。"

[2] 昭十六年经:"楚子诱戎曼子,杀之。"《公羊》云:"楚子何以不名? 夷狄相诱,君子不疾也。曷为不疾? 若不疾,乃疾之也。"何诂:"戎曼称子者,入昭公,见王道大平,百蛮贡职,夷狄皆进至其爵。"

[3] 哀十四年经:"春,西狩获麟。"《公羊》云:"何以终乎哀十四年? 曰:备矣!"何诂:"人道浃,王道备,必止于麟者,欲见拨乱功成于麟,犹尧、舜之隆,凤皇来仪,故麟于周为异,《春秋》记以为瑞,明大平以瑞应为效也。"①

例[1]是基于天人感应的思维,认定梁山崩是因为大夫势力抬头产生危害,而"王道"之"绝"实指周王和诸侯权威下坠,征诸《公羊》仅言"记异",这个说法已嫌不合原意。例[2]的"王道大平"是来自何休"三科九旨"的说法,认为鲁昭公时已经让夷狄晋爵,这是预设鲁国君主为王,既与例[1]"王道绝"以周王为至尊相互矛盾,也不是《公羊》以"不疾"为"疾之"所能涵盖的解释。例[3]的"王道备",疑是汉儒习用之语。《十二诸侯年表》交代《春秋》的写作,亦云:"王道备,人事浃。"② 当然,这不是说何休和司马迁的"王道"完全相同,《史记》未尝提及"大平""瑞应"等神怪异说。这些说法,与司马迁既不同调,也不见得是周敦颐欣赏的对象。从上述的辨析可知,何休所说的"王道"离不开他对"三科九旨"的主张,而周敦颐的"正王道"肯定不是这么理解。没有证据显示周敦颐能够接受原来是诸

---

① 徐彦:《春秋公羊传注疏》卷17,第380—381页;卷23,第505页;卷28,第626页。
② 司马迁:《史记》卷14,第684页。

侯的鲁国君主可以成为王者,而他对《春秋》批判"乱臣贼子"的欣赏已足证君臣名分的不可逾越。"素王改制"不是周敦颐认可的观点。

2. 为后世王者而修 ≠ 为汉定道

此外,周敦颐"为后世王者而修"的主张,也不等同于"为汉定道"。他所说的"后世"是泛指春秋末期以后的世代,不是专指汉代。至于"诛死者于前"与"惧生者于后"的对举,反映他看重《春秋》的是对乱臣贼子的批判。"明大法",说的无非是人伦纲常的行为实践原则,不是政治制度的变革。在此,曹端《通书述解》已有恰当的解释:"国无乱臣,家无贼子,则天经地义,民彝物则,一于正而已。圣人为天地立心,为生民立命,为往圣继绝学,为来世开太平者,何其至哉!"① 就《通书》的解释而言,这是比皮锡瑞更合文意的解释,因为这里所说的"民彝物则"只是要求臣子顺从不致逆贼。周敦颐的"王道"或"大法"不能印证"素王改制之旨",更与《春秋》素王毫无关系。可以说,这些都是属于皮锡瑞所说的"大义",而非"微言"。周敦颐不仅没有拥护《公羊》或何诂的偏好,也没有"微言"与"大义"对举的构想。皮锡瑞以周敦颐之言为证,未免失凿。在周看来,《春秋》所载,孰非王道?而必限之"素王改制"或"为汉定道"诸说,恐亦示人不广而已。

(三) 对邵雍的评论

邵雍《观物外篇》云:"<u>五霸者,功之首,罪之魁也。《春秋》者,孔子之刑书也。</u>功过不相揜,圣人先褒其功而贬其罪,故罪人有功,亦必录之,<u>不可不恕也</u>。"②

《经学通论》解释说:"邵子曰:'《春秋》者,孔子之刑书。'非即

---

① 曹端:《通书述解》,见《曹端集》卷2,北京:中华书局,2003年版,第111页。
② 邵雍:《观物外篇》下之下,见《邵雍集》,北京:中华书局,2010年版,第171页。

'贬天子,退诸侯,讨大夫,以达王事'之旨乎?曰'功过不相掩',非即'善善从长'之旨乎?"①

(四) 辨证

1. "孔子之刑书"评论的是什么对象?

《观物外篇》上述引文画以底线的部分,是皮氏《经学通论》没有引录的部分。结合两者通读其文,可以发现邵雍原来是专谈五霸的功罪。"褒其功而贬其罪"的"其"皆指五霸而言,不涉及其他人。至于皮锡瑞引录"贬天子"诸语,都是董仲舒的观点,载于《太史公自序》,其内容主要是剖析《春秋》对各种政治人物及其行为是非的批评意见。② 二者比较,可以发现邵是针对特定人物(即五霸)的讨论,而董是泛谈不同的政治人物(包括天子、诸侯、大夫),立言取向绝非相同。皮锡瑞节录邵语以牵合董言,算不上尊重文本的做法。③ 正如本章上一节的讨论,董仲舒"贬天子,退诸侯"等言论,都是属于《经学通论》所谓"大义"而非"微言"的内容,而邵雍也没有"大义"有别于"微言"的构想。像邵雍那样强调贬退坏人坏事的意义,是所有《春秋》学者——即那些不必信从《公羊》(尤其涉及何诂)的人——也可以怀有的想法,包括那些偏爱《左传》的学者。皮锡瑞以《观物篇》为证,没有多大的说服力。

2. "善善从长"与"功过不相掩"的语境

"善善从长"之旨,大概是指《公羊》僖十七年传:"君子之恶恶也

---

① 皮锡瑞:《经学通论》卷5,第460页。
② 有关这一话语的分析,参阅本章第二节(第250—268页)的讨论。
③ 节录邵雍之语,在皮锡瑞之前,已有类似的做法。胡安国《述纲领》云:"《春秋》,孔子之刑书也。功过不相掩,五霸者,功之首,罪之魁也。"(参阅《春秋胡氏传》,第10页。)可见,以"刑书"之句前置,早有类似的做法,但胡安国还保留了"五霸者"三句,显示他仍重视"五霸"与"刑书"的关系,不像皮锡瑞那样剔除"五霸"只谈"刑书"。

疾始，善善也乐终。桓公尝有继绝存亡之功，故君子为之讳也。"① 齐桓公是贤者，所以经文讳言灭项之过。要注意的是，这不独是《公羊》的主张，《穀梁》也有相似而又更详尽的说法。② 皮锡瑞仅说"与《孟子》《公羊》之旨合"而不提及《穀梁》，是片面的说法。无疑，"功过不相掩"是袭自《公》《穀》对齐桓公讳恶的观点，但皮锡瑞因删去"五霸"之语，倒是使人看不清楚关键所在。不是什么人都可以"功过不相掩"，而是像齐桓公曾经作出重大贡献的政治人物方才有此资格。无论如何，对"五霸"或齐桓公等历史人物的功过善恶予以叙述和评断，是三传共许的做法，即使杜预也不反对褒贬，皮锡瑞断定宋五子"不惑于杜预诸人浅陋之见"而有此识见，其实邵雍等也没有这么说过，皮氏之言等于是替他改口。至于皮锡瑞所说的"微言"和"大义"，是邵雍乃至宋五子皆未承认的东西。

（五）对程颐的评论

程颐《春秋传序》云："夫子当周之末，以圣人不复作也，顺天应时之治不复有也，于是作《春秋》为百王不易之大法，所谓'考诸三王而不谬，建诸天地而不悖，质诸鬼神而无疑，百世以俟圣人而不惑者也。'先儒之传曰：'游、夏不能赞一辞。'辞不待赞也，言不能与于斯耳。斯道也，惟颜子尝闻之矣：'行夏之时，乘殷之辂，服周之冕，乐则《韶》《舞》。'此其准也。后世以史视《春秋》，谓褒善贬恶而已。至于经世之大法，则不知也。《春秋》大义，炳如日星，乃易见也。惟其微辞隐义，时措咸宜者，为难知也。或抑或纵，或予或夺，或进或退，或微或显，而得乎义理之安，文质之中，宽猛之宜，是非之公，乃制事之权衡，揆道之模范也。"③

---

① 徐彦：《春秋公羊传注疏》卷11，第236页。
② 杨士勋：《春秋穀梁传注疏》卷8，第135页。参阅拙著：《〈穀梁〉政治伦理探微：以"贤"的判断为讨论中心》下册，第661—673页。
③ 程颐：《春秋传序》，见《二程集》上册，第583页。

《经学通论》引录以上序言，仅是有底线的部分由"夫子"至"大法"则改为"夫子作《春秋》，为百王不易之大法。"，并解释说："程子曰'作《春秋》，为百王不易之大法'，非即'作《春秋》，垂空言以断礼义，当一王之法'之旨乎？引'行夏之时'四语为证，非即'损益四代，变周之文，从殷之质'之旨乎？"又说："程子云'后世以史视《春秋》，谓褒善贬恶而已。至于经世之大法，则不知也'，尤道尽杜预以后诸儒之陋见谬解。"①

(六) 辨证

1.《春秋传序》的典故和含义

同样，皮锡瑞错解程颐之序。结合被他删除的部分来阅读这段引文，可以知道程颐序中所说的"百王不易之大法"，援引"考诸"四语为证；而这四语载于《中庸》，全文是："故君子之道：本诸身，征诸庶民，考诸三王而不缪，建诸天地而不悖，质诸鬼神而无疑，百世以俟圣人而不惑。'质诸鬼神而无疑'，知天也；'百世以俟圣人而不惑'，知人也。是故君子动而世为天下道，行而世为天下法，言而世为天下则。远之则有望，近之则不厌。"② 可见，《中庸》本是讨论"君子之道"，强调君子的"动""行""言"如何成为"天下道""天下法""天下则"。"君子之道"是行为实践上的事情，而且必须接近其他人的观察和反应，故有"远"和"近"的"有望"和"不厌"。程颐以"考诸"四语解说《春秋》，反映他重视的是行为实践的得失；而"斯道也"的"道"，与"百王不易之大法""君子之道"互通，都是考究政治人物的行为。

2. "行夏之时" ≠ "变周之文，从殷之质"

正如本书第一章所言，"行夏之时"四语的解释，将之视为"损益

---

① 皮锡瑞：《经学通论》卷5，第460—461页。
② 孔颖达：《礼记正义》卷53，第1457—1458页。

四代""变周之文,从殷之质",实不可信。① 程颐对"行夏之时"的诠释,对《春秋》研究最大的影响,是他首创了"夏时周月"的新说,宋、元、明三代许多论者受其浸润是相当之深的。就程颐的整个设想而言,很难说这与《公羊》学者有何思想互通之处。

3. "以史视《春秋》"的批评

本书第二章已述及,皮锡瑞把"经"与"史"对立起来,作为否证杜注的依据,很有问题。程颐没有明言"以史视《春秋》"的"后世"指代的是什么人,也难以厘定这是否针对杜注以来的做法。皮锡瑞"道尽杜预以后诸儒之陋见谬解"之说,是在未能确定程颐立说所据之前径自判断此乃诘杜之言,实乃悬空武断。就学术背景而论,宋儒喜论春秋时事、论三传、论史事,实为学风所尚。此外,以"史"抨击杜注,在程颐以前,像孙觉、刘敞等人便有诘杜之声。然而,诸如此类的诘责对杜预欠缺深度的认识,未必可据。② 因此,即使程颐所针对的包括杜预在内,但也不意味这是合理的批评。

4. "大法"≠"一王之法"

程颐之所以强调《春秋》不仅是"史",主要是希望读者不要只看到经文对古人的"褒善贬恶"。他相信《春秋》的"经世之大法"或"大义"(即"百王不易之大法"的另一说法)对其他时代的人行为处事仍有参考价值,故曰"制事之权衡,揆道之模范"。这里的"权衡"和"模范",与《中庸》的"君子之道",都是针对行为实践而言,其中不触及政治体制的变动。相反,皮锡瑞既重视政治变革,其以壶遂"垂空言以断礼义,当一王之法"解说"百王不易之大法",自然也是重在素王立法,而非诸如"君子之道"的行为实践。③ 程颐不是墨守《公

---

① 参阅本书第一章,第74—78页。
② 参阅本书第二章,第133—136页。
③ 参阅本书第一章,第50—56页。

羊》或何诂的忠实信徒,"素王立法"也不是他所拥护的主张;而《春秋传序》中的"大法",也是属于《经学通论》的"一王之法",勉强要归类的话,也是属于"大义"而非"微言"。程颐虽讲"大法",但其论证、其信念、其依托的思想基础,与何诂实有巨大的鸿沟,二者不必扯上什么关系。

(七) 对张载的评论

张载说:"《春秋》之书,在古无有,乃仲尼所自作,惟孟子为能知之。非理明义精,殆未可学。先儒未及此而治之,故其说多凿。"①

《经学通论》解释说:"张子曰:'《春秋》之书,在古无有',岂得如杜预云周公已有《春秋》凡例乎?曰'乃仲尼所自作',岂得如杜预云孔子多钞鲁史旧文乎?"②

(八) 辨证

1. "在古无有"与"仲尼所自作"未必诘杜

张载之言,不过是重申孟子的观点③,而"在古无有"被皮锡瑞视为反驳周公五十凡例的说法,其中已预设杜预主张"周公之《春秋》"。这一点,是皮锡瑞对杜预的严重误解。杜预也认为孔子是《春秋》作者,是杜预与张载二人的共识。④ 只要阅读时不是心存偏见,完全可以把张载之言理解为重述孟子的观点,既无涉于五十凡例的问题,也不一定认定杜注是诘难的对象。

2. 申论"先儒之凿"

究竟张载真要批评的是什么人?上述引文画以底线的部分,是

---

① 张载:《张载集》,第 377 页。
② 皮锡瑞:《经学通论》卷 5,第 461 页。
③ 孟子的观点,参阅本章(第 223—242 页)的讨论。
④ 杜预的观点,参阅本书第二章,第 128—145 页。

皮锡瑞没有引录的。通读整段引文，可知张载讨论孔子作《春秋》，原因是要批判"先儒"的错误。"先儒"究竟是谁？不清楚。唐宋以降，解《春秋》者而被斥为"凿"，所在多有。究竟什么学者比较有可能算是"多凿"呢？"凿"，意谓附会穿凿。《孟子·离娄下》云："所恶于智者，为其凿也。"① 自恃聪明而流于穿凿，就是因为立言没有根据。宋儒治《春秋》以"凿"作为负面评价的，往往是针对《公》《榖》二传，而非叙事比较丰富的《左传》。程端学《春秋或问》说："大凡《公》《榖》不见国史，以意求之，而不知其义，故其说多凿。"② 这是批判二传的主张缺乏史实而附会失据。此说确否，兹不深究，但质疑包括《公》《榖》在内的各种旧说，是宋元时期相当流行的声音。朱熹就这么说："后世诸儒学未至，而各以己意猜传，正横渠所谓'非理明义精而治之，故其说多凿'是也。唯伊川以为'经世之大法'，得其旨矣。"③ 在朱熹心目中，过去研究《春秋》的各种见解，不都是那么可靠的。假如相信朱熹、程端学以上的观点具有一定的参考意义，就可以这么判断：因张载所言属于泛论，有理由相信他的说法有些接近朱熹，"多凿"可能是泛指过去治《春秋》的诸多"先儒"，不是专门针对《左传》而已，还有可能包括其他拥护《公》《榖》的学者。皮锡瑞仅把火力集中在杜预身上，不见得符合张载的意旨。无论如何，阅读张载之语，是得不出《左传》劣于《公》《榖》的认知，也不会因此觉得《公羊》最能传述"微言大义"的结论。

---

① 孙奭：《孟子注疏》卷8，第231页。
② 程端学：《春秋或问》卷4，见《文渊阁四库全书》第160册，上海：上海古籍出版社，1987年版，第612页。
③ 黎靖德：《朱子语类》卷83，第2175—2176页。

(九) 对朱熹的评论

朱子《语录》云:"孔子作《春秋》,当时亦须及门人讲说,所以《公》《榖》《左氏》得一个源流,只是渐渐讹舛。当初若是全无传授,如何凿空撰得?"又云:"三家皆非亲见孔子。"又云:"《左氏》不必解是丘明。"又云:"杜预每到不通处,不云传误、云经误,可怪!是何识见!"①

《经学通论》解释说:"朱子曰:'孔子作《春秋》,及门人讲说',即'七十子之徒口受其传旨'之意。而《史记》以'鲁君子左丘明'列'七十子口受传旨'之外,则丘明不得口受,不当如刘歆轻口说而重传记矣。曰'三家皆非亲见孔子',公、榖皆子夏弟子,未必亲见孔子,而作传之丘明,与《论语》之丘明,是一是二,古无明文,不必如刘歆云'丘明亲见圣人',荀崧云'丘明造膝亲受'矣。"②

(十) 辨证

1. "口受其传旨"的解释

"七十子之徒口受其传旨"出自《史记·十二诸侯年表》,原作:"七十子之徒口受其传指,为有所刺讥褒讳挹损之文辞不可以书见也。鲁君子左丘明惧弟子人人异端,各安其意,失其真,故因孔子史记具论其语,成《左氏春秋》。"③ 依司马迁之意,七十子虽然从孔子得到"口受",但因"不可以书见",存在"人人异端"的分歧,所以左丘明参照"孔子史记"撰写《左传》。如其说,《左传》不仅是解经的作品,而且比"口受其传指"的其他人更可靠和更有凭据。可是,皮锡瑞断定只有"口受"才是可靠的,遂认为《史记》以"鲁君子"称左丘明,

---

① 黎靖德:《朱子语类》卷83,第2147、2152—2153页。
② 皮锡瑞:《经学通论》卷5,第461页。
③ 司马迁:《史记》卷14,第648页。

不在"七十子"之列,故"不得口受"。这是颠倒《十二诸侯年表》的原意。《史记》不曾批判左丘明"不得口受"是什么要不得的错失;相反,司马迁觉得认识潜在出现偏差的可能是"七十子之徒"。

朱熹一生,从未提倡《公羊》(或《公》《穀》)独得"微言大义"的想法,也不曾把"口受"放在第一位。他之所以谈到"及门人讲说",主要是要说明"《公》《穀》《左氏》得一个源流"。换言之,朱熹根本没有"口受"是导致《公》《穀》比《左传》更可靠的一个原因。相反,"一个源流"和"渐渐讹舛"的判断已反映朱熹觉得问题在于后儒,而三传在源头上却无根本的分歧。究竟左丘明是否"七十子"之列?他没有详究。不论答案如何,这不是令《左传》出现缺陷的根本性原因,至少从朱熹的语录是找不到相关的证据。

2. "轻口说而重传记"的问题

"轻口说而重传记",是颠倒了《汉书·刘歆传》的说法。该传原作:"信口说而背传记,是末师而非往古"。① 这是刘歆移书太常博士批判当时学者的话,与左丘明没有直接关系。皮锡瑞"信口说而背传记"为"轻口说而重传记",以攻击刘歆,反映的是笃信"口受"的个人态度。这一态度,于《史记》《汉书》固然无据,也不符合朱熹的原意。朱熹曾经这么说:"《春秋》之书,且据《左氏》。"又说:"看《春秋》,且须看得一部《左传》首尾意思通贯,方能略见圣人笔削,与当时事之大意。"② 朱熹的观点与上述《十二诸侯年表》一样,都是相信左丘明亲见孔子作《春秋》所依据的"史记",故阅读《左传》可以窥见"笔削"之意。朱熹对《左传》虽然不乏批评,但绝不像皮锡瑞那样以"口说"否定《左传》的价值。

3. "三家皆非亲见孔子"之论

朱熹"三家皆非亲见孔子"之论,是相对随意的点评,而且不是特

---

① 班固:《汉书》卷36,第1970页。
② 黎靖德:《朱子语类》卷83,第2148—2149页。

别批判《左传》的立场。在他看来，三传都有参考价值，但又不可尽信，例如说："《左传》一部载许多事，未知是与不是。但道理亦是如此，今且把来参考。"至于《公》《穀》，则说："据他说亦是有那道理，但恐圣人当初无此等意。"① 如皮锡瑞之解，公、穀虽然"未必亲见孔子"，但因他们是"子夏弟子"，而子夏又是"亲见孔子"的弟子，那么公、穀所言自是孔子真传。可以说，皮锡瑞是换了另一种说法继续伸张"口受"的可靠性，偏偏这一点不是朱熹所强调的。"圣人当初无此等意"之语，已可以反映朱熹对《公》《穀》的疑虑；而皮对"口受"的信赖，已预先排斥这样的疑虑。二者的距离，相当明确。

皮锡瑞之所以援引"三家皆非亲见孔子"之说，主要是针对左丘明为经作传的可靠性。《论语·公冶长篇》记载孔子曰："巧言、令色、足恭，左丘明耻之，丘亦耻之。匿怨而友其人，左丘明耻之，丘亦耻之。"② 此"左丘明"是否《左传》的作者，历来颇有争论。朱熹不相信二者是同一个人："左丘是古有此姓，名明，自是一人。作传者乃左氏，别自是一人。"③ 说《左传》的作者是左氏，非左丘明，最大的反证是《史记》。如上所述，《十二诸侯年表》明确记载左丘明"成《左氏春秋》"，朱熹在《语录》中仅是随意漫谈，始终没有提出有力证据批驳此说，殊非严格的论证。皮锡瑞援之为说，只是轻信朱熹的权威，而他也没能在论证上提供更多有力的补充说明。

确切地说，说左丘明亲见孔子，乃至认为他受学于孔子，是一个尚待更多举证，但迄今仍未被驳倒的观点。《汉书·刘歆传》云："歆以为左丘明好恶与圣人同，亲见夫子。"④《晋书·荀崧传》云："时左丘明、子夏造膝亲受，无不精究。孔子既没，微言将绝，于是丘明退撰所闻，

---

① 黎靖德：《朱子语类》卷83，第2151页。
② 邢昺：《论语注疏》卷5，第77页。
③ 黎靖德：《朱子语类》卷29，第748页。
④ 班固：《汉书》卷36，第1967页。

而为之传。"① 必须强调，这两则记载不都是出于回护《左传》、拒斥《公》《穀》的目的。假如说，刘歆尚有争立学官的争议性，那么荀崧则不是这样的人，因为他是主张《左》《公》《穀》博士宜各置一人，未尝偏袒《左传》。他认为左丘明担忧"微言将绝"而著《左传》，也是呼应《十二诸侯年表》之记载，不宜轻易弃置。皮锡瑞以"不必"作出质疑，在很大程度上是承袭宋儒、清儒怀疑古书形成的做法；诚如程树德之说，诸如"亲见圣人"之类的说法，"是汉人旧说如是，究不可废也。"②

这不是说凡"汉人旧说"必可信。有关左丘明和《左传》流传的史料太过匮乏，像《史记》《汉书》诸书记述的传统说法，还未有足够的反证之前，应该予以谨慎的尊重。现在，研究古书形成的学者普遍相信，不能藉由简单化的推理轻率立论："承认当前的文献和理性尚有不能解决的其他多种可能性，所以有些问题应当阙疑。而正是因为这些可能性一时尚不能否定，所以过去那些貌似解决了问题的答案，其实只不过是可能性之一罢了，所以我们不能轻率地作结论。"③ 皮锡瑞援引朱熹对左丘明作出的质疑，是相对轻率的，远非学术定论。

二、由《公》《穀》知"微言大义"的呼吁

（一）对宋五子的整体判断

归纳以上，宋五子皆非反对《左传》和偏好《公羊》的想法，与皮锡瑞的立场相去极远。《经学通论》对宋五子的诠释，亦未能充分证明他们对"微言"和"大义"的构想与皮相同或相似。在分论之后，皮锡

---

① 房玄龄等：《晋书》卷75，第1978页。
② 程树德：《论语集释》卷10，北京：中华书局，1990年版，第352页。
③ 李锐：《同文与族本：新出简帛与古书形成研究》，上海：中西书局，2017年版，第18页。

瑞概括宋五子对《春秋》的认识，提出以下的整体判断。

《经学通论》云："'《春秋》经世'，庄子尝言之矣。'其义'在孟子云'天子之事'，《公羊》云'素王改制'，其大者在三科九旨。杜预以后，不明此义。其高者，以为惩恶劝善，仅同良史直书；其下者，以为录旧增新，不过钞胥校对。其失由于专据《左氏》，不治《公》《穀》，于孔子所以为后王立法，以驯致太平者，全未梦见；孟子所称为天下一治、功可继群圣者，亦不致思。宋五子非《春秋》专门，未心深求《公》《穀》二传，乃独能知微言大义，不惑于杜预诸人浅陋之见，由其学识超卓，亦由此心此理之同，与古人不谋而合也。程子曰'大义炳如日星'，朱子已引'成宋乱'、'宋灾故'之类以证之。至于微词奥义，时措咸宜，程、朱以为难知者，学者能研求《公》《穀》二传，当知之矣。"①

（二）辨证

1. "《春秋》经世"的理解

"《春秋》经世"一句，典出《齐物论》。② 此"春秋"二字是否该加书名号，历来存在分歧，即使承认这是指代《春秋》一书，也不意味《庄子》所理解的《春秋》，及其相关的"经世"内容，是指代《公羊》尤其是何诂的观点。沈善登这样发挥其师钟文烝的见解："窃尝闻先生称庄生之言矣，曰：'《春秋》以道名分'，曰：'《春秋》经世，先生之志，圣人议而不辩。'夫'道名分'者，即正名之谓也；'议而不辩'者，即尽辞之谓也。盖万物载名而生，大则君臣父子，小则事物细微，皆名也。名生于真，《春秋》则因任以纪其真；纪其真而意有余焉，《春秋》则又委曲以表其意。"③ 钟文烝论经专主《穀梁》，厌恶改制之说，

---

① 皮锡瑞：《经学通论》卷5，第461页。
② 郭庆藩：《庄子集释》卷1，第83页。
③ 沈善登：《〈穀梁补注〉书后》，见《清儒学案》第7册，第7000页。

不是拥护何休王鲁或其他类型的素王改制论。他从《天下篇》"道名分"之语来理解"经世"之义，在举证上先求《庄子》内的本证，其推论显然比皮锡瑞更谨慎和更有理。当然，钟文烝这个观点是否可以商酌，容待更多的讨论，但相当明确的是，不从《公羊》印证"《春秋》经世"一语，同样不是不可以的。

2. "其义"的阐述

确切地说，《庄子》与《公羊》究竟有何关系，似乎无迹可寻。皮锡瑞在"《春秋》经世"之后，随即引录《孟子》"其义"之言，并列举"天子之事""素王改制""三科九旨"三者，仿佛《齐物论》在《春秋》的判断上也是认可这三者似的。然而，庄子在《春秋》的认识上真的有类似于或相同于皮锡瑞的想法吗？没有直接的证据可以这么说。

按照皮锡瑞的分类，"天子之事""素王改制""三科九旨"三者皆属"微言"，而《经学通论》谈"其义"而言此，反映其重"微言"，远多于"大义"，尽管"微言"不是在当今能够转化为立即实行的政治措施。

3. 对杜预不公平的指责

对"微言"的极端看重，同时也意味绝不容忍任何对"微言"的不重视。皮锡瑞把矛头直指《左传》学者，尤其是杜预。他认定自杜预以后，学者"不明此义"，因为他们都受到杜的影响而"专据《左氏》，不治《公》《穀》"。前已述及，孟子言《春秋》不以"功"言，而"一治"是出自朱熹《集注》而非《孟子》。皮氏"孟子所称"之语，显有笔误。撇开这个小错，《经学通论》对杜预的指责，却是极不公平。

杜预认为孔子"因鲁史策书成文"，承认《春秋》与鲁史旧文存在因袭关系，而这是《公》《穀》也不能抹杀的事实。皮锡瑞无视于此，反而沿袭了"史"即"抄录"的错误构想，以此指控杜预借周公反孔子，甚至责怪杜预否定孔子作《春秋》。《经学通论》的批评大多是基于歪曲和误解，不足信从。①

　　还有，后代学者研究《春秋》，绝不见得都是"专据《左氏》，不治《公》《穀》"；即使有些学者偏好《左传》，也不见得可以简单地归因于杜预的影响。像被皮锡瑞拿来佐证《孟子》"天子之事"的胡安国《春秋传》，便是三传兼传，一方面大量采用《左传》的叙事和观点，另一方面也兼采《公》《穀》之说，但胡传充其量只谈"天子之事"，却不是"素王改制"或"三科九旨"的忠实信徒。② 用皮锡瑞的判准来看，胡传同样"不明此义"，可以算是"其高"者，但他不按《公羊》何诂那一套侈谈素王改制，显然不能归咎于杜预的影响。杜注究竟在多大程度上影响后代学者对《春秋》的判断，需要具体问题具体分析，像皮锡瑞不问"被影响者"究竟如何，仅斥责"影响者"必是错误产生的源头，其实是没有太多实质内容的浮泛论断。

4. "不谋而合"之论

　　据皮锡瑞的判断，宋五子在《春秋》研究上，其实不是"专门"的学者，而且不曾"深求《公》《穀》二传"，但因为这五人说了一些令他投契的话，尤其是他觉得有助于反杜的话，故被许以"独能知微言大义"。如其解，欲"知微言大义"，其实最重要的是思想端正；要思想端正，前提是不受到杜预等人"浅陋之见"迷惑。因为宋五子不被迷惑，故对《春秋》纵无深入研究（皮说宋五子"学识超卓"，显然不包括《春秋》经传在内），也可以由于"此心此理之同"这种说不出所以然的原因，得出"与古人不谋而合"的结论（也就是令皮投契的话）。不是书读得愈多愈好，而是阅读并信从皮锡瑞认为正确的书，亦即《公》《穀》二传。假如没有深入钻研二传，只要不被杜注等书所"惑"，总有"知微言大义"的可能性；即使"不谋而合"并无稳妥的保障，但总胜

---

① 参阅本书第二章，第 161—176 页。
② 有关胡安国的观点，参阅本章（第 237—238 页）上文和第四章（第 362—368 页）的讨论。

于被"惑"之徒,因为被"惑"之后,绝无"知"的可能性。

5. "易见"与"难知"

"炳如日星"之语,具见于上述程颐《春秋传序》的引文。简略地说,程颐认为《春秋》有些内容,相对容易掌握,像"炳如日星"般的"易见"。至于"微辞隐义,时措咸宜者"是"难知"的(《经学通论》"微辞奥义"易"隐"为"奥",或属笔误),而《春秋传序》以"或抑或纵,或予或夺,或进或退,或微或显"释之,又说"制事之权衡,揆道之模范",显然程颐"微辞隐义"所指的是某些经文用词隐晦,不容易理解究竟孔子对相关行为有何褒贬意见,而皮锡瑞所理解的"微言"是专讲改制立法的变革,二者风马牛不相及。

朱熹相当清楚程颐讲究用词的问题,《朱子语类》云:"程子所谓'《春秋》大义数十,炳如日星'者,如'成宋乱'、'宋灾故'之类,乃是圣人直著诛贬,自是分明。如胡氏谓书'晋侯'为以常情待晋襄,书'秦人'为以王事责秦穆处,却恐未必如此。须是己之心果与圣人之心神交心契,始可断他所书之旨;不然,则未易言也。程子所谓'微辞隐义,时措从宜者为难知'耳。"①

"成宋乱",出自桓二年经"三月,公会齐侯、陈侯、郑伯于稷,以成宋乱";而"宋灾故",出自襄三十年经"晋人、齐人、宋人、卫人、郑人、曹人、莒人、邾人、滕人、薛人、杞人、小邾人会于澶渊,宋灾故"。前者指出鲁桓公到稷与齐、陈、郑三国诸侯谋算,目的是帮助了宋国与夷被弑的内乱;后者是十二国大夫在澶渊商议,应对宋伯姬灾卒的变故。在朱熹看来,这两则经文明确解释相关行为的目的,读了即懂,没有晦涩不通之处。相比之下,其他经文没有这些特笔解说,故很难把握其中的缘由。至于解释"微辞隐义",朱熹举了胡传为例,文四年经:"晋侯伐秦。"胡安国解释说:"晋人三败秦师,见报乃常情耳,

---

① 黎靖德:《朱子语类》卷83,第2154页。

而穆公济河焚舟,则贬而称人。秦取王官及郊,未至结怨,如晋师之甚也。襄公又报之,于常情过矣,而得称爵,何也?圣人以常情待晋襄,而以王事责秦穆,所以异乎。襄公忘亲背惠,大破秦师,败狄伐许,怒鲁侯之不朝也。"①朱熹认为胡传的解释不合圣人"所书之旨",故作出异议。胡传释经之得失,暂勿深论,但可以摆清楚的是,朱熹据此释程序之"微辞隐义",是因为他知道程颐所说的"易见"和"难知"都是围绕着经文用词的解释而言。

有别于朱熹的解释,皮锡瑞不从经文用词理解程序,反而认定"难知"在于学者不能"研求《公》《穀》二传";若是"研求"了,大概就没有"难知"的疑惑。这是否预设程、朱也没有"研求《公》《穀》二传"呢?显然这么认为,而又不予明说。然而,程、朱真的不能掌握二传的内容吗?二人虽无完整的《春秋》注疏,但读过程颐《春秋传》或朱熹《语类》,谁能说他们对二传没有深刻的了解?② 皮锡瑞之所以伸张"研求《公》《穀》二传"的要求,大概他心中还是不满意程、朱(恐怕宋五子皆是)未能充分引援二传(尤其是《公羊》何诂)以阐扬他理想中的"微言"和"大义"。把皮锡瑞所理解的观点,尤其是"微言"与"大义"二分的帽子扣到程、朱(乃至宋五子)头上,绝对是张冠李戴。

三、区分"微言"和"大义"的效应

不独宋五子,真要以皮锡瑞心目中的"微言大义"来准绳过去儒者

---

① 胡安国:《春秋胡氏传》卷14,第218页。
② 有关程、朱对《公》《穀》二传的理解,必须全面深入研究,方才确定其中究竟。在此,就笔者研究心得暂举一证:《穀梁》隐二年传:"卒而不书葬,夫人之义,从君者也。"为何鲁隐公的夫人子氏有卒文却无葬文?历来都是信从范宁"隐弑贼未讨,故不书葬"的解释,但程颐别出心裁,《春秋传》(第1090页)云:"妇人在夫者也。公在,故不书葬。"这是说,妻有从夫之义,《春秋》记载葬妻之前不能没有葬夫的记载,因鲁隐公还健在,所以子氏不记其葬。此说既有新意,于《穀梁》也有确据,诚为妙论,足证程颐钻研《穀梁》,在若干经传的解读上,别具慧眼,非同凡响,参阅拙著:《〈穀梁〉政治伦理探微:以"贤"的判断为讨论中心》,第44—45页。

对《春秋》的评说，结果必是钻火得冰，缘木求鱼。说到底，这是因为皮锡瑞构想的新颖性，以及包括宋五子在内的其他儒者不见得拥有他那种派性排斥的立场。

（一）皮锡瑞构想的新颖性

在两个意义上说，皮锡瑞分拆"微言"和"大义"的二分构想，是一种新颖的发展：

1. 相对于他以前的《公羊》经师

包括刘逢禄在内等人，亦非如此的主张。① 因为各种缘故，《经学通

---

① 叶纯芳在介绍清代《公羊》学的"微言大义"时，这样概括刘逢禄的说法："以《公羊》三科九旨为《春秋》之微言，讨贼、复雠、行权、让国等《公羊》传义为《春秋》大义所在。"（参阅《中国经学史大纲》，北京：北京大学出版社，2016年版，第481页。）其中的引证是刘逢禄《春秋论下》（载《刘礼部集》卷3，第58页），以下除画有底线的部分，皆是叶书所引之言："无三科九旨，则无《公羊》。无《公羊》，则无《春秋》。尚奚微言之与有？且孔君之书，有变周之文，从殷之质，非天子之因革邪！……《春秋》因鲁史以明王法，改周制而俟后圣，犹六书之假借，说《诗》之断章取义，故虽以齐襄、楚灵之无道，祭仲、石曼姑、叔术之嫌疑，皆假之以明讨贼、复雠、行权、让国之义，实不予而文字。《春秋》立百王之法，岂为一事一人而设哉？故曰：于所见微其词，于所闻痛其祸，于所传闻杀其恩，此一义也。<u>穀梁氏所不及知也。于所传闻之世见拨乱致治，于所闻世见治升平，于所见世见太平，此又一义也。</u>即知《公羊》者亦或未之信也。"刘氏之言，主要是批驳孔广森在何诂以外另言三科九旨的做法，这方面的得失暂不深究。在此仅指出三点：（1）刘逢禄虽认为没有"三科九旨"就没有"微言"，可以说前者是后者必要的核心条件，但不能据此说刘氏主张"微言"仅有"三科九旨"。（2）复雠、行权、让国诸义，在很大程度上启发皮锡瑞"借事明义之旨"，但刘逢禄尚未把"借事明义"定性为"《春秋》大旨"。不过，皮锡瑞"借事明义"的后见，却提醒我们："讨贼、复雠、行权、让国之义"的"义"是相对于"事"（而刘氏也有"一事一人"之语）而言，故不能把此"义"理解为"大义"。依刘之解，"此一义也"和"此又一义也"的"义"皆是"三科九旨"的内容，故不能凡睹"义"即以为是"大义"。把"微言"与"大义"二分划定，是皮锡瑞的想法，刘逢禄不是这么认为。（3）在刘看来，"讨贼、复雠、行权、让国之义"与"三科九旨"绝非两种不同的内涵。"故曰"下两言"于所见""于所闻""于所传闻"，表明刘逢禄认为"讨贼、复雠、行权、让国之义"是要从三世不同用词上理解。故"穀梁氏所不及知也"的批评，不仅是说《穀梁》没有"三科九旨"，也批判《穀梁》没有"讨贼、复雠、行权、让国之义"。但据皮锡瑞的主张，《穀梁》是"不传微言，但传大义"，显然不同于刘氏之论。叶纯芳对刘氏观点的理解，似乎还不够准确。

论》的说法如今已被某些人视作权威定论，例如曾亦《公羊学史》便引录皮氏之言，不再进一步地推敲证明，表示"'微言'与'大义'之内涵，至清人乃得明确界说"。① 诸如这般的说法，例子举不胜举。② 然而，为什么皮锡瑞说了便能够成为权威定论呢？他的说法在多大程度上是可信的？论者对之鲜有合理的追问和剖白。

2. 相对于他在维新失败前的做法

皮锡瑞对"微言"和"大义"的认识，其实有一个变化的过程。在维新失败以前，他没有明确区分二者，例如阅读宋翔凤《论语说义》，认为"发明《公羊》家微言大义甚精"，又批评《孟子赵注补正》，说是"不如解《论语》尤得微言也"。③ 又如读庄存与《味经斋遗书》，觉得其言《尚书》多取古文不当，"所谓微言，多拾宋儒之唾，殊不足观"。④ 因此，当皮锡瑞阅读刘逢禄《尚书今古文集解》，发现其中多用庄存与的观点，便哂笑道："所谓微言大义，皆拾唾余。"⑤ 以上，都是皮锡瑞在日记中自述读书心得，其言"微言"或"微言大义"，皆是泛指其书大旨，不像《经学通论》那样分拆言之。

这不是说皮锡瑞当时没有"微言大义"的基本想法，除了《春秋》研究者一般都讲的"诛讨乱贼"，他透过《公羊》何诂的钻研，肯定早已知道"改立法制"是不能忽略的内容。他在 1893 年 7 月阅读《文史通义》时，已说："夫子作《春秋》，立一王之法，并非周公旧典。《论语》答颜渊兼取四代，此斟酌损益，不专'从周'之明证。孟子云'天

---

① 曾亦、郭晓东：《春秋公羊学史》上册，第 122 页。
② 例如潘斌：《皮锡瑞学术研究》，第 336—337 页。林义正：《公羊春秋九讲》，第 66 页。
③ 皮锡瑞 1892 年 8 月 3 日、1894 年 9 月 27 日日记，见《皮锡瑞全集》第 9 册，第 76、328 页。
④ 皮锡瑞 1893 年 11 月 6 日日记，见《皮锡瑞全集》第 9 册，第 213 页。
⑤ 皮锡瑞 1896 年 8 月 7 日日记，见《皮锡瑞全集》第 9 册，第 555 页。

子之事',此立一王法,非因周旧之明证。微言大义,具见《公羊》。"①这些观点,后来在《经学通论》也有不同程度的处理,但其"微言大义"仍是浮泛言之,没有专以"微言"指代制度变革的主张。

迄至维新时期,皮锡瑞积极参与南学会等政治活动,鼓吹《公羊》改制以图变更当前法制,"中国重君权,尊国制,猝言变革,人必骇怪,故必先言孔子改制,以为大圣人有此微言大义,然后能持其说。今日法制当变,无愚智皆知之。若谓旧法尽善,何以中国如此贫弱,不能自立?既言变法,不能不举《公羊》改制之义。"②此"孔子改制"与后来《经学通论》相比,有两点差别:首先,"改制"的主体是孔子,而非后来的《春秋》。其次,由于政变尚未出现,皮锡瑞对政治前途犹有信心,故期许"改制"之说,真有改变时局的实时效应。

值得注意,皮锡瑞已开始使用"微意"一语来指称汉儒以经学设计政治方略的想法:"今人言变法主孔子改制,言公法主《春秋》义例,言西法引《周礼》《王制》,皆有微意存焉。通经所以致用,汉人治经皆切时用,故经学莫盛于汉。以《春秋》断狱,以《禹贡》治河,以《诗》三百五篇当谏书,以《洪范五行传》警人主,此皆汉儒微意。若谓谈经学不必及时事,则《五经》真同刍狗,而经义可废矣。"③引文两言"微意",与后来《经学通论》的"微言"相比,有两点不同:

一是皮锡瑞笔谈中洋溢着产生政治效应的信心,而《经学通论》的目光则放在"后世"。但要注意,这两者都是围绕着制度性的规划而言,这跟《经学通论》的"微言"已有不少相通之处。值得注意,皮锡瑞对汉儒的颂扬,特别提到"治经皆切时用",诸如断狱、治河等例,皆在《经学历史》沿用④,可以反映他对治经而有实时效应的倾慕,只是这番

---

① 皮锡瑞1893年7月13日日记,见《皮锡瑞全集》第9册,第169页。
② 皮锡瑞1898年5月26日日记,见《皮锡瑞全集》第10册,第883页。
③ 皮锡瑞1898年9月22日日记,见《皮锡瑞全集》第10册,第965页。
④ 皮锡瑞:《经学历史》,第90页。

心意都是寄托在汉儒而不敢自言如此。

另一是"微意"涵盖的不尽《公羊》或其他被划为"今文"的作品，故《周礼》亦在其列。后来《经学通论》所讲的"微言"，则是《公羊》独占的专利品。这也反映皮锡瑞不是从一开始便有今文门户的壁垒心态。

随着慈禧复出，光绪帝被长期幽禁，皮锡瑞苟安图存之想，压倒了一切，而先前指望以经义指引政治变革的雄图，尽化乌有。反思过去，皮锡瑞显然感到现实的限制不允许过分乐观。在思考制度的可实践性上，他更倾向于承认现状，把制度变革方案的实祸付诸未来，以下是他在维新后阅读董仲舒著作所记载的心得："阅董子书，发明《春秋》微言甚彰灼。近人复加推阐，所谓太平大同之盛治、二千年阁忽不还者，今睹青天、揭白日矣。然欲以此行于今日，则犹未可。《春秋》三世之义，本以渐进。今日正当拨乱之世，当《春秋》拨乱之法，用心尚麤犷者治之。此时去承平尚远，若遽用太平之法，必扞格不入。陈义虽高，求治太速，必偾事矣。乃讲古义者不曙于此，背古义者又因此而追咎《公羊》，不亦过乎？"①

今存董仲舒的著作，无论是《天人三策》抑或《春秋繁露》，都没有"微言"或接近皮锡瑞所理解的类似概念。应该说，上述"微言"的构想，与董仲舒著作原意应该没有太大的关系，更多的是源于皮锡瑞个人理念的调整。不难看见，这里所述的"微言"，与《经学通论》所述的"微言"，二者的含义和指谓对象已经大体重合：同样是归于《公羊》，同样是交付给与当今不直接相关的未来（即"太平"云云），所差者仅是没有将"微言"与"大义"对比言之。

在皮锡瑞看来，"微言"即使不能立即见效，但也有见效的一天，问题在实践的人如何操作。"陈义虽高，求治太速"，明显就是针对康、

---

① 皮锡瑞1899年3月11日日记，见《皮锡瑞全集》第10册，第1047页。

梁一党在维新期间冒进而致败的教训。他在《经学通论》尝试拉开自己与康有为的思想距离，为的就是强调《公羊》的一贯正确，不能因为现实挫折而"追咎《公羊》"。由此可见，"大义"与"微言"之分拆，是保护《公羊》的两重保障措施，因为"微言大义"已被分拆为两个具有不同元素的部件："大义"讲求"诛讨乱贼"，而且《经学通论》也谨慎地强调这是"以戒后世"，贯彻"为后世立法"的安全思路。反正"诛讨乱贼"素来没有太大的争议性；这是清王室也欢迎和支持的主张。而"微言"讲求"改立法制"，故曰"以致太平"；在遥远的将来检验其效，自然可以减少人们的忧虑，不必害怕"改制"之说可能在当今出现不可欲的效应。对于何休《解诂》的政治争议性，是需要联系到"借事明义"的说法，相关问题将在下一章详加讨论。在此仅是重申一点：从皮锡瑞在维新以后的变化，可以进一步确认"微言"与"大义"分拆的做法，完全是新颖到连以前的他也可能惊讶的地步，试问又怎能期待宋五子有类似的想法呢？

（二）独尊《公羊》的狭隘性

在此，不妨想象这样一个可能性：如果宋五子泉下有知，能不能接受皮锡瑞分拆"微言"和"大义"的构想呢？答案似乎是不能。理由很简单，这一构想完全是偏袒《公羊》（尤其是按何休《解诂》来理解）的设计，除非是像皮锡瑞那样独喜《公羊》或何休的忠实信徒，否则没有理由非要接受不可。

必须辨析的是，皮锡瑞以《公》《穀》二传并举，《穀梁》貌似享有接近（或不下于）《公羊》的地位，但这仅是相对于《左传》而言。在他心中，摆放在一个高不可攀的位置仅有《公羊》，不仅《左传》，连《穀梁》也无法与之相比。由于"微言"和"大义"的分拆，并且被硬性规定了不同的内容，故《公羊》也获得压制其他异己观点的先天优势："惟《公羊》兼传大义、微言；《穀梁》不传微言，但传大义；《左氏》并不传义，特以记事详赡，有可以证《春秋》之义者。"①

这是一个很有影响力的主张。② 因为"大义"与"微言"被划分为两种固定的内涵，而"微言"一项则被视为《公羊》独有的；所以不用具体地比较三传解读经文的各种观点，皮锡瑞据此就能够宣称《公羊》是最优越的，《穀梁》永远比不上，因为《公羊》传承了《穀梁》没有传承的"微言"。如本节所论，《穀梁》既不言"素王改制""为后王立法"，又没有"驯致太平"或"三科九旨"等主张，在"不传微言，但传大义"的预设下，已注定仅读《穀梁》必有严重缺失，像《经学通论》指责受杜预影响的人那样"不明此义"，因为《穀梁》的内容已注定对"微言"的解读毫无帮助，读者从中只会得到"全未梦见"和"亦不致思"等恶劣结果。因此，皮锡瑞并举《公》《穀》二传，是在不比较二传异同、只看二传与《左传》高低的语境下而言；若是真的比较二传，他对《穀梁》的评价，肯定是扬《公》贬《穀》，这恐怕未必是《穀梁》学者所能接受的。③

等而下之，比《穀梁》更不足道的是《左传》。不仅没有"微言"，连"大义"也没有，仅有"记事"，但皮锡瑞倡言"借事明义之旨"，"记事"的重要性远比不上"微言大义"的讲解了。④ 是故，《左传》即

---

① 皮锡瑞：《经学通论》卷5，第392页。
② 皮锡瑞这个观点，不仅对现在经学研究影响甚大，而且波及其他领域的研究。近年的一个显例是，辛德勇讨论汉武帝晚年政治的专著，在简述《公》《穀》二传的区别时，就引述了皮氏之说，然后作出评论："大义与微言并重的《公羊传》，源出于战国的齐学，独重大义而不传微言的《穀梁传》则源自鲁学。"（参阅辛德勇：《制造汉武帝：由汉武帝晚年政治形象的塑造看〈资治通鉴〉的历史建构》，北京：生活·读书·新知三联书店，2015年版，第74页。）这是接受了《经学通论》的主张而作出的概括。辛氏全书观点独到，考辨精微，就其内容而言，即使不谈"微言"和"大言"，也是完全可通的。在一定程度上，他的评论可以反映皮锡瑞的观点不成比例地影响着今人的学术研究。
③ 有关皮锡瑞对《穀梁》和其他《春秋》类作品的批评，是笔者以后继续钻研的课题，于此不赘。
④ 参阅本书第四章，第323—430页。

使"记事详赡",有些叙事帮助印证"《春秋》之义",而皮锡瑞本人也写过《左传浅说》,对注疏有所考究,但从整体而言,他绝不承认《左传》与《公羊》地位相同,不觉得它是有助读者正确理解经义的作品,读之纵非味如嚼蜡,亦无最佳的效益。因为"大义"与"微言"的区分已决定了《左传》必然逊于《公》《穀》二传。这一预设亦影响了皮锡瑞对《左传》学者的评价。他对顾栋高的评价,在一定程度上反映这一点:"顾栋高《春秋大事表》以综览事实,然亦只是《左氏》一家之学,于《春秋》之微言、大义,无甚发明。"① 顾栋高是否完全没有谈及所谓的"微言"和"大义",姑且不论,但仔细品味皮锡瑞之语,显然因其采信《左传》而对之贬抑压低,但为什么必须按照皮锡瑞的定义来"发明"所谓"微言"和"大义"呢?

需要指出,《春秋大事表》取材不尽是《左传》,书中不乏兼采《公》《穀》二传之处,而皮锡瑞以往对顾书的定性,亦非如此。早在1892年8月,他已阅读此书,其日记云:"看《春秋大事表》,折衷三传,颇有摧陷廓清之功,然其失在不信《公羊》,不知《春秋》自立一王之法,并非专尊周天子,尤非专从旧史赴告,故必以为《春秋》无褒贬,其不称王、不称氏皆是阙文。如此,则真是断烂朝报矣。其书于天文、舆地、列图形势为详,所考制度则不皆合古义,由兼采汉、宋,无师法也。"② 撇开制度和历史的考证意见,皮锡瑞最大的批评是在于"不信《公羊》",而这里的《公羊》,指的不是《公羊》某些传文的记载。从"自立一王之法"一语推敲,皮锡瑞所谈的《公羊》,显然指何休《解诂》黜周王鲁之说,及其激起后来《公羊》学者所倾慕的素王立法等主张。不过,当时他尚能承认顾书"折衷三传",还不致将之贬为"只是《左氏》一家之学"。由这一变化,可以窥见皮锡瑞扬《公》抑

---

① 皮锡瑞:《经学通论》卷5,第489页。
② 皮锡瑞1892年8月13日日记,见《皮锡瑞全集》第9册,第79页。

《左》的派性壁垒随岁月而加强。《经学通论》反映的就是这一壁垒的敌对立场,而"微言"和"大义"的划分与之密切相关。

说到底,皮锡瑞认为《公羊》更好,其出发点是三传的比较。对此,不同学者各有意见,百家争鸣,本是学术研究的常态。其将孰从而可?则视乎不同言说的论证优秀而定。三传的比较,围绕的中心是《春秋》;于是,好与坏的判准,是看哪一部作品最能诠释《春秋》的思想内容。问题是,"微言"和"大义"的划分,是参照《解诂》的内容而提出的(故离开了何诂,绝不可能充分掌握皮的"微言");像《孟子》、董仲舒、宋五子等举证,都是为了辩护何休的需要而发。这种为何、护何、依何而量身裁制的判准,用以衡量其他传注的说法,真的可以折中归一,做到公平和可靠吗?

皮锡瑞既是立法者,又是法官,从起步点上已预判了这样一个结果:《公羊》必然胜于《穀梁》,而《左传》必然逊于《公》《穀》。于是,《左》《穀》虽有弋获,偏蔽众多,因无孔门造膝真传的"微言",故对读者也谈不上真正的教益。以此作为治《春秋》的宗主,而尽其蕴,势必以《公羊》的是非为是非。更成问题的是,皮锡瑞所理解的《公羊》,是根据何诂解读的《公羊》,以何休的是非为是非。何休《解诂》本是诠释《公羊》的一套主张,借用以上批评顾栋高的说法,如果皮锡瑞表示他的观点仅是遵奉何休的"一家之学",相信争议会少一些;但他显然相信,"大义"和"微言"之有无,是衡量《春秋》各种经说的可靠标准。于是,必然得出合于何休(或曰合于皮锡瑞自己的心意)便是"知微言大义",不合则否。对此,《公羊》信徒也许为之欣慰喜悦,但能不能折服其他学者,又是另一回事。——一个研究《穀梁》的学者,或一个研究《左传》的学者,为什么必须接受"素王改制""为后王立法""驯致太平"等主张?《穀梁》既无这些概念或内容,拒斥它们不可以吗?以此回顾皮锡瑞对顾栋高的批评,便可以知道这不是公允的论断。

或者，那些唯《公羊》是尚的学者，可能觉得皮锡瑞这样的设计相当美好，甚至是鼓舞人心，极其可欲。但换个立场看，欣赏一部经典，不必蕴含唯我独尊的心态。研究今文经典，不必视古文经学如仇雠。喜好《公羊》或《穀梁》的思想主张，也不由此推出独占或宰制"微言大义"的排他性。曹金籀长年专攻《穀梁》，又好以《公》解《穀》，绝不能说他敌视《公羊》或反对今文师法，但他写作《春秋钻燧》却强调："特是七十子之微言大义，三传中各有精神所在，亦可以绍圣学而阐经训，不容偏废也。"①曹氏虽治《穀梁》而犹盛赞《左》《公》也"各有精神"，所言皆本至公，至为难能可贵，未尝宣称《穀梁》独占珥笔表章之荣，如此宽大的气量，较之皮锡瑞辄以"微言大义"轻加诛伐之狭隘，二者孰为高低，不是很清楚吗？

如果宋五子泉下有知，有可能接受皮锡瑞对"微言"和"大义"的说法吗？谁也不能打包票，但皮锡瑞那样断言宋五子"知微言大义"，不过是极其随意的论断，基本上是有选择性地挑选符合自己胃口的话语，而不触及大量反证的结果。仅以程、朱为例，《经学通论》仅引用《春秋传序》而不及程颐其他解经的见解，仅选择性地赞成朱子而避谈其语录对《公》《穀》二传的批判。如上所见，皮锡瑞的少量举证已反映一个明显的事实：宋五子不是何休的忠实信徒，也不笃信"素王改制"之类的主张，在很大程度上，他们都是"不明此义"的一群人。能够想象他们都会愿意接受一边倒的偏袒《公羊》的观点吗？恐怕谁也难拿出令人信服的证据证明这一点，至少皮锡瑞就做不到。"微言"和"大义"之分，于古无征，在宋代自也找不到支持这种说法的学术背景，所以皮锡瑞想把这种崭新构想在宋五子身上寻找根据，有是非而无依据，哪管他表示其说据宋五子而发，然说其所说，非宋五子之说者亦是显而易见的。

---

① 曹金籀：《序》，见《春秋钻燧》，第312页。

四、小结

皮锡瑞分拆"大义"和"微言",是有两方面的效应:一方面是把"微言"置于"太平"之世,避免不必要的政治顾忌;另一方面是建构了有利于《公羊》何诂的判准,不必经过个别经文与传注之间的释义,便即决定《公羊》必然高于《穀》《左》的先天优势。与"《春秋》素王之义""《春秋》为后王立法"等主张一样,把"大义"和"微言"视作两种不同的内容,是皮锡瑞的新构想,非经师相传的定论,不宜施于先儒之著作。

挥之不去的疑难在于,《春秋》和《公羊》都没有支持这一构想的证据。就举论的分量上说,本章所述的宋五子,与《孟子》、董仲舒一样,相对于此,都是边缘证据而非核心证据;即使皮锡瑞论说无碍,但像孟子、董仲舒、宋五子等人的主张也不能凌驾或取代《春秋》经传,更何况他的分析不乏谬误之处?"微言"与"大义"的划分,是按照何诂而设定的不公平的规定。根据皮锡瑞的判准,唯有推崇《公羊》尤其董、何的观点,方才得到高度的肯定。若非是何休的信徒,或者不明就里而盲目信任皮的权威,否则何须接受皮锡瑞这一种偏袒性的观点。宋五子既非盲从《公羊》的态度,亦不拥护皮锡瑞所喜爱的主张,实在看不出他们与皮的"微言大义"有何契合之处;而皮锡瑞誉之为"知微言大义",援之为自己观点的先河,实是强古人以就我,宋五子未有是说。

无疑,皮锡瑞对"微言"和"大义"的划分,简单省事,快捷方便,仿佛把这个二分框架摆了出来,就使《春秋》和经学史顿时变得好讲了,这是《经学通论》这方面的观点一直被保留在教科书的主要缘故。可惜,不论主观意愿如何美好,孟子、董仲舒、宋五子都不是像皮锡瑞那样的构想,《经学通论》引证纵然不少,但求深而反凿,对这些思想家的研究固然没有实际帮助,执之以相律于《春秋》经传,更会增加不必要的心障,迄至今天,已无继续信从之理。

第四章 "事"与"义"的分拆

除了强调"经史之分"和划分"微言"和"大义"之别，皮锡瑞另一新构想是"借事明义之旨"。为了辩护《春秋》改制等主张，皮锡瑞劝导读者阅读《春秋》勿以历史视之。这是他为了化解烧经之祸而设想出来的一个重要想法。

在《经学通论》以前，便有《公羊》学者便断言《公羊》所叙述的不是历史事实。康有为便宣称"隐公非受命王而托为受命王，皆假托以立义，万不可泥"。① 梁启超更宣称《春秋》"仅借事为记号，而大义皆传于口说"。② 皮锡瑞之于康、梁，可谓大同小异。一方面，当遇到《公羊》遭受批评的叙事，他同样倡导类似"假托"或"借事"等主张，认为即使相关叙事不合史实也无所谓；另一方面，他显然意识到有些《公羊》叙事说是符合史实未尝不可，故此《经学通论》始终没有"记号"之类的激进主张，重新记录讲义之时，仅说："以'见之行事'为即事以明义，自谓创获，说《春秋》必明此旨乃可通，否则必以《左氏》疑孔子矣。"③ 此"见之行事"出自《史记》《汉书》，相关分析具载下文，于此不赘。皮锡瑞释之为"即事以明义"，此"即"意谓就着，

---

① 康有为：《春秋笔削大义微言考》卷1，见《康有为全集》第6集，第14页。
② 梁启超：《读春秋界说》1卷，见《广州大典》第142册，第669页。有关《界说》的研究，参阅拙著：《门户以外：〈春秋〉研究新探》，第73—236页。
③ 皮锡瑞1904年10月20日日记，见《皮锡瑞全集》第11册，第1832页。

如"即景生情"意味着就景物而产生情感。此"即"与《经学通论》的"借事明义",乍看来都没有彻底否定"事"的史实性,有别于"假托"等辞。大概因"即"不带有可伪性,故后来《经学通论》亦没有继续采用。至于"创获",是从哪一意义上说?不清楚,也不好评价。无论如何,皮锡瑞分拆"事"与"义",是其他《公羊》学者也做过的事情。然而,很少人像他这样相对新颖且完整地阐述其旨。此外,也没有人预设"微言"和"大言"之别,进而强调"微言"是"借事明义"所要辩护的对象。

按照"借事明义"的预设,《春秋》的"事"与"义"是可拆分的。因为这一拆分,"事"之于"义"仅是相对的不重要,甚至可以把"事"理解为假托的性质也无所谓。《经学通论》云:"借事明义是一部《春秋》大旨,非止祭仲一事。不明此旨,《春秋》必不能解。"[①] 有关祭仲的问题,容后再谈,在此需要追问:《春秋》是否可以用"借事明义"来概括?该如何理解这个说法?这样分拆和理解"事"与"义"是否恰当呢?《春秋》研究者是否应该接受它?如果不能,为什么?阅读经传真的需要如此?皮氏的论证有没有谬误?接受这一主张有什么后果?是好的抑或坏的影响?

第一节 "借事明义"的内涵

所谓"借事明义",有什么内涵呢?《经学通论》云:"故其所托之义,与其本事不必尽合,孔子特欲借之以明其作《春秋》之义,使后之读《春秋》者,晓然知其大义所存,较之徒托空言而未能征实者,不益深切而著明乎?三传惟《公羊》家能明此旨,昧者乃执《左氏》之事,

---

① 皮锡瑞:《经学通论》卷5,第394页。

以驳《公羊》之义，谓其所称祭仲、齐襄之类，如何与事不合。不知孔子并非不见国史，其所以特笔褒之者，止是借当时之事，做一样子。其事之合与不合，备与不备，本所不计。孔子是为万世作经，而立法以垂教，非为一代作史而纪实以征信也。"①

谁也知道，《春秋》一书可谓无处不言事，它的编年史体例已决定其内容安排不可能没有先后上下，任意超越时空，而是必须按发生次序排列各种事件，故鲁国十二公的统治年头下都有各种事件的记载。而这些事件都在反映时代烙印，凡举制度文饰，都是春秋时期特有的。但皮氏上述引文告诉读者，经中的"事"不是最重要的，至少相对于孔子"所托之义"，前者远不如后者重要。或者更准确地说，前者是后者的工具。不然，无法理解"借之以明"的措辞。据此，可以得出"借事明义"的两个条件：

A_4 "义"凌驾"事"的首要性

B_4 "事"作为服务于"义"的工具性

对这两点，大多数经师似乎不会有何异义。远的不说，杜预注《左传》就有孔子"改旧史以明义"的观点。② 尽管皮锡瑞和许多《公羊》学者一样，总是不承认《左传》也有讲"义"的一面③，但像杜预那样

---

① 皮锡瑞：《经学通论》卷5，第395页。
② 杜注："传言夫子作《春秋》，改旧史以明义。"据赵汸的理解，这是"但指传中所称'书'、'不书'、'故书'、'书曰'之类，皆为孔子变例。"（参阅孔颖达：《春秋左传正义》卷2，第54页；赵汸：《春秋属辞》卷13，见《文渊阁四库全书》第164册；上海：上海古籍出版社，1987年版，第726页。）赵汸这个解释是否符合杜预的原意，姑勿深论，但他的观点已反映，不存门户偏见的学者大概也不会认为《左传》只谈"事"、不谈"义"。
③ 皮锡瑞《经学历史》（第250页）云："《左氏》传事不传义，后人专习《左氏》，于《春秋》一经，多不得其解。"

的《左传》学者，自有伸张其"义"的理路。此中曲直，兹不深谈，可以明确的是，承认孔子是《春秋》的作者，相信经中记载的历史事件是为了说明"义"，不是《公羊》学者的专利权。皮氏"借事明义之旨"真正独特之处，在于他为了凸出"义"的首要性，强调"事"即使"不合"或"不备"也无所谓。据此，可以得出"借事明义"的另外两个条件：

C_4　"事"的可伪性
D_4　"事"的可阙性

"可伪性"意谓经传所载之"事"可以是伪造或虚构，不符合历史实际，即所谓"不合"；"可阙性"意谓这些"事"的记载可以是阙如不全，即所谓"不备"。就这两点而言，条件 D_4 其实没有太大的争议性。《春秋》用语极简，谁会要求经文记事之"备"？皮锡瑞真正想要辩护的对象肯定是条件 C_4。《经学通论》所举的祭仲和齐襄公，就是《公羊》吹捧而又饱受指责的二人。① 皮锡瑞深知他们和其他人使《公羊》承咎，方才希望读者不以"纪实"和"征信"的标准来要求《公羊》。真正惹人怀疑的是条件 C_4 而非条件 D_4。以"不备"与"不合"对举，就是以没有争议性的"不备"来保卫容易引起质疑的"不合"，用俗语来说，条件 D_4 是为条件 C_4 打掩护。

仅凭 A_4、B_4、D_4 三个条件肯定不能确证条件 C_4 的成立。接受"事"的次要性、工具性和可阙性，绝不意味必须承认"事"的可伪性。若皮锡瑞仅是强调"明义"的首要性和根本性，肯定不是完备的解释。要保证条件 C_4，必须有其他经验证据的支持。之所以强调是"经验证据"，因为"不合"是经验性的论断。对不对，其真值必系于事情实际。

---

① 有关二人的问题，本章随后详谈。在此仅指出一点：齐襄公被批判，很大程度上是因为《穀梁》的批判，与《左传》没有太大关系。皮氏"执《左氏》之事"的说法，至少不适用于齐襄公身上。

论断符合实际,就是对;不合实际,就是不对。当皮锡瑞声言"止是借当时之事做一样子"时,他的说法需要服从于经验证据的纠正或确认。也就是说,他需要提出足够多的证据显示经传不过是"做一样子",而且是《春秋》作者刻意这样做的(与许多研究者一样,皮锡瑞认为《春秋》作者就是孔子)。在此,"借事明义"必须包含以下一项条件:

E_4　孔子允许"事"的可伪性

这表明"事"之可伪性,是故意为之,不是无心疏忽。没有"做一样子"的存心,就不能解释"与事不合"。条件 E_4 是确保 C_4 的条件。与 C_4 一样,E_4 也是经验性的论断。要确认 E_4,又必须额外提出心理过程的经验性证据。孔子是否有上述的存心,就要拿出涉及写作过程的相关证据。这方面的举证问题,容待下文详谈。这里,有一个更先在的问题需要考虑:皮锡瑞是否对所有证据持开放和持平的态度?如果他拒绝将反面证据纳入考虑,就有理由怀疑他的前提并不是经验性的。

认真审视的话,皮锡瑞对"借事明义"的独特界定,已有决定 E_4 必然成立的效果。据他的理解,"借事明义"的"借"不是意谓普通的凭借或利用,而是存心的假托。因此,"借事明义"不可能是凭借"事"来说明"义",而是假托"事"来说明"义"。因此,他所理解的《春秋》经传,不可能像《韩诗外传》那样借用各种故事来解说《诗经》的句义,因为没有人会说《韩诗外传》的纪事是刻意造假的。① 如果"借"是凭借义,有了 A_4、B_4 和 D_4 三个条件,便足够证成"借事明义"之说。但因为皮锡瑞讲究的是假托义,所以不仅还要有条件 C_4,更要有条件 E_4 来证成条件 C_4。为了说明这一点,皮锡瑞不仅屡言"做一样子",

---

① 季本说:"举其全篇而僭用之,此岂《诗》之本教哉!若《韩诗外传》之断章,则借事以明诗也。"(参阅《诗说解颐》卷1,见《文渊阁四库全书》第 79 册,上海:上海古籍出版社,1987 年版,第 16 页。)这里的"借事"是惯常的凭借义,而非假托义。

而且强调《春秋》是经非史,不得以"纪实"和"征信"要求经传。

问题是,这样的"定义性前提"(definitional premise)是否经得起推敲?

所谓"定义性前提",就是透过某一种简单的声称,重申指示某一词语在相关讨论中的意思,以此作为推出某项结论的前提。假如这种前提在认识上是高度可疑的,就有理由不相信由此前提而推出的结论。例如,张三说"真正的中国人永远不会离开自己的国家",假如有人提出许多中国人移民离国的事实尝试反驳,张三坚持说他们都不是"真正的中国人"。这是使用定义决定论证,因为任何移民的中国人都不算作"真正的中国人";而"真正的"作为形容"真正的中国人"的定义,也不可能是正常理性都能认可的。同样道理,皮锡瑞对"借事明义"的定义,就是一种可疑的"定义性前提",因为他所界定的"借事明义",是希望从《春秋》的"事"的可伪性推论出《公羊》的"事"的可伪性。

皮锡瑞辞气委婉,行文中屡见语义滑转的现象。出于"惟《公羊》家能明此旨"的理由,他力言"驳《公羊》之义"和"与事不合"的错误,无形中把"义"和"事"的主体由《春秋》改换为《公羊》。也就是说,"借事明义"的适用范围不仅是《春秋》,还有被形容为"能明此旨"的《公羊》家。这样定性的一个客观结果,就是预先排除了所有批判《公羊》"与事不合"的证据的可接受性。当皮锡瑞表示《春秋》之旨就是"借事明义",而《公羊》家又被视为唯一"能明此旨"的人,那么据其他文献而提出相反证据的"昧者"也就被剥夺了反驳成功的机会,因为皮氏完全可以坚持说这些人都不是"能明此旨"。

在此,产生以下两个疑问:

1. 凭什么说《公羊》家是唯一"能明此旨"的人?

在保护《公羊》家免受责难的同时,皮锡瑞其实也在增加自己的举证责任。这是一个有趣的吊诡。祭仲、齐襄公等人得以称贤的叙事,是《公羊》独有而又使之长期备受疵议;皮锡瑞强调它们"与事不合"也可以的。为了证明"借事明义"适用于经传，他不仅需要举证指出孔子允许"事"之可伪性，还需要举证说明《公羊》作者也是这样做。因此，他的"借事明义"必须多加以下一项条件：

F_4 《公羊》作者允许"事"的可伪性

对皮锡瑞来说，仅有条件 E_4 是不够的，还要有足够的经验证据说明条件 F_4。当然，有了 F_4，不蕴涵 E_4。同是"事"的可伪性，E_4 和 F_4 的"事"并非同一回事。《公羊》即使有什么叙事是被允许可伪的，不意味《春秋》的叙事也是如此。单就 E_4 是否得到确认而言，F_4 本是多余和不必处理的环节，但皮锡瑞真正要保护的是那些富争议性的《公羊》学者（尤其是何休）的观点，所以他不能不拿出证据显示《公羊》作者允许"事"的可伪性。

2. 皮锡瑞对"借事明义"的解释，是否得到足够的认可？进一步说，这是否是人们定性《春秋》的通常用语？是否是所有权威人士的共同看法？

翻查文献可知，"借事明义"四字连言，不是皮锡瑞的独家发明。黄仲元《五伯》已说："大抵《春秋》借事明义，有可以为人君之训者，有可以为人臣之训者，有为人父立法者，有为人子立法者，不明此义，区区计二伯之优劣，与谓《春秋》为五伯之刑书者，皆非深知《春秋》者也。"① 这里的"借事明义"，意谓经文透过事件谈道理，绝非假托事件，或明知所言不合事实而故意言之。承认"义"的首要性，不意味"事"的可伪性。对这两者的关系，吕大圭就有这样的概说："史之所有，圣人因之；其情理失实者，圣人固不尽因也。史之所述，圣人定

---

① 黄仲元：《五伯》，见《四如讲稿》卷6，见《文渊阁四库全书》第183册，上海：上海古籍出版社，1987年版，第804页。

之；其猥冗不纲者，圣人固不尽从也。是故有史官之笔，有夫子之笔。史官之笔，谓其事也。夫子之笔，谓其义也。因其事以著其义而事实矣，明其义以录其事而义著矣。"① 在清末变法浪潮来临以前，《公羊》尚非指引政治变革的蓝图，认为《春秋》"做一样子"的论调难有共鸣。钟文烝援引《庄子》"圣人议而不论"剖析经义，说："'议而不辩'者，假事以明义，推见以至隐。议之甚详，而其文则但为记事之文也。"② 这里的"假"，绝非假托义。"假事以明义"不蕴涵"事"的可伪性，更不蕴涵君子（即《穀梁》所理解的《春秋》作者，亦指孔子）允许"事"的可伪性。钟文烝同样接受"事"的次要性、工具性和可阙性③，但他仍强调《春秋》是"记事之文"，在很大程度上是因为这是由来已久的学术常识。相反，皮锡瑞提出"借事明义之旨"之时，这样的说法迄至清末还未普及到学术界大多认可的地步。④

强调假托义的"借事明义"之所以得不到晚清以前《春秋》研究者的广泛接受，主要原因是经传没有这样的说法。以下，是相关用语在经传中的统计数字：

用语	春秋经	左传	穀梁传	公羊传
借事	0	0	0	0
明义	0	0	0	0
借事明义	0	0	0	0
借	0	5	6	0
假	0	35	4	6
托	0	4	1	7

---

① 吕大圭：《春秋或问》卷1，第478页。
② 钟文烝：《论经》，见《春秋穀梁经传补注》，第11页。
③ 因为这样，钟文烝《论经》（第20页）云："读《春秋》者，当知其辞之深微隐约，而不可以史家之求求之。"
④ 皮锡瑞《经学通论》（卷5，第395页）说："学者多以为疑，但知借事明义之旨，斯可以无疑矣。"此言足以反映，皮氏倡议之时，仍未把这样的"旨"视作"无疑"的学术常识。

第四章 "事"与"义"的分拆 | 331

可以看见,《春秋》不论是经文抑或三传,都没有"借事"、"明义"或"借事明义"等词。再看"借"字,《公羊》没有此字,《左传》和《穀梁》的 11 例,不是借用义,就是凭借义,指代的都是传中某个历史人物想要的东西或想做的行为,而非泛指经中的"事"。① 至于"假"字,三传的 45 例,或假托义,或借取义,或凭借义,或给予义,但同样是专指传中的事件,与"借事明义"毫无关系。②

---

① 《左传》言"借"5 例,载于以下 4 则传文:(1) 成二年传:"请收合馀烬,背城借一。"(2) 襄四年传:"寡君是以愿借助焉!"(3) 襄十九年传:"计功,则借人也。……今将借人之力以救其死……"(4) 定九年传:"尽借邑人之车。"《穀梁》6 例,皆在僖二年传:"荀息曰:'君何不以屈产之乘、垂棘之璧而借道乎虞乎?'公曰:'此晋国之宝也,如受吾币而不借吾道,则如之何?'荀息曰:'此小国之所以事大国也。彼不借吾道,必不敢受吾币。如受吾币而借吾道,则是我取之中府,而藏之外府'……公遂借道而伐虢。……虞公弗听,遂受其币而借之道。"参阅孔颖达:《春秋左传正义》卷 25,第 699—700 页;卷 29,第 835 页;卷 34,第 959 页;卷 55,第 1582 页。杨士勋:《春秋穀梁传注疏》卷 7,第 109—110 页。总括这 11 例,除了"背城借一"的"借"是凭借义外,其余 10 例都是借用义。

② 《左传》言"假"共 35 例,载于以下 26 则传文:(1) 隐十一年传:"而假手于我寡人。"(2) 桓元年传:"郑伯以璧假许田。"(3) 桓六年传:"名有五,有信,有义,有象,有假,有类。以名生为信,以德命为义,以类命为象,取于物为假,取于父为类。"(4) 桓十三年传:"见莫敖而告诸天之不假易也。"(5) 庄十八年传:"不以礼假人。"(6) 僖二年传:"假道于虞以伐虢。……乃使荀息假道于虞……敢请假道以请罪于虢。"(7) 僖五年传:"晋侯复假道于虞以伐虢。"(8) 僖二十八年传:"假道于卫。"(9) 僖二十八年传:"天假之年版,而除其害。"(10) 宣二年传:"尚早,坐而假寐。"(11) 宣十四年传:"无假道于宋。……不假道于郑。过我而不假道,鄙我也。"(12) 成二年传:"唯器与名,不可以假人,……若以假人,与人政也。"(13) 成八年传:"假道于莒。"(14) 襄九年传:"请及兄弟之国而假馀焉,礼也。"(15) 襄十四年传:"范宣子假羽毛于齐而弗归。"(16) 昭元年传:"此行也,辞而假之寡君。……假不反矣!假不反矣!"(17) 昭四年传:"则愿假宠以请于诸侯。"(18) 昭七年传:"守不假器,礼也。"(19) 昭十一年传:"天将假手于楚以毙之,……天之假助不善,非祚之也。"(20) 昭十二年传:"假道于鲜虞,遂入昔阳。"(21) 昭二十年传:"子假吾名焉,故不吾远也。"(22) 昭二十五年传:"郤鉥假使为贾正焉。"(23) 昭三十二年传:"今我欲徼福假灵于成王。"(24) 昭三十二年传:"慎器与名,不可以假人。"(25) 定四年传:"晋人假羽旄于郑。"(26) 定六年传:"往不假道于卫。"《穀梁》4 例,载于桓元年传:"假不言以,言以,非假也。非假而曰假,讳易地也。"《公羊》6 例,载于以下 4 则传文:(1) 桓元年传:"其言以璧假之何?易之也。易之则其言之何?为恭也。"(2) 僖二年传:"虞受赂,假灭国者道,……则晋今日取郭,而明日虞从而亡尔,……终假之道以取郭。"(3) 僖四年传:"桓公假涂于陈而伐楚。"(4) 僖二年传:"晋侯将侵曹,假涂于卫。"(参阅孔颖达:《春秋左传正义》卷 4,第 125 页;卷 5,第 132 页;卷 6,第 180—81 页;卷 7,第 200—01 页;卷 9,第 259 页;卷 12,第 323、342 页;卷 16,第 442、445 页;卷 21,第 595 页;卷 24,第 661 页;卷 25,第 691、734 页;卷 30,第 877 页;卷 32,第 931 页;卷 41,第 1143 页;卷 42,第 1191 页;卷 44,第 1242 页;卷 45,第 1285、1296 页;卷 48,第 1390 页;卷 51,第 1480 页;卷 53,第 1526、1529 页;卷 54,第 1542 页;卷 55,第 1564 页。杨士勋:《春秋穀梁传注疏》卷 3,第 32 页。徐彦:《春秋公羊传注疏》卷 4,第 68—69 页;卷 10,第 206、215 页;卷 12,第 255 页。) 除《左传》例 (1) 是假托义,以上诸例都是借取、依靠、凭借、给予等意思。

至于"托"字的 12 例，情况比较复杂：《左》《穀》之"托"，包含拜托、寄托、托付之义，指代的都是某一种需要做的行为，涉及某些行动者之间的关系及互动。① 《公羊》之"托"虽是假托义，但其中 3 例都是传中的人假托某种理由而行事，与"借事明义"毫无关系。② 真正涉及经文之"托"是隐二年传的两项记载，解"无骇帅师入极"和"纪履緰来逆女"同样说："前此，则曷为始乎此？托始焉尔。曷为托始焉尔？《春秋》之始也。"③ 之所以"托始"，是因为经文从隐元年算起，在此之前虽有"灭"和"不亲迎"之事，所以不得不从隐二年开始陈述。这是因为《春秋》作为编年史的体裁而导致内容不能包括当时历史第一次"灭"和"不亲迎"的事件，而不得不另作交代这是《春秋》书中第一次发生了这样的事情。

《公羊》隐二年传的四个"托"字虽然意谓假托，但它之所以"事"与"义"不合，主要是因为《公羊》伸张"托始"之义，经文"入极"与"逆女"二事本是符合实际的历史记载，因此"托"字不能

---

① 《左传》言"托" 4 例：(1) 襄十五年传："托诸季武子，武子置诸卞。"(2) 襄二十七年传："止使者而盟于河，托于木门。"(3) 昭十九年传："及老，托于纪鄣。"(4) 哀八年传："所托也则隐。"例 (1)、(4) 是托付义，而例 (2)、(3) 是寄托义。《穀梁》定元年传："夫请者，非可诒托而往也，必亲之者也。"这是拜托义。参阅孔颖达：《春秋左传正义》卷 32，第 935 页；卷 38，1055 页；卷 48，第 1381 页；卷 58，第 1646 页。杨士勋：《春秋穀梁传注疏》卷 19，第 318 页。

② 除"托始" 2 例外，《公羊》言"托"的另外 3 例：(1) 庄八年传："次不言俟，此其言俟何？托不得已也。"(2) 庄三十二年传："行诛乎兄，隐而逃之，使托若以疾死然。"(3) 昭元年传："何着乎招之有罪？言楚之托乎讨招以灭陈也。"(参阅徐彦：《春秋公羊传注疏》卷 7，第 134 页；卷 9，第 187 页；卷 22，第 474 页。) 例 (1) 是鲁国军队在郎停留，说是等候陈人和蔡人，托词不得已而为之。例 (2) 是季札赐毒药杀兄公子牙，因痛心而逃避开来，使他看起来因病而死。例 (3) 是批判楚国借口讨伐公子招而灭亡陈国。三例的"托"虽是假托义，但都是传中的人为了某种说不出口的目的，而假托其他说法而行事。

③ 徐彦：《春秋公羊传注疏》卷 2，第 30、32 页。

反映孔子允许这两件事是可伪的。不仅如此，这也不能证明《公羊》作者允许这两件事的可伪。也就是说，E_4 和 F_4 不能由此得到证明。阅读上述传文可知，《公羊》其实是认真交代经文所载之事的实情，并非觉得"不合"也可以"本所不计"。恰恰相反，正是认真计较"义"与"事"的"不合"，《公羊》特别指出"前此"是真正的历史事实。没有证据显示"与事不合"是《公羊》乐见的结果，传文也没有故意炮制任何"与事不合"的叙事。这一点，将在本章第三节详论。

无论如何，《公羊》的"托"字不足以支持"借事明义之旨"，至少皮锡瑞也没有据此阐述其说。以下两节，将会纳入更多的论据，看看上述 C_4、E_4、F_4 三个条件能否得以证成。

第二节 《春秋》的"事"与"做一样子"

《春秋》的"事"是否"做一样子"？因为经传没有任何记载足以证明孔子允许"事"的可伪性，皮锡瑞为了论述"借事明义"是符合孔子的写作心路，不得不从其他文献找论据。

一、董仲舒对孔子之言的解读

（一）对《太史公自序》的评论

《史记·太史公自序》引录董仲舒说："孔子知言之不用，道之不行也。是非二百四十二年之中，以为天下仪表；贬天子，退诸侯，讨大夫，以达王事而已矣。子曰：'我欲载之空言，不如见之行事之深切著明也。'"[1]

---

[1] 司马迁：《史记》卷130，第4003页。

《经学通论》解释说:"董子引孔子之言,与孟子引孔子之言,皆《春秋》之要旨,极可信据。'载之空言,不如见之行事',后人亦多称述,而未必人人能解。《春秋》一书,亦止是'载之空言',如何说是'见之行事'?即后世能实行《春秋》之法,'见之行事'亦非孔子所及见,何以见其'深切著明'?此二语看似寻常之言,有令人百思而不得其解者,必明于《公羊》借事明义之旨,方能解之。盖所谓'见之行事',谓托二百四十二年之行事,以明褒贬之义也。孔子知道不行而作《春秋》,斟酌损益,立一王之法以待后世。然不能实指其用法之处,则其意不可见。即专著一书,说明立法之意如何,变法之意如何,仍是托之空言,不如'见之行事'使人易晓。犹今之大清律,必引旧案以为比例,然后办案乃有把握。故不得不借当时之事,以明褒贬之义;即褒贬之义,以为后来之法。"①

(二)辨证

"董子引孔子之言",见《春秋纬》,后亦转载于《汉书·司马迁传》;② 而"孟子引孔子之言",是指《滕文公下》和《离娄下》两则讨论《春秋》的文献。③ 皮锡瑞不仅觉得孟、董之言正确阐明他所理解的《春秋》之旨,还觉得它们可以印证"借事明义之旨"。在他看来,不理解"借事明义之旨",大概不能读懂"董子引孔子之言"是什么意思。以下,将逐一检视《经学通论》所蕴含的思想内容,并且考察这些观点与董仲舒《自序》之间是否存在思想上的距离:

1. "空言"作为《春秋》的内容定性

就内容的定性而言,皮锡瑞相信"空言"本是《春秋》的准确归纳。"《春秋》一书,亦止是'载之空言'"。原其所以,皆因皮锡瑞以

---

① 皮锡瑞:《经学通论》卷5,第394页。
② 班固:《汉书》卷62,第2717页。
③ 参阅本书第三章,第223—242,250—268页。

"空"释"素",强调《春秋》"素王"立法,重在"空设",故有"空设一王之法"和"空言垂世"的独特观点。① 之所以不以"空言"的面貌出现,完全是为了后世读者容易理解。

然而,董仲舒不曾以"空言"定性《春秋》。除上引孔子之语提及"空言"外,《太史公自序》还有一例提及"空言":"其实皆以为善,为之不知其义,被之空言而不敢辞。"此言与其下的"以天下之大过予之,则受而弗敢辞"相对为义。② "被之空言而不敢辞"与"受而弗敢辞"意思相若,同样说为人君父和为人臣子,若不通晓《春秋》之义,很有可能陷于各种罪名而不敢推辞,由于"受而弗敢辞"的"受"是蒙受"天下之大过",故可以推知"空言"就是《春秋》对书中政治人物的各种批判性修辞。由此可见,"空言"在董仲舒手中,有两种不同的用法:一是《春秋》全书的写法,"载之空言"涉及孔子如何考虑《春秋》是否该用空泛而没有叙事内容的修辞,但因为"见之行事"是更好的选择,故不以"空言"载之。另一是对特定人物某些错误行为的批判,因这些批判是公道和正确的,所以被批判者无以摆脱。这两种用法,皆不意味《春秋》"止是'载之空言'"。

2. "之"的法制义

"载之空言"和"见之行事"的"之",作代词用,代替人或事物,如"操之过急""言之成理"等成语的"之",都是指代相关语脉中的言说对象。据皮锡瑞的理解,这两个"之"字都是指孔子所立的法制。诸如"立一王之<u>法</u>""立<u>法</u>之意如何,变<u>法</u>之意如何"的"法",实指"之"字而言。

值得注意的是,董仲舒究竟如何理解《春秋》写作的背景。在"子曰"之前,《太史公自序》提及"是非二百四十二年之中"诸语,此

---

① 参阅本书第一章,第32—57页。
② 司马迁:《史记》卷130,第4003—4004页。

"是非",与"贬天子,退诸侯,讨大夫"的"贬""退""讨"相通,都是对行为是非的判别,而"仪表"与"王事"则是这些判别的效应。它们不是独立于"是非""贬""退""讨"而存在的另一种属性的东西;也就是说,它们与《春秋》对各种政治行为的判别,密不可分。① 顺着董仲舒的语脉读下来,"载之空言"和"见之行事"的"之"当然是由"是非"而来的"仪表",因"贬""退""讨"而达的"王事"。"仪表"与"王事"不等于"法",皮锡瑞认定"之"指代"法",在语义上是根据不足的。无疑,《太史公自序》曾提及"法":"夫礼禁未然之前,法施已然之后,法之所为用者易见,而礼之所为禁者难知。"② 这两个"法"字,是相对"礼"而言。董仲舒誉《春秋》为"礼义之大宗",而"法"是位于《春秋》的对立面而存在。③ 换言之,认定孔子有一套"一王之法"为他所"立",是皮锡瑞的个人解读,《太史公自序》倒是没有明确主张这方面的观点,再明白不过,谁也无法改变。

皮锡瑞强调孟子、董仲舒所引之语"皆《春秋》之要旨,极可信据",却无视二者皆未说到孔子立法之事,而《经学通论》却硬是说"立一王之法以待后世"。皮的个人诠释与文本原意之间的这个尖锐分歧,始终得不到弥合,像"礼义"与"法"对举之类的问题不突破,就难以说"法"是孔子意图产出的结晶。

3. "见"的未来性

《太史公自序》之所以被视为"极可信据",乃是皮锡瑞觉得董仲舒所述孔子之言,与《孟子》的记载一样,同样符合他对《春秋》的构想,即"微言"和"大义"的区别。按照"微言、大义,兼而有之"的理解,董仲舒著作也被视为兼具"微言"和"大义"两种不同的内容。根据皮锡瑞的构想,《春秋》"空设"的"法"是属于"微言"而

---

① 参阅本书第三章,第254页。
② 司马迁:《史记》卷130,第4004页。
③ 参阅本书第三章,第259—268页。

非"大义",而"见之行事",就是"法"得以实行的效果表现。阅读"立一王之法以待后世"一语,"法"的实际效应发生在"后世",即立法者以后的时代。"见"的主体不是孔子,而是孔子以后的人,故曰"亦非孔子所及见"。

要贯彻皮锡瑞上述的解读,也就是预设"载之空言"和"见之行事"各具不同的主体:"载之空言"是孔子想做的,而"见之行事"则是后人的事情。翻看《太史公自序》前述引文,"我欲载之空言",自是指孔子而言;"见之行事"上承"我欲载之空言",中间没有任何语词显示主体或言说环境的转换,故以"我"为"见之行事"的主体,是最合文理的解读。"载之空言"和"见之行事"皆以孔子为主体,前者是孔子曾经产生的想法,后者是孔子最后实践的行为。相较之下,皮锡瑞囿于"为后世立法"等构想,透过变换主体而赋予"见之行事"的未来性,似非"信据"的忠实表现。

4. 阅读上"使人易晓"

《经学通论》言"不如'见之行事'使人易晓",是皮锡瑞以自己的话讲述"不如见之行事之深切著明"。据其理解,"深切著明"的重点就是"使人易晓"。

"深切著明"不仅是"使人易晓"而已。"深切"意谓深刻而切实,"深切著明"就是把言说对象深刻地切实地说明白的意思。董仲舒在引用孔子之语后,随即说:"夫《春秋》上<u>明</u>三王之道,下<u>辨</u>人事之纪,<u>别</u>嫌疑,<u>明</u>是非,<u>定</u>犹豫,<u>善善恶恶</u>,<u>贤</u>贤<u>贱</u>不肖,<u>存</u>亡国,<u>继</u>绝世,<u>补</u>敝<u>起</u>废,王道之大者也。"① 引文中的"明""辨""别""定""善""恶""贤""贱""存""继""补""起",实是表现"见之行事"的各种修辞手法,说明《春秋》如何透过各种文辞,对二百四十二年的各

---

① 司马迁:《史记》卷130,第4003页。

种人和事（还有已灭亡的某些国家）予以鉴别和解说。① 由此可知，董仲舒对"深切著明"的理解，重在《春秋》所述的各种人和事是如何深刻、如何到位、如何发人深省。仅以"使人易晓"概括其义，大概是不够的。

由于《史记》的流播，董仲舒"深切著明"之语早已成为之儒者常用的成语，一般理解也不限于"易晓"而已，如胡安国《春秋传》解庄九年经"及齐师战于乾时"不言"公"的问题，说："惟不以复雠战也，是故讳公以重贬其忘亲释怨之罪，其义深切著明矣。"② 这是沿用《公羊》复雠的主张，其中得失暂不深论，在此仅指出一点：胡安国所说的"深切著明"，是形容《春秋》所包含的政治主张，不是觉得它"使人易晓"。说实在的，《春秋》许多事件的叙述，用词晦辞难懂，不见得"见之行事"便能"易晓"，像庄九年经不言"公"的措辞，就是一例。是故，皮锡瑞仅言"使人易晓"，释义实嫌片面。

5. "行事"的工具性

据《经学通论》的思路，"见之行事"是为了协助"空言"讲述"法"的工具。之所以需要这一工具，是因为"空言"的内在局限性，"不能实指其用法之处"，无法使读者得知"法"的底蕴。为了说明这一观点，皮锡瑞设定了二阶的递进关系：

Ⅰ. 借当时之事，以明褒贬之义；
Ⅱ. 即褒贬之义，以为后来之法。

Ⅰ的"借"和Ⅱ的"即"皆意谓就着、依据，如上述"即事以明义"的用法。Ⅰ和Ⅱ的"以"，俱是表示目的，显示后件为前件的目的。

---

① 参阅本书第三章，第253—259页。
② 胡安国：《春秋胡氏传》卷8，第101页。

综合Ⅰ和Ⅱ的语意结构，可知"当时之事"实是最不重要的工具，不是为了阐明"褒贬之义"，就没有什么价值可言；而"褒贬之义"也不是最可珍贵的目的自身，它是为了"后来之法"而存在。一言以蔽之，"后来之法"为最核心和最重要的目的。

比较起来，Ⅰ没有太大的争议性，因为这是讲"事"作为服务于"义"的工具性（即B_4），许多《春秋》研究者都能接受这一点。反之，对于《公羊》信徒以外的其他学者来说，Ⅱ却有很大的商酌余地，尤其是当"法"是被界定为"素王立法"之法。像皮锡瑞自己所列举宋五子，就不大可能接纳这个思路。① 即使是提及"法"，也不像皮锡瑞那样以何休《解诂》作为权威性的圭臬；如周敦颐所说的"正王道，明大法"②，与《经学通论》的主张存在莫大的距离。

就文本的诠释而言，在《太史公自序》可以轻易找到支持Ⅰ的证据，像"是非二百四十二年之中"、"别嫌疑，明是非，定犹豫"便是透过事件的记载而反映孔子的某些想法。但要找Ⅱ的证据，却是困难得多。如上所述，董仲舒不曾以"法"界定或归纳《春秋》的内容，也没有说过孔子要就"褒贬之义"而设立"后来之法"。事实上，《经学通论》也没有这么说。

就历代《春秋》的阅读方向，乃至董仲舒的本意而言，都应该接受Ⅰ而放弃Ⅱ。或者说，Ⅱ是不必要的。皮锡瑞由Ⅰ而Ⅱ的二阶性推理，再一次见证"微言"和"大义"二分所带来的困境：仅有Ⅰ，不过是"诛讨乱贼"的事情，仅属"大义"而已；必须兼具Ⅱ，方能找到"后来之法"（亦即"微言"）存在的位置。

6. "行事"的可伪性

"见之行事"的"行事"，究竟是不是真实发生的历史事实呢？皮锡

---

① 参阅本书第三章，第293—322页。
② 周敦颐：《通书》，见《周敦颐集》卷2，第42页。

瑞没有说明白，他的用语也极尽暧昧之能事，例如说"借当时之事"，又以大清律之"必引旧案以为比例，然后办案乃有把握"为比喻。此"当时之事"，就是说春秋时代的史事，而旧案就是清律援引的旧有案例，这些都是实际发生的事情。

不过，皮锡瑞又说，"见之行事"大概是指"托二百四十二年之行事，以明褒贬之义也"。此外，在行文中，又再出现语义滑转的现象，由"载之空言"变为"托之空言"。一字之差，恐怕是为了配合假托义的"借事明义"刻意为之。如上所述，"托"是能够允许作者明知其叙事的可伪性，不必实有其事（即 E_4）。

在这里，皮锡瑞有意无意间含糊其词，言"托"言"借"而又夹杂一些真实存在的事例。或者说，这正是"借事明义"最含混不清的关键：究竟根据什么操作条件可以判断"事"是真实史事？什么操作性条件可以判断"事"仅是孔子允许与历史不合的假托虚说？皮锡瑞从来没有说清楚。《春秋》和《公羊》有什么证据可以支持"借事明义"的主张？这是读者无以化解的核心疑问。

细读《太史公自序》之言，董仲舒从未说过《春秋》有哪一事件是假托的，或孔子允许它是可伪的。诸如"是非二百四十二年之中""贬天子，退诸侯，讨大夫"等语，都是剖析《春秋》如何审视书中史事，不蕴涵"二百四十二年之中"有什么事件不合历史实际。只要不是心存偏见地阅读，《太史公自序》的记载，无论是孔子之言抑或他的引申发挥，也看不见孔子有意让《春秋》的"事"是可伪的证据（即 E_4）。

7. 法典与《春秋》的不可比拟性

皮锡瑞从素王立法的预设出发，相信《春秋》包含"后来之法"，故此认定经文的写作像大清律是类似的性质。这个比拟其实很不妥帖。大清律的条文主要是规定可能出现的罪行及其结果，诸如"凡以妻为妾者杖一百"之类，原则上没有时间性可言，所以立法者可以事前透过经验和想象设定各种可能出现的事情状况"以待后世"。反观《春秋》，经文因史而作,其中的"事"都是系于不同的年、季、月、日,具体的事件,特定的时间,完全是编年史的写法。前者是事前规范,不妨有虚拟或假设的状况;后者是事后记载和寓有评断,是针对特殊的历史事实而言;二者岂能同日而语?任何模拟论证,都要求模拟具有本质上的相似性。皮氏的"后来之法",若是文学修辞的意义,问题不大;若把《春秋》说成类似正式法典的东西,就是违反常识和理性的论断。无论大清律有多少虚拟或假设的事例,都不能成为证明孔子允许"事"的可伪性的证据(即 E_4)。

综合以上,《经学通论》对《太史公自序》等话语的解读,以及相关的观点,在论证上都不是对确的,其言难成定谳。C_4、E_4、F_4 三个条件,依其说仍无从证成。

二、有关《春秋》字数的记载

(一) 有关《春秋》字数的四则记载

《经学通论》说:"董子曰:'《春秋》文成数万,其旨数千。'张晏曰:'《春秋》万八千字。'李仁甫曰:'细数之,尚减一千四百二十八字。'与王氏《学林》云万六千五百余字合。夫以二百四十二年之事,止一万六千余字。计当时列国赴告,鲁史著录,必十倍于《春秋》所书。孔子笔削,不过十取其一,盖惟取其事之足以明义者,笔之于书,以为后世立法,其余皆削去不录。或事见于前者,即不录于后;或事见于此者,即不录于彼。以故一年之中,寥寥数事,或大事而不载,或细事而详书。学者多以为疑,但知借事明义之旨,斯可以无疑矣。"[①]

---

① 皮锡瑞:《经学通论》卷5,第395页。

（二）辨证

1. 字数的争议

这里引述董、张、李、王四人之论，但皮锡瑞没有交代他们立言所涉的争议。争议的源起，在于《太史公自序》"文成数万"之语，但总计经文的字数（此据《左传》），不过16742字，如何说得上"数万"？这一脱节带来后来诠释者的困惑。张晏说："《春秋》万八千字，当言'减'而云'成数'，字误也。"裴骃注："太史公此辞，是述董生之言。董仲舒自治《公羊春秋》，《公羊经传》凡有四万四千余字，故云'文成数万'也。"① 张晏坚持经文字数与《太史公自序》不合，认为《史记》说错了。裴骃认为董仲舒说得不错，认为"数万"是合《公羊》言之。然而，董仲舒所说的《春秋》是否结合《公羊》言之？很难说。在"文成数万"两句之前，《太史公自序》还记载："拨乱世，反诸正，莫近于《春秋》。"② 这是引录《公羊》哀十四传的原文，董仲舒引之说明《春秋》之旨。鉴于《公羊》视《春秋》为孔子特笔的文本，实为有别于己的另一客体，而传中的"《春秋》"，自不包括《公羊》在内。董仲舒行文，顺《公羊》哀十四传而发，故可推断"《春秋》文成数万"的"《春秋》"，同样也是仅言经不及传。对裴骃的错误，颜师古《汉书》注已有驳斥："一万之外，即以万言之，故云数万，何乃忽言减乎？学者又为曲解，云'《公羊》经传，凡四万四千余字'，尤疏谬矣。史迁岂谓《公羊》之传为《春秋》乎？"③ 无疑，"以万言之"的论点是可疑的，而颜师古误董仲舒之语为司马迁所说，亦属小错；但撇除这些，其对裴骃的质疑倒是不无道理。

《经学通论》所说的"李仁甫"即李焘。李序谢畴《春秋古经》检

---

① 司马迁：《史记》卷130，第4004页。
② 司马迁：《史记》卷130，第4003页。
③ 班固：《汉书》卷62，第2718页。

讨过去《春秋》学者的阙失，指出："今细数之，更阙一千四百二十八字，数最易见者尚尔错误，何况圣人笔削之旨乎？"① 这是在张晏18000字上作出微调，减少1428字，即16572字，认为《太史公自序》"文成数万"是个明显的"错误"。王观国《书林》也有类似的观点："今世所传《春秋经》，一万六千五百余字。"又云："故凡言数万者，差多也，不止乎一二三万也；犹之数十、数百、数千也，积十之多为数十，积百之多为数百，积千之多为数千。是则积万之多乃为数万，《春秋经》万六千余字，当言文成万余而云数万者，太史公之言不确也。"② 与李焘一样，王观国批判颜注"以万言之"的强解，同时指出传世经文的字数与"文成数万"之间的距离，不宜强合，故强调《太史公自序》所载有误，认为"数万"之说经不起推敲。

强找理由辩护"数万"的记载，是很难获得可信的结论。从裴骃和颜师古强解"数万"的失败，已说明从现有证据实在无法证成董仲舒的观点。究竟董仲舒阅读了什么文本？由什么认知过程而得出"数万"的判断？因无可靠的旁证，不宜强解。真要追问董仲舒用语的根据，是非常艰难的任务。诸如"弑君三十六"之类，究竟这"三十六"是指哪些君主？就很难得出令人满意的答案。③ 鉴于此，张晏、李焘、王观国指出《太史公自序》之误，用语虽嫌武断，但比强作解人更加可取。不管如何，这三人都是不接受"文成数万"，皮锡瑞拿他们与董仲舒相提并论，并说是"合"，显然是大而化之，忽略了其中的认识分歧。确切地说，《经学通论》引述董、张、李、王四人之论，无非是说经文字数不多，这是毫无争议的古典常识，不必诉诸这四人也可以获知。皮锡瑞敷

---

① 朱彝尊：《经义考》卷188，第3448页。
② 王观国：《学林》卷2《春秋经字数》，见《文渊阁四库全书》第851册，上海：上海古籍出版社，1987年版，第52页。
③ "弑君三十六"的问题，参阅拙著：《〈穀梁〉政治伦理探微：以"贤"的判断为讨论中心》，第178—179页。

陈罗列，貌似引证良多，实际上都是相对不重要的边缘证据，倒不如翻开三传逐一计算经文字数来得实在。

2. 重估孔子的笔削

《经学通论》强调经文字数之少，并非主要的重点。更要紧的是，皮锡瑞试图以此提出鲜明的对比，从《春秋》极少的字数，一下子跳到鲁史旧文数量的估计，断定后者"必十倍于《春秋》所书"，接着进一步判说《春秋》只剩下这么少的内容，都是经过孔子笔削，"十取其一"。之所以要删削这么多内容，皮锡瑞认为孔子仅是收录那些以阐明"义"的"事"，"盖惟取其事之足以明义者"，"其余皆削去不录"。这个说法貌似有理，其实内有玄机，必须说清楚，因为其中存在两个明显的漏洞：

(1) 臆测史文的分量

《春秋》所依据的史料究竟有多少？不清楚，据现行文献也找不到可靠的证据。皮锡瑞仅凭今传经文字数之寡，而断定鲁史旧文篇幅之多，说穿了，都是大胆而又无从确证的猜想。他完全抹杀了这样一个合乎情理的可能性：《春秋》字数极少，有没有可能是孔子原来所据的文本也是如此？《竹书纪年》的面世，已足够提醒世人，东周时期不乏纲目式的历史纪录。就是因为孔子所参考的史文本来也是这种写法，所以《春秋》某些内容明显是沿袭旧有史文。对此，叶梦得提出了精到的解释："其事与文未尝不同，约鲁史以为义，则在我尔。"① 即使孔子写作《春秋》提出了自己的观点，亦即许多后人所重视的"义"，但也不宜把《春秋》及其依据的史文视为两个彻底不同的东西。《春秋》即使被"约"，也不见得全部"不同"。不能说叶梦得或类似的观点都是受《左传》学者的误导。只要知道《穀梁》的"从史文"和《公羊》"《春秋》之信史"的主张，便该承认《春秋》有些内容墨守史文，绝非全部

---

① 叶梦得：《春秋公羊传谳》卷6，第728页。

都经过孔子的"笔削"。① 无论如何，在更可靠的证据出现之前，实无必要过分夸大史文被删削的比例。皮氏"十取其一"之论，猜想多于征实，不宜奉若信条。

（2）不是所有经文都是"足以明义"的"事"

《春秋》有些内容是为了忠于历史记载，不是为了阐明孔子所讲的"义"。反例不难求索，以下列举二例：

[1] 桓十二年经："丙戌，公会郑伯盟于武父。丙戌，卫侯晋卒。"《穀梁》云："再称日，决日义也。"

[2] 桓十四年经："夏五，郑伯使其弟语来盟。"《公羊》云："夏五者何？无闻焉尔。"②

例[1]说明经文为何在十一月两度记载"丙戌"，《穀梁》的"决日义"就是指出两则经文记载同一日期的含义。这是围绕着史事记载的写法，与皮锡瑞所宣称的"明义"无甚关系。③ 例[2]解释"夏五"这个文义不通的措辞，《公羊》对之没有强解，反而忠于史文旧章，非常谨慎地表示"无闻焉尔"。这两个例子已经显示，《春秋》有些内容是就史言史，重在反映历史实际的面貌，即使从二传的立场出发，也是得不出"其余皆削去不录"的结论。

为了论证起见，能不能说像例[1]和例[2]这种忠于史实的记载也是一种"义"呢？也就是说，能不能将之收纳在《经学通论》所说的"足以明义"的范围内？假如"义"不像皮锡瑞那样的理解，也许存在这样的可能性。如上所述，《经学通论》宣称《春秋》借"当时之事"

---

① 参阅本书第二章，第128—145页。
② 杨士勋：《春秋穀梁传注疏》卷4，第50页。徐彦：《春秋公羊传注疏》卷5，第103页。
③ 参阅拙著：《〈穀梁〉政治伦理探微：以"贤"的判断为讨论中心》下册，第617—620页。

而明"褒贬之义",进而设定"后来之法"。皮锡瑞心目中的"义",必须有孔子自己的"褒贬",而且迈向"法"的最终目标。如果继续贯彻这个思路,是不可能得到正面承认和接受例〔1〕和例〔2〕之类的事例,因为它们既非"义",更不是"法"。

3. 字数、叙事与借事明义

皮锡瑞从《春秋》字数之寡猜测史文之多,并且强调删削的都是与"义"无关的"事",言其宗旨,无非是凸显"事"的极度不重要。同理,《经学通论》说"或大事而不载,或细事而详书",都是要求读者不要以史实记载的翔实,而立足点无非是"事"服务于"义"的工具性(即 B_4),故此记载有所阙失或遗漏也属等闲事(即 D_4)。然而,"事"的可阙性不等于"事"的可伪性,二者不能混为一谈。皮锡瑞反复申论,充其量是重申可阙性的"无疑",既无助于可伪性之成立,也无助于孔子允许可伪性之确证。真正要解决的"疑"是 C_4、E_4、F_4 三个条件,而非条件 D_4。

三、朱熹讨论《春秋》的语录

接着,是讨论朱熹有关《春秋》的见解:

《朱子语类》云:"前辈做《春秋》义,言辞虽粗率,却说得圣人大意出。年来一味巧曲,但将《孟子》'何以利吾国'句说尽一部《春秋》。这文字不是今时方恁地。自秦师垣主和议,一时去趋媚他,《春秋》义才出会夷狄处。此最是《春秋》诛绝底事,人却都做好说!看来此书自将来做文字不得;才说出,便有忌讳。常劝人不必做此经,他经皆可做,何必去做《春秋》?这处也是世变。如二程未出时,便有胡安定、孙泰山、石徂徕,他们说经虽是甚有疏略处,观其推明治道,直是凛凛然可畏,《春秋》本是严底文字,圣人此书之作,遏人欲于横流,遂以二百十二年行事寓其褒贬,一字不敢胡乱下。"又云:"林问:'先生论《春秋》一经本是正谊明道、权衡万世典刑之书，如朝聘、会盟、侵伐等事，皆是因人心之敬肆，为之详略，或书字，或书名，皆就其事而为之义理，最是斟酌，毫忽不差。后之学《春秋》，多是较量齐、鲁短长。自此以后，如宋襄、晋悼等事，皆是论伯事业，不知当时为王道作耶？为霸者作耶？若是为伯作，则此书岂足为义理之书？'曰："大率本为王道，正其纪纲，看已前《春秋》文字虽牴，尚知有圣人明道正谊道理，尚可看。近来止说得伯业权谲底意思，更开眼不得！此义不可不知。"①

《经学通论》评论说："据朱子之说，可知学者当以《春秋》为经，不当以《春秋》为史；当重《春秋》之义，不当重《春秋》之事。谓'以二百四十二年行事，寓其褒贬'，即借事明义也。谓'一字不敢胡乱下'，即一字褒贬也。谓'书字、书名，皆就其事而为之义理'，亦即一字褒贬之旨。'正谊明道，权衡万世'，惟在《春秋》一经。若置经而求传，舍义而论事，则不过较量齐、鲁之短长，宋襄、晋悼之霸事而已。孟子曰：'王者之迹熄而《诗》亡，《诗》亡然后《春秋》作。'是《春秋》所以承王者之迹，故孟子断之曰：'天子之事'。若夫鲁之旧史，止有'其事则齐桓、晋文'，而无其义，故孔子裁之以义曰：'其义则丘窃取之矣。'《春秋》是经不是史，重义不重事，即孔子、孟子之言足以证之。《左氏》叙事详而释义略，仍如鲁史其事、其文之旧，非但侈陈桓、文。《春秋》虽褒桓、文，实与而文不与。孟子深于《春秋》，谓'仲尼之徒，无道桓、文之事'，盖裁之以义，不当侈陈其事，并晋悼之霸亦侈陈之。何劭公不许晋悼之霸，郑君以为'乡曲之学，深可忿疾'。不知桓、文之事犹无足道，何论晋悼？以郑君之学而所见如此，何怪后之学者'遗经存传，谈其事迹'？（用啖助语。）或且乐道阴谋诡计，如魏禧作《左传经世》，又纂《左氏兵谋》《兵法》，以张其焰，与'《春

---

① 黎靖德：《朱子语类》卷83，第2173—2174页。

秋》无义战'之旨全然相反，正朱子所谓'止说得伯业权谲，更开眼不得'者。试思《春秋》为王道作，岂专论伯事者哉！朱子云'以前文字虽粗'，即指胡安定、孙泰山诸人。胡书不传。孙氏《尊王发微》论虽近苛，尚能比附《春秋》之义，以其重义不重事，是经不是史，故文字虽粗，而与圣人之旨犹近也。后来止说'伯业权谲'，虽由其人识见卑陋，亦由专主《左氏》，不知有《春秋经》，而其流弊遂至于此。以其重事不重义，是史不是经，故议论猥多，而与圣人之旨愈远也。学《春秋》者，观朱子之论，可以审所去取矣。"①

1. "是经不是史""重义不重事"之谬说

在《春秋》面世之时，本无"经"与"史"的划分，以此规限《春秋》及相关作品的定性，不过是后世儒者而非孔子自己的认识。皮锡瑞再次引录《孟子》言《春秋》之宗旨，尤其是孔子"窃取之"之语，不仅是老调重弹，而且对论证毫不相干。《孟子》未尝以"经"来理解《春秋》，通篇言"经"计有10例，即"经始灵台，经之营之"和"经始勿亟"（《梁惠王上》）、"经界"（4例，《滕文公上》）、"经德不回"和"君子反经而已矣。经正，则庶民兴"（《尽心下》），② 不是经营义，就是常规义，不曾指代著作的命名。至于"史"，《孟子》仅有一例，即"其文则史"③，这是说明"其事""其文""其义"三者的一部分内容。孔子或孟子有说过《春秋》不是"史"吗？没有。说实在的，以"经"和"史"的二分概念套用在孔、孟对《春秋》的理解，完全是时代错乱（anachronism）的做法，因为这些都是后来历史的概念，孔、孟二人殊无这些构想。皮锡瑞"《春秋》是经不是史"的结论，对他们来说完全是陌生的说法。

同样，"重义"与"重事"也不是摆在孔、孟面前的二分选项。

---

① 皮锡瑞：《经学通论》卷5，第464—466页。
② 孙奭：《孟子注疏》卷1，第6页；卷5，第136页；卷14，第401、406页。
③ 孙奭：《孟子注疏》卷8，第226页。

"其事""其文""其义"三者之别,说明孔子在写作《春秋》时注意"义"的"取之"。此"取"是取得义,说明孔子从史文取得了"义",而非皮锡瑞所鼓吹的立法义。① 在孟子的认识中,"义"和"事"不是鱼与熊掌的困难选择,不是只能"重"其中一个而必须"不重"另一个。皮锡瑞"重义不重事"之说,阅读"孔子、孟子之言"其实还不足以"证之"。

2. 朱熹重视《左传》的记事

在语录中,朱熹未尝以"经""史"作为界定如何认识《春秋》的判准,也没有把"事"与"义"划分为非此即彼的二分选项,更不曾认定《左传》是"史"而抹杀它对解释《春秋》的贡献。② 相反,朱熹坚信没有《左传》,就不能正确理解《春秋》。皮锡瑞对《朱子语类》的引录是片面的,因为《语类》还记载:

[1] 看《春秋》,且须看得一部《左传》首尾意思通贯,方能略见圣人笔削,与当时事之大意。

[2]《春秋》之书,且据《左氏》。当时天下大乱,圣人且据实而书之,其是非得失,付诸后世公论,盖有言外之意。若必于一字一辞之间求褒贬所在,窃恐不然。

[3]《春秋》只是直载当时之事,要见当时治乱兴衰,非是于一字上定褒贬。初间王政不行,天下都无统属;及五伯出来扶持,方有统属,"礼乐征伐,自诸侯出"。到后来五伯又衰,政自大夫出。到孔子时,皇、帝、王、伯之道埽地,故孔子作《春秋》,据他事实写在那里,教人见得当时事是如此……③

---

① 参阅本书第二章,第149—154页。
② 这些都是皮锡瑞对《左传》的指责,参阅本书第二章,第127—220页。
③ 黎靖德:《朱子语类》卷83,第2144—2145、2148—2149页。

例[1]呼吁读者通读《左传》，其背后的理据是预设《左传》的内容与《春秋》所依据的鲁史旧文有许多重叠的地方，故比读《左传》与《春秋》可以推敲"圣人笔削"。有趣的是，皮锡瑞说《左传》"仍如鲁史其事、其文之旧"，与朱熹意见相约，但也有根本分歧。分歧在于，朱熹因此肯定《左传》解经的作用，而皮锡瑞却嫌"叙事详"而否定《左传》，并且误会朱熹和他一样的想法。这一分歧，恐怕是谁也否定不了的，包括皮锡瑞自己。例[2]认为读《春秋》需要依据《左传》，例[3]指出《春秋》讲究事实，它们同样质疑"一字褒贬"的做法。凡若此类，都在见证朱、皮二人之间的分歧。

朱熹表达得相当清楚，解读《春秋》不该太过细碎，所以他更讲究从"王政不行"和"五伯又衰"等历史背景理解文本。可是，皮锡瑞忽略朱熹也有强调《春秋》记事的一面，也没有正视各种拒绝"一字褒贬"的反证，反而援之以证己，为之背离朱熹原意，在所难免。像书字或书名的"斟酌"，只能说明朱熹肯定经文用语的讲究，不能说这就是宣扬"一字褒贬"的表现。还有，对《春秋》各种事件"寓其褒贬"也不蕴含"借事明义"。朱熹的观点只能说明"事"的次要性（即 A_4），无论怎样将它发掘出来，也无法证明孔子允许"事"的可伪性（即 E_4）。

3. 以王霸之别攻击《左传》

经、史之分，是皮锡瑞攻击《左传》及其学者的方便法门。据他理解，经是"借褒贬是非，以定制立法"，而史是"据事直书，不立褒贬"。因此，"经"与"史"之别，与"义"与"事"之别，在很大程度上是两对相互呼应的范畴，皆为二分，形态同一。《春秋》是经重义，《左传》是史重事。① 在讨论朱熹语录时，皮锡瑞进一步把王霸之别纳为己用，继续对比《春秋》与《左传》之异，具体论点有三：

---

① 经史之分的问题，参阅本书第二章，第128—145页。

(1)"侈陈"霸者之事

皮锡瑞认为《春秋》对桓、文"实与而文不与",并且参照孟子"无道桓、文之事"的观点,认定《春秋》"盖裁之以义,不当侈陈其事"。《左传》恰相反,通篇所讲,多有"侈陈"霸者之事,如"桓、文之事""晋悼之霸"等等。依此,自必得出学《春秋》不宜主《左传》的判断。

以上论点,不合相关文本的原意。"实与而文不与"是《公羊》重要的解经观点。皮锡瑞以《公羊》代言《春秋》,对《左》《穀》二传皆不公平。在《公羊》传中,"实与而文不与"用在诸侯行为的批评,计有4例,即"救邢"(僖元年)、"城楚丘"(僖二年)、"城缘陵"(僖十四年)、"楚人杀陈夏徵舒"(宣十一年)四则经文的解释。① 前三则是批评齐桓公"专封",最后一则是批评楚庄王"专讨",不涉及晋文公。相反,《公羊》对晋文公的错失,毫不掩饰,如"卫之祸,文公为之也"(僖二十八年)。② 这是抨击晋文公干涉卫国内政而导致叔武遇害。同样,对齐桓公的问题,《公羊》也有直白的批评,如"桓公震而矜之,叛者九国"(僖九年)。③ 更准确地说,"实与而文不与"的使用,本是围绕特定行为而言,不是对政治人物的综合评价。皮氏"虽褒桓、文,实与而文不与"却是就人而言,可是《公羊》对齐桓公和晋文公实非"实与而文不与"概括其人(对楚庄王亦然)。

此外,"无道桓、文之事",亦非孟子对《春秋》内容的概括。《孟子·梁惠王上》云:"仲尼之徒,无道桓、文之事者,是以后世无传焉,臣未之闻也。"④ 众所周知,这是孟子对齐宣王的进言。"无道"的主语

---

① 徐彦:《春秋公羊传注疏》卷10,第199—200、205—206页;卷11,第228—229页;卷16,第347页。
② 徐彦:《春秋公羊传注疏》卷12,第261页。
③ 徐彦:《春秋公羊传注疏》卷11,第223页。
④ 孙奭:《孟子注疏》卷1,第18—19页。

是"仲尼之徒",不是专讲《春秋》的内容。皮锡瑞特别强调"孟子深于《春秋》",但一个人精于某一部书,不代表他的所有意见都是该书而发。"无道桓、文之事"是对统治者宣传儒者的政治方案,与《春秋》记载什么,没有直接或间接的关系。

认真阅读过经文的读者都知道,以桓、文为首的霸者,是《春秋》着墨的重要内容,尤其是齐桓公,自从庄九年夺位,至僖十七年逝世,这45年间的许多事件在不同程度上都有他的身影,与他相关的经文多达87则,无人能出其右。① 可以说,"侈陈其事"的就是《春秋》。皮锡瑞漫以"裁之以义"粗略言之,仿佛经文重义而鲜有记载霸者之事,这种不准确的概括无裨于《春秋》的正确认识,不言而喻。

《春秋》所面对的本是一个争霸活动频繁的政治舞台,所以不仅《左传》,其余二传同样也有"侈陈"霸者的叙事。例如闵二年经:"齐高子来盟。"《公羊》缕述齐桓公使高子"立僖公而城鲁",对其访鲁的路线不厌其烦地兼载异说:"或曰自鹿门至于争门者是也。或曰自争门至于吏门者是也。"② 又如僖四年召陵之盟,《穀梁》说是"以桓公得志为仅矣",其中详载屈完与齐桓公的对答③,这同样是"侈陈其事",而非"裁之以义"。因此,问题不在"侈陈"与否,而是诠释经义的传文有没有对霸者错误行为加以批判;而皮锡瑞以"实与而文不与"为说,大概也是这个意思。《左传》虽然肯定霸者之功,但考虑的重点在于尊王,因为当时春秋时期能够尊王的真正力量,在于霸者。诚如姜炳璋所言,"《左氏》之义,首在尊王。尊王不得不重霸。"④ 把王与霸对立起来,是孟子的个人想法。若从《左传》文本的理路出发,把"王"与

---

① 参阅拙著:《〈穀梁〉政治伦理探微:以"贤"的判断为讨论中心》,第11页。
② 徐彦:《春秋公羊传注疏》卷9,第196—197页。
③ 杨士勋:《春秋穀梁传注疏》卷7,第114页。
④ 姜炳璋:《读左补义》卷首《纲领下》,见《续修四库丛书》第122册,上海:上海古籍出版社,1995年版,第137页。

"霸"对立起来,并以"霸事"指责《左传》,未必是恰当的。传中对霸者之事,不乏批判的声音,诸如齐桓公"不务德而勤远略"(僖九年)、宋襄公"一会而虐二国之君,又用诸淫昏之鬼"(僖十九年)、晋文公"召王以诸侯见,且使王狩"(僖二十八年)①,岂能以"侈陈其事"作为否定《左传》的依据?

(2) 对"乡曲之学"的反驳

皮锡瑞指责《左传》"侈陈"霸者之事,不仅是桓、文之事,还涉及"晋悼之霸"的争论。他为何休大抱不平,认为"何劭公不许晋悼之霸"是正确的,而郑玄"乡曲之学,深可忿疾"是错误的,"不知桓、文之事犹无足道,何论晋悼?"在皮锡瑞看来,郑玄之所以如此,主要是不知《春秋》是经重义,而被《左传》之事误导所致。

究竟"晋悼之霸"牵涉的争议是什么呢?《左》成十八年传:"晋侯悼公即位于朝……民无谤言,所以复霸也。"孔疏引郑玄曰:"天子衰,诸侯兴,故曰霸。夏有昆吾,商有豕韦、大彭,周有齐桓、晋文,此最强者也,故书传通谓彼五人为五霸耳。但霸是强国为之,天子既衰,诸侯无主,若有强者,即营霸业,其数无定限也。而何休以霸不过五,不许悼公为霸,以乡曲之学,足以忿人。传称文、襄之霸,襄承文后,绍继其业,以后渐弱,至悼乃强,故云复霸。"②

"五霸"是谁?迄至东汉初年,儒者内部仍无共识。除了郑玄所述一说外,据《白虎通》记载,"五霸"还有两种说法:一是齐桓公、晋文公、秦穆公、楚庄王、吴王阖闾;另一是齐桓公、晋文公、秦穆公、宋襄公、楚庄王。③ 所指不一,但三种对"五霸"的认识,同样是把五霸分属五个人。这大概就是汉儒对"五霸"的流行思路,何休"不许悼

---

① 孔颖达:《春秋左传正义》卷13,第358页;卷14,第394页;卷16,第457页。
② 孔颖达:《春秋左传正义》卷28,第802、807页。
③ 陈立:《白虎通疏证》卷2,北京:中华书局,1994年版,第60—65页。

公为霸"的理由，也许就在于此。基于"霸不过五"的信念，他坚决不接受晋悼公被称为"霸"。这一理由，有别于朱熹贬恶霸者的想法。皮锡瑞在讨论朱熹王霸之辨的语境中赞美何休"不许悼公为霸"，却不提及"霸不过五"的原因，仿佛何休与朱熹一样都是厌恶"伯业权谲"等做法。这样随心所欲地牵混为说，读者若不细察或被误导。何休对霸者的肯定远超于朱熹，以下仅略举《解诂》三例：

[1] 齐桓行霸，约束诸侯尊天子，故为此会也。……桓公不辞微者，欲以卑下诸侯，遂成霸功也。

[2] 小国未尝卒，而卒者，为慕霸者有尊天子之心，行进也。

[3] 时霸功足以除恶，故为讳。言降者，能以德见归，自来服者可也。①

例[1]剖析庄十三年北杏之会，《公羊》不曾发传推许齐桓，但何休却认定这是"成霸功"的第一步。例[2]解释庄十六年"邾娄子克卒"的经文，因是《春秋》第一次记载邾娄国君逝世，而且称之为子，似属褒扬的笔法。但为何褒扬？《公羊》无传，按照何休黜周王鲁的主张，应该是从邾娄亲近鲁国的关系上着眼，但何休此注却以"慕霸者"为解释，令人意外，也反映其对霸者的肯定。例[3]说明庄三十年降鄣，因鄣是纪国最后一个遗邑，咸以为齐桓公此举可贬，因经文不言"取"，故《公羊》解释是"为桓公讳"，而何休更进一步，断言齐桓公的"霸功"可以抵消他的罪恶。三例合参，不难看见何休对"霸功"的政治贡献，基本上持正面支持的态度，许多见解更超出《公羊》而自立己说。这是不宜回避，更无法否定的文本事实。以此审度《经学通论》之说，便可知道何休对"霸者"或"伯业"不是负面评价，"不许悼公

---

① 徐彦：《春秋公羊传注疏》卷7，第150、154页；卷9，第181页。

为霸"另有原因。

导致何、郑二人分歧和争议的源头，是《左传》以"复霸"言晋悼之执政。何休坚信五霸只能有五人，故不能接纳晋悼公同样称"霸"。郑玄却认为在历史上能够"营霸业"的人很多，因此"其数无定限"。这个解释是有道理的。上述《白虎通》并列"五霸"的三种说法，已经反映霸者究竟指谁，连汉儒也说不清楚；像郑玄那样指出"其数无定限"，反而在解释上比较灵活。更重要的是，放在《左传》全书而言，"无定限"是有相当的凭据。除上述成十八年"复霸"之例外，《左传》言"霸"还有19例，即"齐始霸也"（庄十五年）、"霸王之器也"（闵元年）、"秦可以霸"（僖十五年）、"将以求霸"（僖十九年）、"诸侯是以知其不遂霸也（僖二十二年）、"取威定霸"和"一战而霸"（僖二十七年）、"遂霸西戎"（文三年）、"晋所以霸"和"由我失霸"（宣十二年）、"五伯之霸也"（成二年）、"而况霸主？霸主将德是以"（成八年）、"成霸安强"（成十八年）、"昔文、襄之霸也"（昭三年）、"霸之济否"（昭四年）、"桓公是以霸"（昭十年）、"强言霸说于曹伯"（哀七年）、"或者难以霸乎"（哀十二年）。①

由这些用例可见，"霸"不只是指代享有霸者的政治人物，还作动词和形容词用，泛指各种类似齐桓、晋文的经营做法。这反映"霸"在春秋中期以后已逐渐成为流行的思想观念，不仅渴望在诸国获得领导权的政治人物以此界定地位和势力的升降，而且时人言说不经意间也会使用作为沟通的公共概念。不仅晋悼公，其他大国的统治者也是参与"霸"的事业的人物。是故，《左传》以"复霸"言晋悼即位后的施政效果，正是忠实地反映当时政治发展的写法。何休除了"霸不过五"这

---

① 孔颖达：《春秋左传正义》卷9，第253页；卷11，第304页；卷14，第384、394页；卷15，第406页；卷16，第436、438页；卷18，第499页；卷23，第639页；卷25，第699页；卷26，第732页；卷28，第810页；卷42，第1179、1200页；卷45，第1280页；卷58，第1645页；卷59，第1667页。

种充满认识分歧的后世构想外，没有提出任何有力的证据足以驳倒《左传》的原始记载。说穿了，这不是以证据对证据的讲理精神，而是看着证据不合自己胃口而径自抹杀。根本不理会对自己不利的反面证据，是最简单不过的处理。郑玄斥之为"乡曲之学，足以恣人"，大概是嫌弃何休读书少，仅知"霸不过五"，所见不广①，用语虽嫌刻薄，但何休所言存在缺陷，无法折服论敌，也是无法否定的事情。

在皮锡瑞看来，一切都是错在《左传》和支持《左传》的学者。但从上述说明可知，何、郑之争，在于"霸"的外延之所指，既与王、霸之辨无关，也不涉及事、义分拆后孰为轻重的考虑。郑玄对何休的批判，不是主张《春秋》"重事"压倒"重义"的结果。孔疏上述引文已经指示，经/史、事/义、王/霸之分，还不是郑玄立言时的认识范畴。

啖助之语，出自陆淳《春秋集传纂例》一书："知三传分流其源则同，择善而从，且过半矣，归乎允当，亦何常师！今《公羊》《穀梁》二传殆绝，习《左氏》者，皆遗经存传，谈其事迹，玩其文彩，如览史籍，不复知有《春秋》微旨。"②中唐以后，学者钻研《左传》的史事叙述和文章修辞，不注意"微旨"，其中成因很多，但啖助没有怪责郑玄，更没有触及何、郑对"五霸"的认识分歧。郑玄"乡曲之学"的批判，与中唐学者趋向，没有直接的关系，至少啖助不是这么理解。皮锡瑞虽不明说，但言下所指，隐然认定啖助所观察的学术弊象，其源头和先行者乃是郑玄。然而，其中的因果关系，欠缺缜密的说明，不宜贸然采信。

---

① 牟润孙忆述他听闻陈垣称章学诚为"乡曲之士"："我当初不明为什么说他是乡下人，后来看到章氏著《史籍考》，自称仿效朱彝尊的《经义考》，却不知朱氏之书是仿自僧佑的《出三藏记集》。所见不广，岂不是乡下人？"（参阅《励耘书屋问学回忆——陈援庵先生诞生百年纪念感言》，见《励耘书屋问学记》，陈智超编，北京：三联书店，2006年版，第89页。）这一掌故，很生动地说明传统读书人在学问评价上的评定，以"乡曲"形容读书少的人发议论而不自知其陋；而郑玄"乡曲之学"，其意亦复如此。

② 陆淳：《春秋集传纂例》卷1，第382页。

(3) 魏禧"乐道阴谋诡计"

为了刻画《左传》是史重义的谬误，皮锡瑞还举魏禧研究《左传》的作品为例，说是"与'《春秋》无义战'之旨全然相反"，又认为这些都是朱熹斥为"开眼不得"的作品。

魏禧著有《左传经世》三十卷、《左氏兵谋》《兵法》各一卷，由于皮锡瑞不曾对这三部作品的具体观点展开讨论，较难剖析他对魏禧的负面批评的内在依据。仅就《经学通论》所述，皮锡瑞似乎厌恶魏禧"乐道阴谋诡计"，指责"张其焰"。此"其"就是《左传》。如果魏禧所取材的是其他经典，恐怕皮锡瑞未必觉得需要驳斥。魏禧的书，就是皮锡瑞觉得《左传》产生恶劣影响的例子。究竟这一批评是否合理呢？

在这里，必须回想一下《经学通论》的写作宗旨。本书导论已指出，皮锡瑞尝试证明经学有用，只要按照他的思路，就可以化解烧经之祸。准此，对古籍的取舍，他特别重视其书的效用："凡书必有关系，有用处，然后人人尊信诵习，若无关系，无用处，虽间存于一二好古之士，而尊信诵习者鲜矣。"① 以"关系"和"用处"作为进退典籍的标准，断言兼传"微言"和"大义"的《公羊》在近代世变中最有"关系"、最有"用处"，进而独尊《公羊》而非《左》《穀》二传，就是皮锡瑞提出的处方笺。但也必须强调，不是所有《春秋》研究者都像他那样理解的。哪些书有"关系"？哪些书有"用处"？有什么"关系"？有什么"用处"？不同的学者可以透过自己的认识和论证另作说明。

像魏禧从《左传》学习兵法，正好见证着《左传》对后世的效用，非皮锡瑞偏好《公羊》的标准所能牢笼。历代儒者希望透过研治《左传》来提升军事水平，早有成例。远的不说，杜预以治《左传》成学，后有平定南方、统一全国的事功，"振长策而攻取，兼儒风而转战"，②

---

① 皮锡瑞：《经学通论》卷5，第466页。
② 房玄龄等：《晋书》卷34，第1033页。

其功勋之美，成就之大，殊非一般经师所能望及。魏禧就是尝试师法杜预的人，《左传经世·自序》云："盖世之变也，弑夺、烝报、倾危、侵伐之事，至春秋已极。身当其变者，莫不有精苦之思、深沈之略、应猝之才、发而不可御之勇、久而不回之力，以谨操其事之始终而成确然之效，至于兵法奇正之节，自司马穰苴、孙、吴以下，不能易也。"① 魏禧像明代许多重视经世、兵略的文人一样，② 在政治变乱的环境下讲求实际应对之术，其所以看重《左传》，是觉得书中许多事例展示了人们谨慎把握变乱情势的窍门。看来，魏禧也看到了《左传》的"关系"和"用处"，差别在于他的标准与皮锡瑞完全不同。

生活在明末清初的变局，魏禧用心钻研并要求读者知悉各种"阴谋诡计"，又有什么错呢？放在近代中国讲究富强效用的思想环境来观察，这是不可接受吗？显然，不能这么说。至少，皮锡瑞不是这么说。从"张其焰"的批评，可以窥见皮锡瑞也隐默地承认《左传》对言兵言事功的人的独特吸引力。像魏禧那样以"经世"之名授予《左传》，不就是证明《左传》并非"无关系，无用处"的废书吗？于是，坚持从"关系"和"用处"等标准，是不可能折服魏禧的。明乎此，便可以了解皮锡瑞为何不在"关系"和"用处"上作出批评。

检视皮锡瑞批评的依据，除了朱熹的语录外，就是"《春秋》无义战"的说法。此语出自《孟子·尽心下》："《春秋》无义战，彼善于此，则有之矣。"③ 在此，先不追问"《春秋》无义战"在多大程度上可以算是解读《春秋》的可靠指引，仅就《孟子》所说而论，可以明确以下一点认识：不能简单地否定义战以外的其他战争。孟子虽然觉得《春

---

① 朱彝尊：《经义考》卷208，第3781页。
② 读《左传》谈兵，不仅魏禧如此，实为明儒流行的读书风气，故姜炳璋回顾"兵家者流"的疑惑时，便指出："此明人王长民、陈锡元、黎美周、宋尚木诸君《左氏兵法》之所为作也。"参阅《纲领下》，见《读左补义》卷首，第137页。
③ 孙奭：《孟子注疏》卷14，第381页。

秋》记载的不是"义战",但仍承认"彼善于此"。即使不是最符合孟子理想中的"义战",《春秋》还是有些战争比其他战争较好。按照皮锡瑞的思路,魏禧拿《左传》讲兵法和谈论阴谋诡计是不对的,其错误的根源在于《左传》具有这方面的大量记载,故曰"张其焰"。然而,《春秋》没有这种叙事吗?光是浏览经文数以百计"战""伐""围""灭"等记录,很容易便找到反证。"《春秋》无义战"的论断,不蕴涵《春秋》中的战争叙事都是没有价值的。孟子纵然鼓吹王道,但其对战争的态度不像后世儒者那么迂腐。诸如"天时不如地利,地利不如人和"等主张①,就是对战场胜败具有深刻洞见的概括。只看重"义战"而抹杀其他战争的意义,不见得符合孟子的原意。

尝试把《孟子》与《左传》对立起来,是可疑的做法。即使接受"《春秋》无义战"之说,是推不出《左传》叙事的不妥当性。只要不是心存偏见,其实不难发现《左传》虽叙霸功战事,但对战争带来的破坏和伤害,屡有讥讽、批判,与孟子贵民之心,殊无二致。这一点,姜炳璋说得明白:"不知《左氏》之义,不贵用兵而在寝兵,不忍残民而在息民,于州吁则云'兵犹火也,不戢,将自焚也',于宋殇公则云'十年十一战,民不堪命',于陈桓则云'恶之易也,如火之燎于原','为国家者,见恶如农夫之务去草焉',以亲仁善邻为宝,以构怨残民为恶,与'《春秋》无义战'之旨胭合,故《春秋》犹为近古。"② 读此,《左传》《孟子》之间,绝非思想精神悬绝,毫无彼此印证的内容,细心爬梳整治便有条理可睹,不待赘述。

然而,皮锡瑞不作出这样梳理。为了显示《左传》不合朱熹(乃至《春秋》)的意旨,他选择的做法仅是扩大措辞的含义,把"《春秋》无义战"说成"'《春秋》无义战'之旨",添加"之旨"二字。于是,透

---

① 孙奭:《孟子注疏》卷4,第101页。
② 姜炳璋:《纲领下》,见《读左补义》卷首,第137页。

过这样的过度诠释,"《春秋》无义战"由孟子对春秋时代战争的描述,变成皮锡瑞所理解的《春秋》的宗旨。在皮锡瑞笔下,此"之旨"进而衍为"圣人之旨",而"义战"以外的其他战争,以及当时"伯事"等内容,不知不觉变成一些与"旨"逆反的东西。依此,皮锡瑞实际上换了一个方向来伸张"借事明义之旨"。基于"事"与"义"的分拆,而且只有他觉得符合"义"的"事"才有价值,《左传》记载大量的"事"(尤指导致魏禧言兵等事)基本上都是不足取的,假如不是有害的话。按照皮锡瑞的思路,如果不是许多该被删削的"事"还被《左传》保留了,就不会有魏禧这种"张其焰"的书面世。

说实在的,皮锡瑞以上这些想法,跟晚清守旧派的义利观如出一辙。[①] 他这样攻击魏禧的观点,也许可以迎合晚清某些遵奉朱熹的儒者。但因其论证建立在过度诠释的谬误之上,故以皮锡瑞所理解的《孟子》的观点来攻击《左传》,自然也没有多少说服力可言。

4. 朱熹言王霸与"借事明义"无关

皮锡瑞所讨论的朱子语录,被删节了一个重要段落,即上述引文中划以底线的部分。这一部分,正是交代朱熹以王霸大谈《春秋》的缘故。据其透露,当时大概有人"一味巧曲",以《孟子》"何以利吾国"一语解说《春秋》全书,究竟谁人如此主张,尚待考究,其具体观点不详,但估计这是迎合南宋初年高宗、秦桧君相二人的和议格局,认为与金人和议比较能够"利吾国"。朱熹反对这种为了"利"而"出会夷狄"的见解,认为"此最是《春秋》诛绝底事"。在他看来,北宋的《春秋》学者,都是能够谨守夷夏之防,如胡瑗、孙复、石介诸人,即使说经"甚有疏略处",但还是能够"遏人欲于横流"。朱熹之所以提出《春秋》究竟是"为王道作"抑或"为霸者作"的问题,就是为了辨别行为原则的正确性。按照"正谊明道、权衡万世"的标准,只看重

---

① 黄庆林:《清末守旧派研究》,北京:人民出版社,2018年版,第195—208页。

"利"而与金人和议的做法,不是"王道"的表现,属于"伯业权谲"的事情。

随着朱熹语录的删节,皮锡瑞同时也忽略了南宋初期的政治环境,而朱熹立说的语境也被置换为"重事"抑或"重义"的二分选择。朱熹反对和议的声音没有了,他对《春秋》抗拒夷狄的讲究也没有了,其中有没有避忌清廷的政治考虑?也许有这个可能性。但更重要的是,皮锡瑞在诠释朱熹时添加了自己的思想关怀,把朱熹原来没有明确构想的"经/史"与"事/义"二分框架当作其立言的预设,于是孙复《春秋尊王发微》得到朱熹肯定的原因,也不再是尊王攘夷的政治主张,而是孙复"重义不重事,是经不是史"。然而,孙复真的"重义不重事"吗?其实,《春秋尊王发微》一书虽然大讲尊王攘夷之义,但对史事细节绝非毫不重视,更不像皮锡瑞所说的"止是借当时之事,做一样子"而已。限于篇幅,无法罗列孙书的所有内容,在此仅供一例以备参考:

桓元年经:"三月,公会郑伯于垂。"又云:"夏,四月丁未,公及郑伯盟于越。"孙复先是说:"垂,卫地。"又解释说:"越,卫地。"① 这是解释历史事件的地理位置,不曾阐发经文的政治主张。用皮锡瑞的话来说,这是典型的"重事"而非"重义","是史"而非"是经"。有意思的是,孙复这两则解释,用语与范宁《穀梁集解》完全相同,② 显然袭自后者;而范注在地理考证上主要参考杜预《春秋经传集解》,而杜注对垂、越二地亦早已考证为卫国之内。③ 是故,这也说明,孙复不仅"重事",而且间接地继承了杜预的历史考证。皮锡瑞以孙书作为批驳《左传》"重事"和"是史"的反证,再次说明他对《春秋》研究的

---

① 孙复:《春秋尊王发微》卷2,见《文渊阁四库全书》第147册,上海:上海古籍出版社,1987年版,第14页。
② 杨士勋:《春秋穀梁传注疏》卷3,第32页。
③ 孔颖达:《春秋左传正义》卷5,第132页。有关杜、范二人在地理考证上的沿袭,参阅王天然:《〈穀梁〉文献征》,北京:社会科学文献出版社,2014年版,第158—186页。

一贯通病：对其所举的文献未尝真有细读，故也未悉其底蕴如何。朱熹的语录不是证明"借事明义"或皮锡瑞其他说法的有力证据。对"事"和"史"的贬低，是皮锡瑞和清末某些崇尚《公羊》的人的偏好，朱熹不曾这样理解孙书和北宋《春秋》研究的作品！

四、胡安国《春秋传序》

（一）对胡安国的评论

胡安国《春秋传序》云："古者列国各有史官，掌记时事。《春秋》，鲁史尔，仲尼就加笔削，乃史外传心之要典也，而孟氏发明宗旨，目为天子之事者。周道衰微，乾纲解纽，乱臣贼子接迹当世，人欲肆而天理灭矣。仲尼天理之所在，不以为己任而谁可？五典弗惇，己所当叙；五礼弗庸，己所当秩；五服弗章，己所当命；五刑弗用，己所当讨。故曰：'文王既没，文不在兹乎？天之将丧斯文也，后死者不得与于斯文也。天之未丧斯文也，匡人其如予何！'圣人以天自处，斯文之兴丧在己而由人乎哉！故曰：'我欲载之空言，不如见之行事之深切著明也。'空言独能载其理，行事然后见其用，是故假鲁史以寓王法。拨乱世，反之正。叙先后之伦，而典自此可惇；秩上下之分，而礼自此可庸；有德者必褒，而善自此可劝；有罪者必贬，而恶自此可惩。其志存乎经世，其功配于抑洪水、膺戎狄、放龙蛇、驱虎豹，其大要则皆天子之事也。"①

《经学通论》点评说："胡氏以惇典、庸礼、命德、讨罪为天子之事，又云仲尼以为己任，足以发明《春秋》素王之义。'空言独能载其理，行事然后见其用'，尤足证明《春秋》借事明义之旨。'假鲁史以寓

---

① 胡安国：《春秋传序》，见《春秋胡氏传》，第1页。

王法',即托王于鲁也。'拨乱世,反之正',亦《公羊》之文也。胡氏尊孟子,故能信《公羊》,惜其传不能笃守《公羊》,故虽窥见微言,未尽原本古义,间涉穿凿,不惬人心,而视前儒以《春秋》为托空言而无用处者,其见为更卓矣。"①

(二) 辨证

1. "窥见微言"的不可信

"五典""五礼""五服""五刑",典出《皋陶谟》:"天叙有典,敕我五典五惇哉!天秩有礼,自我五礼有庸哉!同寅协恭,和衷哉!天命有德,五服五章哉!天讨有罪,五刑五用哉!"②据皋陶向禹解说,君主负责代替上天完成各种工作;皮锡瑞将之概述为"惇典""庸礼""命德""讨罪"四事,大抵不差。然而,他进一步说这些都是"天子之事",却有问题:首先,《皋陶谟》没有"天子"的概念,也没有直说这四事是"天子之事";其次,"天子之事"典出《滕文公下》,是孟子讨论《春秋》写作的用语。按照《经学通论》的诠释,就是要把"天子之事"视作"《春秋》素王之义"的主要根据;《孟子》原文实非此义。③

当然,把《皋陶谟》与"天子之事"拼凑在一起,源于胡安国的想法。但细读胡序,可以发现胡安国所说的"天子之事",因继"孟氏发明宗旨"而言,故其指代对象实为《春秋》,不是"惇典""庸礼""命德""讨罪"四事。胡安国之所以援引《皋陶谟》"五典""五礼""五服""五刑"之说,是为了印证"乾纲解纽"的政治乱象和"不以为己任而谁可"的责任承担。在举证上,这与《子罕篇》"天之未丧斯文

---

① 皮锡瑞:《经学通论》卷5,第468页。
② 孔颖达:《尚书正义》卷4,第107—108页。
③ 参阅本书第三章,第224—234页。

也"①的作用基本相当。由于皮锡瑞删去后者，无形中引导了读者以为"天子之事"就是他所说的"微言"。就字面上看，"五典""五礼""五服""五刑"似乎像是制度的安排和操作，故皮锡瑞宣称这些都是"天子之事"，实际上是要让读者相信他对"大义"和"微言"的界定：这两者是不同性质的东西，而后者比前者更重要和更根本，只有在《公羊》方见全貌。胡安国仅能"窥见"，是因为他"不能笃守《公羊》"的缘故。——这就是皮锡瑞衡量《春秋》研究的潜在标准：采用或接近《公羊》（更准确地说，是何休等《公羊》经师的观点）者可嘉，否则可贬。

通读胡序全文，可以看见它与《经学通论》的诠释之间，至少存在两个缺口：

（1）不是以《春秋》为主体

"《春秋》素王之义"就是以《春秋》而非他者作为立法的主体，这是胡传阙如的想法。皮锡瑞仅以"仲尼以为己任"为证，这是不充分的举证，因为阅读胡序，人们仅知孔子有某种使命感，但不能找到《春秋》作为主体有所表现。

（2）没有"改立法制"的内容

胡序虽提及"五典""五礼""五服""五刑"四者，但严格地说，它们都不是孔子所"改立"的东西。《皋陶谟》已规定它们都是来自"天"的东西，胡安国本人固然没有"素王立法"的主张，而行文的重点是强调四者衰败后使得孔子毅然自任有所振兴。序中虽有"假鲁史以寓王法"之语，但此"王法"绝不是讲求法制的改立。胡安国喜言人心，最是强调从《春秋》记载的行事以拷问其人的心术，故曰"史外传心之要典"。胡序的"天子之事"，最后还是落实到《春秋》对行为的褒贬。可是，"叙先后之伦"至"驱虎豹"的一段遭到删节，所以读者

---

① 邢昺：《论语注疏》卷9，第131页。

若不细心覆按胡序原文，便以为胡安国讲的"天子之事"便是法制层面的事情。实际上，这不是胡安国真正用力的地方。耐心钻研过胡传的人都知道，传中内容主要是透过人的行事而判断是非得失，鲜有更换制度的讨论，用皮锡瑞的分类来说，就是探讨"大义"远多于"微言"。胡安国所说的"王义"，与皮锡瑞所欣赏的"微言"，也不是相同性质的东西。

2. "借事明义之旨"还未得到证明

胡序引用了《太史公自序》董仲舒引录孔子之言："我欲载之空言，不如见之行事之深切著明也。"然后说："空言独能载其理，行事然后见其用，是故假鲁史以寓王法。"皮锡瑞认为前两句"证明《春秋》借事明义之旨"，后一句"即托王于鲁"。这一解释，存在可商酌之处。

胡安国对"空言"和"行事"的解说，是沿用程颐的观点。《春秋传序》以下一段话是皮锡瑞没有引用的："是故《春秋》见诸行事，非空言比也。公好恶则发乎《诗》之情，酌古今则贯乎《书》之事，兴常典则体乎《礼》之经，本忠恕则导乎《乐》之和，著权制则尽乎《易》之变。百王之法度，万世之准绳，皆在此书。故君子以谓《五经》之有《春秋》，犹法律之有断例也。"① 此"君子"是指程颐。程颐以法律与断例比拟《五经》与《春秋》的关系②，胡安国将之采纳，用作其传全书的纲领。这跟皮锡瑞的构想差距甚大：根据《经学通论》的理解，《春秋》是"空设"了属于"微言"而非"大义"的"法"，而"行事"则是这一套"法"实践的效果。③ 相反，胡安国虽然也谈"王法"，但记录这一套"法"的是《五经》而非《春秋》，而《春秋》主要是有各种"断例"解说"法"的各种应用情况。"寓王法"的"寓"是寓所义，而《春秋》就是提供各种事例让"王法"待以寄寓，故《春秋》

---

① 胡安国：《春秋胡氏传》，第1—2页。
② 程颐的比拟，参阅本书第三章，第260—261页。
③ 参阅本章（第333—341页）上文的讨论。

与"王法"的关系,不是创造者与被创造者的关系。胡安国也许也重视孔子在文化上的创造性贡献,但《春秋》不是改立法制的文本,而据他理解,孔子也不是接近"素王"意义的立法者。皮锡瑞以为胡传也像他那样主张《春秋》素王立法,完全是戴着有色眼镜的结果。

由于胡安国仅说《春秋》依据鲁史而进行"笔削",其所理解的"行事"像是断例的性质,而他从未主张"事"的可伪性,或认为孔子允许如此(即 C_4 和 E_4),这意味着胡传不可能证明"借事明义之旨"。与其他宋儒一样,胡安国认可的"王"仅是周天子,不曾认为鲁国君主是潜在的受命王者。因让国而备受《公羊》推许的鲁隐公,据胡传的评价,根本不是什么贤者,仅是制造合法性危机的祸首,"《春秋》首绌隐公,以明大法,父子君臣之伦正矣"。① 这是采信《穀梁》批判隐公的观点②,岂有"托王于鲁"的迹象?

3.《公羊》与胡传异大于同

此外,"假鲁史以寓王法"的"假"是利用义,而非假托义。"鲁史"有别于"鲁"。"寓王法"就是让《春秋》寄寓《五经》的"王法"。然而,皮锡瑞的理解却非如此。在他看来,"托王于鲁"就是说鲁国君主被假托为素王,被托的是"鲁"而非"鲁史"。皮锡瑞认为"托王于鲁"相当于"假鲁史以寓王法",略"史"不读,岂是达解?

此外,"拨乱世,反之正"一语,虽是《公羊》的典故,但经过长年传习,早已成为文人常用的套语,自也不能说明什么问题。

还有,说胡安国"尊孟子,故能信《公羊》",也是以己见凌驾前人的做法。胡安国对《孟子》的解读,与《经学通论》绝不同调。③ 根据上述的讨论,也足以说明他没有"素王立法"的想法。事实上,"尊孟

---

① 胡安国:《春秋胡氏传》卷1,第3页。
② 《穀梁》对鲁隐公的评价,参阅拙著:《〈穀梁〉政治伦理探微:以"贤"的判断为讨论中心》,第17—62页。
③ 参阅本书第三章,第237—238页。

子"与"能信《公羊》"二者,不存在任何决定性的因果关系,——除非按照皮锡瑞的特殊解读方式。须知道,他对胡安国的欣赏,是立足于"窥见微言"的认知上,但为什么要像他这样"信《公羊》"?为什么要像他这样接纳和谈论"微言"?

当然,不按照《经学通论》的标准来理解《公羊》的观点是否可信,是完全可以的。事实上,胡安国自述写作宗旨时,早已明言"事按《左氏》,义采《公羊》《穀梁》之精者"。① 因此,传中不乏采用《公羊》观点的地方,这跟采用《左》《穀》的地方,是相互兼容。可以说,胡安国是肯定《公羊》某些观点,但对之又不乏批判和扬弃。从整体而言,一点也看不出胡安国偏好《公羊》而摒弃《左》《穀》。胡传本非诠释《公羊》的注疏,不必以《公羊》的是非为是非。皮锡瑞表面上称许胡传,但以《公羊》判定其内容,也就难有圆满的评价,因为胡传不论有什么论证,只要是不完全采用《公羊》,就必然得到贬抑的评价,故曰"未尽原本古义,间涉穿凿,不惬人心"。这是衡度的尺度全据《公羊》(更准确地说,是他理解中的《公羊》观点)的必然结果。从皮锡瑞的视角出发,"古义"是载于《公羊》,"穿凿"源于不墨守《公羊》,"不惬人心"也是据《公羊》而言。

事实上,皮锡瑞没有真正喜欢和接受胡传的想法,不过借褒奖胡安国来攻击杜预。"以《春秋》为托空言而无用处"的"前儒",是指杜预。杜预不讲"微言大义"和"立法改制之旨",所以《经学通论》对之劣评甚多:"故如杜预所说,《春秋》一经全无关系,亦无用处,由于力反先儒之说,不信汉儒之论,不顾《孟子》之文,以致圣人所作之经,沉废搁弃,良可浩欢!"② 这一指控完全失实。杜预《春秋经传集解序》云:"是故因其历数,附其行事,采周之旧,以会成王义,垂法将

---

① 胡安国:《叙传授》,见《春秋胡氏传》,第13—14页。
② 皮锡瑞:《经学通论》卷5,第466—467页。

来。"① 这是颂赞《春秋》对现实政治的积极贡献，哪里是主张《春秋》"托空言而无用处"？

不管如何，胡安国对《公羊》原非彻底的拥护，无论是"改立法制"抑或"借事明义"等说法，都不能套用在胡传之上。胡传根本没有"事"为孔子假托的观点，也没有"《春秋》素王"的构想。皮锡瑞借胡安国否定杜预，无非是另个角度再次重申《公羊》的至高性，但其论证充斥着各种纰漏，殊不足信。

五、小结

以上，先后讨论《太史公自序》所载的孔子之言、四则涉及《春秋》字数的记载、朱熹讨论《春秋》王霸问题的语录、胡安国《春秋传序》对《春秋》宗旨的观点。这四个说法，都是尝试从经文和三传以外的文献举证，但其作为论证"做一样子"的意义仅属边缘证据，而非核心证据。可是，皮锡瑞连这些边缘证据也无法提出有力的解说，其中充斥各种误解和歪曲。于是，他始终不能证明孔子确有允许"事"的可伪性，而条件 E_4 仍是有待证明的论断。只要不是心存偏见的话，为什么相信"借事明义"是正确解读《春秋》的进路？为什么必须接受这种欠缺证据的主张？

第三节 捍卫《公羊》与何休的尝试

"借事明义"作为一项祖护《公羊》家的偏倚性主张，说到底是要证明皮锡瑞心目中的《公羊》观点的一贯正确性。之所以需要这样的辩

---

① 孔颖达：《春秋左传正义》卷1，第28页。

护策略，主要是出于两方面的考虑：一是因为《公羊》有些极富争议性的叙事，难以符合儒者的道德构想；另一是以何休为首的《公羊》学者所倡导的"三科九旨"经不起事实的验证。以下三节，观察皮锡瑞这方面的辩护能不能说得通。

一、《公羊》四项难以辩护的"事"

（一）对《公羊》四个事例的解说

《经学通论》云："如鲁隐非真能让国也，而《春秋》借鲁隐之事，以明让国之义；祭仲非真能知权也，而《春秋》借祭仲之事，以明知权之义；齐襄非真能复仇也，而《春秋》借齐襄之事，以明复仇之义；宋襄非真能仁义行师也，而《春秋》借宋襄之事，以明仁义行师之义。所谓'见之行事，深切著明'，孔子之意，盖是如此。"①

（二）辨证

引文所述四例，是皮锡瑞重新诠释"载之空言"和"见之于行事"而援引的。如上所述，"空言"与"行事"之对举，不能证成皮氏"借事明义之旨"。这里，继续查看这些例子究竟如何：

1. 鲁隐让国

《公羊》隐元年传："公何以不言即位？成公意也。何成乎公之意？公将平国而反之桓。曷为反之桓？桓幼而贵，隐长而卑。其为尊卑也微，国人莫知，隐长又贤，诸大夫扳隐而立之。隐于是焉而辞立，则未知桓之将必得立也。且如桓立，则恐诸大夫之不能相幼君也。故凡隐之立，为桓立也。隐长又贤，何以不宜立？立适以长不以贤，立子以贵不

---

① 皮锡瑞：《经学通论》卷5，第394—395页。

以长。桓何以贵？母贵也。母贵则子何以贵？子以母贵，母以子贵。"①

隐公长而卑，桓公幼而贵，他们之间的尊卑贵贱的差异很小，国人并不知情。按照"以贵不以长"的继立原则，《公羊》认为应当由桓公继位。然而，隐公得到诸大夫要拥立；虽想推辞，又顾虑到如果勉强让桓公登位，恐怕诸大夫也未必支持桓公。何休《解诂》说："凡上所虑二事皆不可，故于是已立，欲须桓长大而归之，故曰为桓立，明其本无受国之心，故不书即位，所以起其让也。"②

鲁隐公决定暂时即位为君，是为了将来把君位让给桓公而不得不然。《公羊》笔下的鲁隐公，完全是一位真心准备让国的贤君。问题是：隐公在位十一年，始终没能作出符合这一目标的让国行为，反而因此遭到鲁桓公的猜疑而被弑。《左》隐十一年传："羽父请杀桓公，将以求大宰。公曰：'为其少故也，吾将授之矣。使营菟裘，吾将老焉。'羽父惧，反谮公于桓公，而请弑之。"③《公羊》隐四年传："公子翚谄乎隐公，谓隐公曰：'百姓安子，诸侯说子，盍终为君矣。'隐曰：'吾？否！吾使修涂裘，吾将老焉。'公子翚恐若其言闻乎桓，于是谓桓曰：'吾为子口隐矣，隐曰吾不反也。'桓曰：'然则奈何？'曰：'请作难，弑隐公。'于钟巫之祭焉，弑隐公也。"④

二传记载同多于异，同样指出公子翚曾请求隐公诛杀桓公，以绝后患，但隐公却表示日后将会把君位让予桓公。公子翚害怕桓公可能得悉自己的献策，反过来向桓公进谗请杀隐公，终致隐公被害的惨剧。需要注意，公子翚之所以能够获得桓公批准弑隐的逆谋，很大程度上是因为鲁隐公没有及早退位的打算。因为这样，一些《公羊》学者也不敢坚守传义，例如陈立便批判鲁隐公："虽其让足多，又不知早退，致见疑弑，

---

① 徐彦：《春秋公羊传注疏》卷1，第10—13页。
② 徐彦：《春秋公羊传注疏》卷1，第12—13页。
③ 孔颖达：《春秋左传正义》卷4，第129—130页。
④ 徐彦：《春秋公羊传注疏》卷2，第43页。

故责其不善于始也。"① 皮锡瑞比陈立更不自信，觉得隐公"非真能让国"，所以说："借事明义，谓借当时之事做一样子。如鲁隐公非真能让国也，《春秋》借隐公之事，以明让国之义。谓隐公非真能让国者，周公摄政七年，成王长而公归政，隐公摄位十一年，桓公长而隐归政，犹为菟裘将老之语，迟回不决，以及于祸，是岂真能让国乎？《春秋》善善从长，成人之美，隐公自以为让，《春秋》亦即许之为让，不书即位，以成公意，而藉以明让国之义。据《公羊传》隐长又贤，为诸大夫所扳立，是隐本有得国之道，乃自居于摄而让弟，虽处置未善，要为当时之所罕见。"② 可见，真正心虚的人是皮锡瑞自己。他因觉得《左传》的叙事更符合历史事实，方才认定《公羊》有关鲁隐公的叙事仅是假托的性质。然而，《公羊》不曾质疑鲁隐公让国之意，连何休也相信鲁隐公真心让国。③ 皮氏"借事明义"之说，不稽《公羊》本传而援《左传》之叙事以为言，徒显对其对让国的本愿内心虚怯。

2. 祭仲知权

《公羊》桓十一年传："古者郑国处于留，先郑伯有善于邻公者，通乎夫人，以取其国而迁郑焉。而野留。庄公死，已葬，祭仲将往省于留，涂出于宋，宋人执之。谓之曰：'为我出忽而立突。'祭仲不从其言，则君必死，国必亡。从其言，则君可以生易死，国可以存易亡，少辽缓之。则突可故出，而忽可故反，是不可得则病，然后有郑国。古人之有权者，祭仲之权是也。……行权有道：自贬损以行权，不害人以行权。杀人以自生，亡人以自存，君子不为也。"④

祭仲因被宋庄公捉拿，依其言而废忽立突，后来又再废突立忽，

---

① 陈立：《公羊义疏》卷9，第361页。
② 皮锡瑞：《师伏堂春秋讲义》卷上，见《皮锡瑞全集》第8册，第166页。
③ 何休说鲁隐公"本无受国之心，故不书即位，所以起其让也。"参阅徐彦：《春秋公羊传注疏》卷1，第12—13页。
④ 徐彦：《春秋公羊传注疏》卷5，第97—98页。

《公羊》因其"知权"而称贤。汉代的《公羊》学者都是笃守此说,认为祭仲是可以赞美的贤者,如《春秋繁露·竹林》云:"祭仲措其君于人所甚贵,以生其君,故《春秋》以为知权而贤之。……故凡人之有为也,前枉而后义者,谓之中权,虽不能成,《春秋》善之,鲁隐公、郑祭仲是也。"① 这是认为祭仲和鲁隐公一样,其行为都是值得推许的。尤有进者,何休拿祭仲和伊尹相提并论:"汤孙大甲骄蹇乱德,诸侯有叛志,伊尹放之桐宫,令自思过,三年而复成汤之道。前虽有逐君之负,后有安天下之功,犹祭仲逐君存郑之权是也。"② 言虽溢美,但也可看见,何休认定传文是真心推许祭仲的做法,其中实无假托其事之意。

然而,后世许多儒者普遍不相信《公羊》和董、何的观点,因为《左传》留下了大量叙事,记述祭仲专擅朝政,由废忽立突到废突立忽,还有后来坐视昭公忽、公子亹遇害而拥立公子仪的手段,完全视君主如无物,毫无半点忠贞节义可言。这方面的记载,远较《公羊》可信和符合历史实际。此外,《穀梁》同样批判祭仲废立君主的罪行,对各则经文的阐述远较《公羊》圆满和合理。由于叙事和解释的不完整性,加上私自废立君主逾越常规,有违儒者的道德构想,故《公羊》的观点屡被唾弃,咸以为祭仲是大逆不道的权臣。③

有鉴于此,孔广森不敢坚持《公羊》之说是历史实录:"后世有藉权之名,济其变诈者,俗儒欲以此传执其咎,可乎?夫君子之行权,虽若反经,然要其后必有善存焉。若仲者,未能善其后也。《诗》曰:'采葑采菲,无以下体。'《春秋》之于祭仲,取其诡辞,从宋以生忽而存郑,为近于知权耳。仲后逡巡畏难,不终其志,经于忽之弑,子亹、子

---

① 苏舆:《春秋繁露义证》卷2,第59—61页。
② 徐彦:《春秋公羊传注疏》卷5,第98页。
③ 有关祭仲的问题,笔者已有初步的研究,参阅拙著:《权变的论证:以〈春秋〉祭仲废立事件为研究案例》,第138—149页;《〈穀梁〉政治伦理探微:以"贤"的判断为讨论中心》,第300—351页。

仪之立，一切没而不书，所以醇顺其文，成仲之权，使可为后法，故假祭仲以见行权之道，犹齐襄公未必非利纪也，而假以立复雠之准。所谓《春秋》非纪事之书，明义之书也。苟明其义，其事可略也。"①

上述引文已表明，孔广森也知道《左传》有关昭公忽被弑，子亹、子仪继立等叙述，他引用的诗句又出自《邶风·谷风》，意思是比喻不因其所短而舍其所长②，用意明显，就是希望读者不该抹杀祭仲；而他所提出的"醇顺其文，成仲之权"的理由，实际上等于承认历史现实的祭仲并非行权，所以他才会强调《春秋》是"明义之书"，因为他已深知事实叙述与义理发明之间存在无可弥补的鸿沟。

皮锡瑞同样觉得（或曰默认）《左传》有关祭仲废君的各种叙事是真实的，但遵奉《公羊》的立场又令他不想放弃废君行权的主张，于是他唯有这样说："二传不同，未知孰是。即如《左氏》之说，《春秋》取人，亦惟取其一节，借此以明知权之义而已。权然后知轻重。身死而君死国亡，其祸重；身不死而君出国存，其祸轻。避重就轻，此之谓权。《公羊》以反经合道为权，谓与常经相反而与大道相合。祭仲未必真知此义，而其事有近合乎权者，故《春秋》借以为法。"③ 在"借事明权之旨"的设计中，"事"与"义"被刻意分开，仿佛《公羊》行权的主张不必因为祭仲的不堪行径而遭到牵连似的。不过，《公羊》和董、何二人皆以祭仲为贤者，焉有"祭仲未必真知此义"的设想？皮锡瑞与之不合，显而易见。

值得注意，皮锡瑞与孔广森还是有些不同的；其实，他还是想为祭仲辩解的，不想像过去儒者那样抑贬祭仲，故此尝试反守为攻，反过来

---

① 孔广森：《春秋公羊经传通义》卷2，第45页。这里的标点略有不同，在这段引文中，"经于忽之弑，子亹、子仪之立"一句崔冠华漏了逗号未加，甚谬。子亹死于齐人之手，不是世子忽所弑。
② 孔颖达：《毛诗注疏》卷2，上海：上海古籍出版社，2013年版，第198页。
③ 皮锡瑞：《师伏堂春秋讲义》卷上，见《皮锡瑞全集》第8册，第168页。

指责范宁："仲废君由迫胁,并非谋篡。范以为窥神器,未免深文。"①如其解,祭仲并无觊觎君位之心,只因被宋庄公所执,遂有废君之举。这一辩解,似是而非,实有两个疑难:

(1)"迫胁"不是证成废君的充足理由

春秋初期,郑国比宋国强大,宋庄公即使捉拿了祭仲,但也无法挥军战胜郑国,所以只要祭仲不受威胁,基本上是无法影响郑国的安危。只要祭仲誓死不屈,基本上宋庄公也没有其他途径可以改变郑国政局。因此,祭仲受到"迫胁"而"废君",与其说是毫无选择下的无奈决定,不如说是贪生怕死的结果。屈服于宋庄公,对祭仲来说,首先得到的好处就是保存自己的性命,故《穀梁》批判祭仲屈服于"迫胁"而废立君主的罪行,说是"死君难,臣道也"②,甚有道理。皮锡瑞拿"迫胁"作为解释祭仲"废君"的理由,其实不能服人。

(2)错认"窥神器"的指代对象

究其宗旨,皮锡瑞之所以如此推论,是因为他认定范宁指责祭仲"窥神器",为了辩护的需要,故强调祭仲受到"迫胁"而非"谋篡"。其言"仲废君由迫胁"与"范以为窥神器",皆预设范宁批评祭仲有"窥神器"的图谋。事实上,这是误解文本的原意。范宁《春秋穀梁传序》的原文是:"《公羊》以祭仲废君为行权,妾母称夫人为合正。……以废君为行权,是神器可得而窥也;以妾母为夫人,是嫡庶可得而齐也。若此之类,伤教害义,不可强通者也。"③这段引文的两个"是"字,都是用来联系两种状况,表明前者可能导致后者。在范宁看来,《公羊》有两个错误的观点,一是"祭仲废君为行权",另一是"以妾母为夫人",这两者可能导致"神器可得而窥"和"嫡庶可得而齐"的

---

① 皮锡瑞:《经学通论》卷5,第393页。
② 杨士勋:《春秋穀梁传注疏》卷4,第49页。有关祭仲问题的分析,参阅《〈穀梁〉政治伦理探微:以"贤"的判断为讨论中心》,第300—351页。
③ 杨士勋:《春秋穀梁传注疏》,第9—10页。

结果。范宁从未说过"窥神器"的是祭仲,他只是认为《公羊》这种肯定祭仲的观点,可能合理化一些政治野心家窥伺皇位的图谋。据其理解,诠释《春秋》有许多"伤教害义"的错误观点,《公羊》贤祭仲的观点就是其中一者。范宁生于东晋末年,见惯了权臣废立君主的手段,有此担忧,完全可以理解。因此他要批判的,不在于祭仲有没有"窥神器"的野心,而在于祭仲以私意废立君主,是后来得到许多政治事例验证的危险做法。对此,张方平《祭仲行权论》已有扼要的说明:"至乃三卿之分晋,田氏之得齐,新莽之盗汉,孟德之迁许,三马之移魏,二桓之逼晋,是皆挟一人而令天下,发诈机而弄神器,失之为奸叛,得之为英雄,假伊周之名,行羿浞之事者矣。"① 在张方平看来,任何像祭仲那样能够操弄君位的臣子,在许多条件配合下,很可能是潜在的逆贼,故不能像《公羊》主张的那样轻信废立君主时自我辩解的说辞。这个观点,进一步明确以下的认识:"神器可得而窥"是讨论《公羊》肯定祭仲的观点,不是专指祭仲就有夺位的野心。从"若此之类"的措辞可知,范宁的着眼点,不是祭仲的心理动机,而是针对这一类型的行为可能导致权臣夺位的可怕后果。皮锡瑞不解范意,以"窥神器"错系于祭仲,遂怪责范宁"深文",乃是曲解其语而作出不明不白的反驳。

无论如何,皮锡瑞对范宁提出"未免深文"的指责,反映他心底中还是渴望祭仲在实际上是品行良好的人,至少不致怀有"窥神器"的逆谋。从这个不成功的辩护可以窥测,皮锡瑞不见得不看重叙事的真实性,而"借事明义之旨"的提出,多多少少是无奈的选择。

3. 齐襄复仇

《公羊》庄四年传:"大去者何?灭也。孰灭之?齐灭之。曷为不言齐灭之?为襄公讳也。《春秋》为贤者讳,何贤乎襄公?复雠也。何雠

---

① 张方平:《乐全集》卷16《祭仲行权论》,见《文渊阁四库全书》第1104册,上海:上海古籍出版社,1987年版,第245页。

尔？远祖也。哀公亨乎周，纪侯谮之，以襄公之为于此焉者，事祖祢之心尽矣。尽者何？襄公将复雠乎纪，卜之曰：'师丧分焉，寡人死之，不为不吉也。'远祖者，几世乎？九世矣。九世犹可以复雠乎？虽百世可也。九世犹可以复雠乎？虽百世可也。家亦可乎？曰：不可。国何以可？国君一体也：先君之耻，犹今君之耻也；今君之耻，犹先君之耻也。国君何以为一体？国君以国为体，诸侯世，故国君为一体也。今纪无罪，此非怒与？曰：非也。古者有明天子，则纪侯必诛，必无纪者。纪侯之不诛，至今有纪者，犹无明天子也。古者诸侯必有会聚之事，相朝聘之道，号辞必称先君以相接。然则齐、纪无说焉，不可以并立乎天下。故将去纪侯者，不得不去纪也。有明天子，则襄公得为若行乎？曰：不得也。不得，则襄公曷为为之？上无天子，下无方伯，缘恩疾者可也。"①

齐襄公因二百多年先祖齐哀公被纪侯进谮而死，遂出兵灭纪，以复九世之仇。《公羊》觉得复仇做的正确，称之为贤。何诂："贤襄公为讳者，以复雠之义，除灭人之恶。"②"复雠"是可以抵消其他罪恶的免罪金牌。在何休眼中，齐襄公灭纪，因是"复雠"的性质，已保证他享有"义"而不必像其他灭国之君那样遭到贬抑。字里行间，何曾有假借其事以明义的明示或暗示？

然而，灭他人之国，本属大恶；况且齐襄公作恶多端，不仅拒抗王命，收纳卫朔；还与文姜兄妹通奸，害死妹夫鲁桓公。在许多儒家看来，齐襄公恶贯满盈，远不如《穀梁》批判齐襄公为"小人"的观点来得可信。③《公羊》赞美他灭纪复仇的主张错谬失实，这些都是"上悖天理，下灭人伦"的大罪；就这个问题而言，沈棐说的最是明白，他批判说："按其罪虽裂肝碎首，未为过也。时无王政，九伐公法不加焉，

---

① 徐彦：《春秋公羊传注疏》卷6，第122—123页。
② 徐彦：《春秋公羊传注疏》卷6，第123页。
③ 参阅拙著：《〈穀梁〉政治伦理探微：以"贤"的判断为讨论中心》，第372—419页。

使如襄公之恶，尚能有国数岁，始见殒于国人，亦可为太息矣。"① 认为齐襄公根本没有称贤的资格，其人死不足惜，诸如此类的批判意见，不胜枚举。

因为如此，许多《公羊》学者更倾向于承认齐襄公品格恶劣，辩称《公羊》贤齐襄复仇的说法，不过假托其事而另作发挥。倡导其议最有力的，首推孔广森《公羊通义》的说法："齐、鲁皆非能诚复雠者，而假襄公以见复雠之善，又假庄公以宽不能复雠之责，皆所以因事托义，著为后法。"② 同样，陈立也觉得无法辩护齐襄公的人格和行事，所以说："言《春秋》因其托名复雠，即以复雠予之，予复雠非予齐襄也，明父祖之雠不可一日忘。"③ 皮锡瑞和孔、陈二人一样，面对不利史料的反证而感到无法正面驳难，遂认定"齐襄之事"为了明义而假托。然而《公羊》绝无此义，何休以"复雠之义"除"灭人之恶"的构想，同样肯定齐襄公是复仇的贤者，其中岂有预设齐襄"非真能复仇"之意？

4. 宋襄仁义行师

许多人都知道宋襄公"那种蠢猪式的仁义道德"的由来，但在《公羊》看来，宋襄公在战争中的表现，是值得歌颂揄扬的。《公羊》僖二十二年传："宋公与楚人期战于泓之阳，楚人济泓而来。有司复曰：'请迨其未毕济而击之。'宋公曰：'不可。吾闻之也，君子不厄人。吾虽丧国之余，寡人不忍行也。'既济，未毕陈。有司复曰：'请迨其未毕陈而击之。'宋公曰：'不可。吾闻之也，君子不鼓不成列。'已陈，然后襄公鼓之，宋师大败。故君子大其不鼓不成列，临大事而不忘大礼，有君而无臣。以为虽文王之战，亦不过此也。"④

---

① 沈棐：《春秋比事》卷7，见《文渊阁四库全书》第153册，上海：上海古籍出版社，1987年版，第92页。
② 孔广森：《春秋公羊经传通义》卷3，第66页。
③ 陈立：《公羊义疏》卷18，第684页。
④ 徐彦：《春秋公羊传注疏》卷12，第246页。

何休认为传中所说的"文王之战",是"有似文王伐崇",又说:"惜其有王德而无王佐也。若襄公所行,帝王之兵也。有帝王之君,宜有帝王之臣;有帝王之臣,宜有帝王之民。未能醇粹而守其礼,所以败也。"① 《公羊》本无讨论宋襄公战败的原因,但大概因为"文王之战"的胜利对比宋襄公的失败,二者反差太过显眼,故何休尝试解释宋襄公战败的原因在于欠缺"王佐"。这一点,无疑不是《公羊》内容所固有的,但何休这样的解释,同样是预设宋襄公是在实际战场上仁义行师的人,无论是传文抑或《解诂》,皆无"借事明义"的构想。

需要指出,《公羊》只是记载宋襄公在泓之战前的对答,是片面和过分夸大的叙述。自始至终,它都没有交代这场战争的来龙去脉,读者据此是无法知道二国为何开战。相比之下,《穀梁》却比较全面:"襄公以师败乎人,而不骄其敌,何也?责之也。泓之战,以为复雩之耻也。雩之耻,宋襄公有以自取之。伐齐之丧,执滕子,围曹,为雩之会,不顾其力之不足,而致楚成王,成王怒而执之。故曰:礼人而不答,则反其敬;爱人而不亲,则反其仁;治人而不治,则反其知。过而不改,又之,是谓之过;襄公之谓也。古者被甲婴胄,非以兴国也,则以征无道也,岂曰以报其耻哉!"②

宋、楚在泓对决,是因为宋襄公图谋在齐桓公死后领导诸侯,结果在雩之会被楚成王捉拿,蒙受奇耻大辱。因此,这是一场为了洗雪耻辱的战争,而耻辱的来源,则离不开宋襄公自身的不足:不仅不自量力,而且恶行连连,诸如伐齐丧、执滕子、围曹,都是专断妄动,所以泓之战是一场不该开打的战争,像《公羊》那样孤立地节取宋襄公在战前守礼之语而大加夸赞,实非令人信服的论断。③ 不止《穀梁》,《左传》亦

---

① 徐彦:《春秋公羊传注疏》卷12,第246页。
② 杨士勋:《春秋穀梁传注疏》卷9,第141页。
③ 参阅拙著:《〈穀梁〉政治伦理探微:以"贤"的判断为讨论中心》,第516—573页。

有"宋公使邾文公用鄫子于次睢之社"的记载①，而"用"就是用鄫子作牺牲，击打他的鼻子使之出血致死，手段凶残，令人发指，而宋襄公纵容邾文公施暴，自然难辞其咎。因此，宋襄公是一个极有争议性的政治人物，除了《公羊》的褒扬以外，还有许多质疑的声音。如陆贾《新语·至德》云："昔者，晋厉、齐庄、楚灵、宋襄，秉大国之权，杖众民之威，军师横出，陵轹诸侯，外骄敌国，内克百姓，邻国之雠结于外，臣下之怨积于内，而欲建金石之统，几不绝之世，岂不难哉？故宋襄死于泓水之战，三君死于臣子之手，皆轻用师而尚威力，以致于斯，故《春秋》重而书之，嗟叹而伤之。"② 这是把宋襄与晋厉、齐庄、楚灵等暴君相提并论，认为泓战败死，咎由自取。又如刘向《说苑·尊贤》云："夫宋襄公不用公子目夷之言，大辱于楚。曹不用僖负羁之谏，败死于戎。故共惟五始之要，治乱之端，在乎审己而任贤也。国家之任贤而吉，任不肖而凶。"③ 把宋襄公与各个不能纳谏任贤的庸主相比，实际上就是认为他过分专断，没有政治家应该有的品格。因此，许多儒者都觉得宋襄公不值得称道，赵鹏飞《春秋经筌》说："若《公羊》者，可谓与人而不酌其轻重者也。文王亦尝执滕君，用鄫子，投虎口，脱累囚乎？吾不咎其与宋襄之过，而窃愤其待文王之薄也。"④ 言下之意，就是认为宋襄公的所作所为，不能与周文王相提并论，批判《公羊》拿二人之战相比，错得离谱。

在人物的评价上，皮锡瑞也觉得宋襄公不是什么好人，但偏好《公羊》的态度使他不愿承认《左》《穀》的解经意见更为正确。像上述申述朱熹王霸之辨的观点一样，皮锡瑞再次强调权谲谋略的不足道："谈

---

① 孔颖达：《春秋左传正义》卷14，第393页。
② 王利器：《新语校注》卷下，北京：中华书局，1986年版，第121页。
③ 向宗鲁：《说苑校证》卷8，第176页。
④ 赵鹏飞：《春秋经筌》卷14，见《文渊阁四库全书》第157册，上海：上海古籍出版社，1987年版，第181页。

兵者谓兵不厌诈，宋襄独行古礼，宜世皆迁之矣，《穀梁》《左氏》不以宋襄为是，狃于后世诈力之见。"① 这是伸张宋襄公在道德形象上的伟大，藉以抬高《公羊》的理论制高点。然而，皮锡瑞对宋襄公的品格实无十足的把握，故此断言宋襄公"非真能仁义行师"，故将之列在"借事明义"之例。同样，这是违背《公羊》和何诂的观点。玩味《公羊》对宋襄的颂辞，以及何休的申论，很难说它们讲的全是假托之辞。皮锡瑞在宋襄问题上，只申明"仁义行师之义"，而断言宋襄之事都是假借的，怎么看也仅是为免不合史实而谋求退缩的一个策略而已。

5. "借事明义"的负面影响

上述四例都是皮氏及更早以前的《公羊》家觉得传文若作实事解读，难以释人之疑，遂以"借事明义"另行解释，但于传无据，也无法证明《公羊》作者允许其事的假托（即 F_3）。

以"借事明义"作为视角来阅读《春秋》经传（主要是指《公羊》，但也涉及《穀梁》），不是毫无代价的。它的负面影响也有待说明：

（1）它容易误导读者接受一些貌似有理，实则不合经传原义的观点。上述鲁隐、祭仲、齐襄、宋襄四事，便是显例。"借事明义"的主张，等于认为《公羊》为了阐述某些观点的目的，让一些本不该享有美名的人享有不符实际的美名。《孟子·离娄下》说："声闻过情，君子耻之。"② 然而，无论《公羊》乃至何诂，都不觉得这四人"声闻过情"，为什么？这本该皮锡瑞需要正面处理的问题，可惜他没有合理的解释。确切地说，《公羊》对这四个人的褒扬，都是仅就他们在某一时刻的行为表现而论，不甚理会相关行为的后果（例如齐襄灭纪所造成的伤害）、其人的真实心态（例如鲁隐公究竟存有不欲传位的私心）和其他行为（例如宋襄公纵容邾文公虐杀鄫子），乃至这些行为对政治规范的冲击

---

① 皮锡瑞：《经学通论》卷5，第493页。
② 孙奭：《孟子注疏》卷8，第222页。

(例如祭仲对臣道的逾越)。可以说,这些都是《公羊》政治思考上未尝着墨的地方。对此,严肃的处理方法应该是正视它们的缺失,看看这些缺失能告诉读者什么有意义的信息。例如,被《公羊》称贤的祭仲备受历代儒者唾骂,在多大程度上反映儒者自居卑下的政治心理?儒者支持复仇而又批判齐襄公,背后是什么政治伦理的考虑?诸如此类的问题,还有许多。假如维持着"借事明义"的视角,这些都是多余和不必追问的。但从思想史的视角而言,其实不必预设《公羊》已把所有问题都思考得周全;反之,《公羊》跟其他有价值的经典文本一样,它的不周全反而可能是真正有趣,值得后人正视和分析的东西。

(2) 以"借事明义"概括《春秋》之旨,很大程度上掩盖了《公》《榖》二传也有强调史实的一面。《经学通论》说:"惟《公羊》兼传大义、微言;《榖梁》不传微言,但传大义。《左氏》并不传义,特以记事详瞻,有可以证《春秋》之义者。"① 有关"大义"和"微言"之分,不过是皮氏个人的私见,但涉及二传的旨趣,兹事体大,这里暂不深论。要指出的是,皮锡瑞这样定性三传,乃是刻意把"事"与"义"对立起来,仿佛《左传》仅重叙事,而二传仅重大义(还有微言)。这是不必要的划分。重"事"的《左传》在杜预等经师看来同样有"义",而重"义"的二传也不见得把"事"视作"做一样子"的假托性质。《榖梁》桓五年传:"《春秋》之义,信以传信,疑以传疑。"② 根据传义,《春秋》忠于历史,叙事谨慎,可信的照实记载,可疑的也照实记载,不会肬断貌似可疑的史料,以饰其愚。这样的主张,与荀子"信信,信也;疑疑,亦信也"(《非十二子篇》)的观点相互印证③,绝难说"借事明义之旨"可以套用在《榖梁》的解释上。《公羊》同样尊重

---

① 皮锡瑞:《经学通论》卷5,第392页。
② 杨士勋:《春秋榖梁传注疏》卷3,第40页。
③ 有关《榖梁》与《荀子》这方面的思想共鸣,参阅朱维铮:《中国史学史讲义稿》,第36页。

历史事实，传中不难找到一些并存异说的观点。① 二传因重"事"而不作强解，俞樾早已洞悉这一点，说："凡此皆两义并存，不独疑以传疑，且足见网罗放矢之意。"② 皮锡瑞不讨论二传重"义"而又重"事"的内容，肯定是以偏概全。说实在的，他引录《公羊》作为"借事明义"的四例，即使全部成立，在整部《公羊》中也不过占极小比率的特例，更何况他的论证并不成功！现在有研究者在讨论《公羊》的解经方法时，仅谈"以义解经"而不说"以事解经"，就是受皮氏影响却不审核究竟的结果。③

（3）"借事明义"也鼓励了解经者对相关史事细节不求甚解的风气。自始至终，皮锡瑞不曾罗列"借事明义"的操作性条件：在什么情况下，《公羊》假托伪事？在什么情况下，《公羊》信守史事？这些都是有必要了解的细节，可惜皮锡瑞一直不予交代，仿佛经传的"事"都是"做一样子"似的。对于那些接受"借事明义"的人来说，孔子和《公羊》作者既不重"事"，自然不必细致考察传文的"事"究竟是什么内容。今天，拿《春秋》比拟施特劳斯的"隐微书写"，在毫无可靠证据

---

① 《公羊》因不确定史事而并存异说，以下试举6则：(1) 庄二十五年传："以朱丝营社，或曰胁之，或曰为闇，恐人犯之，故营之。"(2) 闵二年传："桓公使高子将南阳之甲，立僖公而城鲁。或曰自鹿门至于争门者是也。或曰自争门至于吏门者是也，鲁人至今以为美谈，曰：犹望高子也。"(3) 僖三十三年传："遇之殽，矫以郑伯之命而犒师焉。或曰往矣，或曰反矣。……称人，亦微者也，何言乎姜戎之微？先轸也。或曰襄公亲之。"(4) 成元年传："孰败之？盖晋败之。或曰贸戎败之。"(5) 成十七年传："然则郊曷用？郊用正月上辛。或曰用然后郊。"(6) 襄十九年传："曷为抑齐？为其亟伐也。或曰为其骄蹇，使其世子处乎诸侯之上也。"（参阅徐彦：《春秋公羊传注疏》卷8，第171页；卷9，第197页；卷12，第271—72页；卷17，第369页；卷18，第407—08页；卷20，第445页。）这些例子可以说明，《公羊》因为知道史事另有异说，不确定其是非如何，遂有备存诸说的做法。

② 俞樾：《古书疑义举例》卷1，第10页。

③ 类似的观点甚多，甚至有体现在书名的作品，如平飞：《经典解释与文化创新：〈公羊传〉"以义解经"探微》，北京：人民出版社，2009年版。

的情况下，断言孔子在经中埋藏了一些有待发掘的"编码的奥秘"①，或者把"事"与"义"完全脱钩，因鄙弃"事"的重要性，连《公羊》的叙事也不愿细心审理，其实已没有什么可怪。但这种做法，实是墨守皮氏之谬，而又没有真正理解皮氏与经传之间的距离。

二、黜周王鲁与借事明义（上）

除了《公羊》有些极富争议性的叙事，皮锡瑞提出"借事明义"的构想，也是为了辩护何休"三科九旨"的观点。《公羊》没有"三科九旨"的说法，而"三科九旨"也不存在统一的解释。仅就何休的主张而言，"三科九旨"包含三个部分：（1）新周故宋，以《春秋》当新王；（2）所见异辞，所闻异辞，所传闻异辞；（3）内其国而外诸夏，内诸夏而外夷狄。这三个观点，以（1）最具争议性，其中涉及"存三统"的一些问题，已在讨论董仲舒的部分略予处理。接下来，主要是讨论"黜周王鲁"的问题。皮锡瑞相信，必须透过"借事明义"方能理解这一主张："黜周王鲁，亦是假借。"② 支持这方面的证据，计有以下三点：

（一）对徐疏的评论

《公羊》徐疏："问曰：《公羊》以鲁隐公为受命王，黜周为二王后。案《长义》云：'"名不正则言不顺，言不顺则事不成"，今隐公人臣而虚称以王，周天子见在上而黜公侯，是非正名而言顺也。如此，何以笑子路率尔？何以为忠信？何以为事上？何以诲人？何以为法？何以全身？如此若为通乎？'答曰：《孝经说》云：'孔子曰："《春秋》属商，《孝经》属参。"'然则，其微似之语独传子夏，子夏传与公羊氏，

---

① 许雪涛：《公羊学解经方法：从公羊传到董仲舒春秋学》，广州：广东人民出版社，2006年版，第102—110页。
② 皮锡瑞：《经学通论》卷5，第396页。

五世乃至汉胡毋生、董仲舒，推演其文，然后世人乃闻此言矣。孔子卒后三百岁，何不全身之有？又《春秋》藉位于鲁，以托王义。隐公之爵，不进称王；周王之号，不退为公。何以为不正名？何以为不顺言乎？又奉天命而制作，何以谦让之有？"① 除了画底线的部分外，《经学通论》摘录上文，评论说："贾逵所疑，疏已解之。"②

（二）辨证

徐疏对《长义》的答问，存在不少疑难，有待辨证。

1. 何休的黜周王鲁

严格地说，主张"以鲁隐公为受命王，黜周为二王后"是以何休为代表的《公羊》经师，而非《公羊》。前已述及，董仲舒主张鲁国君主就是王者，说《春秋》"绌夏、亲周、故宋"。③ 至于何休的见解，又稍有不同，但同样与《公羊》不合。

《公羊》有"受命"的概念，包括"大夫受命"（庄十九年）、"此受命乎君而伐齐"（襄十九年）、"曼姑受命乎灵公而立辄"（哀三年）三例④，但不曾说过任何一位鲁国君主（包括鲁隐公在内）是"受命王"。此外，《公羊》也没有把周由时王降为王者之后。不过，何休却不是这么想的，且看以下一例：

[1] 隐元年经："元年，春，王正月。"《公羊》云："元年者何？君之始年也。"何诂："不言公，言君之始年者，王者、诸侯皆称君，所以通其义于王者，惟王者然后改元立号，《春秋》托新王

---

① 徐彦：《春秋公羊传注疏》卷1，第3页。"藉位于鲁"的"藉"，《经学通论》改作"借"。
② 皮锡瑞：《经学通论》卷5，第396—397页。
③ 参阅本书第三章，第277—290页。
④ 徐彦：《春秋公羊传注疏》卷8，第159页；卷20，第446页；卷27，第594页。

受命于鲁，故因以录即位，明王者当继天奉元，养成万物。"①

例［1］立论的依据有二：一是只有王者方才具备"改元立号"的资格，经文"元年"既指鲁隐公在位的第一年，故何休相信《春秋》把鲁隐公视作"新王"。有关改元的问题，下文将有深入剖析，这里只谈一点：《春秋》和《公羊》都不曾谈过谁有改元的资格，更没有说过鲁隐公因此成为王者。

另一是"公"与"君"的差别。何休认为《公羊》言"君之始年"而非"公之始年"，因为王者与诸侯一样，皆可以称为"君"，而"公"只能用在诸侯身上，遂认为《春秋》把鲁隐公当成"王者"。这个观点若要成立的话，必须满足以下一个条件：

G_4　称某诸侯为"君"而非"公"，蕴涵着《春秋》视之为受命王

"称"的主体是什么？是什么文本？这里包含两种诠释上的可能性：一是《春秋》，另一是《春秋》以外的文本。基本上，只有前者才能合理地保证 G_4 的可信性。如果"称"的文本就是《春秋》，就有理由相信言"君"而非"公"可能是《春秋》固有的内容。不然的话，便有理由拒绝相信 G_4，因为这是其他文本的观点，不见得具有代言《春秋》的资格。令人纳罕的是，何诂在例［1］的解说，是专就《公羊》而言。《公羊》不等于《春秋》，为什么《公羊》"君之始年"一语，可以反映《春秋》寓有鲁隐公为"受命王"的含义？这是《公羊》而非《春秋》的话！仅就经文而言，其实也找不到支持例［1］的旁证，因为《春秋》称"君"的记载很多，往往都是其人死亡（或甚至被杀）的情况，诸如

---

① 徐彦：《春秋公羊传注疏》卷1，第6页。

"卫州吁弑其君完"（隐四年）、"宋督弑其君与夷及其大夫孔父"（桓二年）、"晋弑其君州蒲"（成十八年），这些例子的"君"都不能理解为"受命王"。假如撇开经文，专注在《公羊》找证据，又如何呢？结果恐怕也不理想。试看以下二例：

[2] 隐四年经："夏，公及宋公遇于清。"《公羊》云："遇者何？不期也。一君出，一君要之也。"

[3] 桓四年经："公狩于郎。"《公羊》云："诸侯曷为必田狩？一曰乾豆，二曰宾客，三曰充君之庖。"①

例[2]两言"一君"，分别指"公"（鲁隐公）和"宋公"（宋殇公），而"宋公"是不可能因《公羊》称"君"而具有"王"的任何机会。合理的解读，是承认《公羊》的"一君"皆指代诸侯，不论是鲁国抑或宋国的君主。例[3]说明田狩的安排，而"充君之庖"的"君"因是指代鲁桓公，按例[1]的思路，可以把"君"视为"受命王"的另一旁证吗？不可以，因为《公羊》已明言"田狩"的主体是"诸侯"，此传既称"君"又说鲁桓公是"诸侯"，"君"当然不可能已寓有潜在为"王者"的任何可能性。可以说，例[2]和[3]显示，即使不追求《公羊》能否代言《春秋》的文本问题，仅从《公羊》自身方面举证，也不乏难以圆满处理的反证。

除了王鲁外，何休在黜周的解释上也是难以释除疑惑，且看以下一例：

[4] 宣十六年经："夏，成周宣谢灾。"《公羊》云："外灾不书，此何以书？新周也。"何诂："孔子以《春秋》当新王，上黜

---

① 徐彦：《春秋公羊传注疏》卷2，第42页；卷4，第80页。

杞，下新周而故宋，因天灾中兴之乐器，示周不复兴，故系宣谢于成周，使若国文，黜而新之，从为王者后记灾也。"①

《公羊》仅言"外灾"和"新周"，何休却断言上天有意降灾破坏"中兴之乐器"，显示"周不复兴"，这样代天立言，而《公羊》又没有相关叙事印证"天灾"的所以然，故何诂以上的解释，不容易令人取信。更重要的是，自"宣谢灾"以后，《春秋》和《公羊》皆无视周王为"王者后"的事例，且看以下二例：

[5] 成十三年经："五月，公自京师，遂会晋侯、宋公、卫侯、郑伯、曹伯、邾娄人、滕人伐秦。"《公羊》云："其言自京师何？公凿行也。公凿行奈何？不敢过天子也。"

[6] 昭二十三年经："晋人围郊。"《公羊》云："郊者何？天子之邑也。曷为不系于周？不与伐天子也。"②

例[5]是说鲁成公参与联军伐秦的行动，记载"自京师"以示"不敢过天子"；若非奉周天子为王者，哪须如此？例[6]记载晋国军队围攻周室采邑，经文不言"周"以系之，这是为了"不与伐天子"；假如周室已沦为"王者后"，哪须如此？这两个例子只是全经尊周王的少数事例，也可以反证"天灾"暗示"周不复兴"之说，实是过度诠释，没有经传的确据。家铉翁就这样批判说："此为《公羊》之学者造为怪僻之论，非经意，学者不必惑。"③

涉及黜周王鲁的问题，可以深究的问题还有许多，其中优劣如何，

---

① 徐彦：《春秋公羊传注疏》卷16，第362—363页。
② 徐彦：《春秋公羊传注疏》卷18，第394页；卷24，第516页。
③ 家铉翁：《春秋集传详说》卷16，见《文渊阁四库全书》第158册，上海：上海古籍出版社，1987年版，第308页。

需要反复斟酌方见分晓。不能因为何休的权威身份，就能立即得到解读经传的最高资格，甚至以他的观点取代经传的观点。① 徐疏径自以《公羊》为"以鲁隐公为受命王，黜周为二王后"的主体，就是把"《春秋》《公羊》的思想"与"何休的理论"二者混为一谈；而皮锡瑞讨论《春秋》问题，同样如此。

2.《长义》与徐疏的交锋

徐疏记载贾逵《长义》的质问及其反驳，若把皮锡瑞删去了画有底线的部分，结合全文通读，可以发现双方交锋之处，计有三方面：

（1）黜周王鲁的地位黜陟

《春秋》全经对鲁国君主的称谓，都是生前称"公"，死后称"我君"，如鲁庄公"公及齐侯遇于鲁济"（庄三十年）、"葬我君庄公"（闵元年）之例。这只能说是内鲁（或以鲁为本）而非王鲁的修辞。如上所述，何休从"君之始年"推论出"托新王受命于鲁"，因"君"不是王者的专称，"君之始年"亦非《春秋》的原文，而《公羊》言"君"也不必然含有"受命王"的寓意，所以读者完全有理由质疑：根据《公羊》"君之始年"一语而断定鲁隐公是《春秋》所"托"的"新王"，可靠吗？无论《春秋》抑或《公羊》，皆是视鲁国君主为"人臣"，像何休那样转折地视之为"王"，证据过于薄弱。此外，《春秋》对周王杂用"天王""天子""王"三种称呼，有别于诸侯的记载，而《公羊》大多是尊称为"天子"，根本看不见周王已被黜为"王者后"的迹象。由此可知，贾逵的批判是很有根据的：鲁隐公本是"人臣"的用词，却被誉为"受命王"；而周王本是高高在上的"王者"，却被当作"王者后"。因此，"虚称以王"和"黜公侯"的重点，似乎是何休不顾经传文本，作出了脱离实际的黜陟。

针对贾逵的批评，徐疏提出了"《春秋》藉位于鲁，以托王义"的

---

① 吕绍纲：《何休〈公羊〉"三科九旨"浅议》，见《庚辰存稿》，第330页。

说法，这大概是立足于何诂"《春秋》托新王受命于鲁"的主张。如徐疏之解，何休的"托"不能理解为实际的托付，而是不必确有其事的假托。因此，《春秋》和《公羊》大量存在的各种反例，包括"隐公之爵，不进称王""周王之号，不退为公"，也不必认真对待。这个思路，已经非常接近"借事明义之旨"。

需要注意，虽然徐疏以《春秋》为"藉位于鲁，以托王义"的主体，但如上所述，何诂黜周王鲁的主张，在《春秋》和《公羊》中皆无确据，因此徐疏的观点即使成立，也只能证明：

H_4 何休允许"事"的可伪性

何休不等于《春秋》或《公羊》。即使何休承认黜周王鲁不合历史实际，不能证明《春秋》和《公羊》的作者允许它的可伪性（即 C_4、E_4、F_4）。可惜，徐疏和后来许多《公羊》信徒一样，都是默许何休的理论等于《春秋》或《公羊》的思想。

进一步说，何休怎样允许"事"的可伪性？这也是需要仔细的剖析。基本上，说一个人是否允许 X 的可伪性，意味着他已知道 X 与史实之间的差距。因此，说何休允许"事"（黜周王鲁仅为其中一事）的可伪性，已意味着：

I_4 何休知道"事"的可伪性

"知道"是"允许"的前提，但更重要的是：这样的"知道"不意味可伪的"事"并不重要。根据徐疏的诠释，黜周王鲁的叙事并不触动原来的历史实际，故鲁隐仍称公而非王，周王仍是天子而非公。因此，何休所黜的周是否真的已被黜？不重要。所王的鲁是否真的已为王？也不重要。原则上，徐疏所看重的是"托王义"而非"王鲁"，而黜周王

鲁既是可伪的"事",所以也不会提供有用的信息。这已预设:

J_4　"事"没有值得重视的信息性

对"托王义"的重视,就是"王鲁"的压抑。前者是理念主张,讲求的是思想性(thoughtful);后者是具有情节的叙事,讲求的是信息性(informative)。像徐疏那样讲求"托王义",看重的就是"王义"的思想性,而"王鲁"的信息是否准确、生动或有益,已变得无关宏旨。事实上,后来皮锡瑞倡导的"借事明义之旨",已蕴含这一重意思。其言"其事之合与不合,备与不备,本所不计",之所以不用"计",就是"事"的可伪性和可阙性(即 C_4 和 D_4)已决定"事"的信息性极不重要,不值得重视。因为不值得重视,所以"事"并非不能割弃的客观存在,而是可有可无的枝节。这意味着:

K_4　"事"的可弃性

像黜周王鲁这样可伪的叙事,在徐疏和皮氏《经学通论》笔下,都是可以扬弃的,至少为了保护"义"不被质疑需要如此。另要注意,站在解经的立场发言,徐、皮二者都强调这是《春秋》的原意。他们在伸张"事"的可弃性(即 K_4)之余,也在预设:

L_4　孔子允许"事"的可弃性

要确证这一点,与确证孔子允许"事"的可伪性一样,都需要拿出具体证据指出孔子在写作《春秋》确有这方面的想法,不能任凭论者的自由心证。

归纳以上,由 H_4 到 L_4 五点,都是徐疏所蕴含的思想预设。除最后一点（即 L_4）外，其余四点即使成立，也不过是徐疏（以及支持它的皮氏《经学通论》等论者）的独特判断，不等于孔子或《公羊》作者也是如此认为。之所以不厌其烦地阐明这五点，是因为它们可以让读者更清晰地看见徐疏与何诂之间的差距。

须知道，徐疏对贾逵的反驳，主要是为了回护何诂，但何休黜周王鲁的主张，是否如其所解？恐怕未必。简单地从徐疏（或皮锡瑞的"借事明义"）来诠释何休的观点，极有可能掩盖了二者原来的不同。要鉴别何诂、徐疏之别，仅是指出何休也知道"事"的可伪性（即 I_4）是不够的，更关键的是注意相关的"事"在二者之中作何定位。在黜周王鲁的问题上，徐疏"托王义"的主张已预设相关的"事"都是可伪的，当何休言"托新王受命于鲁"时，也是这么理解吗？

"托"有不同的含义，综合何诂所载，因不同语词组合，而衍生以下四义：

①寄托义，如"今失爵亡土来朝，<u>托</u>寄也"；
②假托义，如"以复雠伐之，非诚心至意，故不与也。书败者，起<u>托</u>义"；
③托付义，如"奉闵公<u>托</u>齐桓为此盟"；
④详述义，如"<u>托</u>记高祖以来事"。①

不是凡"托"皆属假托义。就②所引之例而言，之所以可以判断是假托，是因为何休明言别有实情，指出鲁国大夫发动干时之战，不是真心想要复仇的态度。然而，鲁隐公的"托"却没有这么告诉读者。单看"托新王受命于鲁"一句，孤立地看，寄托义、托付义和假托义似乎皆

---

① 徐彦：《春秋公羊传注疏》卷5，第89页；卷7，第139页；卷9，第191页；卷28，第625页。

可通。就语句结构而言,"托新王受命于鲁"乃是"托 A 于 B"的结构。追查这一句式,何诂另有两例,即"独妻得配夫,托衣食于公家"和"献公自知废正当有后患,欲托二子于荀息"。① 此二"托"皆是托付义。以此反证,同样属于"托 A 于 B""托新王受命于鲁"的"托"作托付义,在文理上是说得通的,未必比寄托义和假托义更少根据。

要鉴别"托隐公以为始受命王"的语义,另有一个简捷的途径,就是观察它和其他类似语意的句子与什么主张联合使用。翻阅何诂可知,与"托隐公以为始受命王"等句子最常一起出现,就是"《春秋》王鲁",如:

  [1]《春秋》王鲁,托隐公以为始受命王;
  [2]《春秋》王鲁,以鲁为天下化首;
  [3]《春秋》王鲁,托隐公以为始受命王;
  [4]《春秋》王鲁,以隐公为始受命王;
  [5]《春秋》王鲁,王者无朝诸侯之义……称侯者,《春秋》托隐公以为始受命王。②

综合以上,"王鲁"的"王"本是名词,作动词用,意谓使相关客体成为王,这是属于"实字活用"之例。③ 如《史记·荆燕世家》云:"欲王同姓以镇天下。"④ 就是册封同姓刘氏宗室为诸侯王。依"王"的动词义,"《春秋》王鲁"就是《春秋》使鲁国君主成为王者。其中,实无使之为王,而又显示其为假托之意。据此,[1]、[3]、[5] 三例的"托隐公以为始受命王",其"托"是托付义而非假托义,意谓托付

---

① 徐彦:《春秋公羊传注疏》卷5,第89页;卷11,第226页。
② 徐彦:《春秋公羊传注疏》卷1,第15、22页;卷3,第55、60、64页。
③ 有关实字活用之例,参阅俞樾:《古书疑义举例》卷3,第51页。
④ 司马迁:《史记》卷51,第2420页。

隐公成为始受命王。再看例［2］和例［4］的"以"，都是任用义，如《尚书·立政》"其勿以憸人"①的"以"，便是一证。例［4］的"以隐公为始受命王"，意谓任用隐公成为始受命王；这与"托隐公以为始受命王"，意思大致相同。再看例［2］的"以鲁为天下化首"，意谓任用鲁国君主作为"天下化首"，指谓虽然不同，但同样是实际的任用，其中亦无假托的寓意。上述关于"王鲁"、"托"与"以"的释义，进一步确认"托"不宜读为假托，该作托付解。

综合以上五例，何休虽然知道历史上的鲁隐公不是真实的"王"（即 I_4），但仍强调《春秋》托付了原来不是"王"的鲁隐公，而使之成为"始受命王"。这个托付的叙事，在《解诂》中占据核心的位置（故列在"三科九旨"之列），不是说漏了、说偏了或说反了也无所谓的修辞意义。何休之所以不厌其烦地反复申述"王鲁"，就是强调这方面的叙事是正确解读经传的关键。理解这方面的信息，是有用的，值得重视的（与 J_4 相反）。就是因为"王鲁"的内容不是可有可无的东西，故在何休笔下，鲁隐公的各种行为和遭遇往往被视之为对待王者的表现。例如：

［6］《公羊》隐元年传："诸大夫扳隐而立之。"何诂："扳，引也。诸大夫立隐不起者，在春秋前，明王者受命，不追治前事。"

［7］《公羊》隐元年传："天王崩，诸侯之主也。"何诂："时天王崩，鲁隐往奔丧，尹氏主傧赞诸侯，与隐交接而卒，恩隆于王者，则加礼录之，故为隐恩录痛之。"

［8］隐八年经："辛亥，宿男卒。"何诂："宿本小国，不当卒，所以卒而日之者，《春秋》王鲁，以隐公为始受命王，宿男先与隐公交接，故卒褒之也。"

---

① 孔颖达：《尚书正义》卷17，第477页。

[9] 隐十一年经:"滕侯、薛侯来朝。"何诂:"称侯者,《春秋》托隐公以为始受命王,滕、薛先朝隐公,故褒之。"①

例[6]的"王者"明指鲁隐公,因为《春秋》自他即位算起,而"春秋前"就是他还未成为"王者"之时,故"不追治前事"。在例[7]中,《公羊》本来是说,尹氏在周王驾崩时是接待诸侯的主人,但何休认为鲁隐公奔丧时得到尹氏的接待,说是"恩隆于王者";假如不是把鲁隐公视为"王者",是不能这么说的。例[8]的宿男得到日卒的记载,全是建立在隐公是始受命王的前提。例[9]显示,因为隐公是王者,所以滕侯、薛侯朝见他,方有称侯的资格。

诸如此类,何休都没有刻意强调鲁隐公作为"王者"或"始受命王"纯属假托的性质。由《春秋》与隐公之间"托"的关系,不能推出何休具有"隐公非王"和"隐公非受命王"的结论。纵使何休明知鲁隐公在历史上不是王者(即 I_4),但不妨碍他继续把鲁隐公作为实际的"王者"来对待。

自始至终,何休也没有表示"王鲁"是可伪的(即 H_4)。需要申述的是,"假"和"托"在汉语中同样是多义词,可以是指凭借义,也可以是指虚构义。说"假托"是凭借义,没有问题;若作虚构义,则比较麻烦。在举证责任上,说某一东西 A 是被凭借来解说某一道理 B,原则上不要求 A 必须是虚构的,A 和 B 也可以是真实的东西。如《公羊》成二年传:"《春秋》托王于鲁,因假以见王法,明诸侯有能从王者征伐不义,克胜有功,当褒之,故与大夫。"② 这是褒扬曹公子手跟随鲁、晋、卫三国共同伐齐的胜利,其"托"与"假"都是凭借义,凭借的 A 与被凭借的 B 之间的凭借关系,不是确证 B 必是虚构之物。鲁、晋、卫、

---

① 徐彦:《春秋公羊传注疏》卷1,第12页;卷2,第38页;卷3,第60、64页。
② 徐彦:《春秋公羊传注疏》卷2,第38页。

曹四国伐齐是已发生的历史事实,三传对之皆无异辞,不能说这是虚拟的东西。相比之下,说 A 是虚构的举证责任,多于说它是凭借的,因为这需要有证据显示 A 与现实情况的差距和不同,必须驳倒它是真实的证据。如上述②所谈的假托义,就需要何休强调"非诚心至意"的实际情况,从而指示"起托义"中包含不真实的内情。何休的"王鲁""托""以"既未指示文本与实际之间的距离,故也不能仅凭这些用词,而断定成为"王"的鲁隐公是假的、虚构的"王"。

总之,王鲁叙事的可伪性既非何休允许的观点,也没有证据显示他觉得这些叙事没有值得重视的信息性(与 J_4 相反),弃之也不足惜(与 K_4 相反)。

(2) 名正言顺的实践规范

《长义》所引之语,出自《论语·子路篇》:"子路曰:'卫君待子而为政,子将奚先?'子曰:'必也正名乎?'子路曰:'有是哉,子之迂也!奚其正?'子曰:'野哉,由也!君子于其所不知,盖阙如也。名不正,则言不顺;言不顺,则事不成;事不成,则礼乐不兴;礼乐不兴,则刑罚不中;刑罚不中,则民无所措手足。故君子名之必可言也,言之必可行也。君子于其言,无所苟而已矣。'"①

这一语录,是孔子与子路讨论当时卫国内政。二人就"正名"是否具有优先性,意见有所分歧。而孔子认为如果"名不正""言不顺"就会带来各种各样的失败。贾逵相信,这正是驳斥黜周王鲁的有力反证。按照何休的说法,鲁隐公表面上虽是周室的臣子,但其实是得到"受命"的"王者";而周室表面上是该得到鲁国在内的所有臣下拥护的天子,其实已被暗地宣布"不复兴"、被黜为"王者后"的结局。于是,《春秋》虽以"公"称鲁国君主,以"王""天王""天子"称周王,其实都不是真的,不能反映孔子真实的心意。简单地说,何休黜周王鲁

---

① 邢昺:《论语注疏》卷13,第199页。

预设孔子表里不一的虚伪形象：孔子虽为周世之人，其于周之合法性实未有所认可，其作《春秋》，既非志存翼周，亦非梦寐东周，而是说一套，做一套。倘事实果真如此，这真是孔子研究中一场惊天动地的变革：孔子言行不一，表面尊周王为天子，暗地对之不忠，策划托王于鲁，把原来的诸侯鲁隐公当成"新王"。这样不可告人的用心，跟《春经》被加以弑名的乱臣贼子，直是一丘之貉！有关这一点，赵佑的观点可以印证贾逵的疑问："孔子宪章文、武，学礼从周，为下不倍；以周时之人，纪周时之事，岂有出于周外，先自为倍而犹以责人者？"①

贾逵就是按照相同的思路批判黜周王鲁之说。"率尔"，出自《论语·先进篇》。当时弟子各言其志，"子路率尔而对"，而"夫子哂之"。② 就语境而言，"率尔"与"名不正则言不顺"等阐述没有直接关系，于此贾逵或有误忆。阅读上述引文可知，当时子路对"正名"的效果抱有怀疑，故以"迂"言之，而孔子批判子路"野哉"，显示他对"正名"的执着。因此，贾逵用典虽误，但所表达的意思是足够清楚的：表里不一，不是良好的政治操守。像黜周王鲁之类的做法，"是非正名而言顺也"，不可能达到"忠信""事上""诲人""为法""全身"等效果。

虽是论敌的关系，但徐疏与《长义》一样，其实不敢全面拥护"王鲁"而改谈"托王义"。在政治立场上，这是选择贾逵一边，反而远离了何诂的原旨。这个选择，一方面是因为何诂的反例太多穷于面对。在何休看来，鲁隐公本来要由诸侯受命为"新王"，周室注定没落而黜为"王者后"。无奈，《春秋》和《公羊》大量记载鲁国君主为"公"而非"称王"，周室也是天子而非"王者后"。何休没能遍及这些记载而作出全方位的新解，而黜周王鲁的解释也仅是局限于少数经传的阐发。在《春秋》和《公羊》中，鲁隐公"不进称王"和周王"不退为公"，仍

---

① 赵佑：《四书温故录》卷8，第591
② 邢昺：《论语注疏》卷11，第176页。

有随处可见的反证。是故,徐疏"藉位于鲁,以托王义",实乃釜底抽薪之举,——面对诸多反证而又缺乏充足解释的窘局,径自宣称"王义"不过是"托"(即 H_4),像是虚晃一下的虚招,表演过后就散场了,不必当真(即 K_4)。

另一方面,不谈"王鲁"而改谈"托王义",其实反映了徐疏不敢违反儒者惯常的政治道德。在何休"托新王受命于鲁"的构想中,鲁国君主本是独得上天眷顾的"受命王","元年"作为王者改元的大事,除"受命王"莫能拥有;但徐疏"藉位于鲁",却说《春秋》藉由鲁国君主即位之事而假托王义,不是因为鲁国君主具有什么独特条件。按照这样的解读方式,重点不是"王鲁",而是"托王义"。王者是否鲁国的君主,相对不重要。真正重要的是"王"而非"鲁"。鲁隐公等人不过是相对随意地找来"以托王义"的工具:如果不是刚好碰上《春秋》以鲁国十二公为叙述主线,被"托"为"王者"的完全可以是其他人。正因为鲁之王和周之黜仅是次要的、工具意义的言说策略(A_4,B_4),所以徐疏申辩时反过来挪用黜周王鲁的反证,强调隐公"不进称王"和周王"不退为公","何以为不正名?何以为不顺言乎?"这样的反问,实际上就是默许周君鲁臣的上下结构;而鲁隐公虽被托为"受命王",却是"托"了也没有真正影响原有的政治秩序。如此一来,黜周王鲁的叙事已被抽走了触动儒者神经的信息(即 J_4),自然不用深究或问责了。

此外,从皮锡瑞删减的部分可知,徐疏还追溯了《公羊》的传授史,由孔子、子夏、公羊氏,到胡毋生、董仲舒,据此证明孔子"何不全身之有"。这一反驳,殊不可通。贾逵"何以为忠信?何以为事上?何以诲人?何以为法?何以全身?"的质问,主要是针对黜周王鲁预设孔子表里不一的双重做法:表面要维持周礼的政治结构,其实暗地新增一个将要取代周王的"王者"。"全身"与"忠信"、"事上"、"诲人"、"为法"一样,都是围绕其人对君主是否忠诚而言。从徐疏举《公羊》传授的成绩作为"全身"的反驳依据,这似乎是要说明孔子人虽死,犹有巨大的文化影响。谁不知孔子身后的贡献？这与贾逵的责难有何关系？言非答该答之问，徐疏所言令人费解。

(3) 奉天命制作的理据

阅读徐疏"又奉天命而制作，何以谦让之有"一语，似乎贾逵谈及《春秋》写作时"谦让"的态度，但估计是徐疏节录不全的缘故，现在不知道贾逵的具体观点如何，也不清楚他是根据什么这样说。至于"奉天命而制作"，徐疏没有具体交代自己的论据，但估计这是重申何休"尊谶纬"而把《春秋》的写作归诸上天指示的观点。这样代天立言，最大的困难是包括何休、徐彦等人在内的《公羊》学者，都是普通的凡人，没有超凡入圣的资质可以证明他们具有代天立言的本领。当神文之风不再，谶纬仅余下思想史的意义，就没有理由继续相信孔子"奉天命而制作"的神话。皮锡瑞也删除了徐疏这些观点，不知是否自知谶纬难以服人的缘故。①

3. 疑难仍然存在

皮锡瑞有选择性地节录徐疏，不仅反映他对《公羊》的偏爱，也显示他像徐疏一样，都是淡化了鲁、周地位的黜陟，无意挑战既定的政治秩序，故表示"贾逵所疑，疏已解之"。这个论断，似乎高估了徐疏的圆满性。细心观察的话，徐疏其实留下了两点有待解决的疑难：

(1) "托"的依据

徐疏是根据什么而得出"藉位于鲁，以托王义"的判断呢？如上所述，《公羊》仅言"托始"，未尝说过"托王义"，更不用说《春秋》了。可以说，徐疏要负起相关的举证责任，其难度不下于何休的"黜周王鲁"。尤其是，当徐疏正面肯定鲁隐公"不进称王"和周王"不退为公"的文本证据时，无形中已预设孔子在写作《春秋》时明知有违文本实际仍要非"托"不可（即 E_4）。为什么要"托"？不"托"不可以

---

① 参阅本书第一章，第 101—117 页。

么？此外，徐疏的主张还预设黜周王鲁的相关叙事是托后可弃的（即K_4），而且都是孔子允许的（即L_4）。这些疑问，都需要提供孔子写作心路的证据，交代这是孔子面对文本限制仍要坚持落实的事情。可是，徐疏没有这方面的解说。

（2）何诂凌驾徐疏的权威性

由于徐疏的举证不比何诂更高明，而且"托王义"与黜周王鲁也说不上若合符节，故忠于何诂的人完全有理由不接受徐疏的新解释。毕竟，注高于疏，但何休仍是诠释《公羊》最权威的经师，至少凌驾于徐疏之上。事实证明，读者撇开徐疏而直接从何诂求理解，屡见不鲜；而对黜周王鲁的认识，罕有接纳徐疏或相信它已能解除疑惑，更多的是批判它在文本上欠缺依据。例如叶梦得说："《公羊》之学，其妖妄迂怪，莫大于黜周王鲁。以隐公托新王受命之论，其说虽起于何休以'元年''君之始年'推之，学者犹疑此言不明见于传，或出东汉谶纬之徒，假《公羊》以附会。"① 又如吕大圭说："黜周王鲁，《公羊》未有明文也，而休乃唱之，其诬圣人也甚矣！"② 叶、吕之论，都不能说是盲目反对《公羊》的声音，因其准确洞悉《公羊》与《解诂》之间的距离，故他们的观点该理解为反对何休对《公羊》的背离。不接受何休的观点，也不代表反对《公羊》。

这一点，正是不盲目相信何诂的学者的基本共识。尽管何诂和徐疏并刊于《十三经注疏》之中，但没有多少人觉得徐疏的观点可以有效辩护何休，反而按照正常的文本理解，大概的阅读认知都能发现鲁隐公是何休所认定的"新王"，不是"托"了也无关痛痒、甚至弃之亦可的枝节。程敏政奏请将何休等人褫爵罢祀，其理由就是："何休则止有《春秋训诂》一书，黜周王鲁，又注《风角》等书，班之于《孝经》《论

---

① 叶梦得：《春秋公羊传谳》卷1，第649页。
② 吕大圭：《春秋五论》，见《春秋或问》，第676页。

语》，盖异端邪说之流也。"① 此《训诂》当是《解诂》之讹。按照明儒孔庙从祀的标准，何休的完整著作仅有此书，以及零散的注释，没有"真儒"该有的高洁言行；而诸如黜周王鲁等内容，更涉及忠君侍上的政治道德，以其不轨于正，故被斥为"异端邪说"，以此作为攻击《公羊》的口实，殊非可怪。

实际上，何休黜周王鲁的主张，始终挥不去争议和质疑，迄至清季编录《公羊传注疏》时，齐召南代表官方记录考证意见，仍然攻击何休凭臆说经，得罪圣门："欺天欺人，以伸其黜周王鲁之邪说，此则非《公羊》之过，何休之过也。"② 鉴于贾逵时已有先声，何休黜周王鲁所遭到的负面批评，从另一个角度看，正是见证徐疏"藉位于鲁，以托王义"的辩护没有得到读者接纳的真实反映。皮锡瑞"贾逵所疑，疏已解之"的判断，在历史上太容易找到反对的声音了。

三、黜周王鲁与借事明义（中）

（一）对刘炫的评论

《左传正义》引刘炫难何氏："'唯王者然后改元立号，《春秋》讬新王受命于鲁，故因以录即位。'若然，新王受命，正朔必改，是鲁得称元，亦应改其正朔，仍用周正，何也？既讬王于鲁，则是不事文王，仍奉王正，何也？诸侯改元，自是常法，而云讬王改元，是妄说也。"③

《经学通论》评论说："刘炫习见后世诸侯改元之事，不知何氏明言

---

① 程敏政：《篁墩文集》卷10《奏考正祀典》，见《文渊阁四库全书》第1252册，上海：上海古籍出版社，1987年版，第171—172页。
② 相关的考证，参阅齐召南：《春秋公羊传注疏》卷1考证，见《文渊阁四库全书》第145册，上海：上海古籍出版社，1987年版，第33页。
③ 孔颖达：《春秋左传正义》卷2，第39页。

'惟王者改元立号'，《春秋》王鲁，故得改元。托王非真，故虽得改元，不得改正朔。此等疑义，皆甚易解。后之疑《公羊》与董、何者，大率皆如贾逵、刘炫之说，不知义本假托，而误执为实事，是以所见拘滞。"①

1. 被删节的何诂原文

"惟王者改元立号"，何诂原文是："不言公，言君之始年者，王者诸侯皆称君，所以通其义于王者，惟王者然后改元立号，《春秋》托新王受命于鲁，故因以录即位。"② 这是何休从"君之始年"推论鲁隐公即位首称"元年"是《春秋》推许他为受命的新王，其论证问题已如上述。

皮锡瑞在引录《春秋左传正义》时删去画有底线的部分，而这一部分大多是抄自何诂（即本段画有底线的部分）。若结合被皮锡瑞删去的部分通读下来，便可以知道自"若然"起，刘炫所有观点都是紧扣何诂而发："新王受命，正朔必改"的判断，是根据"唯王者然后改元立号"而来；"仍用周正"的疑问，是质疑"托新王受命于鲁"；"诸侯改元，自是常法"，是指出诸侯和王者皆可以改元，以此动摇"唯王者然后改元立号"的依据。

读者阅读《经学通论》若不知道其中的删节，便有可能产生不应有的错觉，以为刘炫各种说法仅属没有根据的个人判断。"诸侯改元，自是常法"本是反驳"唯王者然后改元立号"，但皮锡瑞却指责刘炫"不知何氏明言'惟王者改元立号'"，仿佛刘炫从来不知道这一主张是什么而有了误解。明明论敌已摆开了立言的依据，却不予引录，反而指责论敌"不知"，这是否有意隐瞒对自己不利的证据？还是交由读者判断好了。

---

① 皮锡瑞：《经学通论》卷5，第397页。
② 徐彦：《春秋公羊传注疏》卷16，第363页。

2. "虽得改元，不得改正朔"之谬

"仍用周正"和"仍奉王正"是刘炫批判何诂的主要重点。翻查《春秋》经文，屡有"王元月""王二月""王三月"的记载，《公羊》隐元年传："王者孰谓？谓文王也。"① 可见，"王"就是指周文王，不是其他人，此乃《春秋》沿用周正的一个明证。既然沿用周正，那就意味鲁隐公这位被何休和《公羊》学者抬举的"新王"还未改正朔，这能够算是"王者"的正常表现吗？

为了回应刘炫的攻击，皮锡瑞试图分拆"改元"和"改正朔"二者：一方面沿用何休的说法，坚持"元年"是鲁国君主被托为王者的证据，故曰"《春秋》王鲁，故得改元"；另一方面，采用"借事明义"的说法，强调"托王非真"，所托的王者是可伪的，以此解释鲁隐公以降经文屡见不鲜的"周正"或"王正"的记载。显而易见，皮锡瑞默认了刘炫举证的正确性，所以改用避重就轻的辩护策略。问题是："不得改正朔"真的是因为"托王非真"吗？二者有什么关系？何诂有任何说明吗？没有（与 H_4 相反）！如上所述，鲁隐公等人都是何休眼中得到上天认可而受命的王者，哪里"非真"？更重要的是，何休对王者受命的理解，都有"改正朔"的明确要求，且看以下三例：

[1]《公羊》隐元年传："王正月也。"何诂："以上系于王，知王者受命，布政施教所制月也。王者受命，必徙居处，改正朔，易服色，殊徽号，变牺牲，异器械，明受之于天，不受之于人。夏以斗建寅之月为正，平旦为朔，法物见，色尚黑；殷以斗建丑之月为正，鸡鸣为朔，法物牙，色尚白；周以斗建子之月为正，夜半为朔，法物萌，色尚赤。"

[2]《公羊》隐三年经："春，王二月。"何诂："二月、三月

---

① 徐彦：《春秋公羊传注疏》卷1，第7—8页。

皆有王者。二月,殷之正月也;三月,夏之正月也。王者存二王之后,使统其正朔,服其服色,行其礼乐,所以尊先圣,通三统,师法之义,恭让之礼,于是可得而观之。"

[3]《公羊》庄二十三年传:"荆何以称人?始能聘也。"何诂:"《春秋》王鲁,因其始来聘,明夷狄能慕王化,修聘礼,受正朔者,当进之,故使称人也。"①

例[1]解释"王正月",在《公羊》看来,经文系于月前的"王",本是指代周文王,但在何休的说明中,"王者受命"是在"王者然后改元立号"的语境下阐发,所以诂中的"王者"是指新受命的鲁隐公,而非《公羊》所述的周文王。何休对受命王者的要求,其中一项就是"改正朔",接着他缕述夏、殷、周三代各种安排的变化,显示其中的历史演进过程,根本没有"不得改正朔"的说法。例[2]补充说明"王二月""王三月"之义,据何休的理解,它们分别是殷、夏二代的正月;经文予以记载,是为了"统其正朔","存二王之后",而诂文的"王者"也是指受命的新王而言,不像刘炫那样以周正为说。例[3]解释荆人首次聘鲁的含义,何休认为楚国派人到鲁国来,其中一件要做的事便是"受正朔",然则是谁颁正朔呢?自然是鲁庄公。荆人这样做,不仅不是僭越,而且"能慕王化",故虽是夷狄而进称"荆人"。

归纳三例,鲁国君主,在何休笔下的描述,不仅能够改正朔的新王,还可以颁正朔予夷狄。皮锡瑞"不得改正朔"之说,完全脱离何休原来的构想。确切地说,《公羊》或何诂都没有"虽得改元,不得改正朔"的说法,而何休自己也没有深究《春秋》"仍用周正"的问题。刘炫以此责难何休,而何休本无相关思想资源可供回应。皮锡瑞强作解人,无奈何休完全没有"托王非真"故只允许"改元"而"不得改正

---

① 徐彦:《春秋公羊传注疏》卷1,第8页;卷2,第35页;卷8,第165页。

朔"的观点。按照"借事明义"的思路,首先需要付出的代价便是扬弃何休原来的解释。

3. "诸侯改元"的问题

如上所述,何休认为《春秋》王鲁有两个依据,都是从《公羊》"君之元年"的解释而来:一是从"公"与"君"之别而相信"君"指王者;另一是认定"元年"是王者专有的,因为拥有"改元立号"的资格,唯有王者一人而已。自秦汉以后,以皇帝一人为至尊,成为中国长期的政治格局;尤其在汉武帝太初改制以后,年号纪年制度正式确立,象征王朝合法性的建元和改元,已变成皇帝独自享有、不容别人染指的禁脔。① 何休生活在东汉,习见皇帝改元之事,但《春秋》以鲁国十二公为叙述主线,他们在位时段,或长或短,都是由"元年"开始算起。如何解释这一事实呢?何休从"唯王者然后改元立号"推论"元年"已蕴涵本属诸侯的鲁隐公已是受命的"新王"。刘炫认为这一推论实是"妄说",理由是"诸侯改元,自是常法",没有理由因为经中首载"元年",遂以为鲁隐公由诸侯晋升为王者。

诸侯改元之事,在历史文献中不乏其例,故刘炫的可信性远高于何休。且看以下二例:

[1] 黄仲炎《春秋通说》云:"古者列国无私史,诸侯不得自称元年于其国,是亦岂然哉?《虞书》称月正元日,《商书》称太甲元年,则是一为元者,从古以然,非《春秋》之新意也。古者诸侯得臣其国内之人,称于国曰君,其得纪年于国,无可疑者。"

[2] 毛奇龄《春秋毛氏传》云:"乃何休说《公羊传》,谓天子改元,诸侯无改元之例,其所称元,当是黜周王鲁,尊鲁为王者之义,则不特悖礼叛教,《春秋》必诛,且亦不识周制矣。周制:

---

① 辛德勇:《建元与改元:西汉新莽年号研究》,北京:中华书局,2013年版,第69—73页。

国君皆改元者,他无可考。《史记·齐世家》称'齐献公元年尽逐齐胡公子',而《左传》于襄十九年有云郑简公'元年,士子孔卒',则齐、郑皆改元矣。"①

黄、毛二人,不是简单地唯《左传》门户是尚的人,他们对黜周王鲁的批判,主要是根据历史事实的认知。例[1]和[2]各自举证,指出古代分国而治,诸侯虽是天子之臣,但在国内各有纪年,改元绝非王者独有的专利。由此反证,因"元年"而尊鲁为王者,是昧于历史制度的说法,不足信据。

总结何、刘之间的矛盾,在于"改元立号"(尤其是牵涉"元年"解释的"改元"问题)是否仅有"王者"方可为之:如果是的话,何休就是正确的;反之则否。这是一个历史事实的验证,而非信念归依的问题。由于反证的存在(如黄、毛之类的举证),"唯王者然后改元立号"作为何休推论的依据,就有严重的漏洞。可是,皮锡瑞采用了"借事明义"的辩护策略,连"王者"也可以视为"非真",更何况"元年"在历史上是否属于诸侯可做的事了!按照他的逻辑,"唯王者然后改元立号"即使没有事实支持也无所谓,反正"义本假托","事"之多少真伪本不重要(即 K_4);关键是,读者对这一主张是否认识和认可。于是,整个问题的性质,就被改换了。原本刘炫和其他追查诸侯改元的人,主要是关心"唯王者然后改元立号"有没有反证。然而,皮锡瑞却不问这一主张背后的依据如何,指责刘炫对之"不知"(明明不是"不知",只是相关材料被删节了!);因为"不知",而且"习见后世诸侯改元之事",故"所见拘滞"。本来,"诸侯改元之事"是质疑何诂的反证,但皮锡瑞转手间却将之变成刘炫"不知"的错误源头。这种透过

---

① 黄仲炎:《春秋通说》卷1,见《文渊阁四库全书》第156册,上海:上海古籍出版社,1987年版,第293页。毛奇龄:《春秋毛氏传》卷2,见《文渊阁四库全书》第176册,上海:上海古籍出版社,1987年版,第14页。

曲解来施加责难的手法，可取吗？可信吗？

更重要的是，皮锡瑞的曲解不仅是对论敌刘炫等人，还有他所辩护的何休。何休未尝说过"唯王者然后改元立号"是"假托"的"义"（与 H_4 相反）；如上所述，按照何诂的诠释，鲁隐公是被《春秋》认可的"王者"，而夏、殷、周三代发展也是作为参考的依据，这些叙事都显示何休是从"实事"层面，而非"假托"层面上谈论王者改元的问题，而且它们都是具有读者需要重视的信息，不能弃之如敝屣（与 J_4、K_4 相反）。皮锡瑞倡言"借事明义之旨"，又一次偏离何休的原意。

四、黜周王鲁与借事明义（下）

（一）对刘逢禄的评论

刘逢禄《释三科例》云："且《春秋》之托王至广，称号名义，仍系于周；挫强扶弱，常系于二伯，何尝真黜周哉？郊禘之事，《春秋》可以垂法，而鲁之僭，则大恶也。就十二公论之，桓、宣之弑君宜诛，昭之出奔宜绝，定之盗国宜绝，隐之获归宜绝，庄之通雠外淫宜绝，闵之见弑宜绝，僖之僭王礼、纵季姬、祸鄫子，文之逆祀、丧娶、不奉朔，成、襄之盗天牲，哀之获诸侯，虚中国以事强吴，虽非诛绝，而免于《春秋》之贬黜者鲜矣。何尝真王鲁哉？"①

《经学通论》评论说："刘氏谓黜周王鲁非真，正明其为假借之义。陈澧乃诋之曰：'言黜周王鲁非真，然则《春秋》作伪欤？'不知为假借，而疑为作伪，盖《春秋》是专门之学，陈氏于《春秋》非专，不

---

① 刘逢禄：《刘礼部集》卷4《释三科例中》，见《续修四库全书》第1501册，上海：上海古籍出版社，1995年，第64页。"不奉朔"的"朔"，《经学通论》改作"逆"，疑为笔误。"而免于《春秋》之贬黜者鲜矣"，《经学通论》作"不免于《春秋》之贬黜者多矣"。

足以知圣人微言也。"①

（二）辨证

1. "何尝真黜周"的问题

跟许多何休信徒一样，刘逢禄也面临如何解释黜周王鲁的难题；而他采用的辩护策略，主要是发挥徐疏"托王义"的说法。为了显示黜周不是"真黜周"，刘逢禄认为《春秋》"托王至广"，意谓被《春秋》"托"为王者的人很多。事实上，何休"王鲁"，仅以鲁国君主为限，所托之王绝非"至广"。按照何诂的解释，"元年"是"新王"受命而为鲁国君主专有，原则上没有周王或其他人染指垂涎的余地。刘逢禄之所以由"王鲁"变为"托王至广"，是因为《春秋》和《公羊》仍奉周室为"王"的记载，黜周王鲁的解释无法遍及其全。像徐疏承认周王"不退为公"一样，刘逢禄面对大量反证也不得不接受"称号名义，仍系于周"的事实。

比徐疏更进一步的是，除了鲁公、周王外，刘逢禄在"系于周"外，还提出"常系于二伯"之说。此言令人费解。"系"是《公羊》的常用语，一般用来交代某些归属的地方或人物，且看以下三例：

[1] 桓七年经："二月己亥，焚咸丘。"《公羊》云："咸丘者何？邾娄之邑也。曷为不系乎邾娄？国之也。曷为国之？君存焉尔。"

[2] 庄六年经："王三月，王人子突救卫。"《公羊》云："王人者何？微者也。子突者何？贵也。贵则其称人何？系诸人也。曷为系诸人？王人耳。"

[3] 宣元年经："冬，晋赵穿帅师侵柳。"《公羊》云："柳者

---

① 皮锡瑞：《经学通论》卷5，第396—397页。

何？天子之邑也。曷为不系乎周？不与伐天子也。"①

例[1]、[3] 交代咸丘、柳是邾娄、周室之邑，例[2] 说明"子突"系于"王人"之下的所以然。从这三例可知，询问某一人或物 P 是否"系于 X"，往往蕴涵 P 是 X 的东西，或 P 为 X 所有；像柳邑为周所有，故有"不系乎周"之问。知此，即明"挫强扶弱，常系于二伯"是一个费解的说法。《公羊》没有"二伯"之说，何诂、徐疏亦无这个概念。比较接近的，算是"两伯"的概念。这是《公羊》哀十三年传的用语，是指代主持黄池之会的晋侯和吴子。② 这是吴王夫差威胁和压制中原诸侯，与"挫强扶弱"绝无关系。刘逢禄没有明言他所说的"二伯"指谁，大概是绝不可能以"两伯"为说。换个角度看，若以《公羊》学者喜谈的"五霸"推之，亦不可通。《公羊》以"系"而言及齐、宋、晋、楚、秦五国，仅以下一例：

[4] 闵元年经："冬，齐仲孙来。"《公羊》云："齐仲孙者何？公子庆父也。公子庆父，则曷为谓之齐仲孙？系之齐也。曷为系之齐？外之也。曷为外之？《春秋》为尊者讳，为亲者讳，为贤者讳。子女子曰：'以"春秋"为《春秋》，齐无仲孙，其诸吾仲孙与？'"③

例[4] 是说自鲁奔齐的公子庆父回到鲁国，《公羊》认为《春秋》把庆父系于"齐"下，是为了"外之"。齐桓公收容庆父这名弑君逆贼，不是什么光彩的事情，这与"挫强扶弱"有什么关系？然则，刘逢禄"常系于二伯"谈的是什么呢？他所说的"二伯"，有什么证例可以支持

---

① 徐彦：《春秋公羊传注疏》卷5，第89页；卷6，第126—127页；卷15，第324页。
② 徐彦：《春秋公羊传注疏》卷28，第615页。
③ 徐彦：《春秋公羊传注疏》卷9，第192页。

"托王至广"或"何尝真黜周"呢？完全没有说清楚。

2. "何尝真王鲁"的问题

接下来，刘逢禄泛论鲁国十二公的缺点，试图表明何休的诠释"何尝真王鲁"：

（1）"桓、宣之弑君宜诛"

鲁桓公和鲁宣公皆弑君自立，《公羊》的解释分别是"如其意也"和"其意也"，①意谓《春秋》按照他们的心意而记载二人的"即位"，但传文和何诂皆未言"诛"或"宜诛"。必须指出，不是所有弑君者都需要"诛"。《公羊》闵元年传："庆父弑君，何以不诛？将而不免，遏恶也。既而不可及，因狱有所归，不探其情而诛焉，亲亲之道也。"②庆父弑子般，但《公羊》却特笔解释公子友为何"不诛"。事实上，桓、宣虽弑君，但何休仍把他们当作王者，故解释桓十年"齐侯、卫侯、郑伯来战于郎"，就说："战者，敌文也。王者兵不与诸侯敌，战乃其已败之文，故不复言师败绩。"③此"王者"就是指鲁桓公。至于鲁宣公，在位期间发生"成周宣谢灾"之事；如上所述，何休声言"示周不复兴"，这预设在位的鲁国君主（即鲁宣公）为王者而推演出来的判断。由此可见，在黜周王鲁的大前提下，桓、宣纵有劣迹，还不能以此印证"何尝真王鲁"，至少何诂没有这样的主张（与 H_4 相反）。

（2）"昭之出奔宜绝"

鲁昭公计划杀戮季氏失败，流亡国外逾七年之久，迄至逝世方休。《公羊》一方面借子家驹之口，指出鲁昭公僭于天子的错失；另一方面也记载鲁昭公与齐景公的对答，不仅鲁昭公当时"嚝然而哭"，而且"诸大夫皆哭"，故以孔子的话作点评："其礼与其辞足观矣。"何诂：

---

① 徐彦：《春秋公羊传注疏》卷4，第67页；卷15，第318页。
② 徐彦：《春秋公羊传注疏》卷9，第190页。
③ 徐彦：《春秋公羊传注疏》卷5，第96页。

"言昭公素能若此,祸不至是。"又云:"地者,痛录公,明臣子当忧纳公也。"① 虽然何休在讨论祭仲废立时,说:"忽未成君出奔,不应绝。"② 以此反向推论,那些已成君出奔的人,似乎"应绝"。但要注意,何休又说:"臣下尚随君事之,未失国。"③ 鲁昭公奔齐,正是有大臣追随侍奉的情况,还不算是"失国"。下文将会指出,何休虽说鲁昭公"国当绝",但也比较弹性地接受鲁定公异常的继位。像刘逢禄这样说是"宜绝",未免把何休的想法简单化了。无论如何,鲁昭公的出奔没有影响他作为受命王者的资格。昭十六年经:"楚子诱戎曼子杀之",《公羊》没有解释"戎曼子"之称,何诂:"戎曼称子者,入昭公,见王道太平,百蛮贡职,夷狄皆进至其爵。"④ 据何休理解,鲁昭公在位之时,有"王道太平"等效应。因此,他虽有流亡国外的经历,但不能说这是足以证明"何尝真王鲁"的事例。

(3)"定之盗国宜绝"

何休对"盗国"的讨论,主要是就流亡者回国执政的资格而言:"凡出奔归书,执获归不书者,出奔已失国,故录还,应盗国。"⑤ 准此,"复归于卫"的卫侯衎就是其中一个盗国者。⑥ 鲁定公不是出奔后回国夺位的人,出奔的是他的前任鲁昭公。《公羊》定元年传:"定无正月者,即位后也。"何诂:"虽书即位于六月,实当如庄公有正月。今无正月者,昭公出奔,国当绝,定公不得继体奉正,故讳为微辞,使若即位在正月后,故不书正月。"⑦ 昭公死后逾半年,方自乾侯运回尸体,故鲁定

---

① 徐彦:《春秋公羊传注疏》卷24,第528—529页。
② 徐彦:《春秋公羊传注疏》卷5,第105页。
③ 徐彦:《春秋公羊传注疏》卷11,第244页。
④ 徐彦:《春秋公羊传注疏》卷23,第505页。
⑤ 徐彦:《春秋公羊传注疏》卷11,第244页。
⑥ 徐彦:《春秋公羊传注疏》卷21,第456页。
⑦ 徐彦:《春秋公羊传注疏》卷25,第544页。

公不像一般从正月开始即位,而在六月记载"即位"。虽非"不得继体奉正",但照何休的观点,鲁定公也不致因"盗国"而"宜绝"。与鲁昭公一样,鲁定公统治虽有问题,但仍是《春秋》托付的王者。定六年经:"季孙斯、仲孙忌帅师围运。"《公羊》云:"此仲孙何忌也,曷为谓之仲孙忌?讥二名。二名非礼也。"何诂:"《春秋》定、哀之间,文致太平,欲见王者治定,无所复为讥,唯有二名,故讥之。"① 此"王者"就是指鲁定公、鲁哀公而言。黜周王鲁的叙事结构,不曾因定公继位的合法性问题而有所动摇。刘逢禄据后者申述"何尝真王鲁"之说,佐证乏力。

(4) "隐之获归宜绝"

《公羊》隐六年传:"狐壤之战,隐公获焉。然则何以不言战?讳获也。"何诂:"称人共国辞者,嫌来输平独恶郑,明郑擅获诸侯,鲁不能死难,皆当绝之。"② 这里,何休责难鲁隐公没有"死难",将之置于"当绝之"之列。然而,鲁隐公是第一位被《春秋》托付为新王的人,例证已如前述;在何休的诠释中,并未因为"当绝之"而否定他的王者地位。刘逢禄以"宜绝"而断言"何尝真王鲁",不合何诂原意。

(5) "庄之通雠外淫宜绝"

鲁庄公即位以来,一直采取亲齐的政策,尽管其父鲁桓公被齐襄公谋杀,但他后来也迎娶齐襄公之女哀姜为妻,在婚前赴齐外淫。庄二十三年经:"春,公至自齐。"《公羊》云:"何危尔?公一陈佗也。"③ 陈佗是陈国君主,因"淫于蔡,蔡人杀之",经文直书"陈佗"而示"绝之"。④《公羊》既认为鲁庄公与陈佗同一模样,似当"绝之"。然而,鲁庄公毕竟不像陈佗那样受害,传文言"危"而非"绝",反映的是担

---

① 徐彦:《春秋公羊传注疏》卷26,第566页。
② 徐彦:《春秋公羊传注疏》卷3,第53页。
③ 徐彦:《春秋公羊传注疏》卷8,第164页。
④ 徐彦:《春秋公羊传注疏》卷4,第86—87页。

忧之意。需要注意，鲁庄公虽有陈佗之行，但在黜周王鲁的框架下，他作为王者的身份还是未受任何动摇。如上所述，庄三十一年经："齐侯来献戎捷。"《公羊》云："曷为亲来献戎捷？威我也。"何诂："言献捷系戎者，《春秋》王鲁，因见王义，古者方伯征伐不道，诸侯交格而战者，诛绝其国，献捷于王者。"① 齐桓公献捷，《公羊》本无"王鲁"的说法，但何休将之理解为"献捷于王者"，视当时受献的鲁庄公居"王者"之位，显而易见。

（6）"闵之见弑宜绝"

鲁闵公在位不到两年被庆父所弑，他的遇害见证着鲁国政局激烈动荡，《公羊》闵二年传："桓公使高子将南阳之甲，立僖公而城鲁。"何诂："美大齐桓继绝于鲁，故尊其使，起其功，明得子续父之道。"② 据何休的理解，鲁闵公不是"宜绝"之君，故齐桓公派高子拥立鲁僖公，被誉为"继绝于鲁"。由于执政时间太短，何休没有谈论鲁闵公作为王者的表现，但也不能说这是扬弃"王鲁"的证据。不管如何理解鲁闵公的"见弑"，这也不是支持"何尝真王鲁"的证据。

（7）"僖之僭王礼、纵季姬、祸鄫子"

"僭王礼"是指鲁郊非礼之举，"纵季姬"是指鲁不防正其女季姬淫泆，"祸鄫子"是指季姬配鄫子导致邾娄人执鄫子用之；而后两者皆是诂中叙事，非《公羊》本义。③ 何休对这些错误虽有恶辞而不曾贬黜。整体而言，他对鲁僖公的评价甚高，屡以"贤君"称之。④ 更重要的是，黜周王鲁的进路使鲁僖公得以继续居于"王者"的高位，僖三年经："公子友如齐莅盟。"何诂："时国齐都盟，主国主名不出者，《春秋》

---

① 徐彦：《春秋公羊传注疏》卷9，第183页。
② 徐彦：《春秋公羊传注疏》卷9，第197页。
③ 徐彦：《春秋公羊传注疏》卷11，第229、239—240页；卷12，第265—269页。
④ 徐彦：《春秋公羊传注疏》卷10，第210页；卷11，第235页；卷12，第263、269页。

王鲁，故言莅以见王义。"① 公子友到齐国，本属普通的外交行为，但在何休看来，隐然就是王者遣使之举。由此可见，鲁僖公所犯的一些错误，不曾冲击黜周王鲁的叙事结构，自也不构成"何尝真王鲁"的证据。

（8）"文之逆祀、丧娶、不奉朔"

"逆祀"是指大庙跻僖公，"丧娶"是指逆妇姜于齐，"不奉朔"是指四不视朔。② 何休对这些过失有批评而不曾贬黜，尽管鲁文公没有什么拿得出手的政绩，但在"三科九旨"的框架中，文公正值"所闻世"，见证鲁国王者之治升平的关键："入文公所闻世，见治升平，法内诸夏以外夷狄也。"③ 因此，鲁文公虽然怠政昏庸，但不能说他的过失就能支持"何尝真王鲁"的论断。

（9）"成、襄之盗天牲"

"盗天牲"是指成十年和襄十一年不郊之事，何休先是评论说："不免牲，当坐盗天牲，失事天之道，故讳使若重难不得郊。"又说："襄公但不免牲尔。不怨怼，无所起。"④ 这些评论都算不上严厉的"贬黜"。成、襄虽是鲁国衰落之时，但"黜周王鲁"的叙事框架仍在，例如曹公子牙参与鄑之战，《公羊》成二年传："曹无大夫，公子手何以书？忧内也。"何诂："《春秋》托王于鲁，因假以见王法，明诸侯有能从王者征伐不义，克胜有功，当褒之，故与大夫。"⑤ 这是把鲁成公看作王者而推演出来的结论。还有，襄六年经："王三月壬午，杞伯姑容卒。"何诂："始卒，更名、日书葬者，新黜未忍便略也。"⑥ 这是王者后被黜的命名

---

① 徐彦：《春秋公羊传注疏》卷10，第210页。
② 徐彦：《春秋公羊传注疏》卷13，第279—281、283页；卷14，第313—314页。
③ 徐彦：《春秋公羊传注疏》卷13，第294页。
④ 徐彦：《春秋公羊传注疏》卷17，第390—391页；卷19，第432页。
⑤ 徐彦：《春秋公羊传注疏》卷17，第370页。
⑥ 徐彦：《春秋公羊传注疏》卷19，第422页。

安排。由此可见，成、襄"盗天牲"的失误根本不能说明什么问题，"何尝真王鲁"以此为据是不足够的。

（10）"哀之获诸侯，虚中国以事强吴"

"获诸侯"是指掳获邾娄子益，"虚中国以事强吴"是指鲁哀公各种亲吴的外交行动，包括哀十年和哀十一年两度会吴伐齐。何休虽有"恶鲁"之辞，但对鲁哀公却无明显的"贬黜"，如解释"齐国书帅师及吴战于艾陵"，便说："战不言伐，举伐者，鲁与伐而不与战。"① 这是以鲁为内，从而说明经文言"战"而略鲁的缘故，其中实无怪责联吴战齐之意。如上所述，鲁哀公作为《春秋》最后一位鲁国君主，见证"王者治定"，所以刘逢禄列举的这些过失，也不足以证明"何尝真王鲁"。

总结以上，（1）至（6）的"宜绝"，除（2）的鲁昭公和（4）的鲁隐公算得上是"绝"，其余都有可商酌之处。至于（7）至（10），皆不算是"贬黜"。无论是否"宜绝"，抑或其他还算不上"贬黜"的批判，都不能说明何休因为鲁国十二公的各种罪过而放弃了"王鲁"的观点。更进一步说，"何尝真王鲁"和"何尝真黜周"一样，都是预设何休对"黜周王鲁"已怀有辨别真假的打算，并且不满鲁国十二公各种不符合"王者"的表现而不欲真正的"王鲁"。这些都不是何休原来的想法。自始至终，何休没有允许这些叙事是可伪的或可弃的（与 H_4、K_4 相反）。

实际上，"黜周王鲁"跟作为诠释经传的一个叙事，仅能应用于少数经传，却不能完全超越或凌驾其他不符合它的经传。《春秋》和《公羊》还有许多内容没能透过"黜周王鲁"得到圆满的解说。因此，何休这套主张，本来就有"自我限定的界限"（self-limiting reach），② 若有不

---

① 徐彦：《春秋公羊传注疏》卷28，第611页。
② 埃斯特伦德这么界定"自我限定的界限"："因为任何标准只能应用既定的某些条件，所以它不能谴责那些实际条件的存在。它将会欢迎得不到它们的情况。然而，它将不能应用于那一情况。"参阅 David Estlund, "What is Circumstantial About Justice?", *Social Philosophy and Policy*, vol. 33, no. 1—2 (2016), p. 311。

能适用的情况，只能直面承认。刘逢禄提出"真王鲁"和"真黜周"的反问，其实是把不适用的反例，当作抵消或淡化黜周王鲁之用，在很大程度上是师法徐疏的故智，但代价同样是违离何休的原意，而且不见得走得通。

3. 陈澧的疑问

在黜周王鲁的问题上，陈澧拥护孔广森对"新周"的解释，将之理解为类似新郑的地理概念，"'新周'二字未得其解，《公羊》之受诬，犹未明也。至巽轩之说出，乃大明耳！"① 说明这里只反何诂，不反《公羊》。刘逢禄尝试辩护何诂的做法，在陈澧看来是不能接受的，因为如果《春秋》与"黜周王鲁"相关的叙事都可以是"非真"，那就意味《春秋》允许"作伪"。放在"借事明义之旨"的预设上说，这是预设"'事'的可伪性"。

的确，刘逢禄所说的"非真"，与皮锡瑞的"借事明义"，理念相当接近，其差别在于皮以"借事明义"为《春秋》之旨，而刘仅就"黜周王鲁"言"非真"。因此，皮锡瑞试图反驳陈澧的批评，说陈澧产生误会了，"不知为假借，而疑为作伪"。这个说法有两点需要剖白：

（1）从"借事"改为"借义"

如前所述，皮锡瑞说"孔子特欲借之以明其作《春秋》之义"，此"借"是《春秋》的"本事"，"借事明义"的"借事"是也。当辩护刘逢禄时，皮锡瑞改而说"假借之义"，其所指代的正是何休黜周王鲁的叙事，但他称之为"义"而非"事"，略嫌不够全面。实际上，黜周王鲁不是纯粹的思想主张，还是一套叙事——尽管它是不合历史实际，但它有角色（主人翁是鲁国君主和其他诸侯），有行为（如改元之类），有开端和结局（即"所传闻""所闻""所见"的发展过程），也有剧本（即何休所说的《春秋》）。刘逢禄之所以泛论十二公等事以示"黜周"

---

① 陈澧：《东塾读书记》卷10，第199页。

和"王鲁"之"非真",就是因为黜周王鲁是一套具有高度信息性的叙事,不罗列事例无从开展驳论。当然,何休既将黜周王鲁列为"三科九旨"的一部分内容,而皮锡瑞则视后者为《春秋》的"微言",说它是"义",像徐疏"托王义"的说法那样,固无不可。但由于黜周王鲁包括的不仅是"王义",还有涉及鲁、周和其他诸侯的叙事,它与鲁隐、祭仲、齐襄、宋襄四人之事一样,都是被"借"的"事";从皮锡瑞的视角出发,这些不合史实的叙事就是"借当时之事,做一样子"的产品。因此,只说它是"假借之义",很容易令人以为它仅是"义"而忽略"事"的一面。

(2) 以"假借"解"非真"

"非真"意谓不是真的,"何尝真黜周"和"何尝真王鲁"的反问都预设涉及"黜周"和"王鲁"的叙事不是"真"的。鉴于此,陈澧"作伪"之问,大体上是忠于刘逢禄的原意。相反,皮锡瑞所说的"假借",既可以是凭借义,也可以是假托义。如"久假不归""借景抒情",被"假"或被"借"之物(如"景")不会因此而在真值上有所变化。这可看见,"假借"之为凭借义,是可以说得通的。在字面意义上看,说一个东西是"假借"的,容易使人觉得它也许是真实的,不像"作伪"一看即知其为"非真"。在"非真"的释义上,皮锡瑞选用"假借",其实是容易引起歧义而非清晰简洁的解释。当然,他也不是支持凭借义的"假借",因为凭借义对辩护刘逢禄没有帮助,"真王鲁"和"真黜周"的反问已蕴涵黜周王鲁必是假的,这是刘逢禄坚持的想法。说穿了,皮锡瑞批评陈澧"疑为作伪",主要是嫌弃"作伪"一词带有差劣的道德含义。——谁喜欢被人指责制作假货?但在伸张"借事明义"之时,皮锡瑞早已表明"纪实以征信"不是《春秋》之旨,因此在他的构想中,经过孔子加工的"事"含有可伪的内容,用不着大惊小怪。既要辩护"非真",又要避免"作伪"的骂名,这两方面的考虑可以解释皮锡瑞为什么选用"假借"一词:"假借"在凭借义之余还有假托义，但乍看来不像"作伪"那样负面。更重要的是，"假借"引起的联想是它在时间上的短暂性，说假借某一事物（无论是凭借抑或假托），人们大概倾向认为这样的假借不会太过长久的。这正是"假借"与"作伪"的主要差别："假借"是相对短暂的，可扬弃的；而"作伪"是相对持久的，伪了很可能改不回来。因此，争论的关键不在伪不伪，而在于伪了又如何。在皮锡瑞看来，经过"借事明义"诠释后的黜周王鲁，不过是短暂性的工具，故其中纵有不合史实的内容也不碍事；但在陈澧看来，刘逢禄所理解的黜周王鲁，已允许《春秋》内容的可伪性（即 C_4），不宜接受。然则，哪一方更忠于何休的原意呢？恐怕是陈澧。因为何休不曾允许黜周王鲁是可伪的、可弃的，也不会接受它没有值得重视的信息性（与 H_4、J_4、K_4 矛盾）。

4. "专门之学"

最后，需要谈一谈"专门之学"的问题。在《春秋》研究中，皮锡瑞有这样的界说："何休《解诂》专主《公羊》，杜预《集解》独宗《左氏》，虽义有拘窒，必曲为解说，盖专门之学如是。"① 照字面意思上说，皮锡瑞所说的"专门之学"，就是忠于某一传文，遇上"义有拘窒"的地方，也要勉力作出合理的解说。因此，范宁《穀梁集解》没有坚守《穀梁》，"于三传皆加贬辞"，② 是不可取的。依此标准，其他不"专主"或"独宗"某一传义的研究者，就不可能得到佳评。皮锡瑞在写作《经学通论》的十年前，已读过《东塾读书记》，对之非常不满："以《左氏》诋《公羊》，仍是毛西河一辈议论。毛在国初经学未明之时，不足怪；陈时治《公羊》者已多，而束阁不观，则可怪矣。"③ 这方面的意见，基本上仍保留到《经学通论》之中，故皮锡瑞指责陈澧

---

① 皮锡瑞：《经学通论》卷5，第392页。
② 皮锡瑞：《经学通论》卷5，第392页。
③ 皮锡瑞1895年8月2日日记，见《皮锡瑞全集》第9册，第435页。

"于《春秋》非专门",以此否定他批判刘逢禄的发言资格。

明白"专门之学"的含义,便可以进一步辨认皮锡瑞这个观点的合理性和不合理性。合理性在于他的主张,如其说,"专门之学"应该是把传文放在第一位。研究《公羊》该从《公羊》找解说,研究《左传》该从《左传》找解说,除此以外,其他文献仅有辅助之功。这意味着,传文所找到的内证,在论证的分量上说,永远凌驾在传外的其他文献之上。这是一个合理的学术主张,至为正确,值得肯定。

不合理性在于他的举证。杜预和何休不是每一个观点都各守《左》《公》而不掺杂传外的文献。杜预援《公》《穀》解《左》,比比皆是;① 而何休《解诂》的观点和叙事超出《公羊》所能承载的范围,更是不乏其证。远的不说,自王接、刘炫以来,因黜周王鲁之说而质疑何休的声音,之所以历久不衰,主因是传注的不一致性。比读《公羊》和《解诂》而觉得何休的诠释不合传义,是正常不过的阅读感受。同样,陈澧不能接受刘逢禄的观点,是因为他觉得刘所捍卫的何诂,不是诠释《公羊》的可靠依据。因此,问题不是"以《左氏》诋《公羊》",而是"以《公羊》诋《解诂》"。如果说,"以杜预之说诬《左氏》"② 是错误的,《左传》研究者(包括皮锡瑞自己)有理由据《左传》批判《集解》的错误;那么,《公羊》研究者(包括陈澧在内)看见何休(还有意图捍卫何诂并有所误解的刘逢禄)之说"诬"《公羊》,因而提出异议,有何不可?

陈澧《东塾读书记》本是读书札记的结集,其对《春秋》三传褒贬不一,无疑有些观点犯了挪用他传而错解传文的情况(不全是"以《左氏》诋《公羊》")。③ 但在黜周王鲁的问题上,却没有理由以"专门之

---

① 方韬:《杜预〈春秋经传集解〉研究》,第 222—236 页。
② 这是皮锡瑞批判杜预的一个理由,参阅本书第二章,第 142—145 页。
③ 陈澧某些解经意见的错误,参阅拙著:《陈澧〈东塾读书记·春秋三传〉析疑五则》,见《新经学》第 3 辑,上海:上海人民出版社,2018 年版,第 173—187 页;此文已录于《门户以外:〈春秋〉研究新探》,第 57—72 页。

学"怪责陈澧的不是。说到底，这不是贯彻"专门之学"的结果，而是皮锡瑞对"专门之学"采取双重标准：他可以指责杜预和范宁不守《左》《穀》传义，却对何休的不守《公羊》视若无睹，反以《解诂》（更准确地说，是他自己心目中的《解诂》）为判断是非的绝对标准。陈澧对刘逢禄的批判得不到认可，原因也在于此。这从"不足以知圣人微言"一语，已经道尽其中玄机——"微言"不就是皮锡瑞自己界定的"改立法制以致太平"等内容吗？不信从何休的人，如何能"知"此等"微言"呢？以此断之，皮锡瑞"专门之学"绝非能够扼杀别人质疑的有力依据，因为他一直采用双重标准对待人我，不符合可接受性的规范。

五、张三世与借事明义

另一个亟待辩护的观点，是"张三世"的观点。《经学通论》云："存三统，张三世，亦当以借事明义解之，然后可通。"① 皮锡瑞对"存三统"的讨论，已简略辩说，② 故下文仅集中讨论"张三世"与"借事明义"的问题。

（一） 对"张三世"的解说

皮锡瑞相信，要理解"张三世"的观点，必须从"借事明义"入手。《经学通论》云："隐公非受命王，而《春秋》于隐公托始，即借之以为受命王。哀公非太平世，而《春秋》于哀公告终，即借之以为太平世。故论《春秋》时世之渐衰：春秋初年，王迹犹存；及其中叶，已不逮春秋之初；至于定、哀，駸駸乎流入战国矣。而论《春秋》三世之

---

① 皮锡瑞：《经学通论》卷5，第395—396页。
② "存三统"的问题，参阅本书第三章，第270—275页。

大义:《春秋》始于拨乱,即借隐、桓、庄、闵、僖为拨乱世;中于升平,即借文、宣、成、襄为升平世;终于太平,即借昭、定、哀为太平世。'世愈乱,而《春秋》之文愈治',其义与时事正相反。盖《春秋》本据乱而作,孔子欲明驯致太平之义,故借十二公之行事,为进化之程度,以示后人治拨乱之世应如何,治升平之世应如何,治太平之世应如何。义本假借,与事不相比附。《公羊疏》于注'至所见之世,著治太平'云:'当尔之时,实非太平,但《春秋》之义,若治之太平于昭、定、哀也,犹如文、宣、成、襄之世实非升平,但《春秋》之义而见治之升平然。'疏之解此,亦甚明矣。昧者乃引当时之事,讥其不合。不知孔子生于昭、定、哀世,岂不知其为治为乱?《公羊》家明云'世愈乱,而《春秋》之文愈治',亦非不知其为治为乱也。(孟子以《春秋》成为天下一治。)"①

(二) 辨证

1. "据乱"→"升平"→"太平"的"三世"序列

除了"所见""所闻""所传闻"以外,何休未尝对"三世"另有称呼。自康有为以降,"据乱"→"升平"→"太平"的"三世"序列流行于世。如梁启超之说,"隐、桓、庄、闵、僖为所传闻世,亦谓之据乱世;文、宣、成、襄为所闻世,亦谓之升平世;昭、定、哀为所见世,亦谓之太平世。"② 皮氏《经学通论》的说,大体上是沿袭康、梁而来。然而"据乱"之称,欠缺典据。何休《解诂序》云:"本据乱而作",徐疏:"据乱世之史而为《春秋》也"。③ 苏舆据此批判"近人多称据乱世"之误,认为何诂应作"乱世"而非"据乱世":"是'据乱'

---

① 皮锡瑞:《经学通论》卷5,第396页。
② 梁启超:《读春秋界说》,第671页。
③ 徐彦:《春秋公羊传注疏》,第4页。

二字不相连也，今删'据'字。"①苏舆对"据乱"的批评，是正确的，但易之以"乱世"，仍有疑义。

《公羊》僖三年传："何以书？记异也。"何诂："太平一月不雨即书。《春秋》乱世，一月不雨，未害物，未足为异，当满一时乃书。"②这句话有两种诠释：一是把"太平"与"乱世"视为《春秋》中两个不同的时段，于是"乱世"下不加句读。另一是认为"太平"是指经外的太平状况，而"乱世"是《春秋》十二公的总体状况，故要在"乱世"读断。如苏舆之说，就要这样点读。

需要注意，"太平"或"大平"虽是用来形容"所见"的词汇，但不等于"太平"是专指《春秋》昭、定、哀三公的时段。何休从未以"世"言"太平"，在他笔下，"太平"是可以指代其他时段的圣王统治下的状况，如"周公摄政致大平"便是一例。③除此例外，何诂未尝单言"乱世"，更多的是在"拨乱世"的语脉中使用：

[1]《公羊》隐二年何诂："眣，适也，齐人语。据传言拨乱世。"

[2]《公羊》隐五年何诂："《春秋》拨乱世，以绌陟为本，故举绌陟以所主者言之。"④

上述两例中的"拨乱世"，出自《公羊》哀十四年传："拨乱世，反诸正，莫近诸《春秋》。"⑤此"拨乱世"的"乱世"是概括全经的内容，绝非单指隐、桓、庄、闵、僖五公而已。如果"乱世"是专指"所

---

① 苏舆：《春秋繁露义证》卷1，第10页。
② 徐彦：《春秋公羊传注疏》卷10，第209页。
③ 徐彦：《春秋公羊传注疏》卷3，第49页。
④ 徐彦：《春秋公羊传注疏》卷2，第30页；卷3，第49页。
⑤ 徐彦：《春秋公羊传注疏》卷28，第627页。

传闻"而言，那么何氏"满一时乃书"之语，便有"所传闻"以外的事例得不到解释。文十年"自正月不雨，至于秋七月"和文十三年"自正月不雨，至于秋七月"都是"满一时"而非"一月不雨"，而鲁文公又是"所闻"而非"所传闻"。相反，只要放弃苏舆的解释，知道"《春秋》乱世"是泛指全经，不是隐、桓、庄、闵、僖五公，那么文公"不雨"的记载便不会构成反证。由此可证，以"乱世"释"所传闻"，是不可取的。此"乱世"与"太平"不是同属"三世"之称。

由"据乱"和"乱世"的错误，推不出皮锡瑞"拨乱世"的正确。"拨乱世"一语虽然出自《公羊》，但不等于三世以"拨乱"为始。如上所述，《公羊》哀十四年传"拨乱世，反诸正"是通释《春秋》全经的说法，不是专就"三世"的第一世而言。把"拨乱世"解为"始于拨乱"，偏离传义。何休也没有说过"拨乱"或"拨乱世"是三世的内容。皮锡瑞既背传又违注，窒碍难通。

在这里，需要参考何休对"拨乱世"的解释。何诂："拨，犹治也。"① 此"治"就是治理义。"拨乱世"就是治理乱世。"乱世"包含《公羊》所说的"所见""所闻""所传闻"的"三世"。何诂："于所传闻之世，见治起于衰乱之中……于所闻之世，见治升平……至所见之世，著治大平。"② 这里说明"治"的三种发展：先是"起于衰乱之中"，然后"升平"，最终"大平"。这三种发展主要是围绕"治"而言，多于对"世"的称谓。以下逐一举证：

（1）"衰乱"

除"见治起于衰乱之中"，何诂另有一例："王者起所以必改质文者，为承衰乱救人之失也。……故王者始起，先本天道以治天下……故

---

① 徐彦：《春秋公羊传注疏》卷28，第627页。
② 徐彦：《春秋公羊传注疏》卷1，第26页。

后王起，法地道以治天下……"① 此"衰乱"讲的是"救人之失"，涉及王者如何"治天下"的问题。按照何休的想法，"衰乱"是需要处理的弊端，仅以"衰乱"概括"所传闻"，肯定是不够的。这样，将会漏了针对"衰乱"的"治"。"乱"与"治"的密切性，在何诂中还有另一例："于治乱当赏疑从重"②，此"治乱"是"见治起于衰乱之中"的"所传闻之世"的省称。此"治乱"与"治起于衰乱之中"相通。"治乱"显示单言"乱"的不全面，有"乱"而需要"治"，方是何休的要旨。曾亦以"衰乱"称"三世"的第一世，说是"音义俱佳"，③ 实不可取。"衰乱"是就"治"而言，与"拨乱""乱世""据乱"一样，都是有"乱"无"治"，是不尽忠于何休原来的想法。

（2）"升平"

除"于所闻之世，见治升平"外，何诂言"升平"有 6 例，即"至所闻之世，著治升平"、"入文公所闻世，见治升平"、"言会者，见所闻世治近升平"、"吴国见者，罕与中国交，至升平乃见"、"以奔无他义，知以治近升平书也"、"治小如大，廪廪近升平"。④ 以上诸例，除"吴国"一例不以"治"言，其他皆是说"治"。鉴于吴与中国的交往，其实也是属于对夷狄的"治"，所以仅说"升平"而遗言"治"，不合何意。

（3）"大平"和"太平"

除"至所见之世，著治大平"外，何诂言"大平"有 9 例，即"周公摄政致大平"、"此道大平制"、"颂声者，大平歌颂之声"、"名

---

① 徐彦：《春秋公羊传注疏》卷 5，第 99 页。
② 徐彦：《春秋公羊传注疏》卷 9，第 187 页。
③ 曾亦说："然邵本有'衰乱'一词，音义俱佳，故从之。"参阅《春秋公羊学史》上册，第 351 页注 1。
④ 徐彦：《春秋公羊传注疏》卷 4，第 82 页；卷 13，第 294 页；卷 16，第 346 页；卷 17，第 384 页；卷 20，第 450 页。

者，所见世著治<u>大平</u>"、"哀公著治<u>大平</u>之终"、"上有圣帝明王，天下<u>大平</u>，然后乃至"、"<u>麟</u>者，<u>大平</u>之符"、"明<u>大平</u>以瑞应为效也"、"崇德致麟，乃得称<u>大平</u>"。① 综观这些用例，"大平"与"治"或相关的政治效果（包括"摄政"、"制"、"颂声"、"麟"及其"至"等等）密切相关。此外，何诂"太平"亦有4例，即<u>太平</u>一月不雨即书"、"制礼作乐，致<u>太平</u>"、"入昭公，见王道<u>太平</u>"、"文致<u>太平</u>，欲见王者治定"。② 在这些例子中，"太平"也是作为王者施政成果的描述。与"升平"一样，"大平"和"太平"都是描摹"治"的成效。"大"和"太"俱作"泰"音③，"泰"有"通"义或"极"义。以"泰"释"平"，意谓"治"的全面完成。撇开"治"而言"大平"或"太平"，殊非何休本意。

综上所述，何休是以"治"的效果来划定"三世"，而"起于衰乱之中""升平""大平"都是专就"治"的效果而言。何诂"见治升平"和"著治大平"的"见"和"著"都是展示义，而"治"是被展示的客体。"升平"和"大平"现在虽是习以为常的复合词，但在何诂"三世"论述中，"升"和"大"是刻画"治"的表现，皆以"平"为言，是描述"平"的动词。"平"有"成"义，如《穀梁》隐六年传："平之为言，以道成也。"④ "平"意谓实现、完成。"平"是可以指望成果的吉祥语。⑤ 以"平"言说某一东西的发展，往往寄寓成果可以实现的

---

① 徐彦：《春秋公羊传注疏》卷3，第49页；卷10，第200页；卷16，第360页；卷22，第479页；卷27，第597页；卷28，第620、624、626、628页。
② 徐彦：《春秋公羊传注疏》卷10，第209页；卷12，第266页；卷23，第505页；卷26，第566页。
③ 徐彦：《春秋公羊传注疏》卷1，第26页；卷10，第209页。
④ 杨士勋：《春秋穀梁传注疏》卷2，第22页。
⑤ 王莽亦因"平"的吉祥义，改"幽州"为"平州"，因为"平"作为佳字，对他要篡取汉家天下有更多的心理支持。参阅辛德勇：《秦汉政区与边界地理研究》，北京：中华书局，2009年版，第154页。

愿心。《汉书·食货志》记载治国养民之功，说"进业曰登"，"再登曰平"，"三登曰泰平"。① 虽然讨论对象不同，但此"登"→"平"→"泰平"的递进关系，在某程度上也印证"治起于衰乱之中"→"治升平"→"治大平"的用法。"登"与"起"同是冒出来的意思，而"平"与"升平"是指进行中而又开始见效的情况，"泰平"和"大平"都是属于全面完成的情况。"治起于衰乱之中"是指"治"在衰乱中出现，还谈不上成果；"治升平"是指"治"可以出现成果；"治大平"是指"治"得到全盘成就。

明乎此，可以知道"治升平"和"治大平"的"平"都是说"治"而非说"世"。何诂以"平"言"世"仅有一例，即"于治乱当赏疑从重，于平世当罚疑从轻。"② 此"平世"与"治乱"对言，它们都是性质相约的省略语。如上所述，"治乱"是"见治起于衰乱之中"的"所传闻之世"的省称，而"平世"包含"见治升平"的"所闻之世"和"著治大平"的"所见之世"。离开"治"而言"衰乱"、言"升平"、言"大平"，充其量仅是省略语，而且容易使读者忽略"治"的元素，本非圆满之说。真正忠于何休的说法，还是应该采用"所传闻""所闻""所见"的三分法。

2. "义"与"事"的"相反"

皮锡瑞改用"拨乱世""升平世""太平世"，只能反映他像许多追求改革的知识分子，相信进化论的发展趋向，并勇于想象和追求不确定的美好未来，但不能算是准确掌握传注的诠释。他很清楚，何休"三世"的陈述与实际的历史发展存在巨大的落差：鲁隐公在历史上不是受命王，哀公统治期间也不是太平世，然而《春秋》"借之"以为受命王和太平世。问题回到原点：这里再次让何休代言《春秋》，

---

① 班固：《汉书》卷24，第1123页。
② 徐彦：《春秋公羊传注疏》卷9，第187页。

把他的理论当作《春秋》和《公羊》的思想，但始终没有举出任何具体的证据说明孔子、《公羊》作者和何休允许"事"的可伪性（与 E_4、F_4、H_4 相反）。

3. "世愈乱，而《春秋》之文愈治"

为了证明"借事明义"是解读"张三世"的关键，皮锡瑞提出以下两个凭据：一是"世愈乱，而《春秋》之文愈治"；另一是徐疏"实非升平"之论。

现在，先讨论前者。这是出自刘逢禄《公羊何氏释例·张三世例》云："鲁愈微，而《春秋》之化益广"，"世愈乱，而《春秋》之文益治。"① 皮锡瑞两引此语，无非是想说明"其义与时事正相反"。据他的理解，《春秋》的内容（更准确地说，是经过何休诠释的各种叙事）与史实不合，是可以接受的。在讨论"张三世"的问题上，皮锡瑞再度出现从"借事"改为"借义"的转换。像黜周王鲁一样，何休"三世"的说明也不是纯粹的思想主张，还是一套首尾连贯的叙事，因其在"三科九旨"之列，皮锡瑞称之为"义"也不妨，但它同样是被"借"的"事"，不仅是被"明"之"义"。此外，他对"假借"的强调，同样是把"张三世"当作短暂性的工具；刘逢禄"世愈乱"与"文愈治"的反差，就是印证"义本假借，与事不相比附"的根据。在皮锡瑞看来，真正重要的是让后人借此知道"治拨乱之世应如何，治升平之世应如何，太平之世应如何"，"十二公之行事"不过是用来刻画"进化之程度"，相对不重要，甚至是可弃的。

刘逢禄之言，是他个人对《春秋》叙事的概括，但于经传皆无确据。《春秋》没有这方面的主张，《公羊》亦无此说。全传除作人名（如"文公"之类）之用外，"文"作为讨论《春秋》修辞的概念，主

---

① 刘逢禄：《春秋公羊经何氏释例》卷1，见《春秋公羊经何氏释例 春秋公羊释例后录》，上海：上海古籍出版社，2013年版，第8—9页。

要是就"实与而文不与"的传义（僖元年、僖二年、僖十四年、文十四年、宣十一年、定元年）①，涉及的都是诸侯、大夫专封或专讨之事。无疑，"文"的概念反映《公羊》相信有些经文的寓意不在字面上直接反映，但由"实与而文不与"的观点是推不出"文愈治"的结论，因为"文不与"是显示《春秋》严于固有的制度安排，即使觉得可以肯定的善事（故"实与"）也不敢在措辞上有所放松（故"文不与"）。相反，刘氏"世愈乱"与"文愈治"的判断却认为现实政治虽然混乱而《春秋》却将之描写得像治世那般美好。前者是责善求全，故遇到专讨、专封等事也慎于示褒；后者是美化乱世，明知事实不合也要吹捧叫好。这是两种不同的写作心态。阅读《公羊》，是找不到"文愈治"或类似的观点。

不仅《公羊》，连诠释《春秋繁露》也没有类似刘逢禄的思想主张。《天道施》云："文辞不隐情，明情不遗文，人心从之而不逆，古今通贯而不乱，名之义也。"② 如其解，《春秋》文辞的写作方针，在于"情"的表达，而非违反"情"而另作相反的叙事，像"义本假借，与事不相比附"的说法，大概是用不上的。

由于欠缺文献根据，刘逢禄其实无从措手解决举证不足的难题，只能概括论之，其对"世愈乱"与"文愈治"的刻画，不过是粗略至极的泛辞，就辩护的效力而言，不过是为《解诂》多添一把叫好的呼声。皮锡瑞立足于这一泛辞，又不能给予其他实际的支撑，并进而伸张"义"的"假借"。这不仅是误以何诂代言《春秋》，而且不见得忠于何休的原意。毕竟，何休未尝允许他的叙事是可伪的或可弃的（参照 H_4、K_4），更未主张孔子允许这样做（参照 E_4、L_4）。皮锡瑞对"进化之程度"的关怀，充其量是近代知识分子流行的思想反应，很难说何休在东汉时已

---

① 徐彦：《春秋公羊传注疏》卷10，第200、205—206页；卷11，第229页；卷14，第307页；卷16，第347页；卷25，第548页。
② 苏舆：《春秋繁露义证》卷17，第471页。

有相应的预见。

4. 徐疏"实非升平"之论

接下来,讨论徐疏"实非升平"之论。徐疏所解的"至所见之世,著治大平",本无假托之意。何休屡用"著"字,大多作显明义,如"著取邑以自广大"、"故著其不肖"、"故如其意,以著其恶"等等。①因此,"著治大平"意谓显出"所见"之世"治"已达到"大平"的地步,此"著"的显明义不包含当时状况实非如此之意。说实在的,徐疏与后来的刘逢禄一样,都是看见何休叙事与历史实际之间的差距,故有"实非太平"和"实非升平"等判断。然而,何休允许其对"三世"是可伪的或可弃的吗?没有证据显示他有这样的主张(与 H_4、K_4 相反)。

皮锡瑞引录徐疏的目的,无非是伸张"不合"的可接受性,以此进一步批判"昧者"对以下两者的"不知":一是认为孔子"生于昭、定、哀世,岂不知其为治为乱";另一是再次引用刘逢禄"世愈乱,而《春秋》之文愈治"云云一段话,言及《公羊》家"亦非不知其为治为乱也",另以"孟子以《春秋》成为天下一治"为旁证。这样对"不知"的驳论,存在两个问题:

(1) 申述"三世"的,分明就是何休,而非孔子。自始至终,皮锡瑞一直不提何休,以孔子或《春秋》为立言的主体。这是假定何休与孔子在思想上无分彼此,二而为一。除了何休的忠实信徒外,恐怕也没有人这么认为。

(2) 以何休代言孔子,代价就是必须举证说明孔子允许其"事"的可伪性和可弃性(即 E_4、L_4)。可是,皮锡瑞始终不正视举证责任的增加,没有拿出具体证据说明孔子作《春秋》的写作过程正如其说。

(3) 刘逢禄仅是其中一名《公羊》学者。他的观点既不等于《公羊》的观点,也不等于所有"《公羊》家"的观点。如上所述,"世愈

---

① 徐彦:《春秋公羊传注疏》卷2,第41页;卷3,第60页;卷4,第67页。

乱，而《春秋》之文愈治"在《公羊》和《春秋繁露》中俱无典据，而何休也不见得允许"事"的可伪性。因此，以刘逢禄这个观点代言《公羊》，也不可信。

（4）撇开代言的问题，皮锡瑞强调孔子和《公羊》家不是"不知其为治为乱"，背后的思路是认定他们：

　　Ⅰ. 知道春秋时代是乱世；
　　Ⅱ. 仍要把春秋时代说成"拨乱世""升平世""太平世"；
　　Ⅲ. 允许Ⅱ是假借的；

以上推论，其实大有商酌的余地。知道Ⅰ和Ⅱ是相反的，不蕴涵Ⅱ被允许是可伪的。何休即使知道黜周王鲁和三世的陈述不合历史实际，也没有允许它们是虚假的（参照 H_4、I_4）；在他笔下，这些叙述具有丰富而重要的信息，绝非随便弃之也可以的工具（参照 J_4、K_4）。说到底，要证成Ⅲ，仅是根据Ⅰ和Ⅱ是相反的，没有多少说服力，只要继续深入思考，便会陷入难以开释的困惑之中；——尤其当读者知道陈述Ⅰ和Ⅱ的不是孔子和《公羊》家，而是其他人，且Ⅰ和Ⅱ背后都没有可靠的佐证。

（5）"一治"之说，出自朱熹，而非孟子。皮锡瑞"以《春秋》成为天下一治"之论，无非是借此多添一则旁证，以此显示孟子所理解的《春秋》也把春秋乱世视为"一治"。然而，孟子和朱熹不是这样的主张。①《经学通论》所论，尤悖《孟子》和《集注》原旨。

六、小结

讨论至此，应不难窥见皮锡瑞倡议的"借事明义之旨"，实非准确

---

① 参阅本书第三章，第237—238页。

描述《春秋》宗趣的恰当纲领。此说或可追溯至更早之前的《公羊》学者，但其理论渊源实乃经师私说，非经传本义。从《春秋》和《公羊》找证据，不见得能够进行有效的辩护。以"借事明义"来解释《公羊》对鲁隐、祭仲、齐襄、宋襄四人的叙事，是违反《公羊》和何诂的做法。至于"黜周王鲁"和"三世"这两个主张，则不见得可以透过"借事明义"而做出更合理的说明。——最低限度，这是否符合何休的原意，便很难说。

重视"义"的理解，不意味"事"必须是假托的。《春秋》载有许许多多的事件，这不应当成为问题。但经皮锡瑞"借事明义"一说，这不成问题的问题居然成了问题，不须说也要说了。"借事明义"最大的内在缺憾，是欠缺明确的操作条件。从皮锡瑞的举证可见，那些被认定为"借"的"事"，其实都是《公羊》或何诂备受争议的一些观点；而这些争议出现的缘故，在于《公羊》和何诂以外还有其他可信的说法，论者感到怀疑，觉得不必接受《公羊》和何诂为《春秋》的正确解释。"借事明义"就是针对这些怀疑和争议而作出的辩解策略，企图拿出令人信服的说法。不过，这般辩解，代价是巨大的。这代价就是从根本上离弃《公羊》和《解诂》，不再忠于其文本原意。

现在看来，把"明义"与"借事"对立起来，既不必要，又有误导性，于经传亦无确据。没有这套观点，不见得不能正确解读经传，包括《公羊》在内。说到底，经义的准确理解，要看解经者对文句辞义的诠释。在文本以外侈谈的宏大主张，不见得都是可靠的。"借事明义"跟某些夸称经学体系的纷纷浮言一样，都是有待质疑和论证。

结　语

本书对《经学通论》的各种观点进行细致梳理，在诸多重大问题上都提出了新见解。

以往学界许多人相信，这是一部适合经学入门的读本，尽管明知皮锡瑞偏好"今文家言"，但还是倾向相信皮锡瑞所论符合实际，故不求甚解，在许多具体问题的认识上，以皮之是非为是非，不问其论证背后有否坚实的经验依据。

依本书的研究心得，至少在《春秋》研究领域上，《经学通论》有些观点论证谬误，不宜取信：

（一）皮锡瑞以《春秋》为素王的主体，不像其他《公羊》学者那样主张孔子是素王。在主观上，这是维持《春秋》改制的首要性，同时又拉开了他与康有为孔子自王说之间的思想距离。问题是，皮锡瑞始终拿不出可靠的论证支持其说。在客观上，除了加强对《左传》及杜预等人的攻诘，扩大《公羊》学者占据"素王"话语的份额外，其余落实到具体环节的论证，都是可疑的；不论是《史记》抑或其他文献，都找不到足以支持"《春秋》素王之义"的证据。

（二）为了证明《春秋》改制的安全和效用，皮锡瑞尝试把"改制"说成"变法"，以此显示《公羊》学者所支持的改制并无僭妄的危险，对清廷和当前政治体制没有实际的冲击。在论证上，皮锡瑞不希望《春秋》改制招惹政治猜忌，遂加设了"行事从周"与"立说从殷"的二分法，凡举颜子问为邦、爵三等、岁三田、诸子改制、《檀弓》三言"邾娄"、《中庸》《儒行》二疏，都被他用作印证"变周从殷"的证据。不过，皮锡瑞的举证屡次不合文本之意，其证据与结论之间存在脱节，难以彼此串联。

（三）据皮锡瑞的理解，"《春秋》素王之义"不仅是改制之书，更有明确的服务对象。由于《春秋》和《公羊》皆无"改立法制"的充足证据，皮锡瑞尝试从汉人言论中寻找边缘证据，从"为汉制法"的言谈推断"为后王立法"的结论。但是，"为汉制法"和"为后王立法"这两个主张在内涵和外延上存在差别，皮锡瑞以前者证后者，不论在思路抑或论证上，言不成理，存在一些难以自解的谬误。诸如其对何休"引纬之罪"的辩护，对《左传》"擅增传文"的反诘，对欧阳修讥汉儒为"狭陋"的批驳，都是不能成立的。皮锡瑞没能有力证明《春秋》真的具有他所宣言的未来构想，他的论证是不可信的。

（四）在孔子作《春秋》之时，并无经、史之殊。随着四部分类的出现，《春秋》作为《五经》之一，它和三传一直被列为经部著作。这都是图书分类的意义，与经传作者的写作想法没有直接的关系。然而，皮锡瑞相信"经"与"史"的分拆，是从孔子写作《春秋》之时已经存在的。以此，"经史之分"已被转化为独尊"今文说"且排斥异己的工具。于是，杜预以《左传》解《春秋》的做法，遭到严厉批判，但考察皮锡瑞对杜预的诘难，实嫌过苛。

（五）皮锡瑞对杜预的批判，重点是放在五十凡例的设定。然而，杜预将凡例归于周公，如何认识周公与周礼的关系；而杜注调和经传歧异的努力，其中自有内在的学术理性考虑。五十凡例的提出，不等于孔子的贡献遭到抹杀。皮锡瑞硬把夺创制之功的罪名冠在杜预头上，只能反映他厌恶《公羊》立场得不到推尊的愤慨，不能说明什么。此外，皮锡瑞援引陆淳、柳宗元的反对意见，也不能印证其对杜氏凡例批判的正确性。

（六）以《春秋》为经、《左传》为史的二分切割，就是否定《左传》解经的资格。皮锡瑞对《左传》的批判，不是描述它的哪些内容不能解经，更多的是罗列其他人对《左传》的读后感，尤其那些被他视为有助于证成《左传》为史的观点。凡举王应麟、袁宏、刘知几、顾栋高、阮元、陈澧、陆淳、陈商、王接、刘安世等人的说法，以及张杓《春秋之传解》及其解证，都被他用作讥评《左传》的证据。表面上看，例证似乎很丰富，但若钩沉索隐，就可看出皮锡瑞所录的证据大多以偏概全，歪曲原意，以此作为《左传》不能解经的依据，则大不可。

（七）皮锡瑞对"大义"与"微言"划为二个不同性质的内容，认为"大义"是"诛讨乱贼以戒后世"，而"微言"是"改立法制以致太平"。这是前所未有的新构想，但皮锡瑞努力向读者证明，这是过去儒者（包括孟子在内）已有"明言"。在《孟子》中，相关文本并无所谓"大义"和"微言"的划分，也不支持"《春秋》素王"、"空设一王之法"等主张。

（八）此外，皮锡瑞还表明"微言、大义存于董子之书"，但举证同样不可信，凡举董仲舒作为"醇儒"的评价，其与胡毋生的师承，《太史公自序》的解读，以及《春秋繁露》相关内容的认识，都是信笔写来，不甚经意，殊不足以证成董仲舒也有"大义"与"微言"的二分构想。

（九）为了充实其对"微言"与"大义"的二分构想，皮锡瑞尝试援引五名宋儒为据，宣称周敦颐、邵雍、程颐、张载、朱熹五人"独能知微言大义"。细读其对宋五子的评语，可以发现他似乎觉得宋五子说了一些令他投契的话；而《经学通论》对"大义"与"微言"的论断，则是建立在扬《公》抑《左》《榖》的偏见之上。皮锡瑞拿宋五子作为支持己说的依据，绝非烛幽显隐之论，反而是他的重大论证缺欠。

（十）皮锡瑞辩护《公羊》的另一策略，是强调"借事明义之旨"。认真分析的话，可以发现这一观点不仅规定"义"的首要性和"事"的工具性，更预设"事"的可伪性和可阙性。为了支持"事"是可伪的，皮锡瑞不得不预设孔子和《公羊》作者允许"事"的可伪性。检查其说，便会发现其说定义含糊，条件不明，且欠缺必要的操作性指引。

（十一）为了证明"借事明义"的主张，皮锡瑞表示《春秋》的"事"不过是"做一样子"，为此提出了四方面的证据，分别是《太史公自序》有关"空言"和"行事"的说法，四则涉及《春秋》字数的记载，朱熹评价《春秋》的语录，胡安国《春秋传序》的观点。可是，皮锡瑞对相关文献的解读违离相关原意甚是遥远，这些举证绝不足以支持"借事明义"的论断。

（十二）"借事明义"是一项袒护《公羊》门户的偏倚性主张。按皮锡瑞的意见，"借事明义"的客观效应在于"事"不必按其史实性严肃考究，不仅《公羊》有关鲁隐让国、祭仲知权、齐襄复仇、宋襄仁义行师等叙事皆可免除诘责，连何休黜周王鲁和张三世等高度争议性的主张也可以遭到严肃批判。然而皮锡瑞的证论显得相当薄弱，认真审视便能注视其证据与论断之间的鸿沟。

一个问题，不能因为是教科书说了的就说正确，也不能因为教科书说了的就说错误。某一说法被编列为教科书的内容，只能证明相关机构承认它，学者使用它。重要的是看论证，是非只能通过论证判断。从论证看，由《春秋》改制所展开的各种主张，都有说不通的地方。众所周知，清末知识分子都在不断试错和修正，许多品评意见都是试探性的论断，《经学通论》亦莫能外，只不过较多学术气质而已，然亦绝非为学术而学术者。以上十二点，已说明皮锡瑞对《春秋》经传的论断有待修正，当还学术以本来面目，不该视为定谳。

最后必须强调，还原学术的本来面目，不意味弃之如敝屣。一本书有些观点上的问题，或是论证不够严密之处，都是很难完全避免的。不必讳言，《经学通论》对《春秋》的许多评说经不起推敲，但作为学术史的重要史料，它对了解清末知识分子的思想意识很有参考价值。一概唾弃，与盲目叫好一样，其谬相同，皆不可取。黄永年在解释"士先器识而后文艺"之义，发人深省地说道："任何一个主张的提出和解释都决定于时代的条件和本人的立场。持'旧瓶'喝'旧酒'是绝对不行的。'旧瓶装新酒'也许可以喝，但'旧瓶'的外貌装潢易于混淆视听，必须作一番注疏式的解释才能免滋流弊，因此我认为在必要时不妨另制'新瓶'，譬如'德才兼备'的提法在今天就比'士先器识而后文艺'要确切。当然，'士先器识而后文艺'这类'旧瓶'也不必丢进垃圾堆，留着对了解古人的思想意识固自有其用处……"① 皮锡瑞同样想要"旧瓶装新瓶"，他的努力纵不成功，也值得后人认真对待。拙著即是一次尝试。

---

① 黄永年：《"士先器识而后文艺"正义》，见《黄永年文史论文集》第 4 册，北京：中华书局，2014 年版，第 65—66 页。

主要参考文献

一、中文部分（按作者拼音顺序）

B

班固：《汉书》，北京：中华书局，1962年版。

C

曹端：《曹端集》，王秉伦点校，北京：中华书局，2003年版。
晁福林：《夏商西周史丛考》，北京：商务印书馆，2018年版。
陈壁生：《经学的瓦解》，上海：华东师范大学出版社，2014年版。
陈壁生：《孝经学史》，上海：华东师范大学出版社，2015年版。
陈澧：《陈澧集》，黄国声主编，上海：上海古籍出版社，2008年版。
陈立：《公羊义疏》，刘尚慈点校，北京：中华书局，2017年版。
陈立：《白虎通疏证》，吴则虞点校，北京：中华书局，1994年版。
陈其泰：《清代春秋公羊学通论》，北京：华夏出版社，2018年版。
陈其泰：《清代公羊学》，上海：上海人民出版社，2011年版。
陈荣捷：《近思录详注集评》，上海：华东师范大学出版社，2007年版。

陈弱水：《唐代文士与中国思想的转型》，桂林：广西师范大学出版社，2009年版。

陈少明：《做中国哲学：一些方法论的思考》，北京：生活·读书·新知三联书店，2015年版。

陈智超编：《励耘书屋问学记：史学家陈垣的治学（增订本）》，北京：生活·读书·新知三联书店，2006年版。

程颢、程颐：《二程集》，王孝鱼点校，北京：中华书局，1981年版。

程树德：《论语集释》，高流水点校，北京：中华书局，1990年版。

程苏东：《从六艺到十三经：以经目演变为中心》，北京：北京大学出版社，2018年版。

崔适：《春秋复始》38卷，见《续修四库全书》，上海：上海古籍出版社，1995年版。

D

邓秉元主编：《新经学》（第三辑），上海：上海人民出版社，2018年版。

邓国光：《经学义理》，上海：上海古籍出版社，2011年版。

丁文江、赵丰田：《梁启超年谱长编》，上海：上海人民出版社，1983年版。

杜佑：《通典》，王文锦等点校，北京：中华书局，1988年版。

F

范祥雍：《战国策笺证》，上海：上海古籍出版社，2011年版。

范晔：《后汉书》，北京：中华书局，1965年版。

方韬：《杜预〈春秋经传集解〉研究》，北京：中国社会科学出版社，2017年版。

房玄龄等：《晋书》，北京：中华书局，1974年版。

冯克诚主编：《清代后期教育思想与论著选读》，北京：人民武警出版社，2011年版。

G

干春松、陈壁生主编：《经学与建国》，北京：中国人民大学出版社，2013年版。

广州大典编纂委员会编：《广州大典》，广州：广州出版社，2017年版。

葛志毅：《谭史斋论稿》，哈尔滨：黑龙江人民出版社，2001年版。

龚道耕：《龚道耕儒学论集》，李冬梅选编，成都：四川大学出版社，2010年版。

顾栋高：《春秋大事表》，吴树平、李解民点校，北京：中华书局，1993年版。

顾炎武：《日知录集释（全校本）》，黄汝成集释，栾保群、吕宗力校点，上海：上海古籍出版社，2006年版。

郭庆藩：《庄子集释》，王孝鱼点校，北京：中华书局，1961年版。

郭齐勇、欧阳祯人主编：《问道中国哲学：中国哲学史研究的现状与前瞻》，北京：九州出版社，2013年版。

过常宝：《制礼作乐与西周文献的生成》，北京：中国社会科学出版社，2015年版。

H

何宁：《淮南子集释》，北京：中华书局，1998年版。

洪亮吉：《春秋左传诂》，李解民点校，北京：中华书局，1987年版。

侯外庐等主编：《宋明理学史》，北京：人民出版社，2005年版。

胡安国：《春秋胡氏传》，钱伟强点校，杭州：浙江古籍出版社，2010年版。

胡宏：《胡宏集》，吴仁华点校，北京：中华书局，1987年版。

黄怀信、张懋镕、田旭东：《逸周书汇校集注》，上海：上海古籍出版社，2007年版。

黄怀信：《鹖冠子校注》，北京：中华书局，2014年版。

黄晖：《论衡校释》，北京：中华书局，1990年版。

黄开国：《公羊学发展史》，北京：人民出版社，2013年版。

黄庆林：《清末守旧派研究》，北京：人民出版社，2018年版。

黄永年：《黄永年文史论文集》，北京：中华书局，2014年版。

J

焦循，沈钦韩撰：《春秋左传补疏　春秋左氏传补注》，郭晓东、郝兆宽、陈岘点校，上海：上海古籍出版社，2016年版。

贾公彦：《周礼注疏》，北京：北京大学出版社，1999年版。

蒋伯潜：《十三经概论》，上海：上海古籍出版社，2010年版。

蒋礼鸿：《商君书锥指》，北京：中华书局，1986年版。

金景芳：《金景芳全集》，上海：上海古籍出版社，2015年版。

金小方：《经学大师皮锡瑞》，郑州：中州古籍出版社，2016年版。

K

康有为：《康有为全集》，姜义华、张荣华编校，北京：中国人民大学出版社，2007年版。

柯劭忞：《春秋谷梁传注》，北京：国立北京大学研究院文史部，1927年版。

孔广森：《春秋公羊经传通义》，崔冠华校点，北京：北京大学出版社，2012年版。

孔颖达：《春秋左传正义》，北京：北京大学出版社，1999年版。
孔颖达：《礼记正义》，北京：北京大学出版社，1999年版。
孔颖达：《毛诗注疏》，上海：上海古籍出版社，2013年版。
孔颖达：《尚书正义》，北京：北京大学出版社，1999年版。

L

凌曙等撰：《春秋公羊礼疏（外五种）》，黄铭、杨柳青、徐渊点校，上海：上海古籍出版社，2015年版。

黎汉基：《"孔子出而有经之名"驳议——皮锡瑞〈经学历史〉的论证问题》，见《文史哲》，待刊稿。

黎汉基：《〈穀梁〉政治伦理探微：以"贤"的判断为讨论中心》，北京：中华书局，2020年版。

黎汉基：《父命抑或王父命？——从聩辄争国事件看儒家政治伦理的发展》，《中山大学学报（社会科学版）》2018年第4期。

黎汉基：《混沌中的探索：殷海光的思想困境》，北京：人民日报出版社，2006年版。

黎汉基：《权变的论证：以〈春秋〉祭仲废立事件为研究案例》，《中山大学学报》2012年第5期。

黎汉基：《社会失范与道德实践：吴宓与吴芳吉》，成都：巴蜀书社，2006年版。

黎汉基：《门户以外：〈春秋〉研究新探》，上海：上海古籍出版社，2020年版。

黎靖德：《朱子语类》，王星贤点校，北京：中华书局，1986年版。
黎翔凤：《管子校注》，梁运华整理，北京：中华书局，2004年版。
李林甫等：《唐六典》，北京：中华书局，1962年版。
李锐：《人物、文本、年代：出土文献与先秦古书年代学探索》，北京：中国人民大学出版社，2017年版。

李锐：《同文与族本：新出简帛与古书形成研究》，上海：中西书局，2017年版。

李若晖：《不丧斯文：周秦之变德性政治论微》，上海：上海人民出版社，2019年版。

李若晖：《解经与治国：以战国至西汉儒道经学之互动为中心》，《南开学报（哲学社会科学版）》2017年第3期。

李若晖：《久旷大仪：汉代儒学政制研究》，北京：商务印书馆，2018年版。

李细珠：《新政、立宪与革命：清末民初政治转型研究》，北京：北京师范大学出版社，2018年版。

李学勤：《中国古代文明研究》，上海：华东师范大学出版社，2009年版。

李延寿：《北史》，北京：中华书局，1974年版。

李源澄：《李源澄著作集》，台北：中研院文哲所，2008年版。

梁启超：《清代学术概论》，朱维铮导读，上海：上海古籍出版社，1998年版。

廖梅：《汪康年：从民权论到文化保守主义》，上海：上海古籍出版社，2001年版。

林鹄：《南望：辽前期政治史》，北京：生活·读书·新知三联书店，2018年版。

林希逸：《南华真经口义》，陈红映校点，昆明：云南人民出版社，2002年版。

林义正：《公羊春秋九讲》，北京：九州出版社，2018年版。

林庆彰主编：《晚清四部丛刊》，台中：文听阁图书有限公司，2010年。

林庆彰主编：《民国时期经学丛书》第一辑，台中：文听阁图书有限公司，2009年版。

刘逢禄撰：《春秋公羊经何氏释例　春秋公羊释例后录》，曾亦点校，上海：上海古籍出版社，2013年版。

刘家和：《史学、经学与思想：在世界史背景下对于中国古代历史文化的思考》，北京：北京师范大学出版社，2005年版。

刘巍：《中国学术之近代命运》，北京：北京师范大学出版社，2013年版。

刘昫等：《旧唐书》，北京：中华书局，1975年版。

刘仲华：《世变、士风与清代京籍士人学术》，北京：中国人民大学出版社，2013年版。

刘宗周：《刘宗周全集》，钟彩钧编审，台北：中研院文哲所，1996年版。

柳宗元：《柳宗元集》，北京：中华书局，1979年版。

泷川资言：《史记会注考证》，北京：新世界出版社，2008年版。

逯耀东：《魏晋史学的思想与社会基础》，北京：中华书局，2006年版。

吕绍纲：《庚辰存稿》，上海：上海古籍出版社，2000年版。

M

马瑞辰：《毛诗传笺通释》，陈金生点校，北京：中华书局，1989年版。

茅海建：《从甲午到戊戌：康有为〈我史〉鉴注》，北京：生活·读书·新知三联书店，2018年版。

蒙文通：《蒙文通全集》，成都：巴蜀书社，2015年版。

牟润孙：《注史斋丛稿（增订本）》，北京：中华书局，2009年版。

O

欧阳修、宋祁：《新唐书》，北京：中华书局，1975年版。

P

潘斌：《皮锡瑞学术研究》，成都：四川大学出版社，2015年版。

彭春凌：《儒学转型与文化新命：以康有为、章太炎为中心（1898—1927）》，北京：北京大学出版社，2014年版。

皮锡瑞：《皮锡瑞全集》，吴仰湘编，北京：中华书局，2015年版。

皮锡瑞：《经学通论》，吴仰湘点校，北京：中华书局，2017年版。

皮锡瑞：《经学通论》，周春健校注，北京：华夏出版社，2011年版。

皮锡瑞：《经学历史》，周予同注释，北京：中华书局，1989年版。

平飞：《经典解释与文化创新：〈公羊传〉"以义解经"探微》，北京：人民出版社，2009年版。

浦起龙：《史通通释》，王煦华整理，上海：上海古籍出版社，2009年版。

R

任剑涛：《当经成为经典：现代儒学的型变》，北京：社会科学文献出版社，2018年版。

阮元：《揅经室集》，邓经元点校，北京：中华书局，1993年版。

S

《四库未收书辑刊》编纂、委员会编：《四库未收书辑刊》，北京：北京出版社，2000年版。

桑兵：《治学的门径与取法——晚清民国研究的史料与史学》，北京：社会科学文献出版社，2014年版。

邵雍：《邵雍集》，郭彧整理，北京：中华书局，2010年版。

深川真树：《影响中国命运的答卷：董仲舒〈贤良对策〉与儒学的兴盛》，台北：万卷楼图书股份有限公司，2018年版。

司马迁：《史记》，北京：中华书局，2014年版。

苏舆：《春秋繁露义证》，钟哲点校，北京：中华书局，1992年版。

孙光宪：《北梦琐言》，北京：中华书局，1981年版。

孙启治：《中论解诂》，北京：中华书局，2014年版。

孙奭：《孟子注疏》，北京：北京大学出版社，1999年版。

孙希旦：《礼记集解》，沈啸寰、王星贤点校，北京：中华书局，1989年版。

孙诒让：《墨子校注》，孙启治点校，北京：中华书局，2001年版。

孙诒让：《周礼正义》，王文锦、陈玉霞点校，北京：中华书局，1987年版。

孙英刚：《神文时代：谶纬、术数与中古政治研究》，上海：上海古籍出版社，2014年版。

T

汤志钧：《章太炎年谱年编》，北京：中华书局，1979年版。

唐晏：《两汉三国学案》，吴东民点校，北京：中华书局，1986年版。

W

汪荣祖：《康有为论》，北京：中华书局，2006年版。

王利器：《风俗通义校注》，北京：中华书局，1981年版。

王利器：《新语校注》，北京：中华书局，1986年版。

王天然：《〈谷梁〉文献征》，北京：社会科学文献出版社，2014年版。

王先谦：《汉书补注》，上海师范大学古籍整理研究所整理，上海：上海古籍出版社，2008年版。

王先谦：《荀子集解》，沈啸寰、王星贤点校，北京：中华书局，

1988年版。

王先慎：《韩非子集解》，钟哲点校，北京：中华书局，1998年版。

王引之：《经义述闻》，虞思征、马涛、徐炜君校点，上海：上海古籍出版社，2016年版。

王应麟撰：《困学纪闻（全校本）》，翁元圻等注，栾保群等校点，上海：上海古籍出版社，2008年版。

王子今：《战国秦汉交通格局与区域行政》，北京：中国社会科学出版社，2015年版。

魏收：《魏书》，北京：中华书局，1974年版。

魏义霞：《康有为先秦七子研究》，北京：人民出版社，2016年版。

魏征等：《隋书》，北京：中华书局，1973年版。

吴树平：《东观汉记校注》，北京：中华书局，2008年版。

吴仰湘：《皮锡瑞的经学成就与经学思想》，长沙：湖南大学出版社，2013年版。

吴仰湘：《通经致用一代师：皮锡瑞生平和思想研究》，长沙：岳麓书社，2012年版。

X

向宗鲁：《说苑校证》，北京：中华书局，1987年版。

辛德勇：《建元与改元：西汉新莽年号研究》，北京：中华书局，2013年版。

辛德勇：《秦汉政区与边界地理研究》，北京：中华书局，2009年版。

辛德勇：《制造汉武帝：由汉武帝晚年政治形象的塑造看〈资治通鉴〉的历史构建》，北京：生活·读书·新知三联书店，2015年版。

辛德勇：《中国印刷史研究》，北京：生活·读书·新知三联书店，2016年版。

邢昺：《论语注疏》，北京：中国致公出版社，2016年版。

熊十力：《熊十力全集》，武汉：湖北教育出版社，2001年版。

徐复观：《两汉思想史》，台北：台湾学生书局，1976年版。

徐复观：《中国经学史的基础》，台北：台湾学生书局，1982年版。

徐世昌：《清儒学案》，沈芝盈、梁运华点校，北京：中华书局，2008年版。

徐彦：《春秋公羊传注疏》，北京：北京大学出版社，1999年版。

徐元诰：《国语集解（修订本）》，王树民、沈长云点校，北京：中华书局，2002年版。

许雪涛：《公羊学解经方法：从公羊传到董仲舒春秋学》，广州：广东人民出版社，2006年版。

许兆昌：《先秦乐文化考论》，哈尔滨：黑龙江人民出版社，2009年版。

Y

永瑢，纪昀等编纂：《文渊阁四库全书》，上海：上海古籍出版社，1987年版。

严复：《严复合集》，台北：财团法人辜公充文教基金会，1998年版。

阎振益、钟夏：《新书校注》，北京：中华书局，2000年版。

杨伯峻：《春秋左传注》，北京：中华书局，2000年版。

杨明照：《抱朴子外篇校笺》，北京：中华书局，1991、1997年版。

杨士勋：《春秋谷梁传注疏》，北京：北京大学出版社，1999年版。

杨向奎：《清儒学案新编》，济南：齐鲁书社，1994年版。

杨新勋：《经学蠡测》，南京：凤凰出版社，2012年版。

叶纯芳：《中国经学史大纲》，北京：北京大学出版社，2016年版。

叶国良、夏长朴、李隆献：《经学通论》，上海：上海书店出版社，

2016年版。

于鬯：《香草校书》，北京：中华书局，1984年版。

俞樾：《春在堂全书》，南京：凤凰出版社，2010年版。

俞樾：《古书疑义举例》，马叙伦校录，傅杰导读，上海：上海古籍出版社，2007年版。

荀悦，袁宏：《两汉纪》，张烈点校，北京：中华书局，2017年版。

Z

曾建林：《欧阳修经学思想研究》，杭州：浙江大学出版社，2014年版。

曾亦、郭晓东：《春秋公羊学史》，上海：华东师范大学出版社，2017年版。

张桂丽：《李慈铭年谱》，上海：上海古籍出版社，2016年版。

张沛：《中说校注》，北京：中华书局，2013年版。

张勇：《梁启超与晚清"今文学"运动：以梁著清学史三种为中心的研究》，北京：北京大学出版社，2017年版。

张载：《张载集》，章锡琛整理，北京：中华书局，1978年版。

赵伯雄：《〈春秋〉经传讲义》，北京：人民出版社，2012年版。

赵伯雄：《春秋学史》，济南：山东教育出版社，2004年版。

赵生群、赵昌文：《三传以事解经比较》，《南京师范大学学报（社会科学版）》2000年第4期。

赵生群：《〈春秋〉经传研究》，上海：上海古籍出版社，2000年。

彭林编：《清代经学与文化》，北京：北京大学出版社，2005年版。

钟文烝：《春秋穀梁经传补注》，骈宇骞、郝淑慧点校，北京：中华书局，1996年版。

周敦颐：《周敦颐集》，陈克明点校，北京：中华书局，1990年版。

朱彬：《礼记训纂》，饶钦农点校，北京：中华书局，1996年版。

朱鸿林:《〈明儒学案〉研究及论学杂著》,北京:生活·读书·新知三联书店,2016年版。

朱鸿林:《孔庙从祀与乡约》,北京:生活·读书·新知三联书店,2015年版。

朱谦之:《新辑本桓谭新论》,北京:中华书局,2009年版。

朱维铮:《求索真文明:晚清学术史论》,上海:上海人民出版社,1996年版。

朱维铮:《中国经学史十讲》,上海:复旦大学出版社,2002年版。

朱维铮:《中国史学史讲义稿》,上海:复旦大学出版社,2015年版。

朱维铮:《朱维铮史学史论集》,上海:复旦大学出版社,2015年版。

朱维铮:《走出中世纪》,上海:上海人民出版社,1987年版。

朱熹:《四书章句集注》,北京:中华书局,1983年版。

朱彝尊:《经义考(新校)》,上海:上海古籍出版社,2010年版。

竹添光鸿:《左氏会笺》,成都:巴蜀书社,2008年版。

二、英文部分(按作者的姓氏顺序)

Estlund, David, "What is Circumstantial About Justice?", *Social Philosophy and Policy*, Vol. 33, No. 1 - 2 (2016), pp. 292 - 311.

Keller, Simon, *Partiality*, Princeton: Princeton University Press, 2013.

Skinner, Quentin, "Meaning and Understanding in the History of Ideas", *Visions of Politics*, Vol. 1, *Regarding Method*, Cambridge: Cambridge University Press, 2002, pp. 57 - 89.

后 记

这是计划之外的一个副产品。

最近六年，除了翻译和校注政治理论的三本新书，我的研究课题主要是《穀梁》的政治伦理，虽然写了一部87万字的书稿，但只是处理了"贤"和相关问题而已，还有许多有趣的问题亟待处理。本来的打算是再接再厉，继续钻研《穀梁》的其他概念和思想主张。但在研究期间，我因为各种缘故跑到不同地方参加了一些学术会议，报告的题目都是聚焦在皮锡瑞的经学观点，久而久之，已积累了许多讨论《经学通论》的文章，遂趁《穀梁》课题结项之余，抽空把这些文章整理，改写成书。

说实在的，当初研究皮锡瑞的初衷，不过是为了满足自己的好奇心。一遍又一遍翻检《经学通论》之后，同时也在解读《皮锡瑞全集》等资料，对其人其书慢慢有了许多疑问：是不是每一个论点都可以说得通？皮锡瑞如何展开他的论证？他的言说是蹈人旧辙抑或自创新义？证据足够吗？推论可信吗？可以接受吗？要解决这些疑难，少不了追根究底，动手追查相关语境，检视各种文本的含义，这是我个人读书的坏习惯，花时间也费工夫——但以前被许多不良的教科书误导多了，如果不亲自动手考察一下，我是不敢轻信许多貌似权威的观点。记得以前研究徐复观时，这个老先生研治不同领域的学问，都是我思我考，不依赖前人，全靠自己体会。受他在治学方面实事求是的严谨态度启发，我学着唯真理是求，风足浪打不移，对的坚持，错了就改，不敢马虎。既然我觉得《经学通论》有些观点值得商榷，不宜故步自封，因循旧说，遂决定进行学术讨论，提出严肃的驳难和辨证。无论如何，皮锡瑞是我觉得需要深入研究的学者，而《经学通论》也是值得花时间严肃对待的著作，也许最后得出的结论未免与流行意见相同，但都是出自心得，不是人云亦云或投机取巧。当然，经过独立思考，不保证观点必然正确。敬祈方家指正，欢迎各种批评意见，任何有利于改良论证的观点，我都愿意虚心、耐心、诚心地倾听接纳的。

出版著作，总要感谢许许多多的人。我院出版资金的慷慨资助，国家社科基金的项目支持，中央编译出版社各位编辑负责出版事宜，他们的各种帮忙和付出，我会永远记得诸位的好。还有，一直支持我的老师、前辈、同事、学生、朋友、家人，在此容我表达最真诚的谢意！本书有些章节，是在香港治病期间撰写的，在隔离病房和日间门诊服务的医护人员，他们对我的热切关怀常在温暖我心。

最后趁此难得的机会，让我谨以本书庆贺刚赢得第六座欧冠的利物浦足球俱乐部。感谢克洛普及一众红军将士的付出！他们长久以来奋战不懈的精神，一直是激励我的人生的重要力量。YNWA！

黎汉基

2019年6月2日初草